FRIEDRICH ROMIG

Theorie der wirtschaftlichen Zusammenarbeit

Beiträge zur ganzheitlichen
Wirtschafts- und Gesellschaftslehre

Herausgegeben von

Dr. Walter Heinrich

o. Professor an der Hochschule für Welthandel in Wien

Band 1

Theorie der wirtschaftlichen Zusammenarbeit

Von

Dr. Friedrich Romig

DUNCKER & HUMBLOT / BERLIN

Gedruckt 1966 bei Alb. Sayffaerth, Berlin 61
Printed in Germany

Vorwort des Herausgebers

Den Umschichtungen unserer industriellen Gesellschaft, die diese vor die Tore einer neuen Zeit geführt haben, entsprechen auch Wandlungen in Wissenschaft und Weltbild: ein wissenschaftlich-technisches Zeitalter will neue Wege in Wissenschaft und Wirklichkeit beschreiten. Dem Verlangen nach Integration in Politik und Wirtschaft begegnet ein solches nach Synthese und Zusammenschau in der Wissenschaft.

So sind in der Wissenschaft Anzeichen dafür vorhanden, daß sich nach den großen Erfolgen, zu denen das meristische Verfahren in den Naturwissenschaften geführt hat, andere Verfahren durchzusetzen beginnen, die nicht wie der Merismus von den Teilen zum Ganzen aufzusteigen versuchen, sondern vom Ganzen her die Teile zu verstehen trachten.

In verschiedenen Wissenschaften entstanden — zum Teil auf altes Erbe zurückgreifend, zum Teil aber von völlig neuen Ansätzen herkommend — Ganzheitstheorien: in der Biologie, in der Psychologie, in der Wirtschaftswissenschaft, in der Gesellschaftslehre, in der Geschichtswissenschaft (von Lasaulx über Spengler und Toynbee, der mit seinem Angriff gegen das spezialisierte „wissenschaftliche Kunstgewerbe" auch bei Nichtanhängern Anklang fand, bis zu Sorokin und vielen anderen).

Neben und mit diesen besonderen Ganzheitstheorien, eben beispielsweise der Ganzheitspsychologie und der Ganzheitsbiologie, hat auch schon frühzeitig das Ringen um eine allgemeine Ganzheitstheorie eingesetzt. Es ist seit Christian von Ehrenfels' „Gestaltqualitäten" (1890) nicht mehr zur Ruhe gekommen und durch bedeutungsvolle wissenschaftliche Arbeiten gefördert worden. Namen wie Driesch (1912), Smuts, Spann (Kategorienlehre 1924. 1939², Ganzheitliche Logik 1958), Friedmann (1925), Burkamp (1929), Meyer-Abich (1950) kennzeichnen den Weg dieser allgemeinen Ganzheitstheorie.

Dieses synthetisch-zusammenschauende, ganzheitliche Verfahren der erwähnten besonderen Ganzheitstheorien ebenso wie jenes der allgemeinen Ganzheitstheorie scheinen nun noch durch jenen Vorgang in der Wissenschaft von heute gefördert und gefordert zu werden, den man als Beseitigung oder wenigstens Einebnung der Grenzen und Schranken zwischen den verschiedenen einzelnen Wissenschaften kennzeichnen könnte. Dieser Vorgang hängt wiederum mit den vielschichtigen Fragestellungen zusammen, denen sich die moderne Wissenschaft als Ganze gegengestellt sieht. Solche Fragestellungen zwingen die verschiedenen Einzelwissenschaften zur Zusammenarbeit: Es gibt Aufgaben, die nicht nur durch ein Team von Wissenschaftlern, sondern auch durch das Teamwork eines Gesamts verschiedener Wissenschaften gelöst werden können.

Solche komplex-vielschichtige, man könnte auch sagen, ganzheitliche Frage- und Aufgabenstellungen erwachsen nicht nur aus den Umschichtungen der reifen Industriegesellschaften unserer Tage, sondern ebenso aus jenen, denen die Entwicklungsvölker des Erdballs gegenüberstehen. Mit der Europäisierung der Welt, die ja eine Ausbreitung der scientifisch-technischen Zivilisation der abendländischen Menschheit über den Erdball darstellt, entsteht vielfach die Notwendigkeit, nach neuen Leitbildern zu suchen, da die alten unangemessen erscheinen.

Wenn der Unterzeichnete lediglich aus seinem eigenen Fachgebiete einige Beispiele für die erwähnten Wandlungen anführen darf, ist er sich bewußt, nur einen bescheidenen Ausschnitt zu bieten. Es unterliegt aber keinem Zweifel, daß die Herausbildung von Großräumen (Integration); Entwicklungspolitik; daß Großstadt- und Raumplanungsfragen der sogenannten Strukturpolitik, Auflockerung der Ballungsgebiete durch Dezentralisation; schonende Berücksichtigung der Menschen- und der Naturgrundlagen der modernen Wirtschaft, besonders angesichts der Gefahren, die deren Wachstum birgt; Förderung der mittelständischen Wirtschaft sowie sorgsame Beobachtung der Konzentrationsvorgänge; daß die Vielschichtigkeit auch der modernen Wirtschaft im Nebeneinander von primärer, sekundärer und tertiärer Produktion und viele andere Fragenzusammenhänge einer weitgehend synoptischen Analyse bedürfen.

Dieser zusammenschauenden Betrachtung der Vorgänge in unserer Welt von heute und morgen will die Reihe „Beiträge zur ganzheitlichen Wirtschafts- und Gesellschaftslehre“ und auch die vorliegende Schrift dienen.

Ihr Verfasser geht davon aus, daß nicht der Wettbewerb, sondern die Zusammenarbeit das Wirtschaftsgeschehen auf internationaler und nationaler Ebene immer stärker beeinflußt. Die Fragen der Kooperation dringen selbst in die Überlegungen der Unternehmensleiter in zunehmendem Maße ein. Verlangen wir von der Theorie die Bewältigung der Wirklichkeit, so muß die heute noch vorherrschende, jedoch unzulängliche und weitgehend erschütterte Wettbewerbstheorie durch eine Theorie der wirtschaftlichen Zusammenarbeit abgelöst werden. Begriff, Prinzipien und Formen sowie die ordnungspolitische Bedeutung der wirtschaftlichen Zusammenarbeit sind das Untersuchungsobjekt der vorliegenden Schrift.

Vom Standpunkt dieser Theorie der wirtschaftlichen Zusammenarbeit erscheint die uns umgebende Wirtschaftswirklichkeit in neuem Licht. Selbsthilfe, Selbstverwaltung und Gemeinwohl werden als die tragenden Prinzipien erkannt, die die vier Grundformen aller Zusammenarbeit durchdringen: 1. die Werkgemeinschaften, 2. die Leistungs- oder Berufsgemeinschaften, 3. die Verbrauchsgemeinschaften, 4. die Interessengemeinschaften. Durch ihre Verschränkung mit den Einrichtungen des Staates erhalten diese Formen unmittelbar ordnungspolitische Bedeutung.

Die Schrift bietet sowohl der systematisch-theoretischen wie der empirischen Wirtschaftsforschung entscheidende Anregungen. Sie wird auch für den Praktiker in Unternehmung und Politik, der die Bewältigung der Wirklichkeit durch die Theorie verlangt und deren neuere Tendenzen kennenlernen will, von erheblichem Nutzen sein.

Der Herausgeber der „Beiträge zur ganzheitlichen Wirtschafts- und Gesellschaftslehre“ hofft, daß diese neue Reihe — trotz der fast schon erdrückenden Überzahl wissenschaftlicher Veröffentlichungen — einige Bausteine zum Korallenbau der Wissenschaft, besonders der Wirtschafts- und Sozialwissenschaften, bereitstellt.

Walter Heinrich

„In heißem Bemühen aber müssen Staatsmänner und gute Staatsbürger dahin trachten, aus der Auseinandersetzung zwischen den Klassen zur einträchtigen Zusammenarbeit der Stände uns emporzuarbeiten.“

(*Pius XI.*, Q. a. n. 81)

Vorwort

Der Theorie der Konkurrenz muß die Theorie der wirtschaftlichen Zusammenarbeit entgegengestellt werden.

Die Aufgaben, die unserer Generation gestellt sind, können nicht mit den Begriffsmitteln und Modellen der Wettbewerbstheorie gelöst werden. Raumfahrt, Elektronik, Atomtechnik, Weltverkehr, Nachrichtenwesen, Stadt- und Landschaftsplanung, Energieversorgung, internationaler Rohstoffversorgung, Entwicklungshilfe, Welternährung, internationaler Währungsordnung, Massenbildung, Versicherungswesen, Patentordnungen, Schwerindustrie, Landwirtschaft ist nicht mit Mitteln der Wettbewerbsordnung beizukommen.

Was unserer Generation aufgegeben ist, das sind vornehmlich Gemeinschaftsaufgaben. Sie übersteigen die Kräfte des einzelnen und können nur durch Zusammenschluß erfüllt werden. Es ist daher eine Theorie notwendig, die diesen Gemeinschaftsaufgaben adäquat ist und deren Folgerungen zu einem Höchstmaß an Zusammenarbeit führen.

Wir sehen heute überall die Kräfte der Zusammenarbeit am Werke. Die Institutionen, zu denen sie sich ausformen, werden als positive Träger der Ordnung erkannt. Sie sind an die Stelle des Marktmechanismus getreten, ihre Handlungen und Entscheidungen haben sozialpolitischen Charakter. Sie erfordern eine aktive Ordnungspolitik des Staates, die den Funktionen der Verbände gerecht wird und das Gemeinwohl zur Geltung bringt.

Von der Theorie ist zu verlangen, daß sie die Wirklichkeit des Lebens bewältigt und nicht durch Fiktionen und Modelle vergewaltigt. Der Politischen Ökonomie kommt darüber hinaus zu, einen Beitrag zur Festigung der Gesellschaft und nicht zu ihrer Auflösung zu leisten. Was die Gesellschaft festigt, ist die Sittlichkeit. Sie vereint Zwang und Willkür, Gemeinwohl und Einzelwohl, Privates und Öffentliches, Individuum und Gemeinschaft, indem sie diese Gegensätze aufhebt im Begriff der Freiheit. Wir sind im Gegensatz zu Marx und Rüstow vom sittlichen und freiheitlichen Ursprung der Gesellschaft und der Kultur überzeugt. Die Gesellschaft und Kulturblüte beruhen für uns nicht auf Unsittlichkeit, Überlagerung, Ausbeutung, Raub, Klassenkampf, Machtmißbrauch, Erscheinungen der Kulturverfallszeiten, sondern auf Sittlichkeit und Freiheit. Jede politische Lehre ist darum zuerst auf ihren sittlichen Gehalt zu prüfen. Das Wahre ist immer auch sittlich. Hält eine politische Theorie dieser Prüfung nicht stand, dann kann sie keine Geltung beanspruchen.

Die Theorie, die wir hier vorlegen und die der Politischen Ökonomie zugehört, nimmt die eben gestellten Forderungen auf. Sie ist sozialökonomische Theorie, weil sie den Vorrang der Gesellschaft vor den Erscheinungen der Wirtschaft zu wahren trachtet. Für sie ist Wirtschaft Dienst an der Gemeinschaft und an den Gemeinschaftsaufgaben. Sie ist sehr bewußt Politische Ökonomie, denn ihr ganzes Streben zielt auf die sittliche Festigung der Gesellschaft.

Wir knüpfen unsere Theorie eng an die Lehrgeschichte an. Die Lehrgeschichte, die wir im ersten Buch behandeln, bietet eine Fülle von Grundbegriffen, die in die Theorie der Zusammenarbeit eingehen müssen. Zugleich ist sie für uns der Ort der Problementfaltung. Wir berücksichtigen darum die Lehrgeschichte nur so weit, als dies für die Problementfaltung nützlich ist. Es liegt nicht in unserer Absicht, eine lückenlose Dogmengeschichte zur Theorie der Zusammenarbeit zu legen.

Das zweite Buch enthält die Darstellung der Theorie: Begriff, Prinzipien und Formen der Zusammenarbeit.

Im dritten Buch ziehen wir die ordnungspolitischen Folgerungen aus der Lehrgeschichte und der Theorie, besonders im Hinblick auf das Verhältnis zwischen Staat und Wirtschaft.

Die Ergebnisse, Schlüsse und Urteile, die wir vortragen, werden ungewohnt sein, denn sie widersprechen den heute herrschenden Ansichten über Gesellschaft, Staat und Wirtschaft in vielem. Der Verfasser hofft, daß er mit diesem Buch heftige Kritik herausfordert. Aber je heftiger die Kritik, desto klarer wird die Idee. Jede Idee erhält ihre Klarheit erst durch ihren Gegensatz. Der Verfasser ist daher im vorhinein seinen Kritikern dankbar.

Das Buch richtet sich zuerst an die Fachgenossen der Politischen Ökonomie: mögen sie dem Verfasser helfen, das Prinzip der Zusammenarbeit in allen wirtschaftswissenschaftlich relevanten Erscheinungen zu erkennen und der Warnung des Parmenides an die Wissenschaft eingedenk zu bleiben, den Schein ja nicht für das Sein, das Sein ja nicht für Schein zu halten. Dann richtet es sich an die Studierenden, denn sie sind es, die die Welt von morgen gestalten werden. Zuletzt endlich an die politischen Führungsschichten in Staat, Verbänden und Unternehmungen. Ihnen soll es Anregung und Hilfe sein, die Prinzipien ihrer täglichen Arbeit neu zu überdenken und zu formulieren.

Der Verfasser ist der ganzheitlichen Schule der Sozialökonomie überaus verpflichtet. Dem Studium ihrer Werke und vor allem den freundschaftlichen Beziehungen zu ihren namhaftesten Vertretern, besonders aber zu seinem Lehrer W. Heinrich, verdankt er Anregung und stete Förderung. Er hofft, seinen Dank durch den hier vorgelegten Versuch, die jüngste Entwicklung und die aktuellen Vorgänge in Wirtschaft und Gesellschaft theoretisch zu fundieren, wenigstens zum Teil abzustatten. Gelingt dieser Versuch, dann ist ein neuer Beweis für die Fruchtbarkeit des ganzheitlichen Verfahrens erbracht und seine Bedeutung für die Wirtschaftswissenschaft unserer Tage unterstrichen.

Friedrich Romig

Inhalt

Erstes Buch

Lehrgeschichtliche Grundlegung

Zweites Buch

Theorie der wirtschaftlichen Zusammenarbeit

Drittes Buch

Zusammenarbeit als ordnungspolitische Aufgabe

Erstes Buch

Lehrgeschichtliche Grundlegung

I. Teil

Die individualistische Wirtschaftsauffassung und ihr Versagen, eine kooperative Wirtschaftsordnung zu begründen

A. Die Selbststeuerung der Wirtschaft als erstes Axiom der individualistischen Lehre

Sehr mit Recht verweist G. Stavenhagen auf den Umstand, daß sich die Wirtschaftstheorie im Schoße der Moralphilosophie entwickelt hat und die Theorie der klassischen Volkswirtschaftslehre mit Kategorien arbeitet, die von der Moralphilosophie gefunden wurden[1].

In der Tat waren die Ausgangsbegriffe der klassischen Wirtschaftstheorie, nämlich das einzelne Individuum als erste Realität alles gesellschaftlichen Seins, sein Eigennutz als die einzige Triebfeder seines Handelns und sein Recht auf die Freiheit, seinen eigenen Nutzen in allen seinen Handlungen zu verfolgen, in der Philosophie und Naturrechtslehre seit Jahrhunderten vorbereitet und gründlich abgehandelt. Jedoch erst zu dem Zeitpunkt, als diese jahrhundertelang vorbereiteten sozialen, sittlichen, psychologischen und rechtlichen Anschauungen mit den Ergebnissen der neuzeitlichen Naturwissenschaften verbunden wurden, scheint uns die kopernikanische Wende eingetreten zu sein, aus der die klassische Wirtschaftstheorie schließlich hervorging.

Kopernikus (1473-1543), Galilei (1564-1642), Kepler (1571-1630) und Newton (1643-1727) schufen nicht nur die neuzeitliche Physik, sie legten nicht nur den Grund für ein neues Erkenntnisideal aller Wissenschaften, sondern ihre Gesetze sind zugleich Ordnungskräfte der Natur und bestimmen die Harmonie der Welt. Einzelne Körper, deren Bewegungen, harmonisch geordnet und aufeinander bezogen durch die Naturgesetze, die zu entdecken das Geheimnis der Ordnung zu entschleiern und das menschliche Wissen aufzuklären und zu erleuchten heißt, sie beherrschen das Weltbild und Erkenntnisideal bis in unsere Zeit.

---

[1] Vgl. G. *Stavenhagen,* Geschichte der Wirtschaftstheorie, 2. Aufl., Göttingen 1957, S. 16.

Die Verbindung von Naturgesetzlichkeit und sozialer Ordnung bezeichnet u. E. den Zeitpunkt der Entstehung der neuzeitlichen Volkswirtschaftslehre. Es nimmt nicht wunder, daß der als Begründer angesehene Quesnay (1694-1774), ein Zeitgenosse Newtons, zuerst naturwissenschaftliche und medizinische Studien treibt und lange vor seinen ökonomischen Schriften Leibarzt der Pompadour und Ludwig XV. wird[2]. Für ihn und seine Schüler ist die wirtschaftlich optimale Ordnung zugleich eine natürliche Ordnung, also „ordre naturel", und diese wiederum das automatische Resultat jenes „Naturgesetzes", wonach der Einzelne bestrebt ist, sein Schicksal so günstig wie nur möglich zu gestalten. Die Summe der so günstig wie nur möglich gestalteten Einzelschicksale ist das wirtschaftliche Optimum, ex definitione schon das größte Glück der größten Zahl. Die einzige ordnungspolitische Forderung lautet daher, alles zu beseitigen, was die Verfolgung dieses Strebens der Einzelnen behindert. Freiheit in jeder Form, persönliche Freiheit, Gewerbefreiheit, Berufsfreiheit, Konsumfreiheit, Freizügigkeit und freies Privateigentum ist daher zu fördern. Wo diese Freiheit durch die geschichtliche Ordnung, den „ordre positif", beschränkt wird, da möge diese Beschränkung aufgehoben werden, eine Forderung, die wenig später die französische Revolution sehr buchstäblich zu vollziehen trachtet. In Quesnay, dem Sohn eines Landarbeiters, frühzeitig des Vaters beraubt, kündigt sich einmal mehr der Aufstand der Massen gegen die geschichtlich gewachsenen Bindungen an, und es ist nur noch eine Frage der Zeit, bis auch das Eigentum als Hemmung und Beschränkung empfunden wird, „jeden nach seinen Bedürfnissen" (Marx) zu befriedigen. Mag der geniale Quesnay vor dieser Beseitigung des Eigentums auch noch zurückschrekken, so wird doch wenigstens das von einem Kaufmann Colbert angeratene: „Laissez faire et laissez passez, le monde va de lui même!" zur Richtschnur des politischen Handelns oder besser „Nichthandelns" und zum Symbol der Resignation der herrschenden vor den andrängenden Gewalten.

Nach der Entdeckung jenes Naturgesetzes vom Einzelnen, der seinen eigenen, persönlichsten Nutzen verfolgt, wird es nun zur Aufgabe der Theorie, den Mechanismus der Beziehungen zwischen den Einzelnen zu ergründen, der bewirkt, daß die Bäume des Eigennutzes in den Himmel des Gesamtwohles wachsen. Hier nimmt den Faden der lehrgeschichtlichen Entwicklung die klassische Theorie der Volkswirtschaftslehre auf, und es ist die originäre Leistung ihres ersten und größten Meisters, A. Smith (1723-1790), den Wettbewerb als das regulative Prinzip der

---

[2] Seit 1717 geprüfter Wundarzt, ab 1749 Leibarzt; erst 1758 erscheint sein Tableau Economique.

wirtschaftlichen[3] und sozialen Harmonie in Begriff und System eingefangen zu haben[4].

„Was die harmonische Entwicklung der Volkswirtschaft bei völliger Freiheit ermöglicht und hervorbringt, ist das Wirken des *freien* Wettbewerbes. Durch dieses schlägt der Eigennutz jedes Einzelnen zugunsten der Gesamtheit aus. Denn der Wettbewerb zwingt jeden zur angestrengtesten Entfaltung seiner Kräfte, zu möglichst billigen Herstellungskosten. Der eine, so könnte man sagen, ist der Wächter des anderen. Alle Schichten der Gesellschaft finden dabei ihren Vorteil: Die Verbraucher werden aufs reichste mit billigsten Gütern versorgt, die Unternehmer können unbehindert ihre Kräfte verwerten und die Arbeiter ihre Beschäftigung dort suchen, wo sie die beste Bezahlung finden. Auf diese Weise wird ein Zustand der *‚sozialen Harmonie‘* erreicht werden. Gleichzeitig betätigt sich dadurch jeder auf die seinen Fähigkeiten angemessenste und natürlichste Weise. So wird die beste volkswirtschaftliche Arbeitsteilung hervorgerufen, es überwindet die Gesellschaft in ihrem eigenen Mechanismus den ihr ursprünglich feindlichen Grundsatz und ermöglicht jedem in der Wahrung des eigenen *Vorteils* die Befolgung seines natürlichen Rechtes[5].“ Der Wettbewerb ist die Kraft, welche die einzelnen Individuen miteinander verbindet, sie aufeinander bezieht, verhindert, daß der eine sich auf Kosten des anderen bereichert, weil jedes unbillige Verlangen sofort am Angebot oder der Nachfrage des Konkurrenten seine Schranke findet. Will der Einzelne seinen Anteil am Sozialprodukt vergrößern oder auch nur erhalten, es hilft nichts, er muß den Umweg über die größere Leistung wählen, denn Tag und Nacht sinnen seine Konkurrenten, wie sie ihm seinen Anteil beschneiden können, um den ihren zu vergrößern. „Um die Konkurrenz in ihrer vollen Bedeutung zu erfassen, wird man darunter den Kampf der Individuen um ihren Lebensraum verstehen müssen, der eine Folge des Selbsterhaltungstriebes und der Beschränktheit der verfügbaren Mittel ist. Er

---

[3] Den zentralen Begriff der Konkurrenz erarbeitet *Smith* im 7. Kapitel: „Der natürliche oder der Marktpreis der Waren.“ Hier wird der ganze Mechanismus von Konkurrenz, Markt, Angebot, Nachfrage und Preis in knappster Weise vorgestellt. Vgl. A. *Smith*, An Inquiry into the Nature and Causes of the Wealth of Nations, dtsch. v. E. *Grünfeld*, nach der Ausgabe letzter Hand (4. Aufl. 1786), SswM, I. Bd., 2. Aufl., Jena 1920, S. 69—82.

[4] E. *Salin*, Geschichte der Volkswirtschaftslehre, 3. Aufl., Bern 1944, S. 86: „Während in Frankreich der Zerfall der Physiokratie das Ende der ersten ‚autonomen‘ Richtung anzeigt, beginnt in England mit dem Erscheinen des ‚Wealth of Nations‘ der Stern des Mannes aufzuleuchten, der, ohne das Genie des französischen Gründers zu besitzen, doch ausgerüstet mit der ganzen philosophischen Bildung und dem geschichtlichen Wissen eines Säkulums, begabt mit seltener Gedankenklarheit, mit weitem Blick und mit zähem Fleiß des Schotten das Werk der Zeit verrichtet: Adam Smith.“

[5] O. *Spann*, Die Haupttheorien der Volkswirtschaftslehre, 25. Aufl., Heidelberg 1949, S. 58.

äußert sich daher ebensosehr in einem wechselseitigen Sichmessen in den Zielen, Methoden, Ideen, wie im Kampf um den Vorsprung im Absatz und Verkauf von Waren[6]."

Der Wettbewerb „bildet die Triebkraft für den wirtschaftlichen Fortschritt, für die Entwicklung neuer Produkte, neuer Versorgungsmöglichkeiten und neuer Rationalisierungsmethoden"[7].

Der Wettbewerb als das Übertreffen- und Ersetzenwollen der einen Leistung durch eine andere bei der Erreichung des gleichen Ziels führt zu einer ständigen Auslese der jeweils besseren Wirtschaftsmittel und erhöht dadurch die Produktivität der Wirtschaft. Auf diese Weise bewirkt der Wettbewerb nicht nur die soziale Gerechtigkeit, indem er die Verteilung des Sozialproduktes auf Leistung zurückführt, nicht nur das wirtschaftliche Optimum, indem er alle Tätigkeiten und Wirtschaftsmittel nach den Orten ihres größten Ertrages dirigiert, sondern er ist zugleich die nimmermüde Antriebskraft des öknomischen Fortschritts. Durch den Wettbewerb reguliert sich die Wirtschaft viel vollkommener, als das Eingreifen irgendeines geschaffenen Geistes es je vermöchte. Dies ist das erste Axiom der klassischen Volkswirtchaftslehre.

B. Der Mechanismus des Gleichgewichts und die Gleichgewichtsbedingungen

> „Die Antwort auf die Frage, welche Ordnungsformen realisiert werden sollen, hängt vor allem davon ab, ob sie die Herstellung eines Gleichgewichtes bewirken. Die Frage nach dem Gleichgewicht oder der Gleichgewichtslosigkeit muß daher die ganze Untersuchung durchziehen."
>
> (*Eucken*, Grundsätze, a.a.O., S.16.)

Uns erscheint also der Glaube an die naturgesetzliche *Selbstregulierung* der Wirtschaft durch den *Wettbewerb* das erste Axiom der klassischen Wirtschaftstheorie zu sein, denn der Einzelne, sein Eigennutz und seine Freiheit sind ja Kategorien, die den Bereichen der Sozialphilosophie und Ethik angehören.

Die zweite originäre Leistungs Smith's ist wohl die Entdeckung des Marktes als jenem Ort in der wirtschaftlichen Topographie, auf dem der Wettbewerb in der Form des Konkurrenzangebotes, der Konkurrenznachfrage und des Konkurrenzpreises in Erscheinung tritt. Seither sind

---

[6] E. *Böhler*, Nationalökonomie — Grundlagen und Grundlehren, 3. Aufl., Zürich 1957, S. 69.

[7] E. *Böhler*, a.a.O., S. 69 f.

Wettbewerb und Wettbewerbsarten, Markt und Marktformen, die Gesetze von Angebot und Nachfrage sowie die Gesetze der Preisbildung und die mit ihnen verbundenen Verteilungsgesetze zu den Pfeilern der individualistischen Wirtschaftstheorie geworden. Dem Preis kommt jetzt die Funktion eines Regulators zu, der das Angebot der Nachfrage und die Nachfrage dem Angebot zuordnet und für ihren Ausgleich sorgt. Da Smith den Wert eines Gutes mit den Herstellungskosten gleichsetzt und diesen Wert als den „natürlichen" Preis bezeichnet, so hat der jeweilige Marktpreis die Funktion, jenes Angebot oder jene Nachfrage hervorzurufen, die diesem natürlichen Preis entspricht. „Dem von Smith entwickelten Wert- und Preisgesetz kommt innerhalb seines gesamten Systems deshalb eine grundlegende Bedeutung zu, weil mit diesem Gesetz auch die Tendenz zum Gleichgewicht in der Wirtschaft gegeben ist, und dieses sich infolge des freien Spiels der ökonomischen Kräfte stets einstellen muß, sofern dieser Automatismus der sich selbst regulierenden Wirtschaft nicht durch menschliche Eingriffe gestört wird[8]." Der Gedanke der sozialen Harmonie wandelt sich nunmehr zum Gleichgewicht, soziale Harmonie bedeutet nicht mehr als Gleichgewicht der ökonomischen Kräfte.

Wenn auch A. Smith in zahlreichen Bemerkungen das Staatswohl weit über die theoretischen Gesetze und Folgerungen stellt[9], so ist doch die eingeschlagene Forschungsrichtung für die individualistische Wirtschaftstheorie in der Folge kennzeichnend. Gleich bei David Ricardo (1772-1823), der sich seiner besonderen Vorliebe entsprechend mit Mathematik und den Naturwissenschaften beschäftigt, werden auch die letzten Reste an philosophischen, soziologischen, naturrechtlichen und ethischen Elementen aus der Wirtschaftstheorie herausdestilliert. Die „reine" Wirtschaftstheorie hält mit ihm ihren Einzug. „Wer keine andere Wirtschaftstheorie kennt, als jene rechenhafte, individualistische Verkehrstheorie, deren Meister gerade Ricardo ist, wird methodisch immer in ihm den Führer erblicken müssen, gleichgültig ob er alle seine Ergebnisse annimmt oder nicht, von Marx bis zu Clark und Schumpeter vollzieht sich daher die Förderung der ‚reinen', der rationalen Theorie im wesentlichen in Ricardos Bahnen[10]."

Man mag Ricardos Beitrag zur Wirtschaftstheorie als wenig originell bezeichnen, man mag seine Ansichten als Bankierideologie verdammen, seinen scharfen analytischen Geist wird jeder nur bewundern können. Ihm sind in der Tat jene feinen Unterscheidungen zu verdanken, die

---

[8] *Stavenhagen,* a.a.O., S. 55.

[9] Man denke nur an die vier berühmten Ausnahmen vom Freihandel! Vgl. W. *Heinrich,* Wirtschaftspolitik, Bd. I, Wien 1948, S. 29 ff.: Belastungsausgleich, Retorsion, Strategie, Erhaltung. Vgl. *Smith,* a.a.O., Bd. II, S. 245 ff.

[10] E. *Salin,* a.a.O., S. 102.

manche Forschergenerationen bis hinauf in unsere Tage angeregt haben. Da ist zuerst die Unterscheidung zwischen beliebig und nicht beliebig vermehrbaren Gütern[11]. Diese Unterscheidung bereitet seine „Differentialrententheorie“ vor, die nicht mehr und nicht weniger als die konsequente Anwendung des Marginalprinzips ist, vorerst zwar noch beschränkt auf die Erzeugnisse und Schätze des Bodens, doch sehr bald auf alle Erzeugnisse ausgedehnt. Der Preis der nicht beliebig vermehrbaren Güter ist bei Ricardo und in der Folge nicht mehr der „natürliche“ Preis, um den mit eherner Notwendigkeit die Marktpreise kreisen, sondern dieser Preis wird durch die Kosten jener Produkte bestimmt, die der zur Versorgung des Marktes gerade noch notwendige teuerste Produzent aufwenden muß[12].

Die Grenzkosten bestimmen den Preis (K' = P) lautet nur wenig später die knappe Formulierung einer Zeit, die mit der Prägnanz der Mathematik ihre Gedanken auszudrücken weiß, und man mag hierbei an die Produktivität des Grenzarbeiters und den Lohn denken, an die Grenzproduktivität des Bodens schlechtester Qualität, an Transportkosten vom weitestentfernten Gutshof zum Markt, an die beiden Grenzpaare der Verkäufer und Käufer, an die Grenzproduktivität des Kapitals oder gar an die Kosten, die für die letzte Mengeneinheit aufgewendet werden müssen, die ein Betrieb zur Versorgung des Marktes noch erzeugt.

Die Differenz, die zwischen den Herstellkosten der Produkte oder den Erträgen besserer Böden und denen schlechterer besteht, nennt Ricardo schlicht und einfach: *„Rente“*[13]. Sie vermitteln ein Einkommen, das keineswegs mehr auf Arbeitsleistung oder Fähigkeit beruht. Bald kennen wir nicht nur eine Rente der Bodenqualität, sondern auch eine Rente der Lage (Thünen), des technischen Verfahrens und Vorsprungs (Marshall), des Talent- und Bildungsvorteils. Schließlich eine Organisationsrente (Spann) und eine Rente der Marktstellung (Monopolrente bei Cournot). Immer weiter wird der Kreis der nicht mehr beliebig vermehrbaren Güter ausgedehnt. Es entstehen überall „Renten“[14/15], und wir können als

---

[11] Diese Unterscheidung findet sich gleich im ersten Kapitel seiner Principles. Vgl. David *Ricardo,* Principles of Political Economy (1817), dtsch. übers. nach 3. engl. Aufl. (1821) v. Dr. v. *Waentig,* Grundsätze der Volkswirtschaft und der Besteuerung, SswM, 3. Aufl., Jena 1923, S. 10 f.

[12] „Über die Rente“, S. 65: „Allein, dasjenige Getreide, welches man mit der größten Arbeitsmenge produziert, ist der Regulator des Getreidepreises.“

[13] „Über die Rente“ handelt das zweite Kapitel. Vgl. ebd., S. 57: „... Rente ist stets der Ertragsunterschied, welcher sich aus der Anwendung zweier gleicher Mengen an Kapital und Arbeit ergibt“ für Böden verschiedener Qualität.

[14/15] O. *Spann,* Haupttheorien, a.a.O., S. 88: „Ferner besteht die Gravitation der Preise nach den geringsten Kosten insofern nicht, *als es keine dauernd be-*

Zuschauer des lehrgeschichtlichen Prozesses uns gut vorstellen, wie sehr bald nach Ricardo Wölkchen am Horizont auftauchen, die den Himmel der Volkszufriedenheit zu trüben beginnen. Kaum wird die soziale Harmonie auf das Equilibrium der ökonomischen Kräfte reduziert und so von der Schwelle der Oikonomia verstoßen, stiehlt sie sich als Gerechtigkeitsforderung wieder in den Tempel wirtschaftlicher Weisheit. Denn niemals kann die Gerechtigkeit es zulassen, daß die Rente jenes Einkommen ist, das im Faulbett des Besitzes buchstäblich erschlafen wird. Besitz, Rente, Ausbeutung und Raub werden rasch zu Steigerungsformen des künftigen wissenschaftlichen Sprachgebrauches.

Schon James Mill (1773-1836), Zeitgenosse Ricardos, schlägt vor, „*die Zuwachsrente, die* ohne Mitwirkung des Grundeigentümers infolge des Bevölkerungszuwachses und des Gesetzes des abnehmenden Bodenertrages höher wird, dem Staat für die Bewältigung seiner Aufgaben zur Verfügung zu stellen“[16].

Vertraut Smith auf den selbsttätigen Ausgleich der Interessen, so wird, nach der Anwendung des Marginalprinzips durch Ricardo, unverzüglich der Staat zu Hilfe gerufen, um diesen Ausgleich zu vollziehen. An der ins Auge stechenden Erscheinung der Grundrente entzündet dann eine ganze Kette von Reformern ihre blühende Phantasie.

Doch sehr im Gegensatz zu ihnen sieht der Analytiker Ricardo sich trotz der virtuosen Anwendung des Marginalgedankens keineswegs genötigt, vom Selbstregulierungs- und Gleichgewichtsaxiom abzurücken. Hätten Ricardo nicht das Wert- und Verteilungsproblem den Blick gebannt, ihm wäre unmöglich verborgen geblieben, daß die Rente die wichtigste Quelle der volkswirtschaftlichen Kapitalbildung ist — heiße sie nun Bodenrente, Erfinderrente, Organisationsrente oder Monopolrente — und auch des Profits. Ihn hat Ricardo widerspruchsvoll und mit Mühe, sehr zum Unglück seiner Nachfahren, auf vorenthaltenen Arbeitslohn zurückgeführt[17]. Ricardo hätte sicherlich gefragt, was denn mit diesem Einkommen aus Renten geschieht, das ja in keinem Fall mehr zur Deckung der Arbeitskosten dient. Keineswegs ist die Rente mit dem

---

liebig vermehrbaren Güter gibt! (Hervorhebung F. R.) ... — Viel richtiger ist die „Gravitation nach den teuersten Kosten“, da in Wahrheit auch bei den sog. beliebig vermehrbaren Gütern jeweils noch in Anspruch zu nehmende *teuerste* Betriebe, Händler, Maschinen, Rohstoffe, Arbeitshände usf. in Frage kommen. Also gilt: *Überall entstehen „Renten“, nicht nur beim Grund und Boden.*“

[16] Vgl. J. *Mill,* Elemente der Nationalökonomie, übersetzt von A. L. v. Jakob, Halle 1824, S. 342 ff., zitiert bei G. *Stavenhagen,* a.a.O., S. 74.

[17] *Ricardo,* VI. Kapitel, a.a.O., S. 98, S. 108: „denn außer der Lohnerhöhung kann nichts auf die Profite einwirken.“

Gleichgewichtsaxiom vereinbar[18]! Denn im Gleichgewicht befinden sich die ökonomischen Kräfte ja nur dann, wenn die Marktparteien keine Veranlassung haben, Angebot und Nachfrage auszuweiten oder zu beschränken oder den Preis zu erhöhen oder zu ermäßigen[19]. Aber warum, in aller Welt, sollte der glückliche Empfänger von Renten nicht versuchen, durch Renten weitere Renten zu erwerben und auf diese Weise das Gleichgewicht in Frage zu stellen? Renteneinkommengewährende Vorzugsstellungen werden nachgefragt, und der Wettbewerb nimmt geschichtlich die Form des Kampfes um Vorzugsstellungen an, oder, wie Sombart es für die Phase des Spätkapitalismus bezeichnend fand, der Wettbewerb artet zu Monopolkämpfen aus.

Auch für die Preise von Vorzugsstellungen gilt, daß sie im freien Wettbewerb keineswegs nach den niedrigsten Herstellkosten tendieren, sondern sie leiten sich von den höchsten Herstellkosten ab. Durchaus nicht schlägt jetzt der Eigennutz zugunsten der Gesamtheit aus. Keineswegs führt der freie Wettbewerb bei diesen nicht beliebig vermehrbaren Gütern zu angestrengtester Entfaltung der Kräfte, sondern oft wohl zur Beschränkung und mitnichten werden die Verbraucher aufs reichste mit billigen Gütern versorgt. Denn für Vorzugsstellungen gibt es in weiten Breiten keine Schranken, die verhindern, daß der eine sich auf Kosten des anderen bereichert. Statt Auslese der jeweils besseren Wirtschaftsleistung herrscht jetzt Auslese der jeweils besseren Vorzugsstellung, die der Besitz von Boden, Patenten, Erfahrungen, Bildungsvorteilen, Begabungen, Lage, Beziehungen, Zugängen, Verträgen, verbrieften und unverbrieften Rechten verleiht.

Nur dann würde der Wettbewerb die ihm von Smith zugedachte Funktion erfüllen können, wenn alle Güter beliebig vermehrbar wären und das Skandalon der Rente nicht jenen Spielraum schaffen würde, der die Preise, statt um ihren „natürlichen“ Punkt tendieren zu lassen, höchst unnatürlich in die Höhe triebe.

Nicht weniger bedeutungsvoll für die nachmalige nationalökonomische Theorie ist auch Ricardos Lehre von den „komparativen Kosten“. Durch

---

[18] Wie Walras nachgewiesen hat, ist die im Gleichgewicht befindliche Wirtschaft immer auch die profitlose Wirtschaft: Durchschnittskosten = Grenzkosten = Preis.

[19] Luigi Amoroso hat wohl im Prinzip auch heute noch recht, wenn er meint, die Strategie der Kundenabwerbung habe in der mathematischen Gleichgewichtstheorie keinen Platz. Daraus ist u. E. auch die zunehmende Entfremdung zwischen mathem. Wirtschaftstheorie und Wirtschaftspraxis (Wettbewerb als Kampf um Marktanteil, daher Marktstrategie) zu erklären. Vgl. L. *Amoroso,* La curva statica di offerta, in: Giornale degli Economisti e Rivista di Statistica, Bd. LXX (1920), dtsch. v. G. Fischer unter dem Titel: Die statische Angebotskurve, wiederabgedruckt in: Preistheorie, hrsg. v. A. E. *Ott,* Neue wissenschaftliche Bibliothek, Abteilung: Wirtschaftswissenschaften, Köln-Berlin, 1965, S. 182.

sie nämlich erfolgt die Zerlegung des *einen* Marktes in Teilmärkte, die voneinander durch Staats- oder Nationalitätengrenzen so abgeschirmt sind, daß zwischen ihnen die Gesetze der freien Konkurrenz nicht wirksam werden[20]. Weder kommt es zwischen ihnen zum Ausgleich der Profitraten, noch wandern die Arbeiter nach den Stätten des größten Lohnes, noch tendieren die Preise zu den niedrigsten Kosten. Nach Ricardos Tod wird die Lehre von den komparativen Kosten in der Fassung, die ihr J. St. Mill gegeben hat, auch auf Märkte ausgedehnt, die innerhalb der einzelnen Volkswirtschaften, besonders bei fortgeschrittener Arbeitsteilung, sich notwendig einstellen. Durch Cairnes (1823-1875) werden in den einzelnen Volkswirtschaften „non-competing groups“ mit ihren Sondermärkten aufgezeigt, zwischen denen der durch den Wettbewerb zu bewirkende Fluß von Arbeit und Kapital nach den Orten des größten Ertrages unterbrochen ist. Die Wirksamkeit der Selbstregulierungsgesetze gilt ab nun nur noch für die Arbeits- und Kapitalmärkte innerhalb dieser einzelnen Berufs- und Wirtschaftszweige, nicht zwischen ihnen[21]. Für Berufsausübung und Kapitalanlage sind mangelnde Beweglichkeit und Traditionselemente vielfach stärker als Lohnhöhe oder Zins. Mit fortschreitender Erkenntnis wird von *Einem* Markt schließlich nur dann gesprochen, wenn auf diesem dieselben Güter zu jedem Zeitpunkt für jeden Anbieter und Nachfrager den gleichen Preis haben. Dieses von Jevons so genannte Prinzip der Unterschiedslosigkeit („law of indifference“) erfordert eine immer weitere Aufspaltung der Märkte. So wird beispielsweise der Getreidemarkt aufgeteilt in Roggenmarkt, Weizenmarkt, Gerstenmarkt, um Märkte zu erhalten, auf denen das Prinzip der Unterschiedslosigkeit hinsichtlich der Gleichartigkeit des umgesetzten Gutes gelten könnte[22]. Nach Stackelberg (1905-1946) muß diese Gleichartigkeitsbedingung sehr genau genommen werden. „Ungleichartig sind Güter schon dann, wenn sie verschieden verpackt oder ausgestattet sind; dasselbe Gut kann bei besserer oder gefälligerer Verpackung einen höheren Preis erzielen. Ungleichartig sind ferner Güter, die sich nur durch den Firmennamen oder durch die Handelsmarke unterscheiden. Ein objektiv gleichartiges Gut wird so durch bloße (subjektive) Meinungsunterschiede zu einem faktisch ungleichartigen. Firmenschutz, Markenschutz, Reklame, Absatzorganisation usw. sind Einrichtungen und Maßnahmen, die eine Verstärkung der Ungleichartigkeit bewirken[23].“ Ferner gilt das Prinzip der Unterschiedslosigkeit nicht nur,

---

[20] *Ricardo*, VII. Kapitel, „Über den auswärtigen Handel“„ S. 119 ff., bes. S. 127.

[21] Näheres bei *Stavenhagen*, a.a.O., S. 93 f.

[22] Vgl. H. v. *Stackelberg*, Grundlagen der theoretischen Volkswirtschaftslehre, 2. Aufl., Tübingen-Zürich 1951, S. 219.

[23] *Stackelberg*, a.a.O., S. 219 f.

wenn die Güter standardisiert und fungibel sind, sondern auch, „wenn keinerlei *personelle* Differenzierung“[24] vorliegt, wie sie in der Wirkung alter Geschäftsbeziehungen, der Tätigkeit der Vertreter, der Güte der Bedienung, dem Bestehen eines festen Kundenkreises, dem Ruf der Firma sich ausdrückt. In diesen Fällen ist „die Person des Verkäufers für die Käufer nicht gleichgültig[25]. Ebenso gilt das Prinzip der Unterschiedslosigkeit „nur auf einem Markt, der keine räumliche Ausdehnung hat oder auf dem räumliche Entfernungen keine ins Gewicht fallenden Transportkosten verursachen“[26]. Endlich hat das Prinzip der Unterschiedslosigkeit nur dann Geltung, wenn die Umsätze gleichzeitig getätigt werden und keine zeitliche Differenzierung eintritt[27]. Ist nur eine dieser sachlichen, personellen, räumlichen oder zeitlichen Bedingungen des Prinzips der Unterschiedslosigkeit nicht gegeben, so besteht nicht mehr *Ein* Markt, oder, wie Stackelberg es bezeichnet, ein vollkommener Markt, sondern es bestehen so viele *Teil- oder Elementarmärkte, als* Differenzierungen vorgenommen werden. Wir könnten noch zahlreiche andere Differenzierungspunkte anführen, wie etwa die Differenzierung nach Abnahmemengen (Mengenrabatte), Zahlungsbedingungen, Zahlungsweise (pünktlich, unpünktlich), Einkommenshöhe, Marktstufe (z. B. Großhandel, Kleinhandel), Verwendungszweck (z. B. Rabatte für Weiterverarbeiter), und auf diese Weise Robinsons[28] These bestätigen, daß die wirkliche Wirtschaft einer Welt von Monopolen gleiche. So hat nicht nur jede Firma schließlich ihren eigenen Markt, sondern selbst das gleiche Gut der gleichen Firma kann nach so vielen Gesichtspunkten differenziert werden, daß ein eigener Elementarmarkt für jede Kundenbeziehung gebildet wird[29]. Auf diesen monopoloiden Teilmärkten

---

[24] Ders., a.a.O., S. 220.

[25] Ders., a.a.O., S. 220.

[26] Ders., a.a.O., S. 220.

[27] *Stackelberg,* a.a.O., S. 221.

[28] Joan *Robinson,* The Economics of Imperfect Competition, London 1933, repr. 1948, zitiert bei *Stavenhagen,* a.a.O., S. 313.

[29] Die ganzheitliche (universalistische) These, wonach nicht das Prinzip der Unterschiedslosigkeit, sondern das Prinzip der Unvergleichlichkeit, Unwiederholbarkeit, Einzigartigkeit oder Individualität gilt, erfährt so von der von völlig anders gearteten Axiomen ausgehenden individualistischen Wirtschaftslehre eine erfreuliche, gleichwohl überraschende Bestätigung! Zum Prinzip der Unwiederholbarkeit vergleiche: W. *Heinrich,* Wirtschaftspolitik, Bd. 1, S. 97 ff., S. 540, O. *Spann,* Tote und lebendige Wissenschaft, 4. Aufl., Jena 1935, S. 278 ff. Diesem Prinzip nach hat jedes Wirtschaftsmittel je nach seiner Stellung im Leistungsbau der Wirtschaft eine verschiedenartige Leistungsfähigkeit und daher auch eine verschiedene Leistungsgröße und einen verschiedenen Preis: „ein und dieselbe Leistung bedeutet in einem anderen gebildlichen Zusammenhang etwas anderes ... auch die sog. ‚Vertretbarkeit‘ der Güter ... (ist) nur sehr bedingt gegeben“ (*Heinrich,* a.a.O., S. 98). „Infolge dieser Einmaligkeit und Unvergleichlichkeit der Leistungen und Gebilde sind auch die Preise niemals — auch durch die ungestörteste Wettbewerbswirtschaft nicht — völlig ausgleichbar“ (S. 540).

gilt keineswegs mehr die Selbstregulierung der Preise durch freie Konkurrenz. Auf diesen Märkten kommt ein eigentliches Gleichgewicht zwischen Angebot und Nachfrage nicht mehr zustande, da die Marktbeziehungen ständig Erschütterungen ausgesetzt sind, wie sie eher aus Kampfsituationen abgeleitet werden können.

Stackelberg läßt es dabei nicht bewenden, sondern untersucht auch die Beziehungen, die zwischen den einzelnen Elementarmärkten herrschen. Sobald beispielsweise „die Preisunabhängigkeit für mehr als einen Elementarmarkt und zugleich für mehr als eine Wirtschaftseinheit ausgeschaltet ist, bringen die Beziehungen zwischen den betroffenen Elementarmärkten ein oligopolistisches Moment zur Wirksamkeit, das das Gleichgewicht gefährdet oder gar ausschließt" (S. 245). Denn ein Gleichgewicht stellt sich nach Stackelberg nur bei vollständiger Konkurrenz, bei polypolistischer Konkurrenz und bei isoliertem Monopol ein (S. 245). Doch sind die vollständige Konkurrenz und das absolute Monopol Grenzfälle, die in der Wirklichkeit nicht vorkommen. Selbst die polypolistische Konkurrenz, von der Stackelberg annimmt, daß sie doch immerhin ein Gleichgewicht bewirke und in der Wirklichkeit näherungsweise oft anzutreffen sei, kann auf die Dauer nicht existieren, da jene Anbieter, deren Rente infolge ihrer Vorzugsstellungen besonders groß ist, versuchen, ihre Vorzugsstellungen, soweit sie Übertragungen auf andere Märkte erlauben, zur Eroberung dieser Märkte einzusetzen. Die Gründung von Filialen, Zweigbetrieben, Unternehmensvergrößerungen, etwa durch Fusionen, Pacht usw. stellen ein paar Möglichkeiten dar, durch welche Vorzugsstellungen ausgenützt werden können. Denn durch diese Ausweitung und Angliederung von Märkten kann selbstverständlich der Gewinn absolut gehoben werden. Mithin, dürfen wir abschließen, gibt es ausschließlich gleichgewichtslose Märkte, auf denen das Gesetz der Selbstregulierung von Angebot und Nachfrage durch den Wettbewerb aufgehoben ist. Auf den gleichgewichtslosen Märkten aber endet, wie Stackelberg in seiner bereits klassisch gewordenen Formulierung feststellt, die logische Deduktion mit Kampfsituationen[30]. Stackelberg muß ergänzende Preisbildungsfaktoren der Theorie entlehnen, um die Preisbildung in der wirklichen Wirtschaft zureichend erklären zu können, „denn die Wirklichkeit zeigt kein so chaotisches Bild, wie es aus den allgemeinen Prämissen allein zu folgern wäre" (S. 248). Stackelberg beruft sich auf „Trägheitsfaktoren" (Mängel in der Marktübersicht, Schwierigkeiten in der Ermittlung der Reaktionszusammenhänge, Ungenauigkeiten der Kostenermittlung, autonome Preissetzung sowie Stabilhaltung einmal festgesetzter Preise), durch welche die tatsächlichen Preise stark „historisch" bestimmt sind und aus den

[30] *Stackelberg,* a.a.O., S. 247.

jeweils wirkenden Kräften nicht vollständig abgeleitet werden können" (S. 254); ferner auf „organisatorische Faktoren", die die Marktform betreffen oder die sich unmittelbar auf die Preishöhe selbst beziehen (Syndikatsbildungen, Kartellierungen, staatliche Festsetzung der Preise)[31].

Wir können jetzt dem Resumée Stackelbergs zustimmen: „Damit muß die Idee einer geschlossenen allgemeinen Preistheorie, wie sie der klassischen und der neueren Nationalökonomie vorgeschwebt hat, fallengelassen werden"[32], dürfen allerdings hinzusetzen, daß dieser Satz für eine funktionelle, leistungsmäßige Auffassung der Wirtschaft keine Geltung hat[33]. Die Auflösung des Marktes in Elementarmärkte für jede einzelne Kundenbeziehung entleert den Marktbegriff bis zur Inhaltslosigkeit. Die Beziehungen zwischen Anbieter und Nachfrager werden zum bilateralen Monopol, das keine eindeutige Preisbestimmung zuläßt. In der modernen individualistisch-katallaktischen Theorie wird folgerichtig der Marktbegriff abgelehnt und versucht, ihn durch die Verhaltensweise der Wirtschaftssubjekte zu ersetzen. Schneider, der markanteste Vertreter dieser Richtung, bemerkt, daß selbst der Begriff des Elementarmarktes für das Studium des zeitlichen Ablaufes der Wirtschaft nicht notwendig sei[34]. In der Theorie der Verhaltensweisen hat der Marktbegriff keinen Platz[35]. Für das Verhalten ist keineswegs mehr die Marktform entscheidend, sondern das Verhalten ist von der Marktform unabhängig, Verhalten und Marktform fallen oft genug auseinander[36]. So bieten Marktformenlehre, speziell die Theorien der un-

---

[31] Ders., a.a.O., S. 254 f. Damit wird auch die weitere These der ganzheitlichen Auffassung bestätigt: „Wo immer völlig gleiche Preise auftreten ... ist schon Organisation wirksam, nicht aber lediglich Konkurrenzwirtschaft" (*Heinrich*, a.a.O., S. 540), ferner die These, daß die Preise „einmalig, geschichtlich bestimmt" sind (ebd.).

[32] Ders., a.a.O., S. 248.

[33] Vgl. hierzu die Darstellung der organischen Preistheorie bei *Stavenhagen*, a.a.O., S. 282 ff.; ferner W. *Heinrich*, a.a.O., S. 538 ff.; O. *Spann*, Tote und lebendige Wissenschaft, 4. Aufl., Jena 1935, S. 153 ff.; ders., Fundament der Volkswirtschaftslehre, 4. Aufl., Jena 1929, S. 135 ff., bes. S. 140 ff.; ders., Haupttheorien der Volkswirtschaftslehre, 25. Aufl., Heidelberg 1949, S. 194 f.

[34] Vgl. E. *Schneider*, Einführung in die Wirtschaftstheorie, Bd. II, Wirtschaftspläne und wirtschaftliches Gleichgewicht in der Verkehrswirtschaft, 7. Aufl., Tübingen 1961, S. 77. Zur logisch-empirischen Kritik an der Verhaltenstheorie vgl. J. *Robinson*, Economic Philosophy, dtsch. v. A. Jeck unter dem Titel: Doktrinen der Wirtschaftswissenschaft — Eine Auseinandersetzung mit ihren Grundgedanken und Ideologien. München 1965, S. 63 f. Die Präferenzen sind dem Experiment nicht zugänglich, sie sind in jedem Zeitpunkt verschieden und ändern sich dauernd unter dem Einfluß der Gesellschaft. Außerdem beeinflussen sie sich gegenseitig.

[35] Vgl. H. *Sanmann*, Marktform, Verhalten, Preisbildung bei heterogener Konkurrenz, in: Jb.f.Sw., Bd. 14, Göttingen 1963, S. 59.

[36] Vgl. *Schneider*, a.a.O., S. 71 ff. Ferner W. *Krelle*, Preistheorie, Tübingen/Zürich 1961.

vollkommenen Märkte und Teilmärkte, und erst recht die Theorie der Verhaltensweisen keine Möglichkeit, einen Gesamtmarkt in hinreichender und theoretisch befriedigender Weise zu erfassen: „Im Gegenteil, sie legt es nahe, die Gesamtbetrachtung fallen zu lassen und allein auf die individuellen Aspekte abzustellen, vor allem aber den Marktbegriff . . . nicht mehr zu verwenden[37]."

Es entbehrt nicht der Ironie, daß ausgerechnet die individualistische Theorie, welche den Marktbegriff verlassen hat, mit dem Konzept der „Marktwirtschaft" politische Wirksamkeit entfalten konnte. Wegen dieser politischen Wirksamkeit erscheint die nun folgende Behandlung der Marktwirtschaftslehre in der Euckenschen Fassung noch notwendig.

C. Problem und Kontrolle wirtschaftlicher Macht

„Wie die ganze Geschichte, ist die Wirtschaftsgeschichte von Machtmißbrauch erfüllt."

(W. *Eucken*, Grundsätze, a.a.O., S. 118.)

„Die Geschichte aller bisherigen Gesellschaften ist die Geschichte von Klassenkämpfen."

(*K. Marx* und *F. Engels*, Komm. Manifest, a.a.O.)

Wir dürfen unsere bisherigen Darlegungen wie folgt zusammenfassen und ergänzen: Die Selbstregulierung der Wirtschaft im Sinne der Herstellung eines Gleichgewichts ist an Bedingungen geknüpft, die in der Realität nicht vorhanden sind, nämlich: die beliebige Vermehrbarkeit der Güter; das Nichtbestehen von Vorzugsstellungen, von denen aus Markteroberung betrieben wird; die Unterschiedslosigkeit in zeitlicher, sachlicher, persönlicher und räumlicher Hinsicht; das Nichtvorhandensein von Bindungen und Grenzen, die die Tauschfreiheit beschränken; die Preisunabhängigkeit des Marktes vom einzelnen Anbietenden und Nachfragenden. Würde die Wirtschaft sich selbst überlassen bleiben, endete sie in Kampfsituationen. Der Sinn der Wirtschaft ist jedoch nicht Kampf, sondern Leistung. Um die Wirtschaft zu regulieren, ist das Eingreifen irgendeines geschaffenen Geistes notwendig[38].

---

[37] *Sanmann*, a.a.O., S. 61.

[38] Papst Pius XI., Rundschreiben über die gesellschaftliche Ordnung (Quadragesimo anno Nr. 88): „So wenig die Einheit der menschlichen Gesellschaft gründen kann auf der Gegensätzlichkeit der Klassen, ebensowenig kann die rechte Ordnung der Wirtschaft dem freien Wettbewerb anheimgegeben werden. Das ist ja der Grundirrtum der individualistischen Wirtschaftswissenschaft, aus dem alle ihre Einzelirrtümer sich ableiten: in Vergessenheit oder Verkennung der gesellschaftlichen wie der sittlichen Natur der Wirtschaft glaubte sie, die öffentliche Gewalt habe der Wirtschaft gegenüber nichts an-

Nachdem die liberale Theorie von ihren eigenen Voraussetzungen her gezeigt hat, daß die gleichgewichtslosen Marktformen das Feld der ökonomischen Wirklichkeit beherrschen und die Selbstregulierung unmöglich ist, ist sie in der „Freiburger" Ausprägung der neuliberalen oder neuindividualistischen Schule darangegangen, die Marktform der vollständigen Konkurrenz, in der der Wettbewerb den Wirtschaftsprozeß steuert, durch Eingriffe wirtschaftspolitischer Art herstellen zu wollen[39]. Entscheidendes Kriterium ihrer Marktformenlehre ist die Abhängigkeit der Preise von einzelnen Anbietern oder Nachfragern. Konkurrenz wird nicht von der Zahl der Anbieter oder der Nachfragenden auf einem Markt abhängig gemacht und auch nicht von der Homogenität der Produkte, sondern davon, ob die Einzelwirtschaften für ihre Pläne die Preise für ihre Produkte oder Leistungen dem anonymen Markte entnehmen müssen oder ob sie die Marktpreise beeinflussen können. Mit dem Kriterium der Beeinflußbarkeit der Preise wird in der nationalökonomischen Theorie eine Hinwendung zum Problem der Macht vollzogen. Die Beeinflussungsmöglichkeit der Preise bestimmt nicht nur die Marktform, sondern auch die Machtstellung. Die nationalökonomische individualistische Theorie macht in der Folge den Amoklauf gegen die Macht mit, der von der ihr verwandten Soziologie angeführt wird[40]. „Nur in einer einzigen Marktform tritt das Phänomen der wirt-

---

deres zu tun, als sie frei und ungehindert sich selbst zu überlassen; im Markte, das heißt im freien Wettbewerb besitze diese ja ihr regulatives Prinzip in sich, durch das sie sich viel vollkommener selbst reguliere, als das Eingreifen irgendeines geschaffenen Geistes dies je vermöchte."

[39] Auf die „gigantische Tautologie", die darin besteht, 1. vollständige Konkurrenz vorauszusetzen, 2. nachzuweisen, daß nur dann Gleichgewicht erreicht werden kann, um dann 3. wieder bei der Forderung nach vollständiger Konkurrenz zu landen (Punkt 1), hat K. W. Kapp mit aller Deutlichkeit hingewiesen. Vgl. K. W. *Kapp*, The Social Costs of Private Enterprise, Cambridge Mass. 1950, S. 240 f.

[40] Bezeichnend: A. *Rüstow*, Ortsbestimmung der Gegenwart, 3 Bände, 1950 bis 1957. Nach *Rüstow* befand sich die Menschheit ursprünglich in einem klassenlosen, im wesentlichen herrschaftsfreien Zustand. Durch den Sündenfall der Überlagerung kamen Herrschaft, Unterdrückung und Klassenkampf in die Welt, von feudalen in plutokratische Formen übergehend (III, 332). Mit der Kategorie der „Überlagerung" oder „Überschichtung" vornehmlich kriegerischer Hirten- und Reitervölker über friedliebende, seßhafte Bauernvölker verweist *Rüstow* auf den „ausgesprochen herrschaftlichen, ja gewalttätigen Ursprungs- und Ausgangscharakter aller Hochkulturen" (I, 275). Für *Rüstow* ist Herrschaft versippt mit Überlagerung, Barbarei, Gewalt, Ausbeutung, Klassenstaat, Offenbarungs- und Erlösungsreligion, Metaphysik, Platonismus, Tyrannei, Großbetrieben, Monopolismus. Er fordert daher, der „Herrschaft in allen ihren Formen abzusagen" (II, 477), die Freiheit, Menschlichkeit und den Frieden zu bejahen (I, 13), die Ersetzung des Klassenstaates durch den „klassenlosen Gemeinschafts- oder Genossenschaftsstaat" (I, 119), Aufklärung, die Ablehnung der „prälogischen Denkweise von Theologie und Metaphysik" (II, 455), Kleinbetriebe, Wettbewerb, Marktwirtschaft. Wo immer sich Herrschaft zeigt, muß sie bekämpft werden. Herrschaft ist der Gegensatz zur Freiheit. Herrschaft und Freiheit ist die große Polarität, zwischen der sich die Welt-

schaftlichen Macht ganz zurück: nämlich bei Verwirklichung der *vollständigen Konkurrenz*[41]." In ihrem Ziel, die Bedingungen der vollständigen Konkurrenz zu verwirklichen, wird die Eliminierung der Macht zur Aufgabe der Wirtschaftspolitik.

Nach Eucken (1891—1950) hat sich die Wirtschaftspolitik gegen die Entstehung der Machtkörper zu wenden[42]. Der erste staatspolitische Grundsatz der staatlichen Wirtschaftspolitik ist es: „Die Politik des Staates sollte darauf gerichtet sein, wirtschaftliche Machtgruppen aufzulösen oder ihre Funktionen zu begrenzen[43]."

Der Staat muß die Machtgruppen gegenseitig ausspielen, damit er sie auflockert und ihre Auflösung durchsetzt[44]. Der Staat hat die Ordnungsformen der Wirtschaft zu gestalten. „Die Möglichkeiten, die moderne, industrialisierte Wirtschaft zureichend zu ordnen, erwiesen sich als begrenzt. Bei Anwendung der wesentlichen Kriterien und in Würdigung der gegebenen geschichtlichen Gesamtsituation bleibt allein die Wettbewerbsordnung, die das ordnungspolitische Problem zu lösen vermag[45]." In der Wettbewerbsordnung geschieht „die Lenkung des Wirtschaftsprozesses durch die Preise der vollständigen Konkurrenz und durch die Pläne der vielen Haushalte und Betriebe, die sich an diesen Preisen ausrichten . . ."[46]. „Wenn sowohl Anbieter als auch Nachfrager die Preise vom Markt nehmen und wenn sie danach ihre Wirtschaftspläne aufbauen und auf diese Weise alle Pläne durch den Preismechanismus koordiniert werden, so ist die Marktform der vollständigen Konkurrenz realisiert[46]." Die „Herstellung eines funktionsfähigen Preissystems vollständiger Konkurrenz" muß „zum wesentlichen Kriterium jeder wirtschaftspolitischen Maßnahme gemacht" werden[47]. „Dies ist das wirtschaftsverfassungsrechtliche Grundprinzip[48]." Nach Eucken ist „eine positive Wirtschaftsverfassungspolitik notwendig, die darauf abzielt, die Marktform der vollständigen Konkurrenz zur Entwicklung zu

---

geschichte abspielt (I, 18). *Rüstow* erweist sich also mit *Marx* völlig eins. *Rüstow* übersieht den sittlich-metaphysischen Ursprung der Kultur. Nicht Herrschaft und Ausbeutung, sondern Herrschaft und Opfer sind komplementäre Begriffe. Näheres: F. *Romig*, Herrschaft und Opfer — Zum 5. Todestag Leopold *Zieglers*, Zeitschrift f. Ganzheitsforschung, NF. 7. Jg. H. 3, Wien 1963.

[41] W. *Eucken*, Die Grundlagen der Nationalökonomie, 4. Aufl., Jena 1944, S. 243.

[42] Vgl. W. *Eucken*, Grundsätze der Wirtschaftspolitik (gekürzte Ausgabe), Hamburg 1959, S. 120.

[43] Ebd., S. 188 f.

[44] *Eucken*, Grundsätze, a.a.O., S. 189.

[45] Ebd., S. 157.

[46] Ebd., S. 156.

[47] Ebd., S. 160.

[48] Ebd., S. 160 (bei Eucken in Schrägschrift).

bringen . . ."[49]. Dazu müssen die Märkte geöffnet werden, Vorzugsstellungen, die auf Rechtsinstitutionen fußen (wie z. B. dem Patentrecht) müssen abgebaut werden[50], das Privateigentum der Monopole muß beseitigt werden, denn „nur im Rahmen der Wettbewerbsordnung gilt der vielgenannte Satz, daß Privateigentum nicht nur dem Eigentümer, sondern auch dem Nichteigentümer Nutzen bringe . . . Das Privateigentum an den Produktionsmitteln bedarf der Kontrolle durch die Konkurrenz"[51]. Die Vertragsfreiheit muß eingeschränkt werden: „Die Vertragsfreiheit sollte aber auch im Wirtschafts*prozeß* nur da gewährt werden, wo vollständige Konkurrenz vorhanden ist[52]." *„Vertragsfreiheit darf nicht zu dem Zwecke gewährt werden, Verträge zu schließen, welche die Vertragsfreiheit beschränken oder beseitigen*[53]." Wo der Kontrollmechanismus der vollständigen Konkurrenz fehlt, ist „eine andere Kontrolle geboten: nämlich die staatliche Monopolkontrolle, der Kontrahierungszwang und die Festlegung der Preise und allgemeinen Geschäftsbedingungen durch ein Monopolamt"[54]. So wird bei Eucken der Teufel der privaten Macht mit dem Beelzebub der staatlichen Macht ausgetrieben. In einer „Welt der Monopole" richtet Eucken eine Welt der Fiktionen auf, um schließlich bei staatlichem Zwang und staatlicher Kontrolle aller wirtschaftlichen Angelegenheiten zu enden. Denn, wie die Theorie gezeigt hat, gibt es keine Marktform der vollständigen Konkurrenz, sondern nur gleichgewichtslose, monopoloide oder oligopoloide Marktformen. Nach den Untersuchungen von Sraffa, Robinson und Chamberlin hat selbst noch jede einzelne Beziehung zwischen Produzent und Käufer monopoloide Bestandteile. Damit aber fehlt jede Grenze, vor der die Eingriffe der von Eucken geforderten Monopolämter haltmachen müßten: auch die letzten Kundenbeziehungen könnten durch die Monopolämter kontrolliert, gelenkt und geregelt werden. „In der Tat fragt es sich, wo noch der Unterschied zwischen *Neosozialismus und Neoliberalismus* besteht, wenn nach dem Programm der letzteren zur Sicherung des Wettbewerbs ein Monopolamt errichtet werden soll, das über die Machtfülle einer planwirtschaftlichen Behörde verfügt[55]."

---

[49] Ebd., S. 160.

[50] Vgl. ebd., S. 163—166.

[51] Ebd., S. 169.

[52] *Eucken,* Grundsätze, a.a.O., S. 172.

[53] Ebd., S. 172.

[54] Ebd., S. 172.

[55] F. *Karrenberg,* Neoliberalismus und Neosozialismus, Jahrb. f. Nat. u. St., 166. Band, S. 397, zit. bei F. *Ottel,* Wirtschaftspolitik am Rande des Abgrundes, Frankfurt/M. 1957, S. 124. Ottel weist überzeugend die erschreckenden Parallelen zwischen den Forderungen des Kommunismus und des Neoliberalismus auf.

D. Das Versagen der individualistischen Wirtschaftstheorie, eine kooperative Wirtschaftsordnung zu begründen

Der freie Wettbewerb wird bei Eucken und der neoliberalen Schule durch den erzwungenen Wettbewerb ersetzt, der Zwang jedoch wieder more dialectico mit der Freiheit verbunden: „Die moderne Freiheitsfrage hängt mit der Lenkung des modernen Wirtschaftsprozesses, mit der Frage der Wirtschaftsordnung aufs engste zusammen[56].“ Eucken und seine Schule sind nicht der Ansicht, der Wettbewerb würde sich von selbst einstellen, würde man die Wirtschaft nur von allen Bindungen und Bevormundungen befreien. Eucken hat damit das Laisser-faire überwunden. Die Wirtschafter jedoch müssen geradezu entmündigt werden: „Anbieter und Nachfrager suchen stets — wo immer es möglich ist — Konkurrenz zu vermeiden und monopolistische Stellungen zu erwerben oder zu behaupten[57].“

Auch für Eucken ist der Wettbewerb eine Ausleseveranstaltung zur Steigerung der Leistung: „Leistungswettbewerb ähnelt einem Wettlauf. In paralleler Anstrengung sollte die Leistung des einzelnen gesteigert werden, und am Ziel sollten die Konsumenten entscheiden. Die Auslese der Firmen, ihrer Leiter und der technischen und kommerziellen Verfahren sollte in diesem Leistungswettbewerb stattfinden . . . Die Bewährung für die Versorgung mit Konsumgütern sollte entscheiden[58, 59].“ Gleichzeitig soll der Wettbewerb die Lenkung des Wirtschaftsprozesses bewirken: „Lenkung des Wirtschaftsprozesses und Leistungssteigerung zusammen sollen in der Wettbewerbsordnung durch vollständige Konkurrenz bewirkt werden[60].“ Die Verbindung beider Funktionen aber ist ein klarer Widerspruch, weil mit der Auslese der Wettbewerb beendet wird. Denn die Auslese bedeutet notwendig ein Ausscheiden jener Wirtschaften, die sich nicht bewährt haben. Ihre Produktionsmittel wandern zu den fähigeren Wirten, den leistungsfähigeren Betrieben. Deren Zahl aber wird durch die Auslese auf die Dauer immer geringer. Gleichzeitig bedeutet diese Auslese Betriebsvergrößerung und mit ihr das Anwachsen wirtschaftlicher „Macht“. Der Wettbewerb könnte nur dann aufrechterhalten werden, wenn der „Gewinn“ aus dem Wettkampf abgeschöpft und dem unterlegenen Betrieb wieder zugeführt würde. Dadurch aber wäre der Sinn der Auslese verloren. Die Verknüpfung von Leistungsauslese und Lenkung durch Wettbewerb ist schon an sich widerspruchsvoll und unlogisch.

---

[56] *Eucken*, Grundsätze, a.a.O., S. 123 f.
[57] Ebd., S. 37.
[58] Ebd., S. 45.
[59] F. *Böhm*, Wettbewerb und Monopolkampf, Berlin 1933, S. 212, bezeichnet den Wettbewerb ausdrücklich als Kampfveranstaltung.
[60] *Eucken*, Grundsätze, a.a.O., S. 156.

Ebenso widerspruchsvoll ist die Verknüpfung der Wettbewerbsordnung mit der Freiheit, die Eucken und seine Schule mit beredten Worten versucht. Für Eucken ist Freiheit gleichbedeutend mit wirtschaftlicher Unabhängigkeit, Unabhängigkeit aber ist nur möglich bei Abwesenheit von heteronomer Macht und Herrschaft. Um aber die Wettbewerbsordnung aufrechtzuerhalten, muß Eucken die Freiheit gewaltig einschränken, denn „Freiheitsrecht hebt Freiheitsrecht auf“[61]. „Es erwies sich, daß die Gewährung von Freiheit eine Gefahr für die Freiheit werden kann, wenn sie die Bildung privater Macht ermöglicht . . .[62].“ Besonders „das Prinzip der Vertragsfreiheit geriet in offenen Konflikt mit dem Prinzip des Wettbewerbs“[63]. Denn die Vertragsfreiheit führte zur Schließung der Märkte. „Die Schließung von Angebot und Nachfrage ist diejenige Methode, die am meisten angewandt wurde und wird, um die starke Tendenz zur Konkurrenz . . . zu brechen oder zu behindern[64].“ Darum will Eucken Exklusivverträge und Treuerabatte verboten wissen[65]. Patentpolitik, Markenschutz, Suggestionsreklame und die Preisbindungen zweiter Hand fördern die Monopolbildung[66]. Und selbst das Privateigentum wird in Frage gestellt, wenn es sich nicht mit der fiktiven Marktform der vollständigen Konkurrenz verbindet: „Nur die Wettbewerbsordnung macht . . . das Privateigentum auf die Dauer erträglich[67].“ „Wenn aber Privateigentum eine Monopolstellung konstituiert, ist mit ihm private Macht verbunden[68].“ „Träger privater Macht aber sind imstande, garantierte Freiheitsrechte anderer zu beseitigen[69].“

Schärfstens wendet sich Eucken gegen Zusammenschlüsse der Einzelwirtschaften, weil dann nicht mehr letztere selbst die Pläne erstellen und die Koordination dieser Einzelpläne durch den Wettbewerb und Marktautomatismus unmöglich gemacht wird. Solche Zusammenschlüsse, etwa zur Marktregelung, Angleichung der Geschäftsbedingungen, gemeinsamen Investitionspolitik, gemeinsamen Lösung von Forschungsaufgaben, Poolungen, Aufteilung der Erzeugungsquoten und Absatzgebiete, zu gemeinsamen Verkaufsgesellschaften, zur Preisbindung der Weiterverkäufer, sie alle führen zu Monopolen oder Teilmonopolen und sind als solche Träger privater Macht. Sie aber „sind dem Rechtsstaat nicht adäquat, dürfen also nicht Bestandteile einer

---

[61] *Eucken,* Grundsätze, a.a.O., S. 51.
[62] Ebd., S. 53.
[63] Ebd., S. 119.
[64] Ebd., S. 163 f.
[65] Vgl. ebd., S. 44 und 165.
[66] Vgl. ebd., S. 166.
[67] *Eucken,* Grundsätze, a.a.O., S. 170.
[68] Ebd., S. 51.
[69] Ebd., S. 122.

solchen Wirtschaftsordnung sein“[70]. Durch solche Zusammenschlüsse bilden sich Machtgruppen. „Der Gruppenegoismus neigt zu Wucherung, weil die Gruppen Macht besitzen. Die Funktionäre vertreten im Kampf mit anderen Gruppen und mit dem Staat das Interesse ihrer Gruppe oder das, was sie dafür halten, nicht aber das Interesse des Ganzen. Ökonomisch entsteht das Gegeneinander bilateraler Monopole, in denen nur ein labiler Gleichgewichtszustand erreicht wird, der zur Gleichgewichtslosigkeit tendiert. Es kommt dann notwendig zu Kämpfen der Gruppen gegeneinander. Der Fehler dieser Lösung war: die Gefahr der Gruppenanarchie wurde nicht erkannt[71].“

„Die Machtkörper gewinnen bekanntlich ihrerseits einen großen politischen Einfluß in einem Staat, indem sie zu wuchern beginnen[72].“ „Hierdurch wächst die Gefährdung der Freiheit aufs äußerste. Wirtschaftliche Macht verbindet sich heute in vielen Ländern mit öffentlicher Gewalt . . . Die *dreifache Bedrohung* durch private Macht der Markt-Gegenseite, durch das Kollektiv und durch den Staat, der sich mit privaten Machtkörpern verbindet, macht sich in allen Ländern . . . geltend[73].“ „Das Problem der wirtschaftlichen Macht ist die andere Seite des Problems der Freiheit . . .[74].“ „Ob zentrale Planstellen den Wirtschaftsprozeß lenken oder ob private oder halbstaatliche Machtkörper oder ob viele Haushalte und Betriebe auf Grund eigener Pläne handeln, ist für den Umfang der freien Sphäre, in welcher der Mensch alltäglich lebt, wesentlich[75].“ Auch die halbstaatlichen Machtgruppen, die Selbstverwaltungskörper und Berufsstände, halten der Kritik Euckens nicht stand: „Die Erfahrung . . . zeigte aber: Entweder entwickelten sich solche Selbstverwaltungskörper zu festgefügten Verbänden monopolistischer Prägung . . . Oder aber die Selbstverwaltungskörper wurden ausführende Organe zentraler Planstellen — also Instrumente der Zentralverwaltungswirtschaft[76].“ „Wird die Wirtschaft durch Berufsstände gelenkt, so ist das gleichbedeutend mit einer *Planverlagerung* von den Betrieben auf die Spitzen der Berufsstände, was auf eine Förderung des Zentralisierungs- und Vermachtungsprozesses hinausläuft[77].“ „Eine dauerhafte Lösung des Ordnungsproblems kann das Neben- und Gegeneinander von Machtgruppen nicht bieten[78].“ „Das Problem der wirt-

[70] Ebd., S. 53.
[71] Ebd., S. 119.
[72] *Eucken*, a.a.O., S. 120.
[73] Ebd., S. 123.
[74] Ebd., S. 122.
[75] Ebd., S. 123.
[76] Ebd., S. 103 f.
[77] Ebd., S. 105.
[78] Ebd., S. 154.

schaftlichen Macht kann niemals durch weitere Konzentration von Macht gelöst werden[79]."

Eucken und der neuliberalen Schule entgeht bereits im Ansatzpunkt aller ihrer Folgerungen, daß sich Macht und Freiheit keineswegs gegenseitig ausschließen.

Vielmehr ist die Macht notwendiges Institut jeder Herrschaft. Herrschaft, Führung und Autorität sind notwendige Bedingungen des gesellschaftlichen Lebens und der Freiheit. Gesellschaft ohne Führung gleicht einem Schiff ohne Steuermann, einem Orchester ohne Dirigenten, einem Heer ohne Feldherrn. Infolge ihrer individualistischen Gesellschaftsauffassung vermögen Eucken und die neuliberale Schule das Problem von Führung, Macht und Herrschaft nicht zu meistern, und ihr einziges Konzept ist die Schwächung und Auflösung der Macht. Dadurch aber werden sie — unbewußt — zu Vorreitern des Bolschewismus und des Staatstotalitarismus. Ottel hat mit seinem Urteil recht: „Die Empfehlung der Freiburger Schule, den Wettbewerb im Namen der Freiheit und Gleichheit mit allen Mitteln staatlichen Zwanges — einschließlich der wirtschaftlichen Liquidation — zu verwirklichen, ist wirtschaftliches Jakobinertum und auch hierin dem Bolschewismus verwandt[80]." Euckens und der neuliberalen Schule Forderungen bedeuten nicht mehr und nicht weniger als Destruktion der gesellschaftlichen Strukturen. Sie gliedern sich damit in den großen Prozeß der Gesellschaftauflösung ein, der das Abendland seit der Mitte des 13. Jahrhunderts ergriffen hat[81].

In der Wirtschaft ist nichts notwendiger als Zusammenarbeit, Zusammenschluß, Führung, Ordnung, Macht und Herrschaft, wenn die Aufgaben, die die Gesellschaft an sie stellt, bewältigt werden sollen. Wettbewerb, Markt, Preise sind heute sekundäre Probleme geworden. In der modernen Theorie hat sich der Marktbegriff verflüchtigt. Der Wettbewerb ist kein regulatives Prinzip, er stellt kein Gleichgewicht und damit kein Optimum her. Das Gesetz von Angebot und Nachfrage, durch welches der Preis bestimmt werden soll, besteht nicht[82]. Die Preise

---

[79] Ebd., S. 121.

[80] *Ottel,* a.a.O., S. 133.

[81] In dieses Jahrhundert dürfen wir wohl die Geburtsstunde des souveränen Staates ansetzen, der das Reich schließlich entmachtete, vgl. Frhr v. d. *Heydte,* Die Geburtsstunde des souveränen Staates, ein Beitrag zur Geschichte des Völkerrechts, der allgemeinen Staatslehre und des politischen Denkens, Regensburg 1952.

[82] W. *Weber,* Positive und negative Chancen für den „Beirat", Versuch einer Würdigung. In: Wirtschaftspolitische Blätter, 11. Jg., Nr. 6/1964, S. 393: „Doch man wird sich daran gewöhnen müssen, daß das eherne Gesetz von Angebot und Nachfrage als Um und Auf von Sonntagsreden Blech ist."

sind durch Angebot und Nachfrage nicht eindeutig bestimmbar[83]. Die Erzeugungskosten pro Leistungseinheit können nicht exakt, sondern nur näherungsweise (mit weitem Spielraum) ermittelt werden[84]. Diesen sekundären, abgeleiteten und durchaus nicht ursprünglichen Kategorien und Erscheinungen stehen die primären gegenüber.

Primär sind die Aufgaben der Wirtschaft und die möglichst vollkommene Leistung[85]. Die gegenseitige Abhängigkeit aller wirtschaftlichen Handlungen, das Ineinandergreifen der einzelnen Betriebe, Wirtschafts- und Gesellschaftskörper ist viel zu eng geworden, als daß Markt, Wettbewerb und Preis als Ordnungsinstrumentarium ausreichten. Die Errichtung von Atomkraftwerken, der Bau von Raketen, die Energieversorgung, die Entwicklung von fremden Volkswirtschaften, das Verkehrswesen, die Landschaftsgestaltung erfordern auch in der Wirtschaft Lenkungs- und Entscheidungsorganisationen, die strukturmäßig stark die Züge von Kirchen- und Heeresorganisationen tragen. Die Großinvestitionen werden heute nicht durch die einzelnen Betriebe und Haushalte getätigt, sondern durch die Sozialkörper nationaler und internationaler Art. Es sind dies nicht nur Profit erst ermöglichende Investitionen (wie z. B. die Aufrüstung, die Kommunaleinrichtungen, die Schulen usw.), sondern Bedingungen des gesellschaftlichen und wirtschaftlichen Überlebens und der Freiheit. Besonders in Zeiten großer gesellschaftlicher Krisen, Herausforderungen, Umwälzungen ist wirtschaftlicher Zusammenschluß notwendig. In diesen Zeiten versagt eine Ordnung, die ihr Heil im Egoismus, Wettbewerb und Marktmechanismus sucht[86]. Alles

---

[83] Vgl. *Stackelberg*, a.a.O., S. 248.

[84] P. *Riebel*, Das Rechnen mit Einzelkosten und Deckungsbeiträgen. In: Zeitschrift für handelswissenschaftliche Forschung, 11. Jg., Köln und Opladen 1959, S. 237: „Es gibt in jeder Wissenschaft Fragen, die aus der Natur der Sache heraus nicht beantwortet werden können. Dazu gehört die naheliegende, aber laienhafte Frage: ‚Was kostet die Leistungseinheit‘?“ Nicht ohne Sarkasmus bemerkt J. *Robinson*, Doktrinen . . ., a.a.O., S. 169: „Es ist unmöglich, die Kosten einschließlich eines angemessenen Beitrags für laufende Unkosten, Abnutzung und einen fairen und vernünftigen Gewinn für jede einzelne Produktionsmenge jedes einzelnen Gutes zu bestimmen. Die eine oder andere vernünftige Formel zur Aufteilung der Kosten läßt sich allerdings finden, die dann den Preis rechtfertigen wird, den die Firma für erzielbar hält.“

[85] O. *Spann*, Fundament, a.a.O., S. 296: „Nicht Werten, sondern Leisten ist das Erste an der Wirtschaft, nicht die Preisbildung, sondern die Gliederungen der Leistungen ist das Erste . . .“ (im Original fett gedruckt).

[86] Auch die Keynessche Theorie genügt in keiner Weise. Prägnant äußert sich dazu *Robinson*, Doktrinen . . ., a.a.O., S. 118: Keynes „nimmt irrtümlicherweise an, es gäbe eine Art neutraler Politik, die die Regierung verfolgen könne, um ganz allgemein die effektive Nachfrage zu stabilisieren, ohne daß das irgendeinen Einfluß auf die spezielle Nachfrage nach den einzelnen Gütern hätte. Die Regierung hat die Aufgabe, Konsum- und Investitionsneigung in Übereinstimmung zu bringen, alles andere jedoch wird am besten dem freien Spiel der wirtschaftlichen Kräfte überlassen“. Keynes wird u. E. zurecht von der neo-klassischen (oder neo-liberalen) Schule als einer der ihren reklamiert,

kommt vielmehr darauf an, eine kooperativ-freiheitliche Ordnung zu entwickeln, die nicht durch gegenseitigen Kampf zur Aufspaltung der Kräfte führt, sondern die die materiellen und geistigen Ressourcen durch den Zusammenschluß und die Zusammenarbeit multipliziert und potenziert.

---

denn auch er erwartet alles Heil aus der Staatsintervention. Ideologisch steht er auf dem Boden der französischen Revolution. Gerechtigkeit oder Billigkeit ist für ihn Gleichheit (S. 314 ff.), daher ist die unbillige und willkürliche Verteilung des Reichtums und der Einkommen auszugleichen (S. 314), Kapitalbesitz ist „Unterdrückungsmacht“ (S. 317), von der erst der „sanfte Tod des Rentners“ (S. 317) durch die sinkende „Grenzleistungsfähigkeit des Kapitals“ erlöst. Bis dahin aber bedarf es einer „ziemlich umfassenden Verstaatlichung der Investition“ (S. 319), denn sie ist das „einzige Mittel zur Erreichung einer Annäherung an Vollbeschäftigung“ (S. 319). Verstaatlichung kann auf diese Weise auf kaltem Wege erreicht werden, „ohne einen Bruch in den allgemeinen Überlieferungen der Gesellschaft“ (S. 319). Keynes gehört — bei all seinen unbestreitbaren Verdiensten — mit zu jenen Kräften, die durch das Dynamit der Gleichheitsforderung das Gefüge unserer Gesellschaft auflösen. Vgl. J. M. *Keynes*, The General Theory of Employment, Interest and Money, 1935, dtsch. von F. Waeger unter dem Titel: Allgemeine Theorie der Beschäftigung, des Zinses und des Geldes, 1936, unv. Neudruck 1955, Berlin (Seitenangaben nach der Ausgabe 1955).

II. Teil

Die Bausteine zu einer Theorie der wirtschaftlichen Zusammenarbeit (lehrgeschichtlicher Überblick)

A. Die Stellung der Wirtschaft in der Gesellschaftsordnung Platons: Die Einheit von Sein, Staat, Mensch und Stand

> „Der Platonische Staat ist nicht allein ein vages Ideal ... ich weiß nicht, ob man nicht behaupten dürfte, daß das dieselben Grundsätze sind, welche abstrakt verstanden, das Staatswesen begründet haben, das während der Epoche, die man das Mittelalter nennt, in Europa in voller Geltung gewesen ist."
>
> (*L. v. Ranke,* Weltgeschichte, Bd. 1, 1928, S. 299.)

Niemals mehr wurde die Stellung der Wirtschaft in der Gesellschaft tiefer fundiert, als durch den ewigen Meister der Staatslehre, Platon (427-347 v. Chr.).

Der Mensch ist der Staat im Kleinen, der Staat wiederum das Spiegelbild des Menschen, der Mensch im Großen[1], der Mensch selbst aber und mit ihm der Staat ist das Abbild des Seins. Die Einheit von Sein, Staat und Mensch aufgezeigt zu haben, das ist die unvergängliche Leistung Platons.

Innerhalb des Staates hat die Wirtschaft eine nur dienende Stellung. Bei Platon „gilt allgemein die Lehre vom Vor-rang und Vor-sein des Ganzen vor den Teilen und aus ihr folgend die besondere Lehre, daß die teilhafte Wirtschaft nur die Bedeutung eines Mittels für Staat und

---

[1] *Platon,* Staat, 368 A—369 B. Vgl. auch A. E. F. *Schäffle,* Das gesellschaftliche System der menschlichen Wirtschaft, 3. Aufl., Tübingen 1873, 1. Bd., S. 12: „Das sittliche Leben des Menschen ist ein Leben in Gemeinschaft, Leben eines Gliedes, welches dem höheren Organismus der menschlichen Gesellschaft angehört. Die Gesittung gedeiht nur in Gemeinschaft vieler eigentümlicher Individuen, Familien, Geschlechter, Stämme, Nationen und Rassen, welche im Raum durch Transport, in der Zeit durch Tradition zu einem Leben der Menschheit verknüpft werden. Diese Gemeinschaft, vom engsten Rahmen der Familie bis zur sittlichen Gemeinschaft der ganzen Menschheit heranwachsend, ist der wahre, der ‚große' Mensch, das größte und höchste organische Wesen der irdischen Schöpfung." Dem platonischen Begriff der Staatheit entspricht der Begriff der Gemeinschaft. (Die Rechtschreibung wurde nach dem derzeitigen Stand korrigiert.)

Mensch besitzt. Daß die Wirtschaft in langen Läuften der Geschichte Selbstzweck war, ist infolgedessen kein Einwand, und daß sie Selbstzweck werden kann, wäre auch von Platon nicht bestritten worden; nur läge für ihn hierin ein Abfall von der Norm beschlossen und weder als ‚Theorie' noch als ‚Hypothese', sondern als Entartung gälte für seine staatliche Metaökonomik jede Auffassung, die der Wirtschaft mehr als eine dienende Stellung im Lebensgesamt zuweist[2]."

Gegenstand der Wirtschaft sind bei Platon die Dinge, die zur Stillung der leiblichen und sinnlichen Bedürfnisse hervorgebracht, erhandelt oder sonstwie beigebracht werden. In seiner Seinslehre ist die Welt der Dinge das aus Ideen und Materie Gemischte. Die Ideen sind das Bestimmende, die Dinge das Bestimmte, die Materie das Bestimmungslose. Wesen, Sinn, Gestalt, Wert und Maß erhalten die Dinge nur durch Teilnahme an den Ideen. Durch die Materie als das Wesenlose, Sinnlose, Wertlose und Maßlose drohen die Dinge immer wieder zu zerfallen, sich aufzulösen. In den Dingen selbst ist kein Maß und daher ist „keine Grenze des Reichtums sichtbar den Menschen gesetzt"[3].

Die Versorgung mit den leiblichen und sinnlichen Dingen übernimmt bei Platon der Nährstand im weitesten Sinne des Wortes. Zu ihm zählen nicht nur die Bauern, Rinderhirten, Schaf- und sonstigen Hüter, Baumeister, Landvermesser, Weber, Schuster, Zimmerleute, Schmiede und die vielen anderen Handwerker, die Lohndiener, Händler, Kaufleute und Seefahrer, sondern auch jene Berufe, die wir heute der „tertiären Produktion" zuordnen würden, die Ärzte, Erzieher, Ammen, Wärterinnen, Barbiere, Köche, Theaterunternehmer, Schauspieler, Komponisten, Tänzer und Bildner[4].

Die Einzelnen gehören dem Nährstand an, weil sie, ihrer Naturanlage entsprechend, sich an den Dingen erfreuen, wie sie an sich sind. Darum überläßt Platon ihnen im „Staat" das Privileg des Eigentums an äußeren Gütern.

Sehr im Einklang mit der Verfassung der alt-griechischen Polis schließt Platon den Nährstand von den Angelegenheiten des Staates aus. Die Metöken und Demiurgen sind ἄπολις, sie tragen keine Waffen und müssen den Staat auch nicht verteidigen, sie sind Privatleute (ἰδιώτης), Nichtbürger.

---

[2] *Salin*, a.a.O., S. 13.

[3] *Solon*, Fr. 1, 71 zit. bei *Salin*, a.a.O., S. 9.

[4] W. *Andreae*, Platons Staatsschriften, 2. Teil: Staat, 2. Halbbd.: Einleitung und Erläuterungen, Jena 1925, S. 80: „... Bildhauerei, Malerei, Baukunst u. s. f. galten den Griechen und auch Platon noch für etwas Handwerkliches und gehören somit zu den Berufen der Werker: ‚Die Künste erscheinen uns doch alle handwerksmäßig' (p. 527 a)".

Praktisch ausgeschlossen dagegen von persönlichem Besitz, von privatem Eigentum an Sachen sind jene, die im Staat herrschen und wachen. Sie dürfen weder Gold noch Silber berühren, ihre Wohnung und Vorratskammern stehen offen, Land, Häuser und Geld sind, soweit sie es benötigen, immer Gemeinbesitz der Wächterschaft, nie eines Einzelnen[5].

Schroffer als durch den Ausschluß der Herrscher und Wächter vom Privatbesitz, ja sogar vom Familienstand kann dem Mißbrauch der Macht nicht vorgebeugt werden. Möglich, daß Platon bei dieser Bestimmung die wenig erfreulichen und selbst erlebten Zustände im Athen der Dreißig oder der Zehn vor Augen standen. Sicherlich, doch dieser Begründung bedarf es nicht. Denn die Wächter suchen nicht den Besitz des äußeren Goldes und Silbers und ähnlicher Dinge. Von Jugend an in spartanischer Kargheit und Bedürfnislosigkeit erzogen, richten sie ihr ganzes Streben auf den Besitz jener Güter, die die Erkenntnis der Ideen und Wahrheit vermittelt. „Gold und Silber aber, soll man ihnen sagen, haben sie Göttliches von Göttern immer in ihrer Seele und bedürfen des menschlichen nicht[6]." Indem sie aber selbst nicht besitzen, sind sie objektiv befähigt, der Wirtschaft Maß und Ordnung zu geben und die Grenzen des Reichtums zu bestimmen. Nur zu gut wissen sie um die richtige Mitte zwischen zu großem Wohlstand und Reichtum, die beide zu Faulheit, Nachlässigkeit und Unmäßigkeit führen, und drückender Armut, die Unzufriedenheit stiftet, niedrige Denkart zeugt und schlechtes Arbeiten bewirkt[7].

Viel mehr als auf die Einhaltung des rechten Maßes bedacht zu sein, ist nicht Aufgabe der Wächter. Sie können die Regelungen für den Verkehr auf dem Markt oder für das Handwerk, das Klagewesen, die Auflegung und Einhebung von Steuern und Zöllen sowie überhaupt alles, was zur Markt- oder Stadtpolizei oder zur Hafenordnung gehört, getrost dem Leben und Nächstbesten überlassen. „Unangemessen ist es, rechten Männern darüber Befehle zu erteilen; denn das daran, was irgend der Gesetzgebung bedürfte, werden sie wohl leicht selbst finden." Denn wie die Frucht aus dem Samen, geht das Recht aus der Kultordnung hervor.

Das Wissen, das den Wirtschaftern mit ihrem Glauben an die sinnlich-sichtbaren Dinge zugänglich ist, hat für Platon den Charakter der Meinung[8]. Die Meinung nimmt die Dinge für sich als Realitäten und entbehrt der Einsicht in ihr Wesen.

Wir glauben, daß die Stellung der Wirtschaft in Platons Staat durch die nachfolgende Tafel hinlänglich dargestellt werden kann. Die Gerech-

---

[5] *Platon,* Staat, 416 D ff.

[6] *Platon,* Staat, 416 D ff.

[7] Vgl. *Platon,* Staat, 421 C ff.

[8] *Platon,* Staat, 508 D.

Die Einheit von Sein, Staat und Mensch bei Platon

Seinsschichten	Ordnungen	Stände	Tugenden	Erkenntnisstufen	Seelenkräfte
Gott, das höchste Gut	Opferordnung	Die Regierenden (Lehrstand)	Weisheit	Vernunftwahrheit, (Gotterkenntnis)	Geist und Eros
Ideenreich	Kultordnung	Wächter (Wehrstand)	Tapferkeit	Verstandes-einsicht, (Begriffs-erkenntnis)	Leidenschaftlich-keit, Eifer, Wille
Körperwelt, das „Gemischte", die Dinge	Rechtsordnung	Wirtschafter (Nährstand)	Besonnenheit	Meinung, (Dingerkenntnis)	Sinnenfreude
Materie	Das Ungeordnete, zu Ordnende	Standlosen (Sklaven)	Begehrlichkeit	Schattensicht	Trieb

tigkeit in diesem Staat ist die Einheit zwischen Sein, Staat und Mensch und die am Kosmos des Seins ausgerichtete Ordnung der Werte, Güter und Ränge. Die Staatheit ist „verwirklichte Gerechtigkeit, unhörbarer Zusammenklang je des Dreiklanges Selbstzucht, Tapferkeit und Weisheit; Trieb, Wille und Geist; Nährstand, Wehrstand und Lehrstand“[9].

Auf diesen Zusammenklang der Seinsschichten, der Ordnungen, der Stände, der Tugenden, der Erkenntnisstufen und der Seelenvermögen kommt alles an: das Niedrigere findet in seinem jeweils Höheren Grund, Bestimmung, Zweck, Ziel, Wesen, Maß, Bindung. Sobald sich das Niedrigere von seinem es befassenden Höheren löst, zerfällt seine Ordnung, wird es maßlos, sinnlos, grundlos, zügellos. Platon, dem nichts Menschliches fremd ist, führt eindringlich vor Augen, welchen Weg der Staat nimmt, der ohne Maß in der Wirtschaft sein Glück sucht. Für ihn hat Platon das harte Wort vom „Schweinestaat“ geprägt (372 E), dessen Bürger „sich behaglich wie ein Schwein im Kote der Unwissenheit wälzen“[10].

Die Entfesselung der Wirtschaft führt zur Verschwelgung des Staates, zur Polis ede tryphosa. Unaufhaltsam drängt dieser Staat über seine Grenzmarken hinaus und überzieht fremde Gebiete mit Krieg und Eroberung (373 D). Der verwirtschaftlichte Staat, „dieser von Üppigkeit, Genußsucht, Raublust aufschwellende Staat vergeht sich elementar an der Treuga Dei... Was aber ist Krieg? Treubruch des ungeschriebenen Gesetzes aller Völker. Bodenraub und Freiheitsraub. Gewalttat und Notzucht. Plünderung und Mißhandlung. Unterwerfung und Verknechtung. Zerstampfte Saaten, verwüstete Fluren, zertrümmerte Altäre, entweihte Heiligtümer, geschändete Götter[11].“

Erhalten und befördert wird das eigentlich Staatliche im Staat stets nur von Wenigen: „Durch den kleinsten Stand und Teil von ihm also und die diesem einwohnende Weisheit... wird der ganze Staat, wenn er naturgemäß gegründet ist, weise“[12], tapfer, besonnen und gerecht. Der Nährstand ist aber keineswegs Knecht, sondern „Lohngeber und Ernährer“[13] dieser weisen Herrscher, Staatserhalter, Retter, Wächter und Helfer. Die einzelnen Stände sind aufeinander angewiesen, jeder einzelne von ihnen ist für den Staat notwendig. Auch „die platonische Wirtschaft zählt zu den mitverursachenden Kräften im Staate. Sie liefert entscheidende Mittel, ohne die weder Staat noch Staatskunst bestehen könnten, wenn auch Staat und Staatskunst der Vorrang gebührt“[14]. Die

---

[9] L. *Ziegler*, Von Platons Staatheit zum christlichen Staat, Olten 1948, S. 54.

[10] Vgl. d. Anm. zu 372 E bei *Andreae*, a.a.O., S. 173.

[11] *Ziegler*, a.a.O., S. 58 f.

[12] *Platon*, Staat, 429 A.

[13] Ebd., 463 A.

[14] O. *Zwengel*, Verhältnis von Staat und Wirtschaft in Platons Staatsschriften, Diss., Gießen 1940, S. 24.

Zugehörigkeit des Einzelnen zu seinem Stand richtet sich nach seiner Naturanlage[15]. Verbunden aber sind die einzelnen Stände durch die gemeinsame Ansicht, daß in ihrem von Gott gestifteten Staate das Gute und die ihm Nächsten führen und herrschen sollen.

Nicht Naturgesetze von der Art der aufeinanderstoßenden Kräfte (countervailing powers) verbinden die einzelnen Stände, sondern die vom königlichen Philosophen gestaltete gerechte Ordnung des Staates.

Wie sehr Platon auf die Bewahrung des Maßes und der Verhältnismäßigkeit im Staate drängt wird in zahllosen Einzelheiten in den „Gesetzen" deutlich. Da soll die Bevölkerungszahl weder steigen noch fallen (740 D), der Verkauf des zugefallenen Bodenloses wird strikte untersagt (741 B), ebenso der Besitz von Gold oder Silber (742 A), zu großer Gelderwerb muß unmöglich gemacht werden, (741 E / 742 A) und Geld darf nur im Inland seinen Wert haben, „in der übrigen Welt muß es ungangbar sein" (742 A), Kreditgeschäfte sind verboten (742 C) und ebenso der Erwerb und Besitz eines Vermögens, das über den vierfachen Wert des zugefallenen Landesloses hinausgeht (745 A). Überreiche Leute können weder gut noch glücklich sein, denn sie erwerben nicht tugendhaft und geben Geld nur ungern für edle Zwecke aus (742 E). Die Sorge um das Vermögen steht dem Range nach als letztes: „Denn während es im ganzen nur drei Dinge gibt, um die sich jedermann ernstlich bemüht, ist das letzte und dritte die Bemühung um Eigentum, sofern sie richtig betrieben wird; in der Mitte steht die Bemühung für den Leib; die erste ist die für die Seele" (743). Die Gesetzgebung hat diese Rangordnung festzuhalten, damit die „Menschen möglichst glücklich und möglichst untereinander befreundet" sind (743 C). Handel mit dem Zweck des Gelderwerbs darf im ganzen Staate nicht betrieben werden (847 D).

Platons Bücher über den „Staat" und seine „Gesetze" enthalten für unser Thema eine ausgebaute Theorie der Zusammenarbeit zwischen Staat und Wirtschaft. Die Politeia als Abbild des Kosmos ist ständisch gegliedert. Die Stände sind gegenseitig aufeinander angewiesen: Die staatstragenden Stände, der Lehr- und Wehrstand, bedürfen des Nährstandes, der „Ernährer und Lohngeber", um sich unbekümmert einzig und allein der Vervollkommnung des Staates widmen zu können. Die Wirtschaft aber, die in sich selbst weder Maß noch Ordnung findet, bedarf des Staates, der mit starker Hand über die Einhaltung ihres Maßes, ihres inneren Friedens, ihrer Eintracht und ihrer Gesetze wacht. Durch ihn wird die Wirtschaft, jeder Beruf und jeder Einzelne geschützt, gesichert und in seinem Stande begründet.

---

[15] Platon greift hierbei auf das bezaubernde und unerschöpfliche Phoinikikon Pseudos zurück, wonach der gestaltende Gott entweder Gold, Silber, Eisen oder Kupfer der Seele bei der Zeugung beigemischt habe (415 A), symbolisierend Königtum, Kriegertum und Bauern- und Händlertum.

B. Die körperschaftliche Auffassung der Wirtschaft in der christlichen Soziallehre[16]

1. Die Kirche, der mystische Leib Christi, das Lebensprinzip der Gesellschaft

Platons Auffassung, die Einheit von Sein, Staat und Mensch, erfährt in der christlichen Soziallehre ihre nochmalige Steigerung. Ist bei Platon der Staat die höchste Form der Gemeinschaft, so im Christentum die Kirche.

Die Kirche ist der mystische Leib Christi[17].

Die Einheit oder Verbindung des Stifters, Erhalters, Hauptes und Erlösers „... mit der Kirche ist so innig und beständig, daß Christus und die Kirche miteinander gleichsam eine *einzige mystische Person* bilden“[18]. Die gläubigen Glieder sind die Kirche[19], die Kirche ist Christus[20].

„Die Kirche ... besitzt in Gott, im Gott-Menschen, in Christus, das unsichtbare, jedoch unerschütterliche Prinzip ihrer Einheit und Ganzheit, d. h. der Einheit ihres Hauptes und ihrer Glieder in der ganzen Fülle ihres eigenen Lebens, das alles echte Menschentum umfängt und heiligt

---

[16] In diesem und den folgenden Kapiteln bedeuten:

1. R. n. n. 26 = Papst Leo XIII., Rundschreiben über die Arbeiterfrage (Rerum novarum), Rom bei St. Peter, 15. Mai 1891, dtsch. übersetzt und in Abschnitte eingeteilt von G. Gundlach (Die sozialen Rundschreiben Leo's XIII. und Pius XI., Veröffentlichung der Görres-Gesellschaft, Sektion für Sozial- und Wirtschaftswissenschaft, Heft 3, Paderborn 1931. n 26 = 26. Abschnitt).
2. Q.a. n. 81 = Papst Pius XI., Rundschreiben über die gesellschaftliche Ordnung (Quadragesimo anno), Rom bei St. Peter, 15. Mai 1931, dtsch. nach der amtlichen römischen Übersetzung, in Abschnitte eingeteilt von G. *Gundlach*, a.a.O., N. 81 = 81. Abschnitt.
3. U.-G. 4109 = Aufbau und Entfaltung des gesellschaftlichen Lebens. Soziale Summe Pius XII., herausgegeben von A. F. *Utz* und J. F. *Groner*, Freiburg (Schweiz) Bd. I—II 1954, Bd. III 1961, mehrere Übersetzer, 4109 = Abschnitt 4109 (nicht Seite!). Die Numerierung durch U.-G.
4. M. M. n. 218 = Papst Johannes XXIII., Rundschreiben: Über die jüngsten Entwicklungen des gesellschaftlichen Lebens und seine Gestaltung im Licht der christlichen Lehre (Mater et Magistra), Rom bei St. Peter, 15. Mai 1961, dtsch. übersetzt und in Abschnitte eingeteilt von E. Welty und unter dem Titel veröffentlicht: Die Sozialenzyklika Papst Johannes XXIII., Herder-Bücherei, Freiburg i. Breisgau 1961. n. 218 = Abschnitt 218.

[17] Die Formel: Die katholische Kirche ist der mystische Leib Christi, findet sich erläutert in der Enzyklika Pius XI. „Mystici corporis Christi“ vom 20. 7. 1943, zit. als MCC. Vgl. auch A. *Mitterer*, Geheimnisvoller Leib Christi nach St. Thomas von Aquin und Papst Pius XII., Wien 1950.

[18] Vgl. L. *Ott*, Grundriß der katholischen Dogmatik, 4. Aufl., Basel, Freiburg, Wien 1959, S. 354.

[19] U.-G. 4106.

[20] *Ott*, a.a.O., S. 354.

und die vielfältigen Strebungen und Sonderziele auf das allen gemeine Gesamtziel, die möglichst vollkommene Verähnlichung mit Gott[21], hinordnet[22].

Die Kirche: mystischer Leib Christi, bedeutet in der Analyse Pius XII. die hypostatische Vereinigung dreier Naturen, der physischen oder organischen Natur (1), der moralischen, sozialen oder juristischen Natur (2) und der mystischen Natur (3).

Dem Papst liegt sehr an der Unterscheidung von physischem, moralischem und mystischem Leib und er tadelt ihre Unterlassung (MCC 84).

Als organische Natur, d. h. als Leib, ist die Kirche greifbar, sichtbar, nicht etwa nur „Pneumatisches". Sie besitzt eine „Vielheit von Gliedern", „die verschiedene Aufgaben haben", „sich gegenseitig Hilfe leisten" und unterstützen, „besonders zum weiteren Aufbau des ganzen Leibes" (MCC 15, 16). Es „muß die Kirche hauptsächlich deshalb ein Leib genannt werden, weil sie aus einer organischen Verbindung von Teilen erwächst und mit verschiedenen, aufeinander abgestimmten Gliedern versehen ist" (MCC 16), wie dies beispielsweise in der „Stufenfolge der kirchlichen Ämter", (doch nicht nur dort!), zum Ausdruck kommt. Damit sind in wenigen Absätzen und in konzentriertester Form bereits wichtige soziale Prinzipien oder soziale Kategorien durch den Papst aus dem Vergleich mit dem organischen Leib abgeleitet[23]:

1. Die Ganzheitlichkeit, Einheit und Unteilbarkeit.
2. Die Gliederung, „Organisierung" oder „Organschaffung".
3. Die Stufung nach Leistung und Rang oder die hierarchische Verfassung.
4. Die Unterschiedlichkeit, verschiedene Dienlichkeit, Arteigenheit oder Mannigfaltigkeit der Glieder.
5. Die Abstimmung, Korrelation oder Entsprechung der Glieder zueinander,
6. Die Gegenseitigkeit, Solidarität oder gegenseitige Hilfeleistung der Glieder.

Über die organischen Bezüge hinaus führt die moralische Bestimmung der Natur dieses Leibes. Damit ist zunächst einmal ausgedrückt,

[21] „Verähnlichung mit Gott soweit als möglich" ist auch nach Platon Ziel und Bestimmung des Menschen (Theaitetos 146 B), dem der Staat als Führer zu Gott, seinem und des Menschen Prinzip, zu dienen hat (Höhlengleichnis im „*Staat*", 7. Buch).

[22] U.-G. n. 4088, vgl. auch 4091 und 4093.

[23] Die Analogie als Erkenntnismethode spielt in der kirchlichen Tradition, besonders für die natürliche Gotterkenntnis, eine außerordentliche Rolle. Sie beruht in der Ebenbildlichkeit des Geschöpfes mit seinem Schöpfer. Vgl. auch: L. *Ott*, a.a.O., S. 23.

daß die Kirche ein gesellschaftlicher, moralischer, sozialer Leib oder, wie der Papst sich ausdrückt, eine juristische oder moralische Körperschaft (MCC 60) oder Person ist. Während in einem physischen Organismus das einigende Prinzip die einzelnen Teile derart verbindet, „daß sie kein eigenes Fürsichsein mehr besitzen“, verbindet das einigende Prinzip im sozialen Leib die „Glieder so untereinander, daß die einzelnen ihre Eigenpersönlichkeit vollauf bewahren“ (MCC 59). „Wenn wir sodann das gegenseitige Verhältnis zwischen dem Ganzen und den einzelnen Gliedern betrachten, so ergibt sich folgendes: In jedem lebendigen physischen Leib sind alle einzelnen Glieder in letzter Linie einzig zum Wohle des ganzen Organismus da, während jede gesellschaftliche Gliederung von Menschen, wenn man auf deren letzten Nützlichkeitszweck sieht, hingeordnet ist, auf den Nutzen aller und zugleich jedes einzelnen Gliedes, da diese ja Personen sind“ (MCC 59). Als gesellschaftliche Gliederung ist daher auch „. . . die Kirche zum Wohl der Gläubigen da . . .“ und hat als solche den Zweck, „das ewige Glück der unsterblichen Seele zu wirken und zu sichern . . .“ (MCC 59). Infolge ihrer moralischen, sozialen oder „. . . rechtlichen Beziehungen, auf welchen die Kirche ebenfalls beruht und welche zu ihren Bestandteilen gehören“ (MCC 61), kann die Kirche als eine Art menschliche Organisation mit satzungsgemäßer Ordnung und gesellschaftlicher Obrigkeit vorgestellt werden, aber es wäre „schwerer Irrtum“, die Bestandteile für das Ganze zu nehmen!

„Die richtige Bedeutung der Bezeichnung „mystisch“ erinnert . . . daran, daß die Kirche, die als eine in ihrer Art vollkommene Gesellschaft anzusehen ist, nicht bloß aus gesellschaftlichen und rechtlichen Bestandteilen und Beziehungen besteht. Sie ist ja weit vorzüglicher als irgendwelche anderen menschlichen Körperschaften . . ., die sie überragt . . . Jene rein menschlichen Gesellschaften, namentlich der Staat, sind gewiß nicht zu verachten oder geringzuschätzen. Allein die Kirche als ganze gehört nicht der Ordnung dieser Dinge an, gleichwie der Mensch als ganzer nicht mit dem Gebilde unseres sterblichen Leibes zusammenfällt“ (MCC 61). „Wie der Bau unseres sterblichen Leibes zwar ein wundervolles Werk unseres Schöpfers ist, jedoch weit unter der erhabenen Würde unserer Seele zurückbleibt, geradeso hat das gesellschaftliche Gefüge der christlichen Gemeinschaft, wie sehr es auch die Weisheit seines göttlichen Meisters verkündet, doch nur einen ganz untergeordneten Rang . . .“ (MCC 61). Das einigende Prinzip der Kirche, der Geist Gottes, gehört der übernatürlichen Ordnung an (MCC 60), wie ja auch die rechtlichen Beziehungen aus einer „göttlichen, von Christus gegebenen Verfassung“ (MCC 61) stammen. Die Vereinigung der Glieder „in Christus und mit Christus aber ergibt sich an erster Stelle aus der Tatsache, daß die christliche Gemeinschaft nach dem Willen des Stifters einen vollkommenen Gesellschaftskörper bildet und infolgedessen in ihr alle Glieder vereint sein müssen durch das einheitliche Streben zum gleichen Ziel“ (MCC 68).

Wir dürfen als weitere soziale Kategorien oder Prinzipien festhalten:

7. Die Eigenpersönlichkeit oder Individualität der Glieder.
8. Das Gemeinwohl.
9. Den Vorrang der übernatürlichen vor der natürlichen Ordnung.
10. Die einheitliche Zielstrebigkeit, Reduktion oder die Rückverbundenheit der Glieder in einer gemeinsamen Mitte.
11. Die Vollkommenheit.

An zweiter Stelle ergibt sich die Vereinigung der Glieder des mystischen Leibes durch die gleichen Güter (Glaubensgüter, Heilsgüter, Rechtsgüter), durch Teilnahme an den gleichen kultischen Handlungen und durch das gleiche Oberhaupt aller, den Papst (MCC 69). Die Kirche als gesellschaftlicher Leib ist darum auch Glaubensgemeinschaft, Heilsgemeinschaft, Opfergemeinschaft, Rechtsgemeinschaft und Herrschaftsgemeinschaft.

An dritter Stelle verweist Pius XII. auf die sozialen Tugenden, auf Glaube, Hoffnung und Liebe. Besonders die Liebe, so stellt der Papst klar, „verbindet uns also enger mit Christus als jede andere Tugend" (MCC 73). Sie ist Grund der Nächstenliebe, denn „Wer Gott liebt, der muß auch seinen Bruder lieben" (Joh. 4, 20-2), „Und wir selbst werden untereinander desto enger in Liebe verbunden und zusammengeschlossen sein, je glühender die Liebe ist, womit wir Gott und unserem göttlichen Haupte anhängen" (MCC 74). Die Liebe des Ganzen zu seinen Gliedern, der Glieder zum Ganzen und der Glieder zueinander wird vom Papst als das innerste soziale Prinzip erwiesen. Die Verbindung ist so eng, daß Christus als ihr Haupt, Stifter, Erhalter und Erlöser, die Kirche als sein mystischer Leib und die Gläubigen als Glieder dieses Leibes eine einzige mystische Person bilden (Prinzip der Identität).

Der Papst erinnert hier an „die uralte, ständig von den Vätern weitergegebene Lehre", die besagt, „der göttliche Erlöser bilde zusammen mit seinem gesellschaftlichen Leibe nur eine einzige mystische Person, oder, wie Augustinus sagt, „den ganzen Christus" (MCC 67). Die Gläubigen sollen „immer klarer das Bewußtsein haben: wir gehören nicht zur Kirche, wir sind die Kirche ..." (U.-G. 4106). „Und um diese seine Liebe auf eine ganz augenscheinliche und wunderbare Weise zu offenbaren, erhob Er unsere Menschennatur zur persönlichen Einigung mit sich selbst ..." (MCC 75). Höchste Darstellung dieser liebenden Einigung findet sich in der Eucharistie: dieses Sakrament „schenkt uns der Urheber der übernatürlichen Gnade selbst, damit wir aus Ihm jenen Geist der Liebe schöpfen, der uns antreibt, nicht mehr unser eigenes, sondern Christi Leben zu führen, und in allen Gliedern seines gesellschaftlichen Leibes den Erlöser selbst zu lieben" (MCC 82). „... in der heiligen Messe leistet die Kirche ihren größten Beitrag zum Fundament der menschlichen Gesellschaft" (U.-G. 4110). Wir dürfen daher als letzte soziale Prinzipien anführen:

12. Die Liebe[24], die in ihrer höchsten Form schließlich zur
13. Identität oder Wesenseinheit von Christus, Kirche und Gliedern wird.

„Lebendige Kirche im Herzen des Menschen, der lebendige Mensch im Schoße der Kirche: das, ehrwürdige Brüder, ist die tiefste und wirksamste Einheit, die es gibt" (U.-G. 4102).

Die Kirche als mystischer Leib Christi und Lebensprinzip der Gesellschaft hat zu lebendigen Gliedern nicht nur die Einzelmenschen, sondern auch die Gemeinschaften, in denen der Mensch lebt, die Familien, die Städte, die Landschaften (U.-G. 4554 und 4555), und die Völker (4061 u. ö.).

Für Pius XII. ist die Gemeinschaft das, wenn auch noch so unvollkommene Abbild des dreieinigen Gottes. „Erste Ursache und tiefste Grundlage menschlichen Einzel- und Gemeinschaftslebens ist Gott, der Schöpfer der ehelichen Urgemeinschaft, der Quellgrund der Familie und der Gemeinschaft des Volkes und der Völker. Als noch so unvollkommenes Abbild des dreieinigen Gottes, der durch das Geheimnis der Menschwerdung die Menschennatur erlöst und erhöht hat, besitzt das Gemeinschaftsleben im Licht der Vernunft und Offenbarung, in seinem Vollbegriff wie in seinem Zielgrund eine sittliche Autorität und Unbedingtheit, die das Auf und Ab der Zeiten überdauert" (U.-G. 226).

2. *Die Gemeinschaft oder Gesellschaft als Persönlichkeit*

Nach christlicher Lehre ist das Persönlichkeitsprinzip durchgängig: Eigenpersönlichkeit, Individualität ist nicht nur eine Eigenschaft der göttlichen Personen oder des Menschen. Die Gemeinschaft als Abbild der Dreifaltigkeit hat die ihrer Natur entsprechende moralische oder soziale Persönlichkeit. „Wie man die Gesellschaft einen moralischen Organismus genannt hat, so wird sie auch als moralische Person bezeichnet. Die Zulässigkeit und Berechtigung wie auch die Bedeutung dieser Benennung liegt auf der Hand. Die Gesellschaft als ein Ganzes, als eine reale Einheit aufgefaßt, hat eine eigene Subsistenz, die von der Subsistenz ihrer eigenen Glieder, insoferne diese als physisch und moralisch selbständige Menschen betrachtet werden, verschieden ist. Und da diesen für sich bestehenden und in sich abgeschlossenen Verbandeinheiten Handlungen der geistigen Ordnung, der Vernunft und des vernünftigen

---

[24] *Schäffle*, a.a.O., S. 35: „Die Wirtschaft dient der Nächstenliebe und diese verleiht erst vielem sittlichen Leben den höchsten Grad der Wirtschaftlichkeit."

Strebens zugeschrieben werden, so erscheinen dieselben im analogen Sinne gewissermaßen als „Personen". Da aber „moralische" Bande die Einheit der Gesellschaft bilden und diese sein „physisches" Ganzes ist[25], wird die Gesellschaft nur in der moralischen Ordnung als „Person" gelten können. „Moralische" Person heißt die Gesellschaft dann auch noch, weil sie, wie als besonderes Subjekt von Tätigkeit, ebenfalls als selbständiges Subjekt von Rechten und Pflichten sich darstellt"[26]. Die Verbandspersonen „. . . sind in sich selbst, in ihrem konkreten Sein moralisch-reale Individuen, moralische ‚Personen' . . .[27]."

3. *Das bonum commune und die Güterordnung*

Die reale Einheit der Gesellschaft, ihre eigene Subsistenz, ihre Subjektivität, Individualität oder Eigenpersönlichkeit drückt sich am deutlichsten im bonum commune oder Gemeinschaftsgut aus.

Das Gemeinschaftsgut ist „göttlicher" als das persönliche Gut[28], es hat daher den Vorrang vor dem persönlichen Gut[29], wie die Gemeinschaft als ganze den Vorrang hat vor der Einzelperson[30, 31].

Das bonum commune hat Sein[32] und ist selbst wieder personale in se[33], d. h. es hat eine ihm entsprechende, individuelle Natur oder Wesenheit[34].

---

[25] Pius XII. besteht für die Kirche auch auf dem physischen, sichtbaren, greifbaren Ganzen (vgl. oben).

[26] H. *Pesch*, Lehrbuch der Nationalökonomie, Bd. 1, 3. u. 4. Aufl., Freiburg (Breisgau) 1924, S. 161.

[27] Ebd., S. 161.

[28] Thomas v. A., S. th. 2. 2. q. 31, a. 3, angeführt bei J. *Sauter*, Art. Thomistische Gesellschaftslehre, HdStw., 4. Aufl., Band 8, Jena 1928, S. 246 l. Auch D. reg. p.: majus autem et divinius est bonum multitudinis quam bonum unius.

[29] „. . . darum sollen wir das Vaterland, als dessen Träger, lieben und im Pflichtfall alles opfern, nur nicht unsere Seele". Thomas v. A., S. th. 1, 2, q. 83, a. 1, 2, 2, q. 26, a. 4, bei Sauter ebd.

[30] Besonders deutlich wird der Vorrang des Gemeinschaftsgutes vor dem einzelnen bei der Rechtskollision: „Wo immer das Privatrecht mit dem Recht der Gemeinschaft in Widerspruch tritt, muß das Privatrecht dem öffentlichen Recht als dem höheren Recht weichen, aber nicht mehr und nicht weiter, als die Überwindung der Kollision fordert." H. *Pesch*, Lehrbuch der Nationalökonomie, Bd. I, Freiburg 1905, S. 165.

[31] Nach O. v. *Nell-Breuning*, Einzelmensch und Gesellschaft, Heidelberg 1950, S. 58 ist die Gesellschaft vor dem Einzelmenschen sowohl in zeitlicher, sachlicher, begrifflicher und würdemäßiger Hinsicht.

[32] Nach dem für Scholastik bezeichnenden Satz: ens et bonum convertuntur.

[33] Seit urvordenklichen Zeiten wird das bonum commune in der Mythologie geradezu personifiziert: die Familiengötter der Römer, die Stammväter oder Urahnen der Sippen (insbesondere der königlichen Dynastien), die Berufsgötter (z. B. Hephaistos als Gott der Schmiede), die griechischen Stadtgötter usw. Die großartigste Verschmelzung des bonum commune mit Gott haben wir heute in der röm.-kath. Kirche vor uns: Die Kirche wurde aus der Seite Christi geboren (MCC 27), Christus ist ihr Haupt (MCC 33) und bildet mit ihr eine einzige mystische Person (MCC 67), in der alle Glieder vereint sind (MCC 68 ff.).

[34] Auf die Substantialität des bonum commune wird gegenüber dem Nominalismus von christlicher Seite her größter Wert gelegt.

Das bonum commune ist die Einheit oder „Ganzheit“[35] der Gemeinschaft, das die Gemeinschaft wesentlich Gründende oder Stiftende, das die Gemeinschaft Erhaltende, das in der Gemeinschaft Herrschende, Ordnende, Richtende, oder kurz: Das bonum commune ist das Lebensprinzip der Gemeinschaft.

Das bonum commune teilt sich seinen Gliedern mit[36], es verleiht ihnen ihre arteigene Natur, Substanz oder Person, ihr Eigenleben, weist ihnen ihre Funktionen, Pflichten und Ämter an und stimmt die Tätigkeiten auf das Wohl des Ganzen ab. Das bonum commune ist das oberste Gesetz der Gemeinschaft und als solches per se justum et rectum.

Vom Glied aus gesehen ist das bonum commune das Übernatürliche des Gliedes[37]; Ursache und Grund seines Bestehens; das Allgemeine oder Überindividuelle in der Besonderheit des Gliedes; das Überpersönliche; das Vollkommene, Heil und Heilende; das sittlich Gute; das Bestimmende aller Handlungen[38] oder das Ziel[39]; das Herrschende; das Maß, das Gerechte, Richtige und Richtende. Außerhalb des bonum commune, abgetrennt von ihm, hat das Glied kein Dasein[40]. Das höchste bonum commune ist Gott. „Alles was nicht Gott ist, (ist) bloßes Mittel, das soweit in Anspruch genommen wird, als es zur Erreichung des letzten Zieles und Endes dienlich ist[41].“ Alle Einzelziele wirtschaftlicher Art, Sozial- und Individualziele reihen sich in die große Gesamtordnung der Ziele ein, „womit sie für uns ebensoviele Stufen werden, auf denen wir hinaufsteigen zum letzten Ziel und Ende aller Dinge, zu Gott, dem höchsten unendlichen Gut“[42].

Als Lebensprinzip umfaßt das bonum commune stets alle Verhältnisse der Gesellschaft, daher das Verhältnis zu den äußeren Gütern und Mit-

---

[35] *Nell-Breuning* setzt Gesellschaft und Ganzes gleich, a.a.O., S. 49.ff.

[36] Der Grund der Mitteilung oder „Gemeinmachung“ (communicabilitas — in Meister Eckeharts Übersetzung: Mitteilsamkeit) ist nach scholastischer Lehre objektiv die Güte selbst: bonum est diffusivum sui; subjektiv die Liebe des sich Mitteilenden zur Güte.

[37] Das Übernatürliche überschreitet die Natur des Gliedes: es ist weder Teil der Natur des Gliedes, noch geht es aus der Natur des Gliedes als seine Wirkung hervor, noch kann es von der Natur des Gliedes als das ihre beansprucht werden.

[38] R. n. n. 22: „immer nämlich soll das Ziel, dessentwegen eine Gesellschaft entstanden ist, auch die einzelnen Betätigungen ihres gesellschaftlichen Lebens beseelen.“

[39] O. v. *Nell-Breuning*, Wirtschaft und Gesellschaft, Bd. I: Grundfragen, Freiburg, 1956, S. 279 „Mit den Worten der Enzyklika ausgedrückt, besteht dieses Ziel... aber in dem ‚Gemeinwohl‘, zu dem sämtliche Berufsstände, jeder zu seinem Teil, mitzuwirken und beizutragen haben (Q. a. n. 84).“

[40] R. n. n. 22: „Vom ursprünglichen Ziel abweichen, bedeutet eben für jede Gesellschaft Zersetzung, zu ihm zurückkehren bedeutet Gesundung.“

[41] Q. a. n. 136.

[42] Q. a. n. 43.

teln; das Verhältnis zu den ihrer Natur entsprechenden oder ihr eigentümlich zukommenden Gütern; sowie das Verhältnis zu dem über ihre Natur hinausweisendem Gut, zuletzt Gott.

Die äußeren Güter betreffen die Mittel, die notwendig sind, damit die Gesellschaft ein gutes Leben führen kann. Dazu gehören die Mittel, die dem Lebensunterhalt der Glieder der Gesellschaft dienen; ferner die äußeren Güter, die für die Tätigkeit der Gesellschaft selbst erforderlich sind oder die das Bestehen der Gesellschaft sichern oder die Gesellschaft ihrem Ziel näherbringen helfen. Den äußeren Gütern ist gemeinsam, daß sie nur soweit, als sie zur Tugend helfen, nicht aber aus ihrer eigenen Natur die Bedeutung eines Gutes haben[43]. Um die äußeren Güter dreht sich auch die Wirtschaft: Wirtschaft „bezeichnet den Inbegriff jener menschlichen Handlungen und Einrichtungen, welche fortgesetzt und in planmäßiger Ordnung dem Zwecke dienen, eine Person oder eine Gesamtheit von Personen dauernd, wenigstens für einen bestimmten Zeitraum, eine ‚Wirtschaftsperiode', mit den zur Deckung ihres Bedarfes erforderlichen materiellen Dingen zu versorgen[44]."

Die der Natur der Gesellschaft eigentümlichen Güter sind Tugendgüter, das heißt Güter, die das gute Leben unmittelbar ausmachen und nicht instrumentaliter ihm dienen[45]. „Nun ist es aber ... das Endziel der zum gemeinsamen Leben vereinigten Gesellschaft, nach der Tugend zu leben." „So ist das Leben nach der Tugend das Endziel menschlicher Gemeinschaft"[46, 47].

4. Das bonum commune als Ordnungsprinzip: Die Gerechtigkeit

Indem die Gerechtigkeit alle Handlungen und Einrichtungen auf das bonum commune hinordnet, ist sie das Ordnungsprinzip der Gesellschaft. „Die allgemeine Gerechtigkeit bezieht sich auf die Kommunität, den gesellschaftlichen Verband als solchen ... Sie fordert von Haupt und Gliedern der staatlichen Gesellschaft ein solches positives oder negatives Verhalten, wie es im Hinblick auf das Gemeinwohl des Volkes als der Gesellschaft geschuldet erscheint[48]." „Das Prinzip der Ordnung ist die

---

[43] Thomas v. A., Opera omnia, tomus V. Summa contra gentiles, leb. III; bei F. *Schreyvogel*, Ausgewählte Schriften zur Staats- und Wirtschaftslehre des Thomas v. Aquino, Jena 1923, S. 169: „Et hoc est commune omnibus exterioribus, quia intantum bona sunt, inquantum proficiunt ad virtutem, non autem secundum se ipsa."

[44] *Pesch*, a.a.O., I, S. 11 (3. u. 4. Aufl.).

[45] Thomas v. A., D. reg. p., bei *Schreyvogel*, a.a.O., S. 91.

[46] D. reg. p., a.a.O., S. 83.

[47] D. reg. p., a.a.O., S. 83.

[48] *Pesch*, a.a.O., I, S. 188.

Gerechtigkeit und zwar die Gerechtigkeit gegen das Ganze der Gesellschaft wie gegen jedes einzelne Glied derselben[49]. „Für keinen Menschen ist es Sache seines Beliebens, jedem obliegt die Verbindlichkeit, sein Handeln in diesen Handlungszusammenhang einzugliedern, sein gesamtes Handeln so einzurichten, daß es nirgends diesen Handlungszusammenhang zerreißt, vielmehr ihn fördert, ihm zustatten kommt. Näherhin verdichtet sich diese Verbindlichkeit in der Bindung der beiden Gemeinwohltugenden, der justitia socialis, der sozialen Gerechtigkeit oder Gemeinwohlgerechtigkeit, und der caritas socialis, der sozialen Liebe oder Gemeinwohlliebe, in dieser Bindung an das, was wir mit dem Worte ‚Gemeinwohl' bezeichnen, dem Kernbegriff der ganzen Gesellschaftslehre . . .[50]." „Die Verbindlichkeit des Gliedes der Gemeinschaft für das Gemeinwohl gründet in seiner Gliedstellung in der Gemeinschaft[51]" und der kategorische Imperativ lautet daher: Ich habe „als Glied der Gemeinschaft zu tun, was meiner Stellung als Glied der Gemeinschaft entspricht"[52].

5. *Die körperschaftliche Auffassung der Wirtschaft*

Das hohe Ziel des Menschen, die Verähnlichung mit Gott; die Geist-Leib-Natur des Menschen; die vollkommene Gesellschaft; die Kirche, der mystische Leib Christi; der Mensch und seine Gemeinschaften, die Familien, Sippen, Stämme, Städte, Landschaften, Staaten und Völker lebendige Glieder der Kirche und Abbild des dreieinigen Gottes; die Personalität, Individualität, Realität, Substantialität dieser Glieder; ihr Gemeinwohl oder Gemeingut als Gliederungs- und Ordnungsprinzip; diese Bestimmungsstücke der christlichen Sozialmetaphysik[53] führen mit innerer Treue notwendig zu einer körperschaftlichen Auffassung und Verfassung der Wirtschaft wie auch der übrigen Kultursachbereiche[54].

Bei der körperschaftlichen Auffassung geht es um die natürliche Ordnung der Gesellschaft. Die natürliche Ordnung wird besonders schön durch die Analogie mit dem Organismus des Leibes deutlich[55]: „Von

---

[49] Daselbst.

[50] O. v. *Nell-Breuning,* Wirtschaft und Gesellschaft, Bd. I: Grundfragen, Freiburg 1956, S. 5.

[51] Ebd., S. 6.

[52] Ebd., S. 6.

[53] „Treiben wir", so fordert O. v. *Nell-Breuning* (Wirtschaft und Gesellschaft, Bd. I: Grundfragen, Freiburg 1956, S. 4), „wenn ich den Ausdruck gebrauchen darf — *brutale* Metaphysik — Sozialmetaphysik und Wirtschaftsmetaphysik — . . .".

[54] Dem Irrtum, daß es sich bei der körperschaftlichen Ordnung nur um die Wirtschaftsordnung und nicht um die gesamte Gesellschaftsordnung handelt, tritt Nell-Breuning scharf entgegen (a.a.O., S. 227).

[55] Die christliche Soziallehre fällt hierbei nicht in den Fehler der sogenannten „organischen" Gesellschaftstheorien (vgl. dazu die Ausführungen im 1. Abschnitt dieses Kapitels).

Natur aus ist die menschliche Gesellschaft ganz ähnlich wie der Organismus des menschlichen Leibes in zweifacher Weise gegliedert; räumlich (topographisch) und leistungsmäßig (funktional). Der Organismus des menschlichen Leibes baut sich auf aus räumlich nebeneinanderliegenden Teilen: Kopf, Rumpf, Gliedmaßen; ebenso wichtig aber sind die nicht nebeneinander, sondern ineinander gelagerten Bauteile, die verschiedenen Funktionen dienenden Systeme wie Nervensystem, Kreislaufsystem, die innersekretorischen Systeme usw. Nur indem diese verschiedenen, den ganzen Organismus durchziehenden Systeme ihre Funktionen erfüllen, *lebt* der Organismus. Dasselbe, was vom physiologisch-biologischen Organismus des menschlichen Leibes gilt, behaupten wir vom juridisch-moralischen Organismus der menschlichen Gesellschaft. Er bedarf der räumlichen Gliederung: Staaten (Länder), Gemeindeverbände (Provinzen, Gaue, Kreise), endlich Ortsgemeinden. Diese territoriale, an topographische Gegebenheiten anknüpfende Gliederung genügt aber nicht. Der Volkskörper muß überdies gegliedert sein nach den verschiedenen Funktionen oder Leistungen im Dienste des Ganzen ...[56]." In diesem Sinn fordert der Papst, „daß wohlgefügte Glieder des Gesellschaftsorganismus sich bilden, also *‚Stände'* ..."

Denn genau, wie die nachbarschaftliche Verbundenheit die Menschen zur Gemeinde zusammenführt, so läßt die Zugehörigkeit zum gleichen Beruf — gleichviel ob wirtschaftlicher oder außerwirtschaftlicher Art — sie zu Berufsständen oder berufsständischen Körperschaften sich zusammenschließen. Das eine ist so natürlich wie das andere. Darum werden ja auch diese autonomen Körperschaften, ohne Wesensbestandstücke der bürgerlichen Gesellschaft zu sein, doch gern als ihre naturgemäße Ausstattung bezeichnet" (Q.a.n. 83).

Entscheidend für die nutzbringende Bildung solcher Berufsstände oder Leistungsgemeinschaften ist einmal die Aufgabe oder Leistung: „Was den Berufsstand oder die Leistungsgemeinschaften zur Einheit zusammenschließt, ist die gemeinsame Aufgabe für das Volksganze, in deren Dienst die berufliche Tätigkeit aller Angehörigen des gleichen Berufsstandes oder der gleichen Leistungsgemeinschaft steht[57]."

Zum anderen sind es die bei der Erfüllung dieser Aufgabe entstehenden „gemeinsamen Angelegenheiten, deren bedeutsamste diese ist, die Mitwirkung des Berufsstandes zum allgemeinen Wohl des Gesamtvolkes möglichst fruchtbar zu gestalten" (Q.a.n. 85). „Um so kraftvoller und wirksamer aber wird die Einheit sein, je hingebender alle, die einzelnen und die Stände ihren Beruf erfüllen und Hervorragendes darin zu leisten sich bemühen" (Q.a.n. 84).

---

[56] *Nell-Breuning*, a.a.O., S. 227 f.

[57] *Nell-Breuning*, a.a.O., S. 219.

Die Einheitlichkeit, Ganzheitlichkeit oder Unteilbarkeit der Berufsstände drückt sich auch im Zug zur lückenlosen Erfassung aller Berufsangehörigen und in ihrer Verfassung als Körperschaften öffentlichen Rechtes aus: „Als Körperschaften öffentlichen Rechtes sind sie keine privaten Vereine ... Ihre Satzungen und Ordnungen sind vielmehr ein Bestandteil der allgemeinen, für jedermann verbindlichen Rechtsordnung. Wie jeder im Gemeindebezirk Ortsansässige Bürger der Gemeinde ist, so ist jeder, der mit seiner beruflichen Tätigkeit in der Leistungsgemeinschaft steht, ohne weiteres Angehöriger dieses Berufsstandes ... Weil aber die Ausübung des Berufes Dienst an der Gemeinschaft ist, darum ist kein Platz für völlig eigenwillige, keine Gemeinschaftsbande anerkennende Berufsausübung[58]."

Die Berufsstände oder „Leistungsgemeinschaften sind Gliederungen des staatlich geeinten Volkes"[59] und als solche sind sie, wie auch die Angehörigen der gleichen Leistungsgemeinschaften, untereinander solidarisch verbunden. Die Solidarität bedeutet nach Pesch, der sie als Organisationsprinzip der Volkswirtschaft in den Mittelpunkt seines Systems gestellt hat:

1. Die gegenseitige Abhängigkeit der Menschen infolge ihrer natürlichen Ergänzungsbedürftigkeit, die durch die Arbeitsteilung und den Verkehr noch intensiver wurde.
2. Als soziales Rechtsprinzip und soziale Pflicht die Unterordnung des privaten Interesses unter das Gemeininteresse sowie die positive Zusammenfassung aller individuellen und sozialen Kräfte für die Zwecke der staatlichen Gemeinschaft: „Alle sind auf diesen Zweck solidarisch verpflichtet, gemäß ihrer Stellung und ihrer persönlichen Leistungsfähigkeit, eventuell, wenn die Existenz des Staates in Frage steht, sogar zum Opfer des Vermögens und Lebens" (S 400); daher auch die Zusammenfassung der einzelnen Berufsstände „nicht zur einseitigen Interessenvertretung, sondern als für die Berufsgenossen und für die Gesamtheit zugleich wohltätig wirkende Kulturmacht, die ebensosehr den Ausgleich widerstreitender Interessen erleichtern, wie sie die Geltendmachung gleicher Interessen wirksamer gestalten" (S 400).
3. Einigungsprinzip im Hinblick auf die mannigfaltigen Formen der Zusammenarbeit[60].

Die rechte gesellschaftliche Ordnung mit einer Vielheit von Gliedern des Gesellschaftskörpers (vgl. Q.a.n. 84) verlangt einen hierarchischen

---

[58] Ebd., a.a.O., S. 221 f.

[59] Ebd., a.a.O., S. 222.

[60] Vgl. *Pesch,* a.a.O., I, S. 400 (ausnahmsweise nach der 1. Aufl.!).

Aufbau: „Eine geordnete Gesellschaft ist eine Hierarchie[61]." Die hierarchische Struktur kommt in der Oberaufsicht des Staates über die Berufsstände und im stufenförmigen Aufbau der Berufsstände nach dem Prinzip der zunehmenden Gemeinsamkeit — wie wir es nannten — zum Ausdruck. Die Berufsstände sollen ihre Aufgaben in Verantwortung gegenüber dem im Staat geeinten Volksganzen und darum unter der obersten Aufsicht des Staates durchführen[62], denn die staatliche Hoheit ist die oberste Hüterin des Gemeinwohles und der Gerechtigkeit (vgl. Q.a.n. 109).

Der Staat muß die Berufsstände dazu anhalten, ihre Pflicht zu tun und notfalls ihnen Hilfestellung leisten, wenn die Kräfte der Berufsstände nicht ausreichen, ihre Aufgaben zu bewältigen[63].

Gewisse Aufgaben, die der einzelne Berufsstand in keinem Fall durchführen kann und aus Gründen des Gemeinwohls und der Gerechtigkeit auch nicht durchführen soll — Nell-Breuning zählt zu solchen Aufgaben beispielsweise die Preis- und Lohnpolitik[64] — könnten durch eine gemeinsame Spitze aller wirtschaftlichen Berufsstände erfüllt werden.

Nell-Breuning fordert für gesamtwirtschaftliche Aufgaben einen „Wirtschaftsrat als oberste Beschlußkörperschaft"[65], deren nicht geringste Aufgabe die Ausgleichung der Interessen der einzelnen Berufsstände im Hinblick auf das Gemeinwohl zu sein hat. Der hierarchische Aufbau ermöglicht und erleichtert diesen Ausgleich, wie er auch die Wahrung der Einheit in der mannigfaltigen Tätigkeit der berufsständischen Untergliederungen bewirkt.

Die Entfaltung und Eigenentwicklung der Glieder und Untergliederungen des Wirtschaftskörpers wird durch den folgenschweren sozialphilosophischen Grundsatz[66] der Subsidiarität von christlicher Seite her gestützt. Das Subsidiaritätsprinzip gehört zweifellos zur alten christ-

---

[61] S. th. 1, q. 108, a. 2.

[62] Vgl. *Nell-Breuning*, a.a.O., S. 229.

[63] Vgl. *Nell-Breuning*, a.a.O., S. 229.

[64] a.a.O., S. 231 f.

[65] a.a.O., S. 224, vgl. auch S. 231, 246 ff.

[66] In der amtlichen deutschen Übersetzung von Q. a. wird das Subsidiaritätsprinzip als der „oberste sozialphilosophische Grundsatz" bezeichnet. Der lateinische Text lautet: „gravissimum illud principum". „Gravissimum" ist nicht mit „oberste" zu übersetzen, sondern heißt „hochbedeutsam", „sehr schwerwiegend" oder auch „folgenschwer". Die Fehlübersetzung hat im deutschen Sprachbereich zu zahlreichen Mißverständnissen und Fehlspekulationen geführt. Mit Recht bemerkt E. Welty (Die Sozialenzyklika Papst Johannes XXIII., Mater et Magistra, Freiburg/Breisgau, 1961, S. 80): „Da Pius XI. zweifellos nicht sagen wollte, es gäbe überhaupt keinen höheren Grundsatz als das Subsidiaritätsprinzip, gibt die Übertragung mit ‚hochbedeutsam' und nicht die Übertragung mit ‚oberst', den Sinn der Stelle richtig wieder". Es ist nur Teil des Gerechtigkeitsprinzips und erschöpft dieses nicht.

lichen Lehrüberlieferung, doch wurde es erst von Pius XI. — wohl auch aus zeitbedingten Gründen — ganz in den Mittelpunkt gerückt, um Aufgaben und Grenzen der obrigkeitlichen Tätigkeit abzustecken. Nach der berühmten und häufig angeführten Stelle „verstößt es gegen die Gerechtigkeit, das, was die kleineren und untergeordneten Gemeinwesen leisten und zum guten Ende führen können, für die weitere und übergeordnete Gemeinschaft in Anspruch zu nehmen; zugleich ist es überaus nachteilig und verwirrt die ganze Gesellschaftsordnung. Jedwede Gesellschaftstätigkeit ist ja ihrem Wesen und Begriffe nach subsidiär; sie soll die Glieder des Sozialkörpers unterstützen, darf sie aber niemals zerschlagen oder aufsaugen" (Q.a.n. 79). Wie der Papst klarstellt, wird die gesellschaftliche Autorität und Wirkkraft um so mehr gestärkt, „je besser durch strenge Beobachtung des Prinzips der Subsidiarität die Stufenordnung[67] der verschiedenen Vergesellschaftungen eingehalten wird" (Q.a.n. 80). Die Hierarchie der Gesellschaftsordnung und die pflegende Herrschaft, die das in der Hierarchie jeweils vorgeordnete Gesellschaftsgebilde über das niedrigere ausübt, führt, nach christlicher Auffassung, zu einem reich gegliederten und blühenden, in einer Fülle verschiedenartiger Gemeinschaften entfalteten Gesellschaftsleben. Mit der Hierarchie als Bauprinzip und der Subsidiarität als politischem Prinzip der Herrschaftsausübung ist die christliche Gesellschaftslehre gefeit gegen die großen Irrlehren des Individualismus und des Kollektivismus.

Bereichert wird das politische Prinzip des Subsidiarität durch den Gedanken der Selbstverwaltung der Berufsstände und ihrer Gliederungen. Schafft nämlich die Anwendung des Subsidiaritätsprinzips bei der Herrschaftsausübung nur den Rahmen und die Möglichkeit zur Eigenentwicklung der Glieder des Gesellschaftskörpers, so verbindet sich mit der Selbstverwaltung die Pflicht der Glieder, diese Möglichkeit zu nutzen. Als guter Kenner der Sachlage führt Nell-Breuning dazu an: „Wie der einzelne nicht von sich auf andere abschieben darf, was er selbst leisten kann, so dürfen auch die kleinen Sozialgebilde sich nicht den Aufgaben entziehen, die sie selbst zu meistern vermögen, nur um sie auf breitere Schultern zu überbürden . . .[68]." Nur dann erscheint die Übertragung von Aufgaben an die größeren Gemeinschaften fruchtbar, wenn sie eine Last abnimmt, „die nur drückt, die zu tragen die Kräfte nicht stählt, sondern an ihnen zehrt . . ."[69], oder „Aufgaben, die früher leicht von kleineren Gemeinwesen geleistet wurden, nur mehr von großen bewältigt werden können" (Q.a.n. 79). Dieser Pflicht zur Selbstverwaltung entspricht das *„Recht der kleinen Lebenskreise"*[70], nämlich

---

[67] Ein anderer Ausdruck für Hierarchie.
[68] *Nell-Breuning*, a.a.O., S. 73.
[69] Ebd., S. 69.
[70] Ebd., S. 72.

das Recht auf Entfaltung ihrer moralischen Eigenpersönlichkeit oder auch das Recht auf verhältnismäßige Autonomie: „Die Berufsstände sind jedoch keine Teile des Staatsapparates, keine ‚verlängerten Arme des Staates' . . . Sie sind autonom, also nicht dem Staate hörig[71]." „Die Berufsstände oder Leistungsgemeinschaften haben die meiste Ähnlichkeit mit den bürgerlichen *Gemeinden*. Gleich diesen sind sie *autonome Körperschaften* . . . Sie bestehen nicht von Staates Gnaden . . . sie verwalten ihre eigenen Angelegenheiten vielmehr aus eigener Machtvollkommenheit[72]." Am Verstoß gegen dieses Recht setzt die christliche Soziallehre ihre Kritik der faschistischen Einrichtungen an: „Im faschistischen System sind die Korporationen staatliche Zwangsgebilde, die ganz im Dienste der den Staat beherrschenden Partei stehen; dagegen fordert die christliche Lehre für ihre Berufsstände den Charakter der Selbständigkeit und Selbstverwaltung. Die korporative Organisation des Faschismus ist *von oben herab*, gewissermaßen durch einen Federstrich der Regierung, angeordnet und konstruiert worden; die wahre Ständeordnung soll *von unten* herauf aus den freien Berufsverbänden und lokalen Vereinigungen allmählich erwachsen[73]." Pius XI. entgeht in seinem Rundschreiben nicht, „wie manche die Befürchtung hegen, der Staat setze sich an die Stelle der freien Selbstbetätigung, statt sich auf notwendige und ausreichende Hilfestellung und Förderung zu beschränken; sodann, die neue gewerkschaftliche und berufsständische Verfassung habe einen übermäßig bürokratischen und politischen Einschlag; endlich, trotz der . . . allgemeinen Vorteile, die sie bietet, könne sie politischen Sonderbestrebungen mehr dienstbar sein, als der Herbeiführung und Einleitung einer besseren gesellschaftlichen Ordnung" (Q. a. n. 95).

Bei all ihrer Kritik am Totalitarismus vergißt die christliche Gesellschaftslehre nicht, den Vorrang der Gemeinschaft vor dem einzelnen, des höheren Sozialgebildes vor dem niedrigeren immer wieder zu betonen. „Die menschliche Gesellschaft . . . ist in der Tat kein bloßes Mittel für den Einzelmenschen zur Erreichung seines Zieles, sondern besitzt echten *Eigenwert*. Dieser nicht nur an Wertfülle, sondern auch der Wertstufe nach den Einzelmenschen überragende Eigenwert sichert ihr eindeutig den wertmäßigen Vorrang vor dem Einzelmenschen[74]." Indem die menschliche Gesellschaft durch den ganzen Reichtum ihrer Kulturgüter Gottes unendliche innere Vollkommenheit nachbildet, steht ihre Verherrlichung Gottes auf höherer Stufe, ist sie erhabener, als

[71] Ebd., S. 222.

[72] Ebd., S. 221.

[73] So erläutert P. *Jostock* (Die sozialen Rundschreiben, Freiburg 1948, S. 141) Qu. a. n. 92, jenen Punkt, der die faschistische Organisation kritisiert.

[74] *Nell-Breuning*, Einzelmensch und Gesellschaft, a.a.O., S. 70.

jene, die der auf sich gestellte Einzelmensch Gott zu erweisen vermöchte[75]. Das Subsidiaritätsprinzip soll geradezu zur Stärkung der gesellschaftlichen Autorität und Wirkkraft beitragen und besonders den Staat schlagkräftiger machen für seine Leitungs-, Überwachungs-, Anregungs- und Zügelungsaufgaben, durch die er die gesellschaftlichen Glieder auf das Gemeinwohl hinordnet (Q. a. n. 80). Klar kommt dieser Vorrang des Ganzen vor den zu schaffenden Gesellschaftsgliedern auch bei Pesch an jenen Stellen zum Ausdruck, an denen er über die Autorität in der Gesellschaft abhandelt. Die Autorität wird von ihm im Anschluß an Taparelli erkannt als „ein wesentliches Prinzip, denn es gibt der Gesellschaft ihr Sein", taucht zugleich mit der Entstehung der Gesellschaft auf, formt sie, gibt ihr jene innere reale Einheit, die ihr der Zweck nur äußerlich verleiht, „sie ist es, die durch sich selbst, durch ihr Vorhandensein und ihren Einfluß auf die sozial zu verbindenden Individuen nicht bloß dem gesellschaftlichen Handeln an sich genommen, sondern auch der Gesellschaft selbst die zu ihrem Wesen gehörige wirksame innere Einheit verleiht"[76]. Auch Pius XI. weist nachdrücklich auf die notwendige „Unterordnung unter die gottgesetzte gesellschaftliche Autorität" (Q. a. n. 118) hin. Gemeinwohl, hierarchischer Aufbau der Gesellschaft, Subsidiarität und gesellschaftliche Autorität vermögen sowohl die Vorteile der Arbeitsteilung, wie der Arbeitsvereinigung zu verbinden. „Unter den Mitteln aber, durch welche die gegenseitige Ergänzung innerhalb der Gesellschaft sich vollzieht, kommen für das Wirtschaftsleben vor allem ... die Arbeitsvereinigung und die Arbeitsteilung in Betracht. Durch die Vereinigung der Kräfte wird vieles erreicht, was der einzelne für sich allein nicht erlangen könnte. Die Teilung der Arbeit aber ermöglicht es, daß jeder seine ganze Kraft in einer bestimmten und begrenzten Tätigkeit konzentrieren und sich so zu einer allseitigen besseren Leistung befähigen kann[77]." „Nur der Bestand eines wirklichen Sozialorganismus, nur der Schutz der gesellschaftlichen Rechtsordnung, nur die gegenseitige Befruchtung und Ergänzung der verschiedenen, in ihrem Wohl und Wehe aufeinander angewiesenen Gewerbszweige, nicht zuletzt das Zusammenwirken, der innige Bund von Intelligenz, Kapital und Arbeit gewährleisten der menschlichen Schaffenskraft ihre Fruchtbarkeit" (Q. a. n. 69). „... wie im Körper die verschiedenen Glieder zu einem Zustand der Ordnung zusammenwirken ..., so hat die Natur auch das Leben des Staates derart eingerichtet, daß jene zwei Klassen einträchtig zusammenwirken und in ihrer gegenseitigen Entsprechung eine Gleichgewichtslage der Gesellschaft herbeiführen sollen. Die eine bedarf durchaus der anderen; das Kapital be-

[75] Vgl. ebd.

[76] Vgl. *Pesch,* a.a.O., I, S. 153 ff.

[77] Ebd., S. 29 f.

darf der Arbeit und die Arbeit des Kapitals. Aus der Eintracht entstehen Schönheit und Ordnung der Welt, dagegen kommen aus dem ständigen Kampf Verrohung und Verwirrung" (R. n. n. 15). Aus diesem Grund wird auch der Wettbewerb als regulatives Prinzip der Wirtschaft scharf abgelehnt: „So wenig die Einheit der menschlichen Gesellschaft gründen kann auf die Gegensätzlichkeit der Klassen, ebensowenig kann die rechte Ordnung der Wirtschaft dem freien Wettbewerb anheimgegeben werden . . . Die Wettbewerbsfreiheit — obwohl innerhalb der gehörigen Grenzen berechtigt und von zweifellosem Nutzen — kann aber unmöglich regulatives Prinzip der Wirtschaft sein" (Q. a. n. 88). Das Verhältnis der Berufsstände untereinander regelt sich nach der Verkehrs- oder Tauschgerechtigkeit (justitia commutativa), die, wie Nell-Breuning in Weiterbildung der Lehre Thomas v. A. ausführt, ihre inhaltliche Bestimmung vom Ganzen her empfängt[78]. „Hierhin gehört auch das richtige Verhältnis der Löhne untereinander.

Eng hängt damit wieder zusammen das richtige Verhältnis der Preise für die Erzeugnisse der verschiedenen Wirtschaftszweige, beispielshalber für Agrar- und Industrieprodukte u. a. m. Die rechte Innehaltung all dieser Bestimmungen läßt die verschiedenen Wirtschaftszweige gewissermaßen zu einem großen Wirtschaftskörper zusammenwachsen, innerhalb dessen sie als Glieder sich gegenseitig ergänzen und fördern" (Q. a. n. 75, vgl. MM n. 79).

Das Prinzip der gegenseitigen Förderung und Ergänzung der Wirtschaftsglieder wird womöglich noch verstärkt durch das Gebot der sozialen Liebe. An die Stelle der Bekämpfung im Wettbewerb tritt die gegenseitige Hilfeleistung und Unterstützung in der beruflichen Tätigkeit, ja sogar der besondere Schutz und die besondere Aufmerksamkeit, die gerade den schwächsten Gliedern zugewendet wird, wohl wissend, daß alle Glieder einer Kette nur so stark wie das schwächste, und die Stärkung des schwächsten Gliedes alle stärkt[79]. Von diesem Gesichtspunkt aus ist das nachdrückliche Eintreten der kirchlichen Autorität für die Lösung der Arbeiterfrage begreiflich. Mit Rerum novarum wird ja seitens der Kirche die Arbeiterfrage erstmalig eigens und ausdrücklich behandelt (R. n. n. 1). Sehr im Gegensatz zu der Verachtung der Arbeit, besonders der körperlichen Arbeit bei den Griechen und Römern, hat

---

[78] *Nell-Breuning,* Wirtschaft und Gesellschaft, a.a.O., S. 58. Zu der Lehre Thomas v. A., S. th. 2, 2, q. 61, a. 1 bei *Schreyvogel,* a.a.O., S. 210 ff. Sie lehnt sich stärkstens an *Aristoteles,* Nikomachische Ethik, V. Buch an, dem berühmtesten Teil der aristotelischen Sozialphilosophie.

[79] Hierauf beruht auch *Gutenbergs* „Ausgleichsgesetz der Planung", wonach „alle Planung sich jeweils auf den schwächsten Teilbereich betrieblicher Betätigung, in diesem Sinn auf den Minimumsektor, einnivelliert". (Vgl. Betriebswirtschaftliches Repetitorium, Beilage zur Z.f.B., 31. Jg., Heft 12, Wiesbaden 1961, S. 96). Ähnliches gilt für Kapazitätsberechnungen.

das Christentum und die katholische Kirche die Arbeit hoch geehrt: Bereits das Konzil zu Nicäa (325 n. Chr.) kennt die Arbeit als menschliches Mittel zur Fortsetzung des göttlichen Schöpfungswerkes. „Christus . . . wollte als der Sohn eines Handwerkers gelten und angesehen werden, obwohl er der Sohn Gottes und Gott selbst war; ja er hat sogar nicht verschmäht, den Großteil seines Lebens in einer Werkstatt zuzubringen" (R. n. n. 20). Jostock kommentiert diese Stelle: „Das Beispiel, das Jesus in der Werkstatt zu Nazareth gab, hat der Arbeit und namentlich der Handarbeit eine vordem nie gekannte Würde und Ehre verliehen und hat sozusagen die Welt umgestaltet[80]."

Selbst im Stande der Unschuld wäre der Mensch nicht untätig gewesen (R. n. n. 14), und es erscheint die Arbeit zur leiblichen und seelischen Wohlfahrt durch Gott bestimmt (Q. a. n. 135), ist doch die Arbeit Quelle des Wohlstandes (R. n. n. 27, Q. a. n. 53), Nutzbarmachung der Welt für den Menschen (Q. a. n. 136), Mittel zur Hinordnung der Natur auf die menschliche Person (R. n. n. 7) und zur Vervollkommnung: Omne agens agendo perficitur.

Die Hochschätzung und die soziale Natur der Arbeit, wie übrigens auch des Eigentums, wird durch das Gebot der sozialen Liebe noch gestützt: „Wer immer mit Gütern durch Gottes Fügung reichlicher bedacht wurde, sei es mit Gütern des Leibes oder der materiellen Welt, sei es mit Gütern des Geistes, soll sie deswegen als ihm gegeben betrachten, daß er sie zur eigenen Vervollkommnung und ebenso, gleichsam im Dienst der göttlichen Vorsehung, zum Nutzen der übrigen Menschen gebrauche. ‚Wenn einem also Verstand gegeben ist, soll er ja nicht seine Weisheit zurückhalten; wem Überfluß an den Gütern der Welt beschieden ist, soll darauf bedacht sein, daß seine mildtätige Hand nicht erlahme; wer in irgendeiner Handfertigkeit tüchtig ist, verwende sein Können zum Besten der Mitmenschen' (S. Greg. M., In Evang. hom. 9, n. 7)" (R. n. n. 19, auch MM n. 119).

Wie wir sehen, erscheinen die im Abschnitt 1 aufgewiesenen sozialen Prinzipien in arteigener Weise in der körperschaftlichen Auffassung der Wirtschaft wieder: Der Ganzheit und Unteilbarkeit des Gesellschaftskörpers entspricht die körperschaftliche Auffassung und Verfassung der Wirtschaft; die Glieder dieses Wirtschaftskörpers sind die wirtschaftlichen Berufsstände oder Leistungsgemeinschaften, die nicht nur in einer vertikalen, sondern auch in eine hierarchische Ordnung eingefügt sind, welche in einer berufsständischen Spitze ausmündet; die Unterschiedlichkeit und Mannigfaltigkeit der Berufsstände wird durch die Artverschiedenheit ihrer Leistungen bestimmt; zum Wohl des Ganzen stehen sie in einem Entsprechungsverhältnis zueinander, sind sie aufeinander

---

[80] *Jostock,* a.a.O., S. 39.

abgestimmt; durch ihr Zusammenwirken fördern und helfen sie sich gegenseitig; wohlunterstützt von der gesellschaftlichen Autorität entfalten sie ihr Eigenleben und nützen sie ihr Recht auf Selbstverwaltung und Autonomie in ihren eigenen Belangen; Maß- und Ordnungsprinzip ist das Gemeinwohl oder bonum commune der Gesellschaft, aus dem auch die Güterordnung, die Sozial- und Individualgüter, nach Vorrang und Nachrang abgeleitet werden; durch die soziale Liebe endlich wird die Wirtschaft zu einem Mittel der Gestaltung des gesellschaftlichen Zusammenlebens; sie bestimmt nicht zuletzt die Sozialpolitik i. e. S., d. h. sie läßt solche Glieder an den Früchten der Wirtschaft teilnehmen, die solche Früchte nicht selbst im notwendigen Maße erwerben können. Die Wirtschaft, die Berufsstände, die Arbeit und die wirtschaftlichen Leistungen werden in die menschliche Gesellschaft eingebettet und als ihre Glieder begriffen und gewürdigt, deren Beitrag zur Vollkommenheit der societas notwendig ist.

So bildet die christliche Sozial- und Wirtschaftslehre ein Bild hoher formaler Schönheit. Sie vermochte die ewig wahre Ständelehre der Antike in sich aufzunehmen, zu differenzieren und so für unsere Zeit fruchtbar und geschichtsträchtig weiterzubilden. Ihre große Leistung liegt in der Auffassung von der hypostatischen Vereinigung von Mensch, Gesellschaft und Gott, ausgeformt in der Kirchengemeinschaft als dem Ziel aller gesellschaftlichen Ordnung; ferner in der inhaltlichen Bestimmung und Abstufung des bonum commune, an dem auch noch die geringsten Glieder der Gemeinschaft angemessen teilnehmen können. Für eine Theorie der wirtschaftlichen Zusammenarbeit präformuliert sie entscheidende Prinzipien: das Gemeinwohl als Ziel der Zusammenarbeit, die berufsständische Ordnung als Verfassungsnorm, die Subsidiarität als Prinzip der Herrschaftsausübung und die Hierarchie als Prinzip der Herrschaftsabstufung, die Solidarität als regulatives Prinzip der gesellschaftlichen Beziehungen, endlich die Liebe als soziales Prinzip schlechthin. Sie schafft eine vollkommene Gesellschaft, in der der Mensch sich vervollkommnen kann.

C. Das Kreislaufsystem der Physiokraten und die Wiederentdeckung der Entsprechungsprinzips

Bei Platon und der katholischen Soziallehre geht es um die Idee der Gerechtigkeit und ihre Anwendung auf das Gebiet der Wirtschaft. Die von ihnen entwickelten Theorien stellen Gliederungsprinzipien des Wirtschaftskörpers in den Vordergrund. Solche Gesichtspunkte kann eine Theorie der Zusammenarbeit niemals entbehren, denn von ihnen hängt die Wirtschaftsordnung ab.

Als Gliederungstheorie hat die katholische und platonische Soziallehre stark „statischen" Charakter, ähnlich wie auch die Idee der Gerechtigkeit immer die gleiche bleibt. Beide, weder die platonische noch die katholische Soziallehre, können der „modernen" Forderung ohne weiteres nachkommen, die Wirtschaft als Prozeß, als Güterstrom ohne Anfang und Ende zu begreifen[81].

Den Ausgangspunkt dieser modernen Auffassung von der Wirtschaft können wir wohl im Physiokratismus suchen, wenngleich er selbst wiederum nur das späte Kind eines jahrhundertelangen Auflösungsprozesses der einstmals in Reich, Stand, Glauben und Sitte gebundenen Formen des Lebens ist. Diese Auflösung der gebundenen Formen führt dazu, daß die starre oder zur Starrheit neigende Gliederung abgelöst wird durch die Bewegung. Die Bewegung um ihrer selbst willen, die vollkommene Bewegung ohne Anfang und Ende, wird treffend durch das Rad, den Kreis, die Rotation oder den Kreislauf im Bild verdeutlicht. Und es ist nun in der Tat nicht gleichgültig für die mit der Physiokratie eingeleitete Entwicklung der Volkswirtschaftslehre, „daß es ein Arzt war, der zuerst ein nach naturwissenschaftlicher Methode entworfenes System zur Heilung auch des gesellschaftlichen Krankheitszustandes seiner Zeit aufstellte"[82], denn die Kreislaufvorstellung ist ihm als Arzt durchaus geläufig.

Die meisten Ideen Quesnays haben zweifellos nur noch lehrgeschichtliches Interesse: Seine Vorstellung vom Wirtschaftskreislauf dagegen steht heute mehr im Mittelpunkt des wirtschaftstheoretischen Interesses als etwa das Marktgeschehen[83]. Und tatsächlich war „die Darstellung des wirtschaftlichen Kreislaufs . . . eine den Erkenntnissen der Zeit weit vorauseilende Einsicht . . ."[84].

Mit ihr beschreiten die Physiokraten „den Weg einer *gesamtwirtschaftlichen Betrachtungsweise* . . ., die sich . . . sowohl hinsichtlich des

---

[81] Vgl. Ad. *Weber*, Allgemeine Volkswirtschaftslehre, 6. Aufl., Berlin 1953, § 35/1: „Volkswirtschaft ist keine festumgrenzte Einrichtung, sondern ein Güterstrom ohne Anfang und Ende."

[82] Aug. *Oncken*, Geschichte der Nationalökonomie, 3. Aufl., Leipzig 1922, I. Bd., S. 3/4.

[83] Über den Zusammenhang zwischen wirtschaftstheoretischem Interesse und staatlicher Politik bemerkt E. Böhler in seiner Abschiedsvorlesung an der ETH in Zürich: „. . . die verschiedenen Epochen der Nationalökonomie (sind) bestimmt durch die Wandlungen in den staatlichen Auffassungen. Die heutige Theorie ist entstanden aus der primitiven und zugleich rationalistischen Psychologie der Aufklärungszeit; die politische Theorie der Marktwirtschaft ist eine Konsequenz der Entstehung des Individualismus, und die Kreislauftheorie ist das Ergebnis der Vollbeschäftigungs- oder Wachstumspolitik des modernen Staates" (vgl. E. *Böhler*, Reflexionen über Stellung und Aufgabe der Wissenschaft. In: NZZ, Fernausgabe Nr. 70 v. 11. 3. 1964, S. 14).

[84] *Stavenhagen*, a.a.O., S. 37.

theoretischen Aspektes wie auch hinsichtlich ihrer praktischen Konsequenzen in den letzten Jahrzehnten in der gesamten Wirtschaftswissenschaft durchgesetzt hat"[85]. Bei der Besprechung des Tableau économique würdigt Spann, daß es „auch ein ganzheitliches Bild (aufweise) insofern nämlich, als es nicht nur von eigennützigen Wirtschaftssubjekten, sondern zugleich von ganzen Wirtschaftszweigen ausgeht. Es zeigt in den drei ‚Klassen' gewissermaßen Verrichtungszweige, Organsysteme der Volkswirtschaft am Werke ... Es zeigt ferner, wie die Volkswirtschaft immer in Bewegung, niemals in Ruhe ist. Es zeigt dadurch auch den Unterschied von beharrender und von veränderlicher oder, wie man heute vornehmlich sagt, von ‚statischer' und ‚dynamischer' Volkswirtschaft ... Ferner stellt das ‚Tableau' ... die *Verhältnismäßigkeit* aller Wirtschaftszweige ins Licht. Denn nach dem Tableau war es nicht gleichgültig, welcher Klasse die Grundbesitzer ihr Einkommen zuwendeten: wenn zuviel dem Gewerbe zufloß, die Urerzeugung daher zuwenig beschäftigt wurde, so konnte das Volksvermögen dauernd geschädigt werden, weil jene Ausgaben nicht ‚produktiv' angelegt waren; nur was der Urerzeugung zufließt, liefert ja Reinertrag"[86].

„Alle Wirtschaft ... ist Kreislauf ... Kreislauf oder Periodizität ist das Lebensgesetz der Wirtschaft, die Kategorie des Wirtschaftsganges[87]."

Der zweifellos geniale und seiner Zeit weit vorauseilende Quesnay bleibt bei der Kreislauf-Vorstellung nicht stehen, sondern unterteilt die am Kreislauf Teilnehmenden in drei Gruppen und ergründet ihre Wechselbeziehungen. Er unterscheidet bereits „drei Klassen von Bürgern: die *produktive Klasse,* die *Klasse der Grundeigentümer* und die *sterile Klasse*"[88]. Zur produktiven Klasse gehört die Landwirtschaft, zur sterilen Klasse gehören alle nichtlandwirtschaftlichen Erzeugungs- und Dienstleistungszweige, zur Grundeigentümerklasse dagegen die „Herrscher, die Besitzer der Ländereien und die Zehntherren"[89]. Der Grundgedanke des ganzen Tableaus, wie auch der „Maximes" ist, daß die drei Klassen im Verhältnis der Gegenseitigkeit oder gegenseitigen Abhängigkeit oder, wie wir heute sagen, der Interdependenz zueinander

---

[85] Ebd., S. 38 f.

[86] O. *Spann,* Haupttheorien, a.a.O., S. 46.

[87] O. *Spann,* Fundament der Volkswirtschaftslehre, 4. Aufl., Jena 1929, S. 123.

[88] F. *Quesnay,* Allgemeine Grundsätze der wirtschaftlichen Regierung eines Ackerbau treibenden Reiches (aus dem Original der Ausgabe A. Onckens ins Deutsche übertragen von Valentine Dorn und eingeleitet von Prof. Dr. Heinrich Waentig). Sammlung sozialwissenschaftlicher Meister, I. Bd., 2. Hälfte, Jena 1921, S. 23.

[89] Ebd.

stehen[90]. Hier waren in der Tat, wie Kerschagl ausführt, die „Physiokraten sehr stark universalistisch“[91].

Mit der zur Theorie ausgebildeten Vorstellung vom Wirtschaftskreislauf wird von Quesnay die Zusammenarbeit nicht als ethische Forderung aufgestellt, sondern als ökonomische Notwendigkeit erwiesen. Denn nach dieser Vorstellung ist es durchaus nicht gleichgültig, in welcher Weise über die Einkommen disponiert wird, was und wieviel erzeugt, verarbeitet, konsumiert oder bevorratet wird. Die Verflechtung aller am ökonomischen Prozeß Teilnehmenden, ihre gegenseitige Abhängigkeit oder „Interdependenz“, ihre Größenverhältnisse oder Proportionen und Proportionalitäten, sie sind auch bei Quesnay bereits nicht mehr das Produkt eines blinden Mechanismus, sondern der positiven Politik, einer „protection decidée“[92] des Landbaues durch die Regierung und die sozial höchst aktive Klasse der propriétaires. Sie nämlich sind es, die, obwohl sie selbst nicht Landbau treiben, doch die Voraussetzung seiner Produktivität schaffen, etwa, indem sie „als einzige Träger der politischen Rechte und Pflichten mithelfen, den Staat zu regieren und die öffentliche Ordnung aufrechtzuerhalten und durch erhebliche Grundauslagen (dépenses foncières) für Gebäude, für Ent- und Bewässerungsanlagen, Kanäle, Wege, Schutzwaldungen usw. den Reinertrag des Bodens erst ermöglichen“[93]. „Ohne diese zum Teil erheblichen Grundauslagen . . . würde der Boden keinen Reinertrag (produit net) ergeben[94].“ Diese Reinerträge in der Hand der Grundeigentümer schaffen „eine beständig sich erneuernde Nachfrage, wodurch das ökonomische Getriebe der Gesellschaft in Bewegung gesetzt und im Gange gehalten wird“[95]. Dieser Gang oder Kreislauf wird gestört, wenn Gewinne von der sterilen Klasse der Manufakturisten oder der Handelsleute gemacht werden, denn „dann geschieht es immer auf Kosten der anderen Bevölkerungsschichten . . .“[96].

Im Tableau économique, „dieser Grundlage der Wirtschaftswissenschaft und Bussole der Staatsregierung“[97], versucht Quesnay zwei Auf-

---

[90] R. *Kerschagl,* Einführung in die Methodenlehre der Nationalökonomie, Wien 1948, S. 14: „Die Erkenntnisse des Tableau économique, die bis heute noch wertvoll geblieben sind, liegen vor allem darin, daß es bemüht ist, die gegenseitige Abhängigkeit des Wirtschaftens verschiedener Wirtschaftszweige und die gegenseitigen Einflüsse einzelner wirtschaftlicher Geschehnisse im Rahmen des Wirtschaftsganzen festzustellen.“

[91] Ebd.

[92] *Oncken,* a.a.O., S. 375.

[93] Ebd., S. 360. Auch hier wiederum „universalistische“ Anschauungen.

[94] Ebd.

[95] Ebd.

[96] Ebd., S. 363.

[97] Dafür hielten es wenigstens die Physiokraten.

gaben zu lösen: „Einmal um in allgemeiner Weise eine Vorstellung zu geben von dem Kreislauf der ökonomischen Kräfte innerhalb des gesellschaftlichen Organismus ‚pour juger de l'état de santé ou de maladie de la Sociétée', sodann um als Instrument dafür zu dienen, die gesellschaftlichen Verhältnisse in gleicher Weise wie die physikalischen Naturerscheinungen dem Kalkül zu unterwerfen, sie rechnungsfähig zu machen[98]." Der Versuch der Darstellung des Wirtschaftsprozesses, die Suche nach der Norm und die Rechenhaftigkeit, sie beherrschen auch heute noch die Volkswirtschaftslehre. So ist es beispielsweise durchaus nicht von der Hand zu weisen, wenn in Leontiefs *Input-Output*-Analyse ein modernes Tableau économique gesehen wird[99]. „Mit Leontiefs Input-Output-Analyse ging endlich der Traum von Mirabeau von 1759, der Gesamtüberblick über das Wirtschaftsleben, in Erfüllung[100]." Diesem zur Input-Output-Tafel erweiterten Tableau économique gelingt „wie keiner anderen Methode ... die Annäherung und Veranschaulichung der realen güterwirtschaftlichen Kreislaufverhältnisse in der Wirtschaft"[101].

„Aus ihr ist das Funktionieren der Wirtschaft ersichtlich, da der Güterstrom letztlich jeden Industriezweig und jede Industrie mit der übrigen verknüpft ... Auch hat sich die Kreislaufanalyse für die Wirtschaftspolitik als unentbehrliches Instrument erwiesen, da nur bei genauer Kenntnis der Strukturverhältnisse die Wirkungen wirtschaftspolitischer Maßnahmen sich abschätzen lassen[102]."

Leontief geht davon aus, daß jede Produktion (output) den Einsatz (input) von Produktionsmitteln voraussetzt; ferner, daß Haushaltungen und Staat in ihrer Teilnahme am Güterkreislauf nicht anders als Unternehmungen zu betrachten sind. Die Haushaltungen erzeugen Arbeitskraft und verbrauchen Haushaltsgüter der verschiedensten Wirtschaftszweige und bilden Kapital. Der Staat leitet im Wege der Abgaben einen Teil des Güterstromes an sich und gibt umgekehrt im Wege der Staatsausgaben diese Güter oder Werte wieder ab, vor allem an die Haushaltungen der Staatsbeamten, aber auch um seine Rüstungsausgaben und andere Sachaufwendungen zu decken[103].

---

98 *Oncken*, a.a.O., S. 388.

99 Vgl. W. *Hofmann*, Die volkswirtschaftliche Gesamtrechnung, Berlin 1954, Seite 75.

100 L. J. *Zimmermann*, Die Zukunftsaufgaben der Volkswirtschaftslehre, Weltwirtschaftsarchiv, 1951, S. 203, zit. bei *Hofmann*, a.a.O., S. 75.

101 *Hofmann*, a.a.O., S. 77.

102 *Stavenhagen*, a.a.O., S. 506 f.

103 W. W. *Leontief*, The Structure of American Economy 1919—1939, An Empirical Application of Equilibrium Analysis (1. Aufl. 1941), 2. Aufl. 1951. Dieses Buch ist noch immer das Hauptwerk der Input-Outputanalyse. L. hat seine empirische Methode später dynamisch gestaltet in seinem Aufsatz: Static and Dynamic Theory, in: Studies in the Structure of the American Economy. Theoretical and Empirical Explorations in Input-Output-Analysis. New York 1953.

Austausch von Gütern und Dienstleistungen in der amerikanischen Wirtschaft im Jahre 1947, in Mrd. Dollars. Nach Leontief (stark gekürzt)

output / input	1) Land-wirt-schaft	2) Lebens-mittel	3) Weberei-erzeu-gung	4) Beklei-dungs-erzeu-gung . . .	Nachfrage der Letztverbraucher: 38) Inventar-ände-rungen (Abschr.)	39) Ein-führung aus dem Ausland	40) Öffent-liche Hand	41) Private Kapital-bildung (brutto)	42) Haus-haltun-gen	Gesamt-brutto-erzeu-gung
1)	10.86	15.70	2.16	0.02 . . .	1.01	1.28	0.57	0.02	9.92	44.26
2)	2.38	5.75	0.06	0.01 . . .	0.88	1.80	0.73	—	23.03	40.30
3)	0.06	*)	1.30	3.88 . . .	0.06	0.92	0.10	0.02	1.47	9.84
4)	0.04	0.20	—	1.96 . . .	0.21	0.30	0.28	*)	9.90	13.32
38)	2.66	0.40	0.12	0.19 . . .	—	0.02	—	—	—	4.43
39)	0.69	2.11	0.21	0.28 . . .	—	—	1.31	—	1.32	9.52
40)	0.81	1.24	0.64	0.38 . . .	0.34	0.83	3.46	0.22	31.55	63.69
41)	Abschreibungen und andere Gelder für Kapitalverbrauch sind in der Zeile „Haushaltungen“ mitenthalten									
42)	19.17	7.05	3.34	4.24 . . .	—	0.85	30.06	—	2.12	223.58
Gesamt-Bruttoauf-wendungen	44.26	40.30	9.84	13.32 . . .	5.28	17.21	51.29	33.29	194.12	

*) weniger als 5. Mill. Dollars

Zur Veranschaulichung rücken wir die bei W. Hofmann abgedruckte stark gekürzte Einsatz- = Ausstoßtabelle hier ein:

In der Kopfzeile und Vorspalte sind die produktiven und vermittelnden Wirtschaftszweige, einschließlich Banken, Versicherung, Handel usw. aufgenommen. Die Zeilen enthalten jeweils die Verteilung der Erzeugung (= output) des in der Vorspalte genannten Wirtschaftszweiges auf alle übrigen Wirtschaftszweige, den Staat und die privaten Haushaltungen, unter Berücksichtigung der Inventaränderungen und der Einfuhren aus dem Ausland (sie werden je nach Gütern den Wirtschaftszweigen als Ausstoß zugerechnet, die sie artgemäß hervorbringen sollten, also landwirtschaftliche Einfuhren der Landwirtschaft, Lebensmitteleinfuhren der Lebensmittelindustrie usw.). Die senkrechten Spalten dagegen bezeichnen die Wirtschaftszweige, die Haushaltungen und den Staat, aus denen der in der Kopfzeile genannte Wirtschaftszweig, Staat oder Haushalt Güter und Dienstleistungen (= Produktionsmittel) bezieht (= input), um seine eigene Produktion zu ermöglichen. Im Schnittpunkt steht der Eigenverbrauch.

Die Tabelle ist wohl wie kaum eine zweite geeignet, die volkswirtschaftlichen Proportionen und die allseitige Verflechtung der einzelnen Wirtschaftszweige sowie der Wirtschaft mit den Haushaltungen und dem Staat sichtbar zu machen. Dadurch kann auch die Kostenstruktur jedes einzelnen Wirtschaftszweiges ermittelt und weitgehende Einsichten in die Wirkung von Maßnahmen auf dem Gebiete der Wirtschaftspolitik, einschließlich der Lohn- und Preispolitik, erzielt werden. Es läßt sich übersehen, wie etwa bei geplanten Erzeugungssteigerungen die Vor-, Seiten- und Nacherzeugung ausgedehnt werden muß, welche Verschiebungen Lohnerhöhungen verursachen usw. Den Schlüssen wird besonders dann Wirklichkeitsnähe zukommen, wenn die Input-Output-Tabelle mit einer Tabelle über die Kapazitätsauslastungskoeffizienten in den einzelnen Wirtschaftszweigen kombiniert wird. Ferner vermag eine Zerlegung des Inputs (= Kosten) in mengenunabhängige und mengenabhängige Kosten den Wert der Schlüsse erheblich zu verbessern.

Aus der Kreislaufanalyse in Form der Input-Output-Tafel wird die gegenseitige Abhängigheit oder Interdependenz besonders deutlich. Diese Interdependenz ist eine vielfache:

1. Die Interdependenz von Produktion (output) und Produktionsmitteln (input). Die Input-Output-Tafel behandelt den Umfang der eingesetzten Produktionsmittel als Funktion des Ausstoßes (ähnlich wie Leontief so auch Walras, Pareto, Fisher, Ruggles, Grünig).
2. Die Interdependenz zwischen Preisen und Kosten. Alle Preise für die Erzeugnisse sind Kosten für die Abnehmer.
3. Demgemäß besteht auch eine Interdependenz zwischen Einkommen und Produktionswert.

4. Interdependenz zwischen Angebot und Nachfrage. Angebot und Nachfrage sind prinzipiell immer auszugleichen: „Die Nachfrage sowohl wie das Angebot in bezug auf alle Güter hängen vielmehr eng miteinander zusammen, sie beziehen sich *gleichzeitig* auf *alle* Güter, deren Kauf oder Verkauf überhaupt auf Grund der Bedürfnisse der Wirtschaftssubjekte in Betracht kommen ...[104]. „,Interdependent' sind ferner nicht nur die Preise aller Güter, sondern überhaupt alle im Tauschverkehr involvierten Größen: die Angebots- und Nachfragepreise ..., die Marktpreise und die gekauften und verkauften Mengen"[105].
5. Die Interdependenz aller Preise. Entsprechend dem Zusammenhang von Angebot und Nachfrage in Bezug auf alle Güter „hängen auch die Preise *aller* Güter eng miteinander zusammen, sie sind nicht isoliert voneinander, sondern *alle in Zusammenhang miteinander* ,uno actu' oder *,simultan' bestimmt.* Mit anderen Worten: es gibt nicht einzelne, isoliert voneinander bestimmte Preise, sondern ein gleichzeitig und einheitlich bestimmtes *,Preissystem'*"[106].
6. Aus der Interdependenz von Preisen, Kosten, Angebot und Nachfrage läßt sich auf die Interdependenz der Märkte schließen: u. zw. der Märkte für Produktionsmittel, für Rohstoffe, für Halbfabrikate, für Fertigprodukte, für Kapital, für Arbeitskräfte wie auch zwischen allen diesen Märkten[107].

Es „darf nie vergessen werden, daß die Gesamtheit aller wirtschaftlichen Dispositionen und Pläne in der Volkswirtschaft ein großes interdependentes System bildet und mithin ein wirkliches Verständnis des Ablaufes des gesamten Wirtschaftsprozesses nur im Rahmen einer Totalanalyse möglich ist"[108].

Prozeß, Kreislauf, Interdependenz, Struktur, Proportionalität und ähnliche empirisch erarbeitete Forschungsergebnisse führen in der Wirtschaftswissenschaft zum Denken in Zusammenhängen oder Systemen: Die einzelne Erscheinung kann nicht mehr isoliert gegenüber allen übrigen Erscheinungen betrachtet, sondern muß als Produkt eben dieses Zusammenhanges oder Systems aufgefaßt werden, ähnlich wie in der Physik die Partikel als Produkte der Beziehungen der Felder. Jeder der

---

104 A. *Amonn,* Grundzüge der theoretischen Nationalökonomie, Bern 1948, Seite 56.

105 Ebd., S. 65.

106 *Amonn,* a.a.O., S. 56.

107 Vgl. W. *Weddigen,* Theoretische Volkswirtschaftslehre als System der Wirtschaftstheorie, Berlin 1958, S. 169.

108 E. *Schneider,* Einführung in die Wirtschaftstheorie, II. Teil, 4. Aufl., Tübingen 1956, S. 249.

an Preis- und Lohnverhandlungen je teilgenommen oder in Preisausschußsitzungen mitwirkte, die Preise für neue Massenprodukte zu fixieren hatten, dem ist dieser Zusammenhang sicherlich gut bekannt, und er bedarf keiner langen theoretischen Überlegungen. Wird beispielsweise der Lohn für die Metallarbeiter neu ausgehandelt, dann wird Rücksicht genommen auf die Löhne der Bergarbeiter. Allein der Umfang dieser beiden Gruppen regt auch die übrigen Gewerkschaften zu Lohnvergleichen an, und es werden die von der Konjunktur betroffenen Gruppen ebenfalls bald ihre Forderungen stellen, etwa die Bauarbeiter. Schließlich wird sich das gesamte Lohnniveau auf neuer Ebene, wenn auch mit veränderten Proportionen, „einspielen". Natürlich werden auch die Angestellten und endlich die Beamten nicht ruhen, bis sie das Gehaltsniveau an das Lohnniveau wiederum „angeglichen" haben. Bei diesem Vorgang treten naturgemäß bedeutende Preisverschiebungen auf, ganze Wirtschaftszweige stellen Einkommensvergleiche an und streben, den durch Lohn- und Gehaltserhöhungen bewirkten Einkommensausfall durch Preiserhöhungen aufzufangen.

Auch die einzelne Firma nimmt auf den interdependenten Zusammenhang Rücksicht und versucht, den „angemessenen" Preis für ihre Leistungen aus ihm abzuleiten. Entsprechende Methoden hat die „Marktforschung" ausgebildet. Ihre Aufgabe besteht darin, den Preis- und Leistungszusammenhang und seine künftige Entwicklung transparent zu machen, um die konkrete Entscheidung über die Höhe der Preise und die vorteilhaften Absatzwege, die Produktionsmenge und die Investitionen zu ermöglichen. Je besser durchorganisiert der einzelne Wirtschaftszweig ist, desto größer ist auch die Markttransparenz und desto einfacher werden die Fragen der Preissetzung, denn diese werden gemeinsam (jeweils mit den Abnehmergruppen) getroffen. Die katallaktische Markt- und Preistheorie kann die vorerwähnten, durch Koordination und Korrelation zustandekommenden Preise nicht erklären[109], sondern höchstens ihr Aushandeln beschreiben. Zu letzterem mangelt aber der Theorie die „insider"-Kenntnis. Fortschritte in der Preistheorie können u. E. nur von der Organisationstheorie her erwartet werden, denn jeder Preis ist „organisierter", d. h. „geregelter" und damit auch ein historisch-politisch-soziologisches Faktum[110]. Die Frage muß nach der Findung des gerechten Preises gehen und nach der Organisation der

---

[109] *Sanmann*, a.a.O., S. 98: „... alle systematische Preistheorie ... stellt nämlich ... nur auf solche Wirtschaftssubjekte ab, die ihre Entscheidungen selbständig treffen, also untereinander weder koordiniert noch organisiert sind. Es kann kein Zweifel daran bestehen, daß damit lediglich ein Teil — auf den meisten Bedarfsmärkten wohl der kleinere und weniger bedeutsame Teil — der ökonomischen Realitäten erfaßt wird."

[110] Siehe a.a.O. und *Stackelberg*, a.a.O., S. 254.

Wirtschaft, die diesen gerechten Preis ermöglicht[111]. Die Bemühungen, Lohn- und Preisfragen im Gesamtzusammenhang zu sehen und durch Verbände, Spitzenverbände und den Staat einer Lösung zuzuführen — wie es das österreichische, holländische, französische, belgische, norwegische Beispiel und das anderer Länder zeigt — weisen in die einzuschlagende Richtung.

Der Kreislauftheorie kommt das Verdienst zu, den Allzusammenhang aller wirtschaftlichen Erscheinungen aufgewiesen und damit der Theorie neue Aufgaben gestellt zu haben. Das Denken in Systemen ist gleichbedeutend mit einem Denken in Ordnungen und Ordnungseinheiten.

Durch die von der Kreislauflehre und Kreislaufanalyse erarbeiteten Begriffe erhält die Theorie der wirtschaftlichen Zusammenarbeit nicht nur ihre wichtigsten kategorialen Bausteine und ihre rationale Begründung, sondern zugleich wird sie erweitert zu einer Theorie der Wirtschaftsordnung: Zusammenhang fordert Zusammenarbeit, Zusammenarbeit Ordnung.

D. Die Lehre von den produktiven Kräften und der schöpferischen Gegenseitigkeit bei Adam Müller und Friedrich List

Durch die Kategorie der Interdependenz wurde die moderne Wirtschaftsforschung außerordentlich bereichert. Vorerst einmal wurde sie auf die Verbindung aller wirtschaftlichen Erscheinungen miteinander hingewiesen und dadurch von der isolierten Behandlung einzelner abgezogen. Nicht mehr war der Preis aus dem Angebot und der Nachfrage eines einzigen Gutes zu erklären, sondern er mußte mit den Preisen, dem Angebot und der Nachfrage aller Güter in Beziehung gebracht werden: ein für die Preis- und Absatzpolitik oder die Marktforschung auch praktisch unmittelbar bedeutsames Ergebnis. Möglich, daß man in der Anwendung des Begriffes der Interdependenz auf die wirtschaftlichen Erscheinungen zu weit ging und der Interdependenz in der Wirtschaft beinahe physikalisch-mechanische Zwangsläufigkeit beilegte, ähnlich wie etwa Druck, Temperatur und Volumen eines Gases interdependente Faktoren sind. Eine solche Zwangsläufigkeit wie im physikalisch-mechanischen Bereich herrscht in der Wirtschaft selbstverständlich nicht, allein schon wegen der großen Elastizität der wirtschaftlichen Erscheinungen, der Märkte, der Leistungen, des Angebotes, der Nachfrage, der Preise,

---

[111] Die Legitimität der Frage nach dem „gerechten Preis“ wird neuerdings durch Robinson bestätigt. Vgl. J. *Robinson*, Doktrinen ..., a.a.O., S. 38, S. 56 ff. u. ö.

Kosten und Wirtschaftspläne[112]. Gern wählt man darum anstelle der Interdependenz Begriffe, die dieser Unbestimmtheit mehr Rechnung tragen, wie beispielsweise Proportionalität, Korrelation oder Entsprechung.

Zum anderen gewann man dieser Kategorie der Interdependenz oder Entsprechung eminent wirtschaftspolitische Aspekte ab und wurde damit auf eine Lehre rückverwiesen, die besonders von Adam Müller (1779—1829) und Friedrich List (1789—1846) vorgetragen wurde: die Lehre von den produktiven Kräften. Mit ihr schlagen wir wohl eines der schönsten und fruchtbarsten Kapitel der deutschen Nationalökonomie auf. Ein völlig neuer Systemgedanke wird dem individualistischen entgegengestellt. Schloß sich die individualistische Lehre an die neuzeitliche Physik an, so sucht die neue Lehre eher Parallelen in der Biologie: Der mechanistischen Auffassung von der Bewegung aller Körper wird eine organische gegenübergestellt, bei der das lebendige Wachstum betont wird. Nicht aus der Summe der so günstig wie möglich gestalteten Einzelschicksale entsteht das wirtschaftliche Optimum, sondern aus dem Schicksal und Gedeihen des ganzen Gemeinwesens. Nicht die größtmögliche Freizügigkeit des Einzelnen, sondern die sinnvolle Eingliederung des Einzelnen in das Ganze wird gefordert. Nicht der Wettbewerb ist das Regulativprinzip, sondern das schöpferische Aneinander-Werden, die gegenseitige Förderung und wechselseitige Durchdringung führen zur vollkommenen Wirtschaft. Die religiösen, sittlichen, philosophischen, rechtlichen, künstlerischen und besonders die staatlichen Elemente werden nicht aus der Wirtschaft herausdestilliert, sondern als das im eigentlichen Sinn produktive Kapital einer Nation begriffen. Nicht der Besitz — um in der Terminologie A. Müllers zu reden — an „physischem Kapital" macht den Reichtum der Nation aus, sondern der Besitz an geistigem Kapital, ohne den das physische Kapital weder produziert noch erhalten werden kann.

A. Müller, der Sohn eines Finanzbeamten, der spätere Vertraute Metternichs, ist es, der, kaum 30 Jahre alt, im Winter 1808/09 als Hofrat in seinen berühmten 36 Vorlesungen über „Die Elemente der Staatskunst" vor Sr. Durchlaucht dem Prinzen Bernhard von Sachsen-Weimar und einer Versammlung von Staatsmännern und Diplomaten, den Grundstein zur Lehre von den produktiven Kräften legte. Er entdeckte die produktive Kraft des „National-Kapitals".

---

[112] Die hohe Elastizität bedingt auch die starke Unsicherheit der Entwicklungsprognosen. Pütz warnt „vor einer Überschätzung der Bedeutung der modelltheoretisch-ökonometrischen (Prognosen) für die praktische Wirtschaftspolitik" (S. 308) besonders wegen der fragwürdigen Annahmen über die Verhaltensweisen (S. 300). Vgl. Th. *Pütz,* Die Bedeutung der Prognose für die Wirtschaftspolitik, in: Festschrift Walter Heinrich, Ein Beitrag zur Ganzheitsforschung, Graz 1963, S. 295 ff.

„Kapital ist also das Resultat früherer Produktion, welche uns bei der gegenwärtigen Produktion beisteht, ... National-Kapital ist demnach die gesamte Verlassenschaft früherer Generationen, oder früherer Jahre, früherer Tage, die auf den gegenwärtigen Augenblick herabkommt und der gegenwärtigen Generation eine unendlich größere Produktion zustande bringen hilft, als sie, auf ihren eigenen isolierten Kräften ruhend, je zu erzeugen vermöchte[113]." „Die bei allen augenblicklichen Kraftanstrengungen der Nation mächtig mitwirkende National-Kraft ist also das eigentliche, wahre National-Kapital[114]."

Dieses National-Kapital ist geistiger Natur[115]. Zum National-Kapital zählt das „Kapital an Erfahrungen, Ideen und Lebensweisheit"[116], ebenso wie die Nation selbst mit allen ihren Einrichtungen, vor allem dem Staat. Der gesellschaftliche Verband, das Gemeinwesen ist das Produkt aller Produkte[117]. „... soll diese organische Ganzheit, von welcher alle unsere unsicheren Berechnungen abhängen, nicht in die ökonomische Theorie hineingezogen werden? Soll sie nicht auch, und vorzüglich, neben den übrigen Produkten als ein ökonomisches Produkt betrachtet werden ...[118]?" „... alle einzelne Produktion erhält erst Wert in und neben diesem National-Produkt[119]." An gleicher Stelle nennt A. Müller dieses National-Produkt auch den „National-Reichtum" in und neben dem aller einzelne Reichtum betrachtet werden muß, die „National-Kraft", „wovon auch die ökonomische Theorie alles abhängig zeigen sollte", das „National-Wort", auf dem der National-Kredit beruht[120]. „Anstatt dieses National-Produktes nun, was gibt uns die gewöhnliche staatswirtschaftliche Theorie? Eine traurige, tote Summe aller einzelnen Privat-Produktionen, die sie *‚reines Einkommen'* nennt, die nichts bedeutet, nichts sagt, weil das, was den Zahlen erst Kraft und Wert gibt, nämlich die National-Kraft, außer acht gelassen wird[121]." In der National-Kraft besteht eigentlich alles Kapital[122]. „Die bei allen augenblicklichen Kraftanstrengungen der Nation mächtig mitwirkende National-Kraft ist also das eigentliche, wahre National-Kapital[123]." Es ist die Erhöhung der „National-Kraft des Staates der Zweck der National-Ökono-

---

[113] A. *Müller*, Elemente der Staatskunst, Berlin 1809, Ausgabe J. Baxa, Sammlung Herdflamme, Wien-Leipzig 1922, I. Halbband, S. 458 (Rechtschreibung nach heutigem Stand).
[114] Elemente I, S. 459.
[115] Elemente II, S. 56.
[116] Elemente.
[117] Elemente I, S. 357.
[118] Elemente I, S. 358.
[119] Elemente I, S. 359.
[120] Elemente I, S. 358 f.
[121] Elemente I, S. 359.
[122] Vgl. ebd., S. 459.
[123] Ebd., S. 459.

mie"[124], wie der Zweck der Privat-Ökonomie die steigende Lebenskraft des einzelnen Individuums ist.

„Die Kraft also, welche aller Produktion ihre natürlichen Schranken anweist und die ungeheure Bewegung einer Staatswirtschaft, nur das unendliche Gewühl von Geschäften auf der Börse einer Handelsstadt an einem einzigen Posttage, ordnet — diese Kraft ist die conditio sine qua non aller Produktion. Jede einzelne produktive Kraft kann also nur produzieren oder vermitteln, insofern sie selbst wieder von einer höheren produktiven Kraft, der bürgerlichen Gesellschaft oder der National-Kraft nämlich, produziert und vermittelt *wird.* Hört der Staat auf, sich zu produzieren, so hören alle die kleineren Produktionen von selbst auf[125]." „... wirkt bei dem geringsten Bedürfnis und bei der unscheinbarsten Produktion dieses geistige National-Kapital kräftig mit ein: so ist die erste und wesentliche Pflicht des Staatsmannes, dieses geistige Kapital ... in seiner wahren Natur geltend zu machen, das bürgerliche Leben in allen seinen Teilen mit Ideen zu durchdringen, den gemeinsten Nutzen-Kalkül mit seinem Geiste zu beleben ...[126]." Dieses geistige Kapital muß das physische Kapital durchdringen: „Es ist demnach ein geistiges Kapital von Kraft und Persönlichkeit, welches dem physischen unaufhörlich zur Seite gehen muß, ohne welches das letztere ein *totes* Kapital zu nennen ist, und welches daher in dem Kalkül des wahren Staatsmannes am wenigsten fehlen darf. Sobald National-Empfindungen, die sich an das Allerhöchste, an das Dauerhafteste, oder an die Religion anschließen, und von dieser verbürgt werden, den großen physischen National-Fonds von Geld, Land, Waren, Menschen etc. bis in seine unscheinbarsten Teile durchdringen; sobald Gott, Vaterland, Souverän oder Ewiges, Altes und Dauerndes, in jeden Gedanken, jeden Wunsch von Privat-Besitz und Privat-Glück tief verflochten sind: sobald hat der Staat nicht bloß die allgemeinen Bedingungen zu einem Fonds oder die Möglichkeit zu einer Ressource, sondern der Fonds ist bestimmt, wirklich, realisiert; . . . Alle einzelnen Privat-Kapitale sind nun auf das geistige Zentrum der Nation hin gerichtet: von diesem ist ihre Bewegung abhängig[127]." Dieses geistige National-Kapital tritt im Frieden wenig ins Bewußtsein, wird als Selbstverständlichkeit betrachtet und hingenommen: sobald aber der Krieg ausbricht, spürt alle Welt den Mangel dieses National-Kapitals. „Der gesamte Vorrat (an physischem Kapital) kann dem Staatsmann unter den Händen entweichen, . . . Ist hingegen die zentripetale oder nationale Kraft dieser Fonds erprüft; ist das Leben der Fonds, wie es sich gebührt, von der National-

[124] Ebd., S. 386.
[125] Ebd., S. 395.
[126] Elemente II, S. 56.
[127] Elemente II, S. 45 f.

Existenz durch und durch abhängig: so ist das Vorhandene, in wie kleinen Metallgeld-Zahlen es auch ausgedrückt werden möchte, eine bessere Ressource, als ein ungeheures Konvolut von Privatfonds, die, aus Mangel an Zutrauen zu dem nationalen Verbande, bei dem ersten Anschein einer Gefahr zunichte werden. — Für den Staat zunicht: . . . jeder Privat-Mann zieht, wie er kann, auch den kleinen Teil von Kraft zurück, womit er die Regierung in glücklichen Zeiten tragen half; und weil der unsichtbare, geistige National-Fonds entweicht, so entfliehen und zerstreuen sich auch alle Ressourcen und Schätze[128].“ Mit der Verminderung des National-Kapitals verschwindet gleichermaßen auch der Staatskredit[129]. Dann ist notwendig: „. . . ein geistiges Kapital erschaffen von National-Gefühlen, in denen Bestand und Ewigkeit ist: das ist zur Wiederbelebung eines . . . National-Kredits wichtiger, als die Restitution der alten Fonds . . .[130].“

Die Durchdringung von geistigem und physischem Kapital oder von National-Kapital und Privat-Kapital ist notwendig, damit das Kapital seine beiden Funktionen ohne Mangel erfüllen kann: die Arbeitsteilung und die Arbeitsvereinigung. *„Das Kapital veranlaßt . . . die Teilung der Arbeit, und macht sie einzig und allein möglich;* ein wahres National-Kapital ersetzt aber auch den Nachteil, welchen die Teilung der Arbeit mit sich führt; es bewirkt ein unaufhörliches Wiedervereinigen und Konzentrieren der Arbeit, ohne welche die Teilung der Arbeit zum Fluche und Untergange der Staaten ausschlagen müßte[131].“

Das Industrieprinzip oder die Teilung der Arbeit führt zur Zerstükkelung der Staaten, wenn die bindende Gewalt fehlt: Kurz, „wo kein mächtiges National-Kapital existiert, da kann die Teilung der Arbeit . . . nur den letzten Rest der Privat-Kapitale zerstören . . .“[132]. „Fehlt . . . dieses wahre Kapital . . ., und man macht dennoch die Teilung der Arbeit zum Prinzip des Staatsreichtums, so werden die Menschen durch dieselbe herabgewürdigt zu reinen Maschinen und Sklaven . . .[133].“ „Eine Arbeit muß mechanischer und handwerksartiger Natur sein, wenn sie der Teilung unterworfen werden soll; und da alle absolut mechanische und handwerksartige Arbeit dem Menschen unanständig und unnatürlich ist, so würde die Teilung einer Fabrik in Menschen und Maschinen oder in lebendige und tote Arbeitsräder, nicht gelingen, wenn nicht der Geist früherer, wahrhaft persönlicher und menschlicher Arbeit unter

---

[128] Ebd., S. 45.
[129] Elemente II, S. 44 f.
[130] Ebd., S. 49.
[131] Ebd., S. 23.
[132] Ebd., S. 24, vgl. auch S. 38.
[133] Ebd., S. 25.

der Gestalt des Kapitals unaufhörlich einwirkte, und diese getrennten Räder wieder belebte, diese Arbeiter wieder vereinigte. Ist es ein wahres National-Kapital, . . ., welches der Teilung der Arbeit zur Grundlage dient; so wird jeder Bürger, der durch die Teilung mechanisiert und zum Handwerker geworden ist, durch den allgegenwärtigen Geist der Vorzeit, oder durch das aus großen, persönlichen, gemeinschaftlichen Arbeiten der Vergangenheit herrührende Kapital, wieder beseelt und veredelt . . .[134]." „. . . der Geist reagiert unaufhörlich gegen die Teilung und Mechanisierung der Arbeit, die Adam Smith so hoch anschlägt; der Geist will den Menschen in seiner Persönlichkeit behaupten[135]."

Sicherlich wirkt die geniale Lehre unseres Adam Müller vom National-Kapital auf uns heute teilweise befremdlich. Nationaltümelei gehört der Vergangenheit an (sie war auch A. Müllers Sache nicht). Aber der große Gedanke, der sich hinter den zeitbedingten Begriffen verbirgt, ist ewig: Der Geist der Gemeinschaft ist ihr vornehmstes Kapital. Dieser Geist der Gemeinschaft ist die Bedingung aller produktiven Zusammenarbeit. Wie aus der Idee des Ganzen heraus die Teilung der Arbeit erst ermöglicht wird, so ist es die gleiche Idee, die die geteilten Arbeiten wieder zusammenführt. Erste Grundlage, vornehmstes „Kapital" aller Zusammenarbeit ist Geist oder Idee der Gemeinschaft. Was A. Müller von der Nation und ihrem Kapital lehrt, gilt für jede Wirtschaftsgemeinschaft vom Betrieb bis zu den übernationalen Einheiten: ihre produktive Kraft schöpfen sie aus dem in ihnen wohnenden Gemeingeiste, und wir meinen damit „denselben Geist, welchen Adam Smith aus dem Gebiete der National-Ökonomie, als unproduktiven Arbeiter, auszuschließen genötigt ist"[136]. Den Gemeingeist als produktive Kraft, als das Produkt aller Produkte, als Bedingung aller einzelnen Handlungen und Produktionen zu begreifen, darin besteht einer der ganz großen Gedanken unserer Wissenschaft. Geht es bei Platon um Bindung und gerechtes Maß im Staate, in der christlichen Soziallehre um die körperschaftlich-ständische Auffassung und Gliederung der Wirtschaft, bei Quesnay um den Kreislaufprozeß, so erkannte A. Müller die Gesellschaft als produktive Kraft der Wirtschaft. Wir dürfen von ihm als dem Begründer der im typischen Sinn deutschen Nationalökonomie sprechen, etwa so, wie wir A. Smith als den Begründer der typisch englischen Nationalökonomie feiern.

Die Lehre A. Müllers wird heute wieder entdeckt:

F. Perroux nennt das Nationalkapital Sozialkapital. „Das Sozialkapital umfaßt die Gesamtheit der Vorräte an wirtschaftlichen Gütern,

---

[134] Elemente II, S. 24 f.

[135] Ebd., S. 57.

[136] Ebd., S. 56 f.

die den Bürgern, den Gemeinschaften öffentlichen Rechts und dem Staat gehören. Es unterscheidet sich von anderen Arten von Kapital dadurch, daß es aus zahlreichen Gütern besteht, die dem Handel entzogen sind und denen niemand einen Preis beimessen würde. Wie jedes andere Kapital kann es nicht Stück für Stück als eine Summe von unabhängigen Werten bewertet werden, sondern nur als eine Verbindung von Produktionsgütern und dauerhaften Gebrauchsgütern. Daraus entsteht eine theoretische Schwierigkeit, die *streng genommen* unüberwindlich ist und auch niemals vollkommen überwunden wurde. Die Ansammlung von Produktions- und Gebrauchsgütern, die das Kapital einer Gruppe bildet, bezieht ihren wirtschaftlichen Sinn und Wert aus einer produktiven Kombination, d. h. einem Verwendungsplan. Nun gibt es aber in den nicht planwirtschaftlich organisierten Volkswirtschaften nicht einen *einzigen* Plan für die Verwendung aller Kapitalgüter im Staat. Je geringer die Unvereinbarkeit der einzelnen Verwendungspläne ist, um so besser dienen sie einem gemeinsamen Ziel, wie zum Beispiel die Erhöhung des Niveaus der allgemeinen Wohlfahrt, und um so weniger metaphorisch wird der Begriff Nationalkapital. Diese Zusammenarbeit, die verhältnismäßig leicht herzustellen und ohne große Mühe lenkbar ist, hängt aber von der Integration im Sinne Gunnar Myrdals ab. Sie ist eine Funktion des *kulturellen Erbbesitzes*, der, wohl bewahrt und stets vergrößert, als wahrhaft *gemeinsam* bezeichnet werden darf, weil alle daran teilhaben, ohne daß ihn jemand ausschließlich besitzt[137]." Das Sozialkapital ist also dem Handel entzogen, es ist nicht stückweise, sondern nur als Kombination bewertbar. Der Wert hängt nach Perroux ab von der Integration, die wiederum eine Funktion des kulturellen Erbes ist, des höchsten Gutes unter den Gütern des Sozial- oder Nationalkapitals.

Auch G. Myrdal, auf den sich Perroux bezieht, hat der staatlichen Integrierung ihre volle wirtschaftliche Bedeutung zurückgegeben, also den Staat als Kapital höherer Ordnung wiedererkannt[138].

Mit A. Müller im gleichen Atem zu nennen ist der um zehn Jahre jüngere Friedrich List (1789—1846). Wohl nicht mit der Tiefe der Intuition und der Sicherheit des Urteils wie der ihm wohlbekannte und

---

[137] F. *Perroux*, Economie et Société — Contrainte — Echange — Don, Paris 1960, dtsch. v. H. Berger-Lieser, Zwang, Tausch, Geschenk — zur Kritik der Händlergesellschaft, Stuttgart 1961, S. 166 f.

[138] G. *Myrdal*, An International Economy, Problems and Prospects, New York 1956, bes. S. 11. Über die Faktoren der staatlichen Integrierung: wohlausgebildetes Gerichtswesen, gute Zivilverwaltung, hohe Allgemeinbildung, die Art der Religion, Industrialisierung, geordnetes Geld- und Währungswesen, weitgehende Regulation der Wirtschaftstätigkeit, organisierter Interessenausgleich sowie überhaupt der gesamte kulturelle Erbbesitz („Cultural inheritance"), vgl. S. 17—29.

von ihm verehrte A. Müller begabt, versteht er es doch, Müllers Grundgedanken weiter auszuführen, sie mit großer Betriebsamkeit auf die drängenden Fragen der deutschen Wirtschaftspolitik anzuwenden und ihnen Geltung zu verschaffen.

Vollbewußt und ausdrücklich stellte List der Shmithschen Theorie der Werte eine Theorie der produktiven Kräfte gegenüber. Aus ihr „folgt, daß wir, um zu lernen, wie ganze Nationen zu Wohlhabenheit und Reichtum gelangen, uns nicht darauf beschränken dürfen zu untersuchen, auf welche Weise die materiellen Güter von den Individuen produziert, wie sie unter ihnen verteilt und von ihnen konsumiert werden. Dies ist eine Lehre, die dem einzelnen Kaufmann, Fabrikanten oder Agrikulturisten genügen mag, die aber dem Staatsmann und Gesetzgeber für seine höhere Wirksamkeit unzureichend erscheinen muß. Ihm ist nicht sowohl um die *Anhäufung wertvoller Gegenstände* in den Händen von Individuen zu tun, als vielmehr um die Anhäufung derjenigen Kräfte und Einrichtungen, wodurch die Wohlfahrt der ganzen Nation hervorgebracht und garantiert wird. Es mag ihm gutsein zu wissen, auf welche Weise Arbeit, Kapital und Naturkraft sich vereinigen, um sich in den Händen der Individuen zu wertvollen Produkten zu gestalten. Da er aber wahrgenommen hat, daß die wertvollen Produkte in einer ganzen Nation um so häufiger sind, je mehr Intelligenz, Religiosität, Moralität unter ihren Gliedern herrschend geworden, je weiter Wissenschaften und Künste, Gewerbe und Erfindungen im allgemeinen vorangeschritten, je mehr sich von dieser allgemeinen Errungenschaft der Menschheit die einzelne Nation zu eigen gemacht und je vollkommener die bürgerlichen, ökonomischen und politischen Einrichtungen der Nation sind, so schließt er daraus, dieses seien die Kräfte, wodurch jener Produktionsprozeß in der ganzen Nation befördert werde, er sucht daher vor allen Dingen auf die Vermehrung dieser Kräfte zu wirken[139]."

Bewegt sich List mit der Theorie der produktiven Kräfte noch in Müllers Bahnen, so gewinnt seine Lehre durch die Betonung des Erziehungsgedankens oder, wie wir heute sagen würden, des Entwicklungsgedankens, an Eigenständigkeit. Dieser Gedanke wird verständlich durch die Theorie von der schöpferischen Gegenseitigkeit oder dem schöpferischen Aneinander-Werden der einzelnen Wirtschaftszweige.

List geht davon aus, daß dem von A. Smith entdeckten Naturgesetz von der Teilung der Arbeit das Gesetz von der „Konföderation oder Veeinigung verschiedenartiger Tätigkeit, Einsichten und Kräfte zum

---

[139] Friedrich *List,* Artikel: Das Wesen und der Wert einer nationalen Gewerbsproduktivkraft, veröffentlicht in der Cottaschen „Deutschen Vierteljahrsschrift" von 1840. Wir zitieren nach: Friedrich Lists kleinere Schriften, herausgegeben von Friedrich Lenz, Erster Teil: Zur Staatswissenschaft und politischen Ökonomie, Jena 1926, S. 369 f., vgl. ferner S. 435.

Behuf einer gemeinschaftlichen Produktion"[140] zur Seite treten muß. Die Teilung der Arbeit ohne Vereinigung der produktiven Kräfte zu einem gemeinschaftlichen Zweck kann die Produktion nur wenig fördern. Damit die Produktion gefördert wird, „müssen die verschiedenen Individuen auch geistig und körperlich vereinigt sein und zusammenwirken. Der, welcher die Köpfe der Nadeln macht, muß der Arbeit dessen gewiß sein, der die Spitzen macht, wenn er nicht Gefahr laufen soll, umsonst Nadelköpfe zu fabrizieren. Die Arbeitsleistungen aller müssen in richtigem Verhältnis zueinander stehen, die Arbeiter müssen möglichst nahe beisammen wohnen, ihr Zusammenwirken muß verbürgt sein. Nehmen wir z. B. an, jeder von diesen zehn Arbeitern wohne in einem anderen Lande: wie oft würde ihr Zusammenwirken durch Kriege, Transportstörungen, Handelskrisen usw. unterbrochen! Wie sehr würde das Produkt verteuert, folglich der Vorteil der Operationsteilung vermindert! Und würden nicht durch die Ausscheidung oder Abtrennung eines einzigen aus dem Vereine alle außer Tätigkeit gesetzt[141]?"

Der Fehler der Schule Smithens war es, so meint List weiter, das Gesetz der Arbeitsteilung nicht auf die Ökonomie der ganzen Nation, sondern nur auf die einzelne Fabrik oder Landwirtschaft anzuwenden[142]: „Wie die Nadelfabrik nur durch die Konföderation der produktiven Kraft der Individuen, so gedeiht jede Gattung von Fabriken nur durch die Konföderation ihrer produktiven Kräfte mit denen aller übrigen Fabrikgattungen. Zum Gedeihen einer Maschinenfabrik z. B. wird erfordert, daß die Bergwerke und die Metallfabriken ihr die erforderlichen Materialien liefern und daß ihr alle die hundert Gattungen von Fabriken, welche Maschinen bedürfen, ihre Produkte abnehmen . . . Ebenso gedeiht die ganze Gewerbsindustrie, gegenüber der gesamten Landwirtschaft und die letztere der ersteren gegenüber, um so mehr, je näher sie aneinander stehen, je weniger sie in ihrer Wechselwirkung aufeinander unterbrochen werden können. Die Vorteile ihrer Konföderation unter einer und derselben politischen Gewalt sind zur Zeit der Kriege, der Nationaldifferenzen, der Handelskrisen, des Mißwachses usw. nicht minder einleuchtend als die Vorteile der Vereinigung der zu einer Nadelfabrik gehörigen Personen unter einem und demselben Dach[143]."

---

140 F. *List*, Das nationale System der Politischen Ökonomie, Neudruck nach der Ausgabe letzter Hand, hrsg. von Prof. Dr. H. *Waentig*, Sammlung sozialwissenschaftlicher Meister, Bd. 3, 5. Aufl., Jena 1928, S. 240. List erläutert diese These sogleich am berühmten Nadelbeispiel Smithens.

141 Ebd., S. 240 f.

142 Vgl. S. 241.

143 Ebd., S. 241 f.

„Die Fabrik gedeiht um so mehr, je mehr die Geschäftsoperationen geteilt, je inniger die Arbeiter vereinigt sind und je mehr die Mitwirkung jedes einzelnen dem Ganzen gesichert ist. Die produktive Kraft jeder einzelnen Fabrik ist um so größer, je mehr die ganze Fabrikationskraft des Landes nach allen ihren Verzweigungen ausgebildet und je inniger sie mit allen übrigen Gewerbszweigen vereinigt ist. Die landwirtschaftliche Produktivkraft ist um so größer, je inniger eine nach allen Zweigen ausgebildete Fabrikkraft mit der Landwirtschaft örtlich, kommerziell und politisch vereinigt ist . . . Diejenige Nation wird also die meiste Produktivkraft besitzen, folglich die reichste sein, welche die Fabrikationskräfte nach allen Verzweigungen innerhalb ihres Territoriums zur höchsten Vollkommenheit ausgebildet hat und deren Territorium und landwirtschaftliche Produktion groß genug ist, um ihre Fabrikbevölkerung mit dem größten Teil der erforderlichen Lebensmittel und Rohstoffe zu versehen[144]."

Landwirtschaftliche und gewerbliche Produktionskraft heben sich wechselseitig[145]. Mit der Entwicklung der gewerblichen Manufakturkraft wird das nationale Transportsystem angeregt, die Fischerei hervorgebracht, die Schiffahrt und der Handel gefördert: „Daß Kanäle, Eisenbahnen und Dampfschiffahrt nur vermittelst der Manufakturkraft aufkommen und nur durch dieselbe sich über die ganze Oberfläche des Territoriums verbreiten können, liegt am Tage[146]."

„Mit den Manufakturen erst entsteht die Fähigkeit der Nation, fremden Handel mit minder kultivierten Nationen zu treiben, die Schiffahrt zu vermehren, eine Seemacht zu gründen und den Überfluß der Bevölkerung durch Anlegung von Kolonien zu fernerer Vergrößerung des Nationalwohlstandes und der Nationalmacht zu verwenden[147]."

„. . . jetzt kommen auch alle Mineralien, alle Metalle, die bisher in der Erde müßig lagen, zu Benutzung und Wert. Gegenstände, welche zuvor nur eine Fracht von wenigen Meilen austrugen, wie Salz, Steinkohle, Steine, Marmor, Schiefer, Gips, Kalk, Holz, Rinde usw., können nun auf der Oberfläche eines ganzen Reichs verteilt werden[148]."

„Der Handel erwächst aus den Manufakturen und der Agrikultur, und keine Nation, welche nicht diese beiden Hauptzweige der Produktion in ihrem Innern zu hoher Ausbildung gebracht hat, kann in unseren Tagen zu bedeutendem inneren und äußeren Verkehr gelangen[149]."

---

[144] Ebd., S. 243 f.
[145] Vgl. ebd., S. 246.
[146] Ebd., S. 297.
[147] Ebd., S. 305 f.
[148] Ebd., S. 308.
[149] Ebd., S. 363.

Eng mit dieser Lehre von der schöpferischen Gegenseitigkeit der Wirtschaftszweige hängt Lists Ansicht zusammen, „daß die Manufakturindustrie einer großen Nation ein zusammenhängendes Ganzes bildet, welchem kein einzelner Teil entnommen werden kann, ohne daß dadurch die anderen empfindlich verletzt würden"[150]. List wird nicht müde, diese Ansicht zur Begründung seines Schutzsystems immer wieder zu beweisen:

„Wollte heute England sich verbindlich machen, den Deutschen jahrelang alle ihre Bedürfnisse an Manufakturwaren umsonst zu liefern, wir könnten nicht dazu raten, ein solches Offert anzunehmen. Wenn die Engländer durch neue Erfindungen in den Stand gesetzt werden, die Leinwand um 40 Prozent wohlfeiler zu fabrizieren als die Deutschen bei der alten Verfahrungsweise und wenn sie in der neuen Verfahrensweise nur einen Vorsprung von wenigen Jahren vor den Deutschen gewinnen, so geht ohne Schutzzoll einer der wichtigsten und ältesten Manufakturzweige Deutschlands zugrunde — es ist, als fiele ein Glied von dem Körper der deutschen Nation. Wer aber möchte über den Verlust eines Armes sich damit trösten, er habe doch seine Hemden um 40 Prozent wohlfeiler eingekauft[151]?" Wie die Geschenke, so wirken die dumpings: „Durch ihre Stellung als Weltmanufaktur- und Handelsmonopolisten geraten ihre (der Engländer) Fabriken von Zeit zu Zeit in jenen Zustand, den sie glut nennen . . . Dann wirft jeder seinen Vorrat an Waren auf die Dampfboote. Nach Verfluß von acht Tagen werden sie in Hamburg, Berlin und Frankfurt, nach drei Wochen in Newyork zu 50 Prozent unter dem wahren Wert angeboten. Die englische Fabrikanten . . . sind gerettet . . . Die deutschen und amerikanischen Fabrikanten erhalten die von den englischen verschuldeten Schläge — sie werden ruiniert . . . Wenn man bedenkt, wie oft durch solche Konjunkturen die ganze Manufakturkraft, das Kreditsystem, ja der Ackerbau und überhaupt die ganze Ökonomie der mit England in freier Konkurrenz stehenden Nationen in ihrer Basis erschüttert wird . . . sollte man dann nicht zweifelhaft werden, daß die Handelsverhältnisse der Nationen nach der Theorie der Werte und nach kosmopolitischen Grundsätzen zu regulieren seien[152]?"

„Auf die Manufakturen . . . wirkt die kürzeste und leiseste Unterbrechung lähmend, die längere tödlich[153]." „Wie beim Aufkommen und Bestand der Industrie ein Gewerbe das andere hervorruft, nachzieht, stützt und in Flor bringt, so ist bei ihrem Verfall der Ruin eines Ge-

[150] Ders., Art. Gewerbsproduktivkraft, a.a.O., S. 372 f.

[151] Ders., Nat. System, S. 236.

[152] Ebd., S. 237.

[153] Ebd., S. 405.

werbszweiges immer der Vorbote des Ruins mehrerer anderer und am Ende der Hauptbestandteile der Manufakturkraft[154]." „So geht in kurzer Frist ein Komplex von Kräften und Dingen verloren, der nur durch die Anstrengungen und Bemühungen von mehreren Generationen hätte gebildet werden können[155]." List verweist in diesem Kapitel auf die hohe Produktivität der Stetigkeit und Werkfortsetzung, die beide erreicht werden durch Realisierung der nationalen Teilung der Arbeit und der Konföderation der produktiven Kräfte[156]. Die Konföderation der produktiven Kräfte der Wirtschaft führt dazu, daß die Wirtschaft als zusammenhängendes Ganzes auch als eine politische Einheit nach außen hin handelnd auftritt und Störungen ihrer Einheit zu vermeiden weiß.

Durch die Theorie der produktiven Kräfte und die Lehre von der schöpferischen Gegenseitigkeit der Wirtschaftszweige erhalten wir wichtigste Bausteine für eine Theorie der wirtschaftlichen Zusammenarbeit, die wir in folgenden Sätzen zusammenfassen dürfen:

1. Der Geist der Gemeinschaft ist das vornehmste Kapitel, er ist die Grundlage aller Zusammenarbeit. Je mehr dieser Geist alle Tätigkeiten durchdringt und sie auf die Ziele der Gemeinschaft hin konzentriert, desto größer ist die Produktivität der Gemeinschaft, desto höher und weiter wird sie ihre Ziele erreichen.
2. Je stärker dieser Geist wirksam ist, desto größer ist auch die Möglichkeit der Arbeitsteilung im Innern dieser Gemeinschaft, desto größer daher auch die produktive Kraft.
3. Je stärker der Gemeingeist, desto geschlossener tritt die Gemeinschaft auf, desto besser weiß sie Störungen von außen und innen zu vermeiden, desto stetiger ist ihre Entwicklung in der Zeit.
4. Die Geschlossenheit nach außen ermöglicht die ungestörte gegenseitige Entfaltung der Wirtschaftszweige im Innern. Der Verkehr nach außen wird soweit gefördert, als er die innere Entfaltung vorantreibt und soweit zurückgedrängt, als er die innere Entfaltung hemmt.
5. Daher wird auch die Konkurrenz nur soweit zugelassen, als sie die Zusammenarbeit fördert.
6. Aus dem in allen Tätigkeiten und über die Zeiten hinweg festgehaltenen Gemeingeist schöpfen die Individuen den Großteil ihrer produktiven Kraft und werden sie in ihren Berufen begründet und gesichert. „Je vollkommener die Einigung, desto größer und vollkom-

---

[154] Ebd., S. 405.

[155] Ebd., S. 405.

[156] Ebd., S. 404—409.

mener das Produkt, die geistige und körperliche Wohlfahrt der Individuen[157]."

E. Die Bedeutung der Rechtsordnung für die Wirtschaft: Die sozialrechtliche Schule

Wie wir in den beiden vorangegangenen Kapiteln gezeigt haben, ist die Wirtschaft ein zusammenhängendes Ganzes, von der kein Teil ohne Schaden für das Ganze und die übrigen Teile abzutrennen ist und alle Teile für ihr Gedeihen und ihre Entwicklung auf Zusammenarbeit innerhalb der Wirtschaftsgemeinschaft angewiesen sind. Diese Zusammenarbeit oder „Konföderation" der Kräfte (List) bedarf der Ordnung. Damit also tritt die Ordnung und, weil die Ordnung sich im Recht niederschlägt, die Rechtsordnung als Grundlage der Zusammenarbeit in das Gesichtsfeld unserer theoretischen Betrachtung. Auch aus der lehrgeschichtlichen Problementfaltung her drängt sich dieses Thema auf:

List, der Schöpfer des Deutschen Zollvereins und die treibende Kraft zur Schaffung des Deutschen Eisenbahnsystems, hat sicherlich für die Entwicklung der deutschen Industrie mehr geleistet und teurer bezahlt als jeder andere. In seinem Weitflug der Gedanken aber hat er zweifellos eine Überbewertung der nationalen Gemeinschaft vollzogen und hierüber die vielfältig abgestuften Wirtschaftsgemeinschaften innerhalb der Nation zur Gänze vernachlässigt. List errichtet sein ganzes Gebäude, wie er selbst sagt[158], auf die Nationalität als des Mittelgliedes zwischen Individuum und Menschheit. Die Mittelglieder sind jedoch zahlreicher: Hausgemeinschaft, Ortsgemeinschaft, die Gemeinschaft zwischen Ort und Land (z. B. Talschaft), die Betriebs- und Berufsgemeinschaften, die Wirtschaftsverbände. Sie werden in die Theorie durch List (hier im Gegensatz zu A. Müller) nicht einbezogen. List sieht völlig klar, wie unter dem Einfluß der großen Fabriken sich die Verhältnisse gestalten: „Überall, soweit ihre Konkurrenz reicht, verschwindet der Handwerker und kleine Fabrikant. Die Tuchfabrik tötet das Tuchmacherhandwerk, die Steingutfabrik das Töpferhandwerk, die Eisen- und Stahlfabriken die Gewerbe der Messerschmiede, Schlosser usw. Je weiter die Erfindungen fortschreiten, desto mehr muß zur Zeit das Kleingewerbe und die Hausfabrikation schwinden[159]." List kennt genau die Nachteile dieser neuen Ordnung, „die eine große Anzahl unselbständiger, auf den notdürftigsten Lebensunterhalt beschränkter, oft dem Mangel ausgesetzter und in ihrem Beruf auf die Erlernung weniger Handgriffe beschränkter Manu-

---

[157] Ebd., S. 61.

[158] Ebd., S. VIII.

[159] Ders., Gewerbsproduktivkraft, a.a.O., S. 425.

fakturarbeiter einigen wenigen Gebildeten und Reichen unterwirft"[160]. Er vertraut auf den Fortschritt, auf den Erfindungsgeist, auf die Verbesserung des Assoziationsgeistes und auf die internationale und nationale Sozialpolitik. Der Genialität und Aktualität seiner Gedanken wegen zitieren wir ihn hier ausführlich: „Unsere Ansicht, daß die neue Ordnung im Gewerbswesen nur einer Übergangsperiode angehöre, gründet sich auf Hoffnungen, die wir aus der Kulturgeschichte schöpfen. Wenn nicht geleugnet werden kann, daß bisher die Fortschritte in den Künsten und Wissenschaften und in der bürgerlichen und politischen Ordnung überhaupt die Zustände der arbeitenden Klassen und die Freiheit der Massen befördert haben, so ist doch wohl nicht anzunehmen, der menschliche Erfindungs- und Verbesserungsgeist werde bei jenen Erfindungen und gesellschaftlichen Einrichtungen stehenbleiben, durch welche das kleine Gewerbe von dem großen überflügelt worden, und die zuvor unabhängige Mehrzahl der Manufakturisten in die Abhängigkeit weniger geraten ist. Nehmen wir aber an, der Erfindungsgeist schreite fort, so wird die Hypothese nicht allzu gewagt erscheinen, daß es ihm gelingen dürfte, die Dampfmaschinerie noch außerordentlich zu vervollkommnen, oder eine neue bewegende Kraft zu entdecken und dem Menschen dienstbar zu machen, die überall mit wohlfeilen Kosten in Funktion zu setzen, von der Lokalität weit weniger abhängig und im kleinen viel anwendbarer ist als jetzt die Dampfkraft. Nehmen wir ferner an, daß die Vervollkommnungen der Rohstoffproduktion, der Maschinenfabrikation und der Maschinen selbst noch immer fortschreitet, daß dadurch die Preise der Maschinen immer mehr vermindert und die Operationen immer mehr vereinfacht werden: so ist wohl denkbar, daß eine Zeit kommen kann, wo die meisten Gewerbe, die jetzt im großen mehr rentieren, im kleinen ausführbarer und lukrativer werden. Denkbar ist ferner, daß der Assoziationsgeist bei den zivilisierten Nationen immer größere Fortschritte macht; daß der Gedanke, die Arbeiter als Aktionäre bei den großen Fabrikanstalten zu beteiligen und ihnen dadurch Wohlstand für das ganze Leben und einen gewissen Grad von Independenz zu sichern, mehr und mehr realisiert werden dürfte. Denkbar ist endlich, daß die verschiedenen Nationen sich über gewisse Anordnungen und Einrichtungen, z. B. hinsichtlich der Verwendung der Kinder zur Arbeit, der Arbeitsstunden, der Versorgung kranker Arbeiter usw., veständigen und damit die Rücksicht auf Konkurrenz im auswärtigen Manufakturmarkt, wodurch bisher dergleichen Verbesserungsvorschläge paralysiert wurden, wirkungslos machen[161]."

List spürt die in der Luft hängenden Veränderungen: Die Ablösung der Dampfkraft durch die Elektrizität und Energieversorgungssysteme

[160] Ebd., S. 426.
[161] Ebd., S. 428 f.

lange noch bevor die erste Glühlampe aufleuchtete, den Ersatz der die Industrierevierbildung und den Großbetrieb fördernden Dampfmaschine durch den Elektromotor, der den Einzel- und Kleinstantrieb ermöglicht. Der Explosionsmotor wird zum Inbegriff der Selbstbewegung und Lokalitätsunabhängigkeit. Lange bevor sie erfolgte, sieht List die internationale Verständigung über die Arbeitsgesetze und die Gründung der Sozialversicherungen voraus. Und die Mitbeteiligung der Arbeitnehmer am Unternehmen in Form des Kleinaktienwesens wurde erst in unseren Tagen zur politischen Forderung auf breiter Front erhoben.

Doch die wichtigste Erscheinung, die verhinderte, daß Handwerker und Kleinfabrikanten verschwanden, und die den Arbeitnehmern ein gewisses Maß an Independenz und Wohlstand sicherte, ist die Wiederbelebung des Assoziationsgeistes seit etwa Mitte des vorigen Jahrhunderts. Dieser Assoziationsgeist durchzieht und durchwächst die Industriegesellschaft mit einer Fülle von Vereinigungen, mit Selbsthilfe-, Schutz-, Kampf- und Machtgebilden, deren Tätigkeit und Wirksamkeit durchaus nicht auf den wirtschaftlichen Bereich beschränkt bleibt. Sie entwickeln sich häufig im Gegensatz zum Staat (etwa die Genossenschaften, Gewerkschaften, Kartelle). Spät erst nimmt sie der Staat zur Kenntnis und baut er sie in den Sozialkörper ein[162].

Der Prozeß ist bei weitem noch nicht abgeschlossen. Wer die Wirtschaftsentwicklung verstehen will, wird die Analyse dieses Prozesses vornehmen müssen.

Dieser Prozeß schlägt sich in der rechtlichen Ordnung der Wirtschaft nieder. Es ist die große Leistung der sozialrechtlichen Schule unserer Wissenschaft erkannt zu haben, daß es „keinen Wirtschaftsvorgang (gibt), der nicht zugleich Rechtsvorgang ist. Wir müssen also, wenn wir wirtschaftlich richtig denken wollen, in Wirtschaftsverfassung denken[163]."

Für die sozialrechtliche Schule ist das *Zusammenwirken* von Menschen überhaupt der Gegenstand der Sozialwissenschaft: „Die Sozialwissenschaft hat das äußerlich geregelte Zusammenwirken von Men-

---

[162] „Ein Beispiel hierfür aus der neueren Zeit. In Frankreich galt bis 1884 das Gesetz vom 17. Juni 1791, wonach die demselben Beruf und Gewerbe Angehörigen sich nicht in festen Vereinen zusammenschließen durften (durch den code pénal Art. 291 ...). Trotzdem haben jahrzehntelang Syndikate von Industriellen und Arbeitern bestanden und im März 1884 schätzte der Handelsminister die bestehenden gesetzwidrigen, aber geduldeten Syndikate auf etwa 530." Erst das Gesetz vom 21. März 1884 gestattete die Bildung. R. *Stammler*, Wirtschaft und Recht nach der materialistischen Geschichtsauffassung. Eine sozialphilosophische Untersuchung, 3. Aufl., Leipzig 1914, Seite 657.

[163] K. *Diehl*, Die sozialrechtliche Richtung der Nationalökonomie, Jena 1941, Seite 20.

schen zum Gegenstand; das Recht handelt von der formalen Regelung dieses Zusammenwirkens, die Nationalökonomie behandelt das tatsächliche Zusammenwirken, soweit es auf die Beschaffung von Sachgütern . . . gerichtet ist[164]."

Sehr nachdrücklich wird also das Zusammenwirken zum Gegenstand unserer Wissenschaft erhoben, und weil dieses Zusammenwirken stets ein geregeltes ist, bedarf es der Verfassung. Für Stammler, den Begründer der sozialrechtlichen Schule, ist „Rechtsordnung und Wirtschaftsordnung . . . ein und dasselbe"[165]. Für Diehl ist die Rechtsordnung Friedensordnung und die Rechtsgestaltung der Wirtschaft das Mittel, dem Kampfzustand der einzelnen Wirtschaftssubjekte ein Ende zu bereiten[166]. Diese Rechtsordnung nennt er Wirtschaftsverfassung, und zwar ist die Wirtschaftsverfassung „in erster Linie immer Eigentumsverfassung, und die Art der Regelung des Eigentums ist das unterscheidende Merkmal der verschiedenen Wirtschaftsverfassungen"[167]. Diehl unterscheidet zwei Haupttypen der Wirtschaftsverfassungen, „nämlich die Wirtschaftsverfassungen mit Gemeineigentum und die Wirtschaftsverfassungen mit Privateigentum"[168]. „Die Wirtschaftsverfassungen mit Privateigentum an den Produktionsmitteln müssen wiederum unterschieden werden in 1. gebundene, gelenkte oder gesteuerte und 2. die freien Wirtschaftsverfassungen[169]." Davon war nur die erste geschichtlich wirksam: „Ein gänzlich freies Privateigentum hat es nie gegeben. Immer war das Privateigentum mit sozialen Hypotheken in größerem oder kleinerem Umfang belastet[170]."

Die sozialrechtliche Schule, wie sie Diehl vorträgt, überwertet die Eigentumsverfassung. Gerade für die gebundene, gelenkte und gesteuerte Wirtschaft, der allein Diehl geschichtliche Wirksamkeit zuspricht, sind die Organe, durch die die Bindung, Lenkung und Steuerung erfolgt, mindestens ebenso wichtig, wie die Bindung selbst. Mit ihrer Schaffung erhalten diese Organe bestimmte Kompetenzen, Aufgaben und Verantwortungen und treten zum Staat in ein rechtlich geregeltes Verhältnis, falls sie nicht überhaupt Teile der staatlichen Behördenorganisation sind. Ferner betreffen die Bindungen nicht nur das Eigentum, sondern ebenso die Person und ihre persönlichen Verhältnisse, wie sie beispielsweise in ihrer beruflichen Tätigkeit zum Ausdruck kommen (z. B. Mitgliedschaft zur Gewerkschaft, Zwangsmitglied-

---

164 Ebd., S. 75.
165 a.a.O., S. 184.
166 a.a.O., S. 19.
167 Ebd.
168 Ebd., S. 21.
169 Ebd., S. 22.
170 Ebd.

schaft zu den Berufskörperschaften, zur Sozialversicherung). Mit der Beschränkung auf die Eigentumsverfassung würden uns die schönsten Früchte, die der moderne Assoziationsgeist hervorgebracht hat, entgehen: die Durchdringung des obrigkeitlichen Staates mit stark genossenschaftlich-demokratischen Zügen und die Bildung der Körperschaften öffentlichen Rechtes als Aufgipfelung der Genossenschaftsidee.

Für diese wirtschaftlichen Assoziationen erscheinen uns rechtshistorisch folgende Etappen in den letzten 100 Jahren bezeichnend und zukunftsweisend: das freie Vereinigungswesen, die Personen- und Kapitalgesellschaften, die Genossenschaften und schließlich die öffentlichrechtlichen Körperschaften.

In seinem berühmten Werk über „Das deutsche Genossenschaftsrecht" verweist bereits vor rund hundert Jahren O. v. Gierke auf den engen Zusammenhang „der gegenwärtig auf Vereinigung gerichteten Bewegungen mit dem uraltesten und ureigensten Besitztum der germanischen Völker" und sehr mit Recht konnte er damals schon sagen, „daß eine der festesten Bürgschaften für des deutschen Volkes Zukunft in dem wiedergeborenen Genossenschaftswesen von heute liegt"[171]. Diesem hervorragenden Gelehrten war es vergönnt, das Reifen dieser Bestrebungen mit seiner Lebensarbeit zu begleiten und zu befördern[172]. Besonders im II. Bd. seiner Rechtsgeschichte zeigt v. Gierke wie der deutsche Körperschaftsbegriff zuerst im Begriff der Stadtpersönlichkeit noch während des Mittelalters aufgeht und schließlich die Gemeinwesen, einschließlich Staat, Kirche, Berufsstände und Genossenschaften immer mehr durchdringt und auch den römischen Anstaltsbegriff, der für den obrigkeitlichen Staat des Absolutismus maßgebend war, zurückdrängt[173].

F. Die Lehre vom Kapital höherer Ordnung

Wenn wir die Ergebnisse der sozialrechtlichen Schule und der Theorie der produktiven Kräfte auf eine kurze Formel bringen müßten, dann würde sie etwa zu lauten haben: „Organisation schafft Kapital". Der Satz von J. B. Say: „les lois ne peuvent pas créer de richesse", gehört zu den unrichtigsten aller Sätze, die je in der Nationalökonomie ausgesprochen wurden, denn „kaum ist ein Gesetz oder eine öffentliche Ein-

---

[171] O. v. *Gierke*, Das deutsche Genossenschaftsrecht, I. Bd.: Rechtsgeschichte der deutschen Genossenschaft, Berlin 1868, S. X.

[172] Der II. Band seines Genossenschaftsrechtes erschien unter dem Titel: Geschichte des deutschen Körperschaftsbegriffes, 1873, der III. Band 1881 („Die Staats- und Korporationslehre des Altertums und des Mittelalters und ihre Aufnahme in Deutschland"), der IV. Bd. 1913 („Die Staats- und Korporationslehre der Neuzeit").

[173] Ders., II. Bd., bes. S. 573 ff., S. 826 ff., S. 970 ff.

richtung denkbar, wodurch nicht auf die Vermehrung oder Verminderung der produktiven Kraft ein größerer oder geringerer Einfluß geübt würde“[174]. Organisation heißt immer, wie die sozialrechtliche Schule ausführt, Regelung des Zusammenwirkens, Ordnung der Zusammenarbeit. Alle Zusammenarbeit bedarf der Organisation. Erst die ganzheitliche Schule vermag es, die Theorie der produktiven Kräfte und die Ergebnisse der sozialrechtlichen Schule systematisch zu bewältigen. Ihr gelingt dies durch die Lehre vom Kapital höherer Ordnung und durch die Erkenntnis, daß diesem Kapital Leistungscharakter zukommt, vergleichbar etwa dem Pflügen des Bauern, der Transportleistung des Frächters, der Marktleistung des Händlers, der Ausbildungsleistung des Meisters, der Erfindungsleistung des Technikers, einer neuen Kombination des schöpferischen Unternehmers, einem günstigen Handelsvertrag, durch den Märkte geschaffen werden oder einem günstigen Wirtschaftsgesetz, das die Aktivität beflügelt (man denke etwa an die Investitionsbegünstigungsgesetze).

Ausgangspunkt sind für die ganzheitliche Schule Gebilde von Leistungen, Leistungssysteme, Leistungszusammenhänge oder Leistungsgemeinschaften, wie sie uns im Betrieb, im Haushalt, in einem Energie-, Transport-, Geld-, Kredit- oder Vertriebssystem, in Gewerkschaften, Unternehmerverbänden, Kammern und anderen Einrichtungen wirtschaftlicher Art entgegentreten.

Für die ganzheitliche Schule „sind alle Wirtschaftserscheinungen ihrer Natur nach Glieder eines Gebäudes von Leistungen ... Die Wirtschaft ist daher durch und durch aus Leistung gefügt und muß als förmlicher Organismus von Diensten, von Verrichtungen, Rollen, Leistungen für Ziele angesehen werden[175].“ Dieser Gesamtzusammenhang der Wirtschaftsmittel oder Leistungen im Gebäude der Wirtschaft hat eine innere Ordnung, die durch Leistungs- oder Teilbereiche, Stufen oder Gebilde und Vorränge bestimmt ist[176].“ Diese innere Ordnung bezeichnen wir als Leistungssystem[177]. Die systematische Ordnung der Wirtschaft darf nicht nur als eine theoretisch-analytische, sondern muß als eine praktisch-wirksame Ordnung der Wirtschaft des täglichen Lebens aufgefaßt werden: Alle geschichtliche Wirtschaft ist geordnete Wirtschaft, daher niemals „freie“, d. h. willkürliche Wirtschaft, sondern gebundene Wirtschaft, verpflichtete Wirtschaft.

---

[174] *List*, Nat. Syst., a.a.O., S. 228, dort auch die angeführte Stelle von J. B. Say.

[175] *Stavenhagen*, a.a.O., S. 281.

[176] *Heinrich*, Wirtschaftspolitik I, a.a.O., S. 71.

[177] Vgl. O. *Spann*, Fundament der Volkswirtschaftslehre, 4. Aufl., Jena 1929, Seite 30.

Die Bindung der Wirtschaft ist eine dreifache: Sie ist an die gesellschaftlichen Ziele der nichtwirtschaftlichen Bereiche der Kultur gebunden, die der Wirtschaft vor- und aufgegeben sind. Da diese Ziele, häufig auch Bedürfnisse genannt, nie allein auftreten, sondern nur „als Gesamtganzes von Gültigkeiten, als ‚Geltungssystem', erscheinen können"[178], müssen auch die Mittel, die diesen Zielen dienen, stets als Gesamtheit, als „System der Mittel"[179] angesehen werden[180].

Es ergibt sich also „die Einheit des Systems der Mittel durch die Einheit (Gemeinsamkeit) der Ziele"[181]. Diese Gebundenheit der Wirtschaft an die Zielwelt nennen wir die soziale Bindung der Wirtschaft, und in diesem Sinne ist die Wirtschaft als Ganzes Sozialwirtschaft, Sozialökonomie.

Die Wirtschaft ist neben der Zielwelt an einen zweiten außerwirtschaftlichen Bereich gebunden, nämlich an ihre Unterlage oder Grundlage, das ist die ursächliche, naturhafte Bedingtheit aller Leistungen[182]. Jede Leistung ist auf physische, psychische oder organische Beschaffenheiten angewiesen, daher auf den Menschen als Träger von Handlungen und auf die Naturgrundlagen (Boden, Bodenschätze, Wald, Wasser, Klima, Pflanzenarten und Tierrassen). Auch die Technik gehört zu den Wirtschaftsgrundlagen: „Die Wirtschaft kann sich nur innerhalb des technisch Möglichen bewegen ... Technik ist Grundlage der Wirtschaft[183]."

Dieser zwiefachen außerwirtschaftlichen Gebundenheit entspricht eine innere Gebundenheit der Wirtschaft: Im Gebäude der Wirtschaft ist jede Handlung und jede Leistung mit jeder Handlung und jeder Leistung verbunden, sie greifen ineinander und bilden eben dadurch einen Leistungszusammenhang oder ein Leistungssystem. Alle Wirtschaftsgesetze

---

[178] Ebd., S. 31 u. ö., bes. S. 52.

[179] Ebd., S. 30.

[180] Vgl. S. 55: „Von der Knappheit der Mittel zur Unbegrenztheit der Ziele muß eine Brücke geschlagen werden. Wie ausgeführt, geschieht dies: kraft des Geltungsbereiches der Endzwecke, welcher die Vorzwecke (Mittel) ganz in seinen Bann zieht und sie daher zu einer ihm angemessenen rangmäßigen Stufenleiter ordnet." Dieses rangmäßige Ordnen geschieht durch die Tätigkeit des Ausgleichens, d. i. „die Feststellung, wie weit angesichts der Gültigkeit aller Ziele die einzelnen Vorzwecke für jedes einzelne Ziel gültig sein sollen" (S. 56). Spann weist an dieser Stelle auf die besonderen Verdienste der Grenznutzenschule hin, die den Ausgleichsgrundsatz, der „das ursprüngliche Element im Begriff der Wirtschaft ist ... mit so grundlegenden Folgerungen näher entwickelte" (S. 56).

[181] Ebd., S. 156.

[182] Ebd., S. 253 ff.

[183] Ebd., S. 46 f. Ein besonderes Verdienst, die Zusammenhänge zwischen Wirtschaft und Naturgrundlagen systematisch erfaßt zu haben, kommt Heinrich zu (Wirtschaftspolitik, I, S. 193 ff.).

Das System der Gesellschaft und Wirtschaft

I. Inhaltliche Gliederung:

Die Gesellschaft	Kulturbereich Wertordnung Zielsystem	1. Religion, Philosophie und Wissenschaften, Kunst, Recht und Sittlichkeit 2. Vitalbereich (leiblicher Bereich) 3. Gesellschaftliche Organisation (Staat, Kirche, Gemeinde, Universität, Betrieb, Familie, Gewerkschaft, Vereinswesen usw.) 4. Ausdruckshandeln: Sprache, Tanz, Gebärde, Schrift		
	Wirtschaft (System der Mittel oder Leistungen)	1. System der organisatorischen Leistungen (Kapital höherer Ordnung)	a) Wirtschaftsverfassung und Wirtschaftsordnung b) Wettbewerb c) Wirtschaftsrecht d) Wirtschaftsorganisation (Verbändewesen) e) Steuer- und Abgabewesen f) Währung (Geldwesen)	
		2. System der Vorleistungen („Vor"-Kapital)	a) Forschungs-, Erfindungswesen (z. B. Patentwesen) b) Konstruktion, Arbeitsvorbereitung c) Ausbildungswesen (z. B. gew. Berufsschulwesen)	
		3. System der Hervorbringungsleistungen (Produktionskapital, Konsumkapital)	a) Marktleistungen (Tausch)	aa) Geldmarkt bb) Warenmarkt
			b) Produktion	aa) Lagerwesen (Zeit) bb) Transportwesen (Raum) cc) Herstellung, Förderung (Stoff)
	Wirtschafts-grundlagen	1. Der Mensch in seiner Eigenschaft als Verrichtungsträger		
		2. Technik und technisches Wissen (= Wissen um die Natureigenschaften oder Kausaleigenschaften der Lebewesen und Stoffe sowie die Anwendung dieses Wissens beim Wirtschaften)		
		3. Naturgrundlagen (Boden, Bodenschätze, Wald, Wasser, Klima, Pflanzenarten und Bewuchs, Tierrassen)		

II. Sozialstufen und Sozialwirtschaftsstufen:

(geschichtlich-konkrete Stufen, daher nur beispielhafte Aufzählung)

1. Menschheit — Weltwirtschaft; 2. Kulturkreis = Großraum (Block-)wirtschaft; 3. Volk — Volkswirtschaft; Gebiet — Gebietswirtschaft (z. B. Stadtwirtschaft); 4. Verband — Verbandswirtschaft; 5. Betriebsgemeinschaft — Betriebswirtschaft; 6. Familie — Haushalt; 7. Individuum — Einzelwirtschaft.

sind daher Gesetze des Zusammenwirkens von Leistungen oder, was dasselbe ist, Verknüpfungsgesetze von Leistungen, Entsprechungsgesetze, Gegenseitigkeitsgesetze: „Über die bloße Einteilung der Leistungen, d. h. über ihr gegebenes, *systematisches* Zusammenhängen hinaus, können noch die Gesetze festgestellt werden, nach welchen die eine Leistung der anderen, der eine Leistungszweig dem anderen *entspricht*, anders gesagt: nach welchen die Leistungszweige miteinander verknüpft sind, aufeinander folgen und aufeinander angewiesen erscheinen[184].“ Das ganzheitliche System der Leistungen nach Leistungsinhalten, Stufen und Vorrängen sowie die Verknüpfungen mit den Zielen und Grundlagen kommen wohl am besten in der umstehenden Übersicht zum Ausdruck. Die Gesamtheit der wirtschaftlichen Mittel und die Gesamtheit der Gesellschafts- und Wirtschaftsgrundlagen bilden zusammen jene Ganzheit, deren Glieder sie sind, eben die Gesellschaft. Die Glieder dieser Ganzheit „Gesellschaft“ sind selbst wieder so miteinander verbunden, daß jede Änderung eines Gliedes ihren Reflex in den beiden übrigen Gliedern ausübt, diese ändert und zu einer Neueinstellung führt. Es genügt daher nicht einmal, wie Schneider meinte, eine totale Analyse des Wirtschaftsprozesses, sondern erst eine Totalanalyse des gesamten Gesellschaftsprozesses verschafft Einblick in die bestehenden Zusammenhänge. Im allgemeinen verstehen es die Dichter, solche Zusammenhänge besser darzustellen als die Nationalökonomen. Man denke etwa an das Buch des Nobelpreisträgers I. Andric, Die Brücke über die Drina[185]. Hier wird geschildert, wie durch die Brücke eine Ortschaft zur Stadt erwächst, wie sie Schwergewichte und Bedeutung erhält, wie die Ortschaft viel enger als vor dem Bau der Brücke an die geschichtlichen Ereignisse geknüpft wird, wie die Wirtschaft der Stadt, wie die Berufe der Bevölkerung, die soziale Schichtung der Stadt sich ändern, wie Brücke und Stadt zu strategisch wichtigen Stützpunkten werden, wie sie schließlich ihre Bedeutung verlieren und im Geschichtslosen versinken.

Wie solche multiplexen Veränderungen im Mikrokosmos eines Landgutes allein durch die Auswechslung der Person des Besitzers vor sich gehen, führt uns Goethe in den Wahlverwandtschaften vor Augen.

Gewisse Ansatzpunkte zu einer solchen von den Dichtern vorgezeigten dynamischen oder, wie Spann auch sagt, kinetischen Ganzheitsbetrachtung, lassen sich in der Raumplanung, Stadtplanung, Landschaftsgestal-

---

[184] *Spann*, a.a.O., S. 278. Typische Entsprechungsgesetze sind z. B. das Gesetz des abnehmenden Ertrags, das Thünensche, Greshamsche, Engelsche Gesetz, ferner alle Standortgesetze, Grenzgesetze (Grenzproduktivität, Grenzertrag), Strukturgesetze, ebenso die aus Leistungszusammenhängen abgeleiteten Leistungsgrößen oder Preisgesetze, endlich die Bewegungs-, Konjunktur- oder Leistungsverschiebungsgesetze (vgl. *Spann*, a.a.O., S. 278 ff.).

[185] I. *Andric*, Na Drina Cuprija (Die Brücke über die Drina), dtsch. v. E. Jones, München o. J. (1960?).

tung feststellen. Als eines der großartigsten gelungenen Experimente der Landschaftsgestaltung und Raumplanung darf wohl das Tenessee-Valley-Projekt angesehen werden: Hier wurde ein Notstandsgebiet fast von der Größe Englands, aber mit nur 4 Millionen Einwohnern, dessen Bodengrundlage durch Raubbau der Land- und Forstwirtschaft erschöpft und vom Hochwasser ständig bedroht war, von Grund auf saniert. Das Rückhaltevermögen des Bodens für Schmelz- und Regenwasser wurde durch neue Dünge- und Anbauverfahren verbessert, Wälder wurden aufgeforstet, Staubecken und Kraftwerke angelegt, Staudämme errichtet, die Gegend bewässert und elektrifiziert, neue Ansiedlungen und Industrien errichtet, bis schließlich das Tal, das vorher nur durch Subventionen mühsam am Leben blieb, zu einem kräftigen Steuerträger wurde. Das Tenessee-Valley-Projekt ist eines der hervorragendsten Beispiele für die Fruchtbarkeit der Zusammenarbeit zwischen Elektrizitätswirtschaftlern, Landwirten, Biologen, Chemikern, Wasserwirtschafts- und Wasserbaufachleuten, Forstwirten, Soziologen, Industrieunternehmern, Ökonomen und Verwaltungsfachleuten[186]. Sie waren übrigens in einer Art Körperschaft öffentlichen Rechts zusammengefaßt[187] und ihr Leiter direkt dem Präsidenten der Vereinigten Staaten unterstellt[188].

Die Verwirklichung solcher Projekte, in denen sich die künftige Gestalt der Wirtschaft aus der Ungewißheit abhebt, ist gebunden an eine gestaltungsmächtige Idee, durchgreifende Hilfe des Staates und an schöpferische Persönlichkeiten, die Tatkraft und Wissen mit synoptischer Begabung besitzen, um die Idee durchzuführen. An solchen Beispielen wird auch die Notwendigkeit der Organisation, also des Kapitals höherer Ordnung, besonders deutlich. Organisation ist Wirtschaftsgestaltung, Wirtschaftsverfassung, Wirtschaftsordnung. Organisation ist „oberste Voraussetzung für alle übrigen wirtschaftlichen Tätigkeiten“[189]. Ohne Organisation wäre Wirtschaften überhaupt unmöglich, kein Gut könnte entstehen, kein Bedürfnis befriedigt werden[190].

Die Organisation ermöglicht, „alle Leistungen von Anbeginn so zu bedingen und zu formen, daß sie als im Ganzen enthalten auftreten ... Denn nur was die Gemeinschaftlichkeit, die Gliedhaftigkeit besitzt, kann entstehen, kann leben. Für diese Gliedhaftigkeit, dieses Ent-

[186] Wir kommen auf dieses Beispiel nochmals zurück.

[187] Unsere Auffassung über die zukunftsträchtige Bedeutung der öffentlich-rechtlichen Verhältnisse wird hierdurch bestätigt.

[188] Vgl. K. *Krauss*, Die Elektrizitätswirtschaft, ihr gegenwärtiger Stand und ihre Entwicklungslinien in: Zeitschrift für Ganzheitsforschung, NF., 6. Jg., H. III, Wien 1962, S. 121 f.

[189] O. *Spann*, Tote und lebendige Wissenschaft, 4. Aufl., Jena 1935, S. 87.

[190] Vgl. *Heinrich*, a.a.O., S. 74.

haltensein im Ganzen sorgt das ‚Kapital höherer Ordnung‘[191].“ Die Organisation verbindet und ordnet alle Handlungen, Güter und Wirtschaftsmittel auf das Ganze hin, bewirkt ihr Ineinandergreifen, verbürgt ihre Gliedhaftigkeit, ermöglicht sie und „schafft“ sie eben dadurch.

Diese Organisation, das Kapital höherer Ordnung, ist keine Bedingung, die außerhalb der Wirtschaft steht, kein Datum[192], sondern Teil der Wirtschaft, in die Wirtschaft eingehendes Element, produktives Werkzeug aller Werkzeuge, ist Mittel für Ziele, wie alle übrigen Leistungen[193]. „Die Volkswirtschaftslehre hat diesen grundlegend wichtigen Bestandteil alles Wirtschaftens bisher an eine falsche Stelle im Gebäude der Begriffe gestellt, in dem sie ihn als eine ‚vor‘ der Wirtschaft liegende ‚Bedingung‘ betrachtete (Rechtsordnung, Staat usf.). Der Begriff einer ‚Vorbedingung‘ gilt ... nicht für das Kapital höherer Ordnung, das jeweils schon tätiger, schon wirksamer Wirtschaftsbestandteil ist und daher nicht ‚vor‘, sondern ‚in‘ der Wirtschaft liegt[194].“ „Kapital höherer Ordnung ist nicht nur der wirtschaftliche Begriff für ‚Staat‘ als Wirtschaftsbestandteil, sondern auch für die sogenannten ‚Produktivkräfte‘ ...[195].“ Auch die staatlichen „Ordnungsleistungen ... sind wirtschaftliche Erzeugungshandlungen eigener Art“[196], der Staat ist echtes Wirtschaftsmittel und zwar nicht in seiner Eigenschaft als Staat, d. h. als Wertträger von Gerechtigkeit, Moral, Nation, sondern als Wirtschaftsmittel, als Kapital höherer Ordnung[197].

„Der Organisator der ganzen Volkswirtschaft ist heute schließlich der Staat und die ihm verwandten öffentlichen Verbände (Landschaft, Gemeinde) ... Der Arbeit des Staatsmannes kommt führende Fruchtbarkeit (Produktivität) zu ... Das möge folgendes Gedankenexperiment klarmachen:

Man stelle sich einmal vor, die gesamte deutsche Volkswirtschaft mit ihren Unternehmern, Arbeitern, Kapitalien und Abnehmern würde in

---

[191] O. *Spann*, Fundament, a.a.O., S. 177.

[192] E. *Schneider*, Einführung in die Wirtschaftstheorie, II. Teil, a.a.O., S. 241, erkennt nicht die „bestehende rechtliche und soziale Ordnung der Volkswirtschaft“ als Leistungselement und meint, „die Wirtschaftstheorie habe den Ablauf des Wirtschaftsprozesses für eine gegebene Konstellation der gesamtwirtschaftlichen Daten zu untersuchen“, während die „Wechselbeziehungen in den gesamtwirtschaftlichen Daten ... nicht Aufgabe der Wirtschaftstheorie, sondern der Bevölkerungstheorie, der Soziologie, der Technik oder anderer Disziplinen“ seien (S. 242). Damit wird die Volkswirtschaftstheorie von der Analyse derjenigen Einrichtungen und Kräfte, durch die die Wohlfahrt der ganzen Nation hervorgebracht wird, ausgeschlossen und bleibt billige „Krämerökonomie“.

[193] Vgl. *Spann*, Fundament, a.a.O., S. 101.

[194] Ebd., S. 180.

[195] Ebd., S. 104.

[196] Ebd., S. 161.

[197] Ebd., vgl. S. 104 und bes. S. 179.

das alte Rußland versetzt, nur die deutschen Gesetze und Beamten, das ganze Kapital höherer Ordnung, könnte nicht mitgehen, sondern die russischen öffentlichen Einrichtungen würden vorgefunden. Wenn nun die russischen Handelsgerichte, Verwaltungsbehörden, Gemeindeämter, Zollverwaltungen und sonstigen öffentlichen Einrichtungen nicht so gute Dienste leisteten, wie die preußischen, sondern Beamtenbestechung, Rechtsunsicherheit, zeitraubende Verwaltung, weitschweifiger und teurer Bürokratismus den Betrieb verteuern, die Kreditausnützung erschweren, die Unternehmungen steuerlich unzweckmäßig belastet werden — *dann* müßten die Kosten aller Waren *steigen,* denn es hat an dem guten Kapital höherer Ordnung gefehlt, das als schöpferisches und williges Mittel an allen Erzeugungsvorgängen mitwirken muß[198]!"

Bei Fehlen dieses Kapitals höherer Ordnung kann der Wirtschaftserfolg der Volks- oder Gebietswirtschaft trotz Blühens einzelner Wirtschaftsunternehmungen durchaus negativ sein. Bei Fehlen von entsprechendem Kapital höherer Ordnung fallen privatwirtschaftliche Rentabilität und volkswirtschaftliche Produktivität auseinander. Dazu ein Bericht über die „Großstadt Abadan"[199]: Vor rund 50 Jahren, d. h. vor Verwandlung der Insel Abadan in einen Ölumschlaghafen, wohnten dort nur wenige Fischer und Dattelzüchter, am Ende des 2. Weltkrieges zählte die Bevölkerung 120 000 Menschen und 1960 mehr als 300 000. Das Ölkonsortium und die National Iranian Oil Co. (NIOC) beschäftigen in Raffinerien, Hafen und Nebenbetrieben nur rund 24 000, „aber mittelbar ist das ganze Gemeinwesen von dem Einkommen dieser Unternehmungen abhängig". Der Massenzustrom aus der Provinz ist eingetreten, obwohl kaum reale Arbeitsmöglichkeiten oder nur Gelegenheitsarbeiten geboten wurden: Die Dauerarbeitslosen in der Stadt Abadan ... stellen ein bedeutend schwieriges soziales Problem dar. „Die bereits übersetzte Ölindustrie kann sie nicht aufnehmen, und obwohl es keine andere Arbeit gibt, bleiben sie in der Stadt." „Die sozialen Mißstände, die durch Arbeitslosigkeit und schlechte Wohnverhältnisse in einem heißen Klima und in einer reizlosen Landschaft entstehen, werden noch durch die Mängel verschärft, die für alle Städte kennzeichnend sind, deren Bevölkerung in der Mehrzahl aus Zuwanderern besteht. Es gibt keinen Gemeinschaftsgeist und keinen Bürgersinn, es herrschen Mißtrauen und Argwohn, es gibt viel mehr Männer als Frauen ... es gibt keine angesehenen Familien mit alter Tradition und keine überlieferten religiösen Wohltätigkeitseinrichtungen, weder Einigkeit noch führende Persönlichkeiten. Die Polizei hat es schwer, die öffentliche Ordnung zu sichern und das rege Hafenleben und die Nähe der Staatsgrenze machen diese Auf-

---

[198] Ebd., S. 179 f.

[199] Vgl. o. Verf. Artikel: „Großstadt Abadan", Petroleum Press Service, Feb. 1960, S. 55 ff. Alle folgenden Zitate finden sich dort.

gabe nicht leichter.“ „In Abadan hat die schnelle Vermehrung der Bevölkerung eine unerträgliche Überfüllung der Wohnungen, eine Überlastung der Wasserversorgung, der Kanalisation und der gesamten öffentlichen Versorgung herbeigeführt.“ „Welche Aussichten bestehen für eine Verbesserung der Verhältnisse in Abadan? Die Brennstoffversorgung und die guten Verkehrsverbindungen berechtigten zu der Annahme, daß sich dort ein Industriegebiet entwickelt würde. Erdöl kann aber leicht transportiert werden. Die Ölfelder sind daher nicht wie viele Kohlengebiete Schwerpunkte der industriellen Entwicklung. Andere ungünstige Einflüsse beeinträchtigen den Wirtschaftsaufbau in Orten wie Abadan, z. B. der geringe Anreiz, den die niedrige Kaufkraft unentwickelter Länder auf Investierungen der verarbeitenden Industrie ausübt, und die Entfernung anderer Märkte. Politische Gefahren und die Undurchsichtigkeit der Verwaltungsmethoden schrecken ausländisches Kapital ab, und das inländische Kapital zieht es vor, Anlage in Prestige-Bodenwerten oder in Handelsunternehmungen mit hohen Gewinnspannen zu suchen.“ Der Aufsatz kommt zu dem Schluß: „Auf keinen Fall stellen Industrieanlagen und Unternehmen, deren einzige Kunden praktisch die Ölgesellschaften und ihre Belegschaften sind, eine Lösung des Problems der Massenarbeitslosigkeit dar. Die wirtschaftliche Grundlage des Gemeinwesens — in der Hauptsache noch immer die Raffinerie und die Reedereien — ist einfach zu klein, um diese gewaltige Anhäufung von Menschen zu erhalten. Wo eine isolierte industrielle Oase inmitten von Armut und Zurückgebliebenheit entsteht, die dem Betrieb einer einzigen Industrie dient, neigt sie stets zu übermäßiger Ausdehnung.“

In diesem Beispiel hat es an dem entscheidenden Kapital höherer Ordnung gefehlt, welches über die im „freien Spiel der Kräfte“ wirksamen Ballungstendenzen hätte Herr werden müssen. Die allseitige Bezogenheit aller Faktoren: Industriekomplex, Bevölkerungsfrage, Siedlung, Umwelt, Verwaltungszustand, öffentliche Einrichtungen wurden nicht berücksichtigt. Die Entwicklung ging von der Sandwüste zur Wirtschaftswüste mit hoher Krisenanfälligkeit infolge der instabilen Verhältnisse wirtschaftlicher und politischer Art. Abadan ist ein Musterbeispiel für Slums des 20. Jahrhunderts und dafür, wie Entwicklungspolitik nicht durchgeführt werden darf.

Das Kapital höherer Ordnung, die Organisation der Wirtschaft, die „Mithilfen, welche Staat, Gemeinde, Kartelle, Zunft, Gewerkschaft und andere gemeinsame Verbände für die Wirtschaft auf allen Gebieten gewähren ... Recht, Sicherheit, Zoll, Verwaltung, Marktordnung, Handelsverträge, ‚Wirtschaftspolitik‘ aller Art, Bildungsvorsorgen sind Wirtschaftsmittel organisatorischer Art“: sie dürfen keinesfalls aus der Wirtschaftstheorie — wie Schneider meint — ausgeschlossen werden, sondern sie müssen als führende, die Produktivität im höchsten Maße beeinflussende Wirtschaftsmittel oder Leistungen zum Hauptgegenstand der Wirtschaftstheorie werden.

Im Kapital höherer Ordnung drückt sich kraft seiner Funktion, für das Enthaltensein, für die Eingliederung jeder einzelnen Handlung in das Ganze zu sorgen, die Einheit und Bindung der Wirtschaft besonders deutlich aus. Das Kapital höherer Ordnung (und nicht der Eigennutz) ist Quellpunkt der Wirtschaftsgestaltung, es ist ausgliederndes Wirtschaftsmittel: an jedem Arbeitsplatz besteht die Organisation darin, daß eine bestimmte „Einteilung" der Handlungen vorgenommen wird, damit alle Handlungen zweckmäßig zusammenwirken. Aus der Einheit und Ganzheit des Wirtschaftsvorganges heraus geschieht diese Einteilung, diese Arbeitsgliederung. Im Betrieb wird diese Einteilung, diese Arbeitsgliederung zur Betriebsorganisation und die Berufe der Direktoren, Leiter, Angestellten, auch der Buchhalter und Wirtschaftstreuhänder, üben solche organisierenden Tätigkeiten aus. Die Organisation zwischen den Betrieben erfolgt durch Gesetz, Recht, Verwaltung, Sitte und Erziehungsvorsorgen des Staates oder anderer Verbände[200].

Als ausgliederndes Wirtschaftsmittel ist das Kapital höherer Ordnung zugleich vereinigendes Wirtschaftsmittel; es schafft oder verleiht Gemeinsamkeit. Die gemeinsame Organisation, die Gemeinsamkeit des Kapitals höherer Ordnung, die den einzelnen Handlungen und Einzelwirtschaften zugrunde liegt, vereinigt sie. Die Gemeinsamkeit bestimmter Wirtschaftsmittel begründet die Wirtschaftlichkeit der jeweils zugehörigen Glieder[201].

Das Kapital höherer Ordnung ist endlich Einfallspforte für die gesellschaftliche Zielwelt, und zwar der Zielwelt in ihrer Eigenschaft als gestaltendes Wirtschaftsmittel. Jede bestimmte Gesellschaftsordnung verlangt eine entsprechende, d. h. auf ihre Erfordernisse abgestimmte Wirtschaftsordnung, jedem Gesellschaftssystem entspricht ein bestimmtes Wirtschaftssytem. Ihre geistige Grundlage erhält die volkswirtschaftliche Einheit durch die Zielgemeinschaft der Mitglieder der Wirtschaft[202]. Alle Wirtschaft ist zielgebundene Wirtschaft oder Sozialwirtschaft. Die Ganzheit der Wirtschaft ist an die Ganzheit der Gesellschaft geknüpft, wirtschaftliche Ganzheit ist von gesellschaftlicher Ganzheit bestimmt[203].

Auch die Bindung der Wirtschaft an die naturhafte Beschaffenheit der Wirtschaftsmittel spiegelt sich im Kapital höherer Ordnung, besonders

[200] Vgl. *Spann*, Fundament, a.a.O., S. 102 und 178 f.

[201] Vgl. ebd., S. 156.

[202] Vgl. ebd., S. 162.

[203] Vgl. *Spann*, Tote und lebendige Wissenschaft, a.a.O., S. 399 f.

in jenen Gesetzen und Einrichtungen, die die Erhaltung oder Melioration der Naturgrundlagen (Boden, Bodenschätze, Wald, Wasser, Klima, Pflanzen, Tierrassen) oder die qualitative und quantitative Verbesserung der Bevölkerungsgrundlage bezwecken.

Eine der entscheidenden Leistungen der ganzheitlichen Schule besteht darin, die Theorie der produktiven Kräfte in der Lehre vom Kapital höherer Ordnung, in der volkswirtschaftlichen Organisationslehre eingefangen zu haben. Die Lehre von der Organisation, das ist die Lehre von der bewußten Wirtschaftsgestaltung, wird bei ihr zur Mitte der Volkswirtschaftstheorie. Die Lehre von der Organisation ist auch Grundlage oder Ausgangspunkt einer Theorie der wirtschaftlichen Zusammenarbeit.

G. Die Lehre von den Koalitionen

Innerhalb der Organisationslehre darf das Lehrstück von den „Koalitionen“[204], den Verbänden[205], den Vereinigungen[206], den Zusammen-

[204] Der Terminus hat in der Spieltheorie einige Bedeutung. Die Spieltheorie kann allerdings das Wesen der Verbündungen nicht erfassen. Sie behandelt die Koalitionen als Verschwörungen gegen Dritte. Ferner liegt im Wesen des Spiels, daß es immer nur Gewinner und Verlierer gibt und die Gewinne des einen die Verluste des anderen sind. Beim Nullsummenspiel verlieren die Gegenspieler oder Konkurrenten, beim Nicht-Nullsummenspiel der „fiktive Spieler“ (n + 1 Spieler), der den Spielverlauf durch die eigene Strategie nicht beeinflussen kann, also die jeweils schwächsten Wirtschaftsgruppen (z. B. die Letztverbraucher, die Kleineinzelhändler, das ganze Kleingewerbe, die Kleinlandwirte). Die hinter der Spieltheorie steckende Ideologie (Koalitionen = Verschwörungen) stammt aus dem Neoliberalismus und führt zu den gleichen wirtschaftspolitischen Folgerungen (Verbot der Koalitionen).

Natürlich spielt der „homo ludens“ auch im Wirtschaftsleben und dort manchmal sogar mit besonderem Vergnügen, jedoch nur selten deshalb, um den anderen zu schädigen. Wirtschaft ist kein Pokerspiel um mehr oder minder hohe Einsätze und Gewinne, sondern *Dienst* an der Gemeinschaft und daher *Leistungsgemeinschaft*. Verbündungen aktuieren latente Gemeinschafts- und Leistungsbezüge zwecks Erhöhung der Produktivität der gesamten Wirtschaft. Sie verbessern in der Regel die Organisation der Wirtschaft. Vgl. Zweites Buch, II. Teil, besonders die Abschnitte über die Kartelle, die Genossenschaften, die Kammern und jenen über W. Rathenau. Nur bei Vernachlässigung der Gemeinwohlerfordernisse (besonders durch den Staat) können sich Koalitionen als Verschwörungen — und auch da nur kurzfristig — ausbilden.

Zur Spieltheorie: O. *Morgenstern*, Die Theorie der Spiele und des wirtschaftlichen Verhaltens, Jb. f. Sw., Bd. 1 (1950), S. 115—139, wiederabgedruckt in: Preistheorie, a.a.O., S. 437 ff.

[205] Die Literatur über Verbände ist, soweit positiv, stark mit korporativen Auffassungen verknüpft. Vgl. W. *Heinrich*, das Ständewesen mit besonderer Berücksichtigung der Selbstverwaltung der Wirtschaft, 2. Aufl. 1934 und die dort angeführten reichen Literaturhinweise.

[206] Vereinigungen werden häufig im Sinne freier Vereine, vor allem für die Organisation der Arbeitgeber- und Arbeitnehmerinteressen, aufgefaßt.

schlüssen, den „Vereinbarungen“[207], den Kompromissen[208], der Organisation und „der Repräsentation organisierter Interessen“[209] eigenen Raum beanspruchen. Der Umfang der Literatur über alle diese Formen wirtschaftlicher Verbündungen kann heute nicht mehr überblickt werden. Dieser Umfang reicht von kulturmorphologischen und soziologischen Abhandlungen über die Entstehung der Berufe und der Berufsstände bis zur Strategie des Handelns wirtschaftlicher Vereinigungen und den Auswirkungen dieses Handelns auf Wirtschaft, Parteien und Staat.

Immerhin mögen aber einige für uns belangvolle Züge der modernen Lehre von den Koalitionen hervorgehoben werden.

Vorerst einmal der Umstand, daß diese moderne Auffassung die Beschränkung auf nur zwei Grundformen der Wirtschaft, die Euckens „Grundlagen der Nationalökonomie“ beherrschen: Verkehrswirtschaft/Zentralgeleitete Wirtschaft, nicht mehr gelten läßt. Mindestens gibt es eine dritte Grundform, eben die Vereinbarung, Absprache oder Koalition, der ebenso logische Selbständigkeit zukommt, wie den beiden anderen Idealtypen[210].

Zum zweiten wächst die Erkenntnis von der starken und noch immer zunehmenden Bedeutung der Koalition für das moderne Wirtschaftsleben. Vor allem aus der Marktwirtschaft vieler demokratischer Staaten ist das Koordinationsprinzip der Vereinbarung nicht mehr wegzudenken[211].

Für die Wirtschaftspolitik endlich wurde klar herausgestellt, daß der Versuch, durch Dekrete und Gesetze ordnungspolitische Idealtypen zu verwirklichen, verhängnisvoll ist und scheitern muß. Wir können, im Sinne Weipperts, von einer interferierenden Dreiheit der Wirtschafts- oder Koordinationssysteme sprechen: Der automatische Marktausgleich wird ergänzt, aufgelockert und zurückgedrängt durch ein System von Entschlüssen der miteinander ringenden Marktparteien, den interpersonellen sowohl wie den interverbandlichen Vereinbarungen also, und beide, der automatische Marktausgleich wie die Vereinbarung, werden

---

[207] G. Weippert will die „Vereinbarungen“ als drittes Ordnungsprinzip neben die Euckenschen Extreme: Verkehrswirtschaft/zentralgeleitete Wirtschaft, stellen. Vgl. „Vereinbarung“ als drittes Ordnungsprinzip, in Jb. f. Sozialwissenschaft, Bd. 14 (1963), H. 3, Göttingen 1963, S. 167.

[208] W. A. *Jöhr*, Der Kompromiß als Problem der Gesellschafts-, Wirtschafts- und Staatsethik, in: Recht und Staat in Geschichte und Gegenwart, H. 208/209, Tübingen 1958.

[209] J. H. *Kaiser*, Die Repräsentation organisierter Interessen, Berlin 1956.

[210] G. *Weippert*, a.a.O., S. 174: „Die Absprache ist ein drittes, logisch selbständiges Koordinationsprinzip neben dem verkehrswirtschaftlichen und dem zentralverwaltungswirtschaftlichen Koordinationsprinzip.“

[211] Vgl. ebd., S. 178.

überwölbt und überformt durch wirtschaftslenkende, wirtschaftsordnende Maßnahmen der staatlichen Wirtschaftspolitik[212].

Mit dem Prinzip der Vereinbarung wird durch die Wirtschaftswissenschaft das Gebiet der konkreten Entscheidungen, das Gebiet der konkreten Situationen in all ihrer Vielfalt, die konkrete Vereinbarungen erheischen, betreten. Hier lassen sich keine bequemen Ablaufschemata nach Ursache und Wirkung konstruieren: „Da sich das Handeln weder an den Preisen orientiert, noch durch einen Zentralplan geregelt ist, so liegt zunächst weitgehende Unbestimmtheit vor“[213], nichts geschieht automatisch, nichts auch nach Befehl. Die Überformung und Überwölbung durch staatliche Wirtschaftspolitik bewirkt etwa, daß jeder Preis, nicht nur Brot und Wohnungsmieten, zum politischen Preis wird, mindestens, indem die ausgehandelte Vereinbarung, z. B. der Kompromiß der Sozialpartner, politisch sanktioniert oder geduldet wird. Erst die Vereinbarung selbst behebt die Unbestimmtheit, gleichwohl es für sie viele Möglichkeiten gibt. Damit aber wird der Methodenmonismus der Marktmechanik zugunsten einer wirklichkeitsnäheren Analyse und Theorie aufgegeben. In Analyse und Theorie werden die vielfältigen und vielgestaltigen Sacherfordernisse der unterschiedlichen Wirtschaftszweige und ihrer Untergebilde besser berücksichtigt: aus der toten wird die lebendige Wissenschaft von der Wirtschaft.

---

[212] Vgl. ebd., S. 178.

[213] Ebd., S. 176 f.

Zweites Buch

Theorie der wirtschaftlichen Zusammenarbeit

I. Teil

Begriff der wirtschaftlichen Zusammenarbeit

Wirtschaftliche Zusammenarbeit ist das organisierte Zusammenwirken von Wirtschaftsgebilden zwecks gemeinsamer Erlangung von Wirtschaftsmitteln unter Ausschluß des Wettbewerbs.

Zusammenarbeit schließt Wettbewerb aus. Wettbewerb ist Kampfveranstaltung, Zusammenarbeit ist gegenseitige Hilfe, gegenseitige Förderung. Zusammenarbeit erfordert Organisation, Ordnung, Regelung des Zusammenwirkens. Auch der Wettbewerb setzt Organisation, Ordnung, Regelung, „Spielregeln" voraus. Aber hier wird das Zusammenwirken organisiert, dort der Kampf.

Mit unserer These: „Zusammenarbeit schließt Wettbewerb aus", meinen wir durchaus nicht, daß für den Wettbewerb nun kein Platz mehr an der Tafel des ökonomischen Lebens gedeckt sei. Im Gegenteil, überall dort, wo keine Zusammenarbeit herrscht, wird der Wettbewerb als Kampf der Träger gleichartiger oder substituierbarer Leistungen um die Eingliederung in den Markt oder Leistungszusammenhang Platz greifen können. Aber man wird unsere Absicht richtig interpretieren, wenn im Ringen um die Wirtschaftsordnung das Prinzip der Zusammenarbeit neben und über das Prinzip des Wettbewerbs gestellt wird. Neben und über die Markt- und Wettbewerbskonformität der wirtschaftspolitischen Maßnahmen stellen wir die Forderung nach Zusammenarbeit, also die Forderung nach kooperationskonformen Maßnahmen der Wirtschaftspolitik.

Bei der wirtschaftlichen Zusammenarbeit geht es um gemeinsame Zielerreichung, beim Wettbewerb um die getrennte Zielerreichung. Die Zusammenarbeitenden wollen das Ziel gemeinsam besitzen, es ist für sie ein erstrebenswertes Gemeinschaftsgut und als solches ein bonum commune. Dieses bonum muß den Charakter eines Wirtschaftsgutes haben, d. h., es ist Wirtschaftsmittel, es dient also nicht unmittelbar der religiösen Erbauung oder dem Kunstgenuß, es wird nicht als Rechtsgut erstrebt, sondern als wirtschaftliches Mittel.

Wesentlich am erstrebten Wirtschaftsmittel oder Wirtschaftsgut ist der gemeinsame Besitz. Nur durch den möglichen gemeinsamen Besitz wird das Wirtschaftsmittel für mehrere erstrebenswert. Es muß daher zu der Eigenschaft dieser Wirtschaftsmittel gehören, von mehr als einem Wirtschaftsgebilde verwendet werden zu können, es muß allen dienen, die an der Zusammenarbeit teilnehmen. Es muß daher verhältnismäßig unverbrauchlich sein, muß einen allen gemeinsamen Nutzen bringen und es muß unteilbar sein: Solche Eigenschaften haben nur organisatorische Güter, Kapitalleistungen höherer Ordnung, also Maßnahmen etwa, die man vom Staat verlangt, Verträge, die man selbst errichtet, Anstalten, die zum gemeinsamen wirtschaftlichen Nutzen gestiftet werden.

Die Subjekte der Zusammenarbeit sind Wirtschaftsgebilde. Konkrete Wirtschaftsgebilde sind Wirtschaftsstufen, Haushalte, Betriebe, Verbände, Gebietswirtschaften, Volkswirtschaften, Großraumwirtschaften u. a. Als konkrete Wirtschaftsgebilde sind sie Leistungszusammenhänge, die sich aus verhältnismäßig geschlossenen, bestimmten Wirtschaftszielen ableiten. Ein Wirtschaftsgebilde besteht also in der leistungsmäßigen Verknüpfung aller um ein Wirtschaftsziel oder um ein Zielsystem gruppierten Handlungen, Güterverbindungen und Leistungen, die mithelfen, dieses Wirtschaftsziel oder diese Gesamtheit von Zielen zu erreichen.

Durch die Zusammenarbeit von Wirtschaftsgebilden entstehen wiederum Wirtschaftsgebilde, jedoch solche „höherer Stufe" oder Verbände von Wirtschaftsgebilden. Die spezifische Leistung der Verbände besteht in der fortdauernden Erzeugung jener organisatorischen Leistung, um derentwillen die Zusammenarbeit angestrebt wurde und erfolgt. Verbände organisieren die Zusammenarbeit. Sie koordinieren und regulieren oder ordnen die Tätigkeit ihrer Mitglieder in der Absicht, die Produktivität oder den Wirtschaftserfolg der zusammengeschlossenen Gebilde zu erhöhen.

Koordinierend wirken etwa Verbände, die für weitgehende Abstimmung und Spezialisierung der Produktionsprogramme sorgen. Sie ermöglichen zunehmende Arbeitsteilung, in der Smith die Ursache der Produktivität der modernen Industriegesellschaft gesehen hat. Sie regulieren beispielsweise durch Anpassung der Erzeugung an den Bedarf oder durch Stabilhaltung der Preise. Sie ordnen, indem sie gleichrichten, vereinigen, was getrennt geschieht, „denn ein Handeln vieler kann ohne Gleichgerichtetheit nicht zu einem Ergebnis führen"[1].

---

[1] W. *Andreae,* Entstehung der Volkswirtschaft oder Ausgliederung (1937). In: W. *Andreae,* Vom Geist der Ordnung in Gesellschaft und Wirtschaft, ausgewählte Aufsätze und Abhandlungen (als Festschrift zu seinem 70. Geburtstag herausgegeben durch W. Heinrich, H. Riehl und A. Tautscher), Stuttgart 1959, S. 64.

Es ließ sich nun eine Einteilung treffen nach der Wirtschaftsstufe, auf die sich die Zusammenarbeit bezieht (z. B. internationale Zusammenarbeit) oder nach den Leistungsinhalten, welche geordnet werden (z. B. die Zahlungsziele bei Kreditleistungen oder die Qualitätsnormen der Erzeugungsleistungen) oder nach der Vereinigung der stufenbaulichen und inhaltlichen Gesichtspunkte (z. B. internationale Zusammenarbeit der Notenbanken).

Allein, eine solche Einteilung zu liefern und das in unendlicher Fülle vorhandene empirische Material nach einer solchen Einteilung zu sichten, ist nicht Sinn und Zweck dieser Arbeit. Beides muß Sonderstudien vorbehalten bleiben, zu denen, wie wir hoffen, einige Anregungen auch diesem Buche entnommen werden können. Uns schien es zweckmäßig, einmal die Prinzipien aller wirtschaftlichen Zusammenarbeit und die Formen zu entwickeln, in denen die Zusammenarbeit realisiert wird, gleichgültig auf welchen Stufenwert sie sich bezieht oder welche Inhalte sie annimmt. Soweit wir hier empirisches Material vorlegen, geschieht es nur zur Veranschaulichung der Begriffe.

II. Teil

Die Prinzipien der wirtschaftlichen Zusammenarbeit

Das allen gemeinsame Wirtschaftsgut kann auf die Weise erreicht werden, daß die zusammenarbeitenden Wirtschaftsgebilde sich gegenseitig fördern (A), sie unabhängiger werden von äußeren, heteronomen oder exogenen Einflüssen (B) oder daß die Gesellschaft gefestigt wird (C). Wir unterscheiden daher das Gegenseitigkeits- oder Selbsthilfeprinzip, das Autonomieprinzip und das Gemeinwohlprinzip als Grund der Zusammenarbeit. Diese Prinzipien der Zusammenarbeit stehen, obwohl sie in den geschichtlichen Formen der Zusammenarbeit auch voneinander weitgehend isoliert vorkommen, in einem begrifflich-logischen Zusammenhang, insofern zwischen ihnen Vorrangverhältnisse bestehen: Oberstes Prinzip aller Zusammenarbeit ist das Gemeinwohl. Dieser Vorrangsatz folgt aus dem Ziel und Zweck aller Wirtschaft, denn die *Wirtschaft ist Dienst am Gemeinwohl.* Ihm sind das Autonomieprinzip und das Selbsthilfeprinzip untergeordnet: Sowohl die Selbstverwaltung wie die gegenseitige Förderung (= Selbsthilfe) finden am Gemeinwohl ihre Grenzen, sie sind nur solange erstrebenswert, als damit zugleich das Gemeinwohl gefördert wird. Das Autonomieprinzip hat den Vorrang vor dem Selbsthilfeprinzip: Wo durch die gegenseitige Förderung das Eigenleben und seine autonome Ordnung beschnitten wird, hat sie keinen Sinn. Sie muß im Gegenteil zugleich das Eigenleben, die Eigenkräfte, die Autonomie verbessern und nicht entleeren oder aufsaugen, sollen nicht empfindliche Produktivitätsverluste eintreten[1].

Stehen bei der Durchführung der Zusammenarbeit die verschiedenen Prinzipien in Konkurrenz, so ist nach den Vorrangsätzen zu entscheiden.

---

[1] Nach dem Satz: „Die Selbstversorgung der jeweils niedrigeren Stufe geht vor jener der höheren.“ *Spann*, Tote und lebendige Wissenschaft, a.a.O., S. 134 (dort Näheres). Daher haben alle höheren Ganzheiten die Leistungskräfte der niedrigeren zu fördern und zu entwickeln, damit eine *allseitige* Ausnützung der Wirtschaftskräfte eintritt (S. 141). Kollektivismus wird dadurch ausgeschlossen.

A. Gegenseitige Förderung durch Zusammenarbeit (Gegenseitigkeitsprinzip): die Selbsthilfe

Die gegenseitige Förderung ist zwar nicht das höchste, wohl aber das am häufigsten angewendete Prinzip der Zusammenarbeit. Die genossenschaftlichen Selbsthilfeorganisationen sind auf dieses Prinzip zurückzuführen. Sie beruhen auf wechselseitiger Hilfe, die sich die Mitglieder bei der Erhaltung oder Erweiterung ihrer Wirtschaftsgebilde sowie bei der Vorbeugung oder Überwindung von Schäden, die sie betreffen, gegenseitig gewähren. Aber auch andere spontane, d. h. durch die Mitglieder ursprünglich gegründete Verbindungen dürfen auf dieses Prinzip der Gegenseitigkeit zurückgeführt werden, so z. B. die Vertriebsbindungen, Arbeitsgemeinschaften, Ringe, Handelsketten, Gewerkschaften, Kartelle.

Durch die Vereinigung der Kräfte sollen die zusammenarbeitenden Wirtschaftsgebilde Wirtschaftsmittel erhalten, die sie allein, auf sich gestellt entweder überhaupt nicht, nicht in dieser Qualität oder Quantität, nicht preisgünstig oder nicht zeitgerecht erlangen können[2].

Ein typisches Beispiel ist etwa die gegenseitige Bürgschaft für Kredite: indem A und B für den Kredit des C, C und A für den Kredit des B, B und C für den Kredit des A bürgen, erhalten alle Kredit, den sie ansonsten entweder überhaupt nicht oder nicht in dieser Höhe erhielten. Das organisatorische Gut, das alle gemeinsam schaffen, ist die Bürgschaft. Prinzip der Ordnung ist die Gegenseitigkeit der Haftung; die entstehende Bürgschaftsgemeinschaft bringt für jedes Mitglied eine Bürgschaftserklärung hervor, die die einzelnen Mitglieder zur Erlangung ihrer Kredite benutzen. Die Bürgschaftsgemeinschaft wacht zumindest über die pünktliche Rückzahlung der Kredite und Zinsen, zumeist aber auch noch über die widmungsgerechte und fruchtbare Verwendung, damit das Haftungsrisiko möglichst eingeschränkt wird. Bucheinsicht, Bilanzlegung und ähnliche Vorkehrungen gehören hierher. Nicht selten führt dies zur Schaffung eines eigenen Genossenschaftsbetriebes, einer Bürgschafts- oder Kreditgenossenschaft.

1. Das Aufeinanderangewiesensein der Leistungen und Leistungsgemeinschaften nach dem Satz: Keine Leistung schafft allein

„Alle menschliche Arbeit", so sagt Werner Sombart, „ist gesellschaftliche Arbeit . . . Gesellschaftlich ist alle Arbeit in dem Sinne, daß die Arbeit keines Menschen möglich ist ohne die Arbeit eines anderen

---

[2] Vgl. W. *Heinrich*, Wirtschaftspolitik, Bd. II, 2. Halbband, Wien 1954, S. 55.

Menschen“[3]. Dieses Wort eines großen Gelehrten unserer Wissenschaft gilt für die gesamte menschliche Existenz: „Sollen überhaupt Menschen sein, so müssen mehrere sein . . . dies ist . . . eine aus dem Begriff des Menschen streng zu erweisende Wahrheit. Sobald man diesen Begriff vollkommen bestimmt, wird man von dem Denken eines einzelnen aus getrieben zur Annahme eines zweiten, um den ersteren erklären zu können . . .[4].“ Das Soziale gehört zur Natur des Menschen und daher auch zur Natur seiner Arbeit.

„Immer ist der Erfolg der menschlichen Arbeit an die Arbeit anderer zu seinen Lebzeiten geknüpft[5].“

Ähnlich wie die menschliche Arbeit sind auch die Wirtschaftsgüter aufeinander bezogen. Menger spricht von der „gegenseitigen Bedingtheit der Güter“[6] und vom Gesetz der „komplementären Güter“[7]. Der Gedanke ist, daß einzelne Güter nur in Verbindung mit anderen, komplementären Gütern verwendet werden und Nutzen stiften können. Menger läßt die Gutqualität der Güter höherer Ordnung vom Vorhandensein der komplementären Güter niederer Ordnung abhängig sein. Heinrich bezeichnet als „das erste Gesetz, unter dem alle menschliche Arbeit steht, ... das Gesetz der Gegenseitigkeit. Kein Mensch arbeitet für sich allein[8].“ Immer bedarf es der Mitarbeit anderer.

Für O. Spann ist die Gegenseitigkeit und Ganzheit das oberste Lebens- und Baugesetz aller Wirtschaft[9]. Voran steht die Erkenntnis, „daß die einzelnen Leistungen jeweils notwendig mit anderen zusammen auftreten; denn keine Leistung vermag allein zu stehen, stets vermögen nur die Leistungen mehrerer, verschiedener Handlungen und Güter zum Ziel zu führen“[10]. *„Der Begriff der einzelnen Leistung für sich ist eine wesenswidrige Abstraktion“*[11], er ist in sich widerspruchsvoll[12]. Wir fassen diese entscheidende Erkenntnis von der Gegenseitigkeit aller Arbeit, der Ergänzungsbedürftigkeit oder Komplementarität aller Güter, des gegenseitigen Angewiesenseins aller Leistungen in dem Satz

[3] W. *Sombart,* Allgemeine Nationalökonomie, nach Vorlesungen und Seminarübungen herausgegeben von W. Chemnitz, Berlin 1960, S. 21.

[4] J. G. *Fichte* (1796), Werke III, S. 39.

[5] W. *Sombart,* a.a.O., S. 22.

[6] C. *Menger,* Grundsätze der Volkswirtschaftslehre (aus dem Nachlaß herausgegeben von K. Menger), 2. Aufl., Wien-Leipzig 1923, S. 25.

[7] Ebd., S. 23 u. ö.

[8] W. *Heinrich,* Wirtschaft und Persönlichkeit, Salzburg 1957, S. 200.

[9] Vgl. O. *Spann,* Fundament, a.a.O., S. 191.

[10] Ebd., S. 115 f.

[11] Ebd., S. 87.

[12] Ders., Tote und lebendige Wissenschaft, a.a.O., S. 192.

zusammen: *Keine Leistung schafft allein.* Jede Leistung bedarf der Mitleistung zahlreicher anderer, in Wahrheit: „Jede Leistung enthält alle anderen, ist daher auf Wechselseitigkeit gegründet, ist gliedhaft[13].“ „*Jedes Glied leistet nur, indem es Gegenleistungen empfängt*[14].“ Jede Leistung, so meint Spann, muß „als Spiegelbild und Träger aller anderen betrachtet werden . . .“[15]. Wann gedeiht das Bergwerk? Antwort: „Wenn ein Hüttenwerk (als Abnehmer) da ist; das Hüttenwerk, wenn ein Walzwerk, das Walzwerk, wenn eine Maschinenfabrikation, die Maschinenfabrikation, wenn eine verarbeitende Industrie da ist — jedes einzelne Großgewerbe gedeiht nur, wenn ein *ganzes System* von Großgewerben da ist — wenn alle gedeihen!; wann gedeihen alle? . . . und im besonderen: wann gedeiht die Landwirtschaft? Antwort: Wenn die Industrie gedeiht[16].“.

Aus der gesellschaftlichen Verknüpfung der Arbeit leitet Sombart die Notwendigkeit der Ordnung ab: „Alle menschliche Arbeit, da sie eine gesellschaftliche Tatsache ist, steht unter einer bestimmten Ordnung. Denn ordnungsgemäß muß jede planvolle Tätigkeit sich vollziehen, sobald sie mehrere Menschen miteinander in Verbindung bringt. In der Ordnung wird der Plan objektiviert. Wir sprechen, wenn wir die Ordnung der menschlichen Arbeit im Auge haben, von ihrer Organisation[17].“ Die durch die Ordnung oder Organisation miteinander in Verbindung gebrachte Arbeit vieler bezeichnen wir als Zusammenarbeit. Die Gegenseitigkeit aller Arbeit, die Aufeinanderangewiesenheit und Ergänzungsbedürftgkeit aller Leistungen ist das Baugesetz für alle Leistungsgemeinschaften. Das Prinzip der gegenseitigen Förderung läßt sich auf das Gesetz von der Gegenseitigkeit oder Komplementarität zurückführen.

Heute kommt das Gesetz der Gegenseitigkeit in der Zusammenarbeit der Tarifpartner am deutlichsten zum Ausdruck. Ihm unterliegt die gegenseitige Ergänzungsbedürftigkeit von Kapital und Arbeit[18].

Auf dem Gesetz der Gegenseitigkeit beruhen auch die Werkgemeinschaften. Besonders in der Form der Arbeitsgemeinschaften sind sie im Bauwesen nicht selten anzutreffen. Hier soll die Vereinigung die Übernahme von Großaufträgen oder Großbaulosen sowie die einheitliche Baustellenorganisation, die einheitliche Leitung der Baustelle, die Poolung der Ingenieur-, Führungs- und Arbeitskräfte und den Einsatz dieser Kräfte nach gemeinsamem Plan bewirken.

---

[13] Ders., Fundament, a.a.O., S. 87.
[14] Ebd., S. 87.
[15] Ders., Tote und lebendige Wissenschaft, a.a.O., S. 192.
[16] O. *Spann,* Fundament, a.a.O. (Anhang), S. 372.
[17] *Sombart.* a.a.O., S. 22.
[18] Vgl. Erstes Buch, II. Teil, B. 5.

Gegenseitige Ergänzung liegt auch bei der leistungsgemeinschaftlichen Zusammenarbeit zur Versorgung des volkswirtschaftlichen Marktes vor. Ist die gegenseitige Ergänzung bewußt organisiert, z. B. durch Aufteilung der Markt-Rayons entsprechend den Standorten der einzelnen Betriebe, kann allein die Einsparung an Transportkosten ganz erheblichen volks- wie betriebswirtschaftlichen Nutzen stiften. Es ist ja volkswirtschaftlich unfruchtbar, Benzin gleicher Qualität von München nach Hamburg und von Hamburg nach München zu transportieren. Hierher gehört auch beispielsweise die Zusammenarbeit der Fluggesellschaften zur besseren Passagier- und Frachtraumausnutzung. etc.

Schon die bloße Ballung der Kräfte, falls sie bewußt organisiert ist, bedeutet gegenseitige Ergänzung. Nicht mit Unrecht zählt Klein die Kräftesteigerung zu den häufigsten Motiven der Organisierung[19]. Besonders bei den reinen Interessenorganisationen tritt dieses Motiv manchmal unerfreulich in Erscheinung, wenn den Forderungen durch Drohungen Nachdruck verliehen wird.

Überall, wo Leistungen miteinander verbunden sind, ist Organisation; die Gegenseitigkeit oder Ergänzungsbedürftigkeit der Leistungen ist der reale Boden, die reale Unterlage für alle Organisationstätigkeit.

Wir können verschiedene Intensitätsgrade dieser Ergänzungsbedürftigkeit unterscheiden:

1. Am engsten ist die Gegenseitigkeit in der Zeitabfolge der Leistungen ausgeprägt. Hier geht der Weg von der Urerzeugung bis zum fertigen Produkt, vom Anbau des Weines, der Lese der Trauben, der Kelterung, der Gärung und Lagerung, der Abfüllung bis zum Ausschank. Die Zusammenarbeit der aufeinanderfolgenden Erzeugungsstufen, von Vor- und Nacherzeugung gehört zu den fruchtbarsten Möglichkeiten aller wirtschaftlichen Organisation. Ausschaltung des Zwischenhandels, geregelte Abnahme, Möglichkeit zu weitgehender Spezialisierung und Arbeitsteilung, sind die wichtigsten Auswirkungen, die sich als volkswirtschaftlicher oder betriebswirtschaftlicher Erfolg niederschlagen können.

2. Sehr eng ist auch die Gegenseitigkeit von Haupt- und Nebenerzeugung, die z. B. beim sogenannten Kuppelprodukt eine erhebliche Rolle spielt. Bei der Produktion des Haupterzeugnisses fallen die Nebenprodukte zwangsläufig an, und es bestehen häufig nur wenig Möglichkeiten, ihre Quantität und Qualität zu wählen. Nicht selten kann von Haupt- und Nebenerzeugnissen überhaupt nicht gesprochen

---

[19] F. *Klein*, Das Organisationswesen der Gegenwart. Ein Grundriß. Berlin 1913, S. 87 ff.

werden, sondern höchstens von Verbunderzeugung. Das ist immer dann der Fall, wenn sich eine rangmäßige Einordnung der einzelnen Erzeugnisse nach Haupt- und Nebenprodukten nicht treffen läßt, so z. B. bei der atmosphärischen Destillation von Rohöl, bei der in einem Durchgang Benzin, Petroleum, Gasöl, Heizöl und Topgas erzeugt wird.

Der zwangsläufige Anfall von Produktion führt oft zur Zusammenarbeit des Erstproduzenten mit den Weiterverarbeitern und deren Erzeugungszweigen.

Man könnte die auf der Zeitfolge, der genetischen Abfolge der Leistungen sowie auf der Zwangsläufigkeit der Erzeugung beruhende Gegenseitigkeit als technisch bedingte Gegenseitigkeit bezeichnen.

3. Als nächster Intensitätsgrad ist die Gegenseitigkeit von unmittelbaren, unvermittelten oder Gebrauchsleistungen und mittelbaren, vermittelten oder Kapitalleistungen anzuführen, eine Gegenseitigkeit, auf die die Konjunktur- und Krisenlehre genugsam hingewiesen hat[20]. Die Zusammenarbeit spielt sich besonders auf dem Entwicklungs-, Projektierungs-, Kredit- und Servicesektor (Organisation, Personalschulung, laufende Instandhaltung, Bereitschaftsgarantie usf.) ab. Auch die schon erwähnten Tarifpartnerschaften gehören in diese Gruppe.

4. Nicht viel geringer ist die Gegenseitigkeit zwischen Handel und Erzeugung einzuschätzen: Die Zusammenarbeit kann sich hier in mannigfachen Formen abspielen und je enger die Zusammenarbeit sich entwickelt, desto mehr nimmt sie den Charakter der so viel geschmähten Exklusivverträge und -verhältnisse an. Sie beruhen in den seltensten Fällen auf einseitigen Machtverhältnissen, sondern sind viel öfter Ausdruck des wohlverstandenen Interesses von Erzeugern und Händlern.

5. Weniger durchsichtig, aber dennoch erfaßbar, ist die Zusammenarbeit zwischen Finanzkapital und Industrie- oder Handelskapital, zwischen Bank und Fabrik oder Handelshaus. Die Zusammenarbeit reicht hier von den sehr losen Formen der Kreditgewährung und -versicherung bis zur Beteiligung der Banken an Industriekomplexen und Handelsfirmen. Ebenso wie die Zusammenarbeit mit dem Handel nimmt auch die Zusammenarbeit mit dem Finanzkapital nicht selten genossenschaftliche Formen an.

6. Über die Gegenseitigkeit von Forschung, Berufsausbildung und Erzeugung erübrigen sich mehr als spärliche Hinweise in einer Zeit,

[20] Statt aller anderen: W. *Heinrich*, Grundlagen einer universalistischen Krisenlehre, Jena 1928. Dort sind alle denkbaren Krisengründe zusammengestellt.

in der die Gesellschaft als „Bildungsgesellschaft“ gekennzeichnet wird. Der Wettlauf in der Ingenieurausbildung zwischen Ost und West läßt die Bedeutung der Forschung und Berufsausbildung zu einer Frage des Überlebens werden. Die Zusammenarbeit auf dem Gebiete der Industrieforschung, zwischen Industrie und Universität oder Forschungsinstitut nimmt heute bereits einen immer größeren Raum ein.

Die Gegenseitigkeit der Intensitätsgrade 3—6 könnten wir als morphologisch-gefügegemäße Gegenseitigkeit bezeichnen, denn sie beruht nicht auf der Abfolge und auch nicht auf technischen Gründen, sondern besteht in der gebildlichen Verknüpfung verschiedener Leistungen. Gerade diese zweite Gruppe stellt dem organisatorischen Wirken die großen Aufgaben.

Ein bedeutender Chemiker (Bergius) bezeichnete als Aufgabe seines Berufes „die Entdeckung schlummernder Verwandtschaften“ der Stoffe. Aufgabe der Organisation ist die Verknüpfung sich ergänzender Leistungen nach dem Satz: „Keine Leistung schafft allein.“ Es ist dies die erste Grundeinsicht für alle Zusammenarbeit, denn alle Zusammenarbeit beruht auf Gegenseitigkeit.

2. Die Entsprechung der Leistungen und Leistungsgemeinschaften zueinander als regulatives Prinzip der Zusammenarbeit (Optimumprinzip)

Die Gegenseitigkeit in der besonderen Form der Entsprechung ist das regulative Prinzip der Zusammenarbeit. Im Zustand der Entsprechung sind alle Leistungen in einem Gebilde gleich wichtig für den Wirtschaftserfolg.

„Die Strenge der Entsprechung ist der Grund dafür, daß jede wirtschaftliche Änderung eines einzigen Leistungselementes von unbedingter Wirkung auf alle anderen Elemente ist, so daß von einer einzigen Veränderung aus ein fast unendlicher Fortgang von entsprechenden Änderungen durch sämtliche Zweige der Gesamtwirtschaft hindurchgeht[21].“

Mit jeder Veränderung eines einzigen Elementes verändert sich auch die Ergiebigkeit oder der Leistungsstand aller anderen Elemente und des ganzen Wirtschaftsgebildes. Auf jede Veränderung folgen fortgesetzte Verschiebungen und Umgliederungen aller Verhältnisse, bis schließlich der Zustand der Entsprechung wiederhergestellt ist. Wäh-

---

[21] Zum Begriff der Entsprechung und der Gleichwichtigkeit vgl. O. *Spann*, Fundament, a.a.O., S. 118 ff. (die zitierte Stelle findet sich auf S. 120), S. 231 ff., S. 278 ff, S. 86, Tote und lebendige Wissenschaft, a.a.O., bes. S. 184 ff.

rend der Umgliederung entstehen Mehr- oder Minderwichtigkeiten einzelner Wirtschaftszweige, Schrumpfungen und Entfaltungen einzelner Glieder des Ganzen. Durch das Gesetz der Entsprechung und Gleichwichtigkeit wird jedem Glied sein Anteil mit der Goldwaage zugemessen. Vergrößert ein Glied seinen Anteil auf Kosten des anderen, so wird die Entsprechung gestört, es kommt zu Produktivitätsänderungen im ganzen Wirtschaftsgebilde.

Der Wirtschaftsgrundsatz: Mit gegebenen Mitteln alle Ziele im noch möglichen Ausmaß zu erreichen, führt zu einer eindeutigen Aufeinanderbezogenheit aller Güter und Handlungen. Bei gegebenen Mitteln ist stets nur eine einzige Kombination die wirtschaftliche. Bei qualitativer und quantitativer Änderung eines Mittels ändert sich daher die gesamte Kombination, und ebenso tritt eine Neubestimmung der Bezogenheit der Mittel zueinander, d. h. eine neue Entsprechung, eine neue Proportion oder Korrelation, ein.

Diese eindeutige Aufeinanderbezogenheit, diese haarscharfe Abstimmung aller Erzeugungs- und Lagerungs-, Verfrachtungs- und Vermarktungszweige sowie der übrigen Leistungen stellt hohe Anforderungen an die analytische Kraft der führenden Wirtschaftler. Diese Anforderungen werden noch gesteigert durch die fortwährenden Veränderungen, denen das Gemeinwesen und die Welt der Wirtschaft unterliegen. Ständig treten neue Ziele auf, andere werden umgewertet, nehmen eine neue Stelle in der Tafel der Werte ein, die Wirtschaftsgrundlagen ändern sich (etwa durch Erschöpfung der Bodenschätze), neue technische Möglichkeiten drängen sich auf. Ebenso verwandelt sich die Welt der Mittel: Neue Organisationen und Institutionen gewinnen an Bedeutung, neue Absatzwege werden gebahnt, neue Stoffe werden erfunden und marktgängig gemacht: kurz, es gehört heute zur Leitung eines großen Unternehmens eine außerordentliche Alertheit für die sich anbahnenden Veränderungen, um sie zu beschleunigen, zu dämpfen, zu steuern oder sonstwie zu beeinflussen und sie auf diese Weise in das Ganze des Unternehmens produktiv einzubauen. Der Erfolg im Ringen um die jeweils wirtschaftliche Kombination entscheidet auch über die Dauer der Zusammenarbeit. Sie zerfällt, wenn eines der Glieder sich auf Kosten der anderen bereichern will und der gemeinsam erarbeitete Nutzen der Zusammenarbeit nicht dem Leistungsbeitrag angemessen und in einer die Wiedererzeugung des Nutzens gewährleistenden Weise zugeteilt wird. Alle Zusammenarbeit beruht auf Gerechtigkeit und Richtigkeit (Optimalität), sie muß justum et rectum sein. Dies ist die zweite Grundeinsicht für die Zusammenarbeit.

B. Zusammenarbeit zwecks Selbstverwaltung (Autonomieprinzip oder Prinzip der Entfaltung des Eigenlebens)

Unter Autonomie verstehen wir die Möglichkeit, das Gesetz des Handelns selbst zu bestimmen. Sie bedeutet daher auch die verhältnismäßige Unabhängigkeit oder Freiheit von heteronomen Einflüssen.

Autonomie ist mit einer ganzen Reihe von Begriffen verschwistert: Selbständigkeit, Selbstverwaltung, Autarkie, Eigenkraft, Eigenleben, Ausgliederungsfülle, Ausgliederungsmacht. Wirtschaftspolitisch führt das Prinzip der Autonomie zur allseitigen Entfaltung der eigenen Wirtschaftskräfte, zum Ausbau der Wirtschaftsgrundlagen, zur Abrundung des Wirtschaftsgebildes, zur Angliederung von Leistungen, zur Vermeidung von Brachen durch volle Ausschöpfung der Leistungspotenz[22].

Die Autonomie ist immer nur eine verhältnismäßige. Es gibt in der menschlichen Gesellschaft und Wirtschaft keine absolute Autonomie, Autarkie, Selbstverwaltung, Unabhängigkeit oder Freiheit. Absolute Autonomie wäre asozial, sie bedeutete völlige Isolierung, Zurückziehung aus dem Geflecht der wirtschaftlichen Leistungen der Gebilde und Übergebilde. Verhältnismäßige, gliedhafte Autonomie dagegen besagt, daß immer noch ein Teil Fremdbestimmtheit, Abhängigkeit, Fremdversorgung, Fremdverwaltung vorhanden bleibt, sei es rein wirtschaftlicher oder auch überwirtschaftlicher Art. Durch die Fremdbestimmtheit, Fremdversorgung, Fremdverwaltung wird das Gebilde Glied des höheren Gebildes, der Betrieb Glied des Verbandes, der Verband Glied der Volks- oder Großraumwirtschaft. Ohne die Heteronomie fiele das Glied aus dem Ganzen, spaltete sich ab und würde rasch verdorren.

Ebenso wie Herrschaft und Freiheit, so sind auch Heteronomie und Autonomie keine kontradiktatorischen Gegensätze, sondern sie ergänzen und fördern sich gegenseitig beim Aufbau der menschlichen Gesellschaft und Wirtschaft[23]. Wie das Eigenwohl erst auf Grundlage und im Rahmen des Gemeinwohls gesucht werden kann, so ist Autonomie, Unabhängigkeit, Freiheit, Selbstversorgung erst auf Grundlage und im Rahmen der Heteronomie, Abhängigkeit, Bindung und Fremdversorgung sinnvoll und fruchtbar[24]. Ohne Bindung keine Freiheit, sondern Chaos, Willkür, Anarchie.

---

[22] Über die Wirksamkeit des Autarkiegedankens in der Weltwirtschaft von heute, vgl. besonders S. *Helander,* Das Autarkieproblem in der Weltwirtschaft, Berlin 1955.

[23] O. *Spann,* Kategorienlehre, 2. Aufl., Jena 1939, S. 142 f.: Abhängigkeit und Freiheit sind ... keine Widersprüche, sondern notwendige Ergänzungen, unentbehrliche Gegenseitigkeiten! (Im Original gesperrt.)

[24] W. *Heinrich,* Wirtschaftspolitik, II. Bd., 2. Halbband, S. 75: „Dies erhellt auch daraus, daß das Eigenleben, die Selbstverwaltung der Wirtschaft und ihrer Verbände eines konstituierenden und befassenden Rahmens bedarf;

Angestrebt werden muß immer wieder das richtige Verhältnis von Heteronomie und Autonomie, Fremdverwaltung und Selbstverwaltung, Fremdversorgung und Selbstversorgung, von Verband und Betrieb, von Staat und Wirtschaft.

Ein guter Teil der Zusammenschlüsse und Zusammenarbeit im Wirtschaftsleben ist nur zu verstehen als Streben nach diesem richtigen Verhältnis von Autonomie und Heteronomie.

Als wirksames Prinzip der Zusammenschlüsse mag die Autonomie daher als Tendenz verstanden werden, das Eigenleben, die eigenen Kräfte anzuregen und die eigene Verwaltung in die Hand zu nehmen.

Bleibt dieses Streben auf dem Boden des wohlverstandenen Gemeininteresses und Gemeinwohls, so schlägt es zum größten Vorteil der Gesellschaft aus.

Maßgebend für das richtige Verhältnis von Heteronomie und Autonomie, von Fremdverwaltung und Eigenverwaltung, von Fremdversorgung und Eigenversorgung ist der sozialphilosophische Grundsatz der Subsidiarität[25]. Dieser Grundsatz gilt nicht nur für die gesellschaftlichen Gebilde, sondern ebenso für die vornehmlich wirtschaftlichen.

Subsidiarität impliziert hierarchische Herrschaftsordnung: Zwar ist das Eigenleben der niederen Stufe vor dem der höheren, aber nur soweit, als die Ausübung des Eigenlebens der niedrigeren Stufe für die höhere Stufe fruchtbar bleibt. Sehr mit Recht behauptet daher Pesch[26] für das gesamte Vereinigungswesen:

„Ist folgerichtig der Staat nicht in dem Sinn souveräner Herr und Meister des bürgerlichen Assoziationswesens, daß er das Recht der Vereinigung unterdrücken und willkürlich beschränken dürfte, so steht ihm doch zweifelsohne die Regelung der *Ausübung* jenes Rechtes zu, um Mißbräuche hintanzuhalten, schädliche Vereinigungen zu hindern, nützliche anzuregen und zu fördern, notwendige zu erzwingen.“

Der hierarchische Vorrang des Ganzen vor dem Teile[27] wird durch den Vorrang des Eigenlebens der niederen Stufe vor dem Eigenleben der höheren Stufe[28] nicht aufgehoben: „Die höhere Ganzheit hat zwar

---

ohne ihn ist Selbstverwaltung undenkbar.“ „Es hängt auch mit dem ... erwähnten Charakter der wirtschaftlichen Selbstverwaltung zusammen, daß diese schließlich nur innerhalb einer staatlichen Rahmenordnung denkbar ist, die ihre Befugnisse umschreibt.“ S. 72.

[25] Vgl. S. 59 ff.

[26] Lb. d. Nat. Ök., Bd. III, 2.—4. Aufl., Freiburg/Br. 1926, S. 343.

[27] Nach dem Aristotelischen Satze: Das Ganze ist früher als der Teil (Politik, I, 1, § 11). „Früher“ ist hierbei nicht zeitlich zu verstehen, sondern logisch als Prius, als Apriori.

[28] A. *Spann*, Tote und lebendige Wissenschaft, a.a.O., S. 134: „Die Selbstversorgung der jeweils niederen Stufe geht vor jener der höheren.“

den Vorrang vor der niederen; aber *die höhere Ganzheit zehrt die niedere nicht auf,* sie verlangt vielmehr ihr gliedhaft jeweils höchstmögliches Eigenleben, also möglichst hohe Selbstausbildung, Selbstversorgung[29].“ Insoferne das Ganze das Eigenleben seiner Glieder bewirken muß, ist es zum Wohle der Glieder da[30], denn ohne das Eigenleben der Glieder kann auch das Ganze nicht leben und würde zum Leichnam, wie der Körper ohne lebendige Zellen. Umgekehrt kann aber auch das Glied sein Wohl nicht außerhalb des Ganzen finden: „Das Vollendete des Eigenlebens besteht darin, daß es seine Selbständigkeit nur zur Darstellung des Ganzen verwertet . . . Es kann und darf das Eigene nur im Ganzen suchen — weil es damit wesensgemäß auch selbst das Höchstmaß seiner Eigenentfaltung findet! Wenn es von diesem Wege auch nur um eine haarscharfe Linie abweicht, schlägt es bereits die Richtung in das Unvollkommene ein, und dieses ist — das Nichts[31].“

Mit diesen Sätzen sind für die Verfassung und die Betätigung der Autonomie Grenzmarken abgesteckt. Sie sind sowohl in der Politik gegenüber den Zusammenschlüssen und in der Zusammenarbeit selbst zur Geltung zu bringen.

Die Autonomie als wirksames Prinzip der Zusammenschlüsse hat vornehmlich zwei Aspekte:

1. Die Selbstverwaltung

Selbsthilfe ist häufig genug nur durch Selbstverwaltung möglich. Den Antrieb zur Selbstverwaltung geben nicht selten die Mängel ab, die den Verwaltungsleistungen höherer, entfernterer Gebilde für die niedrigeren Gruppen anhaften. Diese Verwaltungsleistungen werden durch die höheren, entfernteren Gebilde oft nicht sach- und zeitgerecht erbracht, sie sind zuwenig differenziert und nehmen auf die speziellen Erfordernisse zuwenig Rücksicht. Hier kann mit gutem Erfolg die Selbstverwaltung eintreten, denn mit ihr verbindet sich die „spezifische Nähe“ der Beteiligten zur Verwaltungsagende, ihr unmittelbares, lebendiges Interesse. Selbstverwaltung ist daher die stärkste Gegenkraft gegen den Bürokratismus, Schematismus und Apparatismus, der den sozialen Großgebilden von heute anhaftet.

Besonders die staatlichen Interventionen begegnen vielschichtiger Abneigung. „Sie ist der stärkste Impuls dafür, daß sich Gruppen mit gleichgerichteten oder heterogenen Interessen vereinen, um unter eige-

---

[29] Ebd.

[30] Vgl. Erstes Buch, II. Teil, B. 1: Auch die Kirche ist zum Wohle der Gläubigen da.

[31] O. *Spann,* Kategorienlehre, 2. Aufl., Jena 1929, S. 146.

ner Verantwortung Aufgaben zu lösen, die andernfalls verwaltungsrechtliche oder legislative Hoheitsakte herausfordern würden[32]."

Aus dem Gegensatz zwischen dem Staatsabsolutismus des Militär- und Beamtenstaates und den die politische Mitbestimmung fordernden bürgerlichen Gruppen ist die moderne Selbstverwaltung entstanden[33].

Die Anerkennung dieser bürgerlichen Gruppen und die Stützung der Arbeiterschaft geschah durch die Gewährung der Vereinigungsfreiheit; durch die Ablösung des römischen Gesellschaftsbegriffes der fiktiven Person durch den Begriff der moralischen und juristischen Person; durch die Zuerkennung der Rechtsfähigkeit an die freien Vereinigungen; durch die Wiederentwicklung und Anerkennung der für die Selbstverwaltung besonders geeigneten Rechtsform der Genossenschaft und durch ihre Aufstufung zur öffentlich-rechtlichen Körperschaft. Die Geschichte dieser Rechtsentwicklung ist zugleich die Geschichte der Durchsetzung des Selbstverwaltungsprinzips.

War die Spannung zwischen Staat und Bürgertum das auslösende Moment zur Wiederentwicklung des Selbstverwaltungsprinzips, so erhält dieses Prinzip heute durch die Spannung zwischen der Apparatur der Großorganisation und den Beteiligten neue Akzente[34]. Gleichwohl Selbstverwaltungskörper (wie etwa die Sozialversicherungsanstalten), vermögen die Großorganisationen jedoch den mit der Selbstverwaltung untrennbar verbundenen Gedanken der Dezentralisation nicht zu berücksichtigen: Die Organisation entfernt sich von den Organisierten, von der eigenverantwortlichen Gestaltung ist nicht mehr die Rede[35]. Diese Diskrepanz kann wiederum nur durch Stärkung der Selbstverwaltung überwunden werden, denn die Selbstverwaltung schafft Kreise, die zur autonomen Gestaltung und Verwaltung ihrer eigenen Angelegenheiten befähigt werden oder sanktioniert sie. Daher verbindet sich mit der Selbstverwaltung als verwaltungsorganisatorisches Prinzip die Dezentralisation[36].

---

32 J. H. *Kaiser*, Die Repräsentation organisierter Interessen, Berlin 1956, Seite 198.

33 A. *Köttgen*, Art. Selbstverwaltung, HdStw. Bd. IX, Stuttgart-Tübingen 1956, S. 220.

34 Selbstverwaltung kann daher nicht nur als Gegensatz zur Staatsverwaltung gesehen werden, sondern sie betrifft ganz allgemein den Gegensatz zwischen der Verwaltung durch das jeweils höhere Gebilde und der eigenen Verwaltungstätigkeit. Es handelt sich bei der Selbstverwaltung nicht nur um die Erfüllung staatlicher Aufgaben. Ein zu enger Begriff der Selbstverwaltung, wie er die juristische Diskussion vielfach beherrscht, muß abgelehnt werden.

35 Hierauf verweist mit Recht *Köttgen*, a.a.O., S. 220.

36 E. *Becker*, Art. Selbstverwaltung, Staatslexikon, 6. Aufl. Bd. VII, Freiburg 1962, S. 47: Als „Prinzip der Verwaltungsorganisation (ist Selbstverwaltung) Ausdruck der Dezentralisation".

Dezentralisation heißt keineswegs Auflösung oder Dekonzentration, denn die Selbstverwaltungskörper werden durch einen Katalog genau umgrenzter Befugnisse und Zuständigkeiten, durch Rahmengebung für die Durchführung ihrer Verwaltungstätigkeit und durch die Rechtsaufsicht an das Gemeinwohl gebunden. Nur innerhalb des ihnen gesetzten Rahmens sind die Selbstverwaltungskörper prinzipiell autonom, weisungsfrei, ein Umstand, der durch den Rechtsschutz gegen Übergriffe der Behörden noch unterstrichen wird. Die Selbstverwaltungskörper sind darum wie keine anderen gesellschaftlichen Institutionen geeignet, den Ausgleich zwischen dem privaten und dem öffentlichen Interesse zu finden, den scheinbaren Gegensatz zwischen beiden zu überwinden und die verhängnisvolle Zerreißung des öffentlichen und des privaten Bereiches aufzuheben und rückgängig zu machen.

Selbstverwaltung schafft Freiheitsraum. In diesem Raum können Aufgaben aufgegriffen und frei von obrigkeitlicher Einmischung, ohne Verletzung des Gemeinwohls normiert und durchgeführt werden. Durch die Selbstverwaltung werden die dreigeteilten Gewalten vereinigt: Selbstverwaltung umfaßt auch die Befugnis, im heteronom bestimmten Rechtsrahmen selbständig rechtsbildend und rechtsfindend zu wirken und die eigenen oder übertragenen Angelegenheiten durchzuführen. Als verwaltungsorganisatorisches Prinzip wird die Selbstverwaltung auf allen Stufen der Wirtschaft wirksam: im Betrieb (innerbetriebliche Dezentralisation), im Verhältnis von Verband und Betrieb und schließlich im Verhältnis zwischen dem Staat und der Wirtschaft. Letzteres hat E. R. Huber im Auge, wenn er die Selbstverwaltung der Wirtschaft bezeichnet als ein „in Zuordnung zum Staatsganzen entwickeltes Gefüge von Einrichtungen und Verrichtungen, in dem die Wirtschaftstätigen in körperschaftlichen oder organschaftlichen Formen ihre eigenen gemeinsamen Angelegenheiten in eigenständiger Selbstgestaltung doch unter öffentlicher Verantwortung zusammenwirkend wahrnehmen“[37].

Huber spricht von selbstverwaltungsmäßigen Zwischenformen und Zwischengewalten („pouvoirs intermédiaires“) zwischen dem Staat und den Einzelwirtschaften, die koordinierend, regulierend und fördernd eingreifen und den zuständigen Staatsorganen beratend, anregend und mitbestimmend zur Seite treten[38].

„Selbstverwaltungsmäßige Institutionen sind dort zu entwickeln, wo es notwendig ist, die freie Unternehmerwirtschaft durch korporatives Zusammenwirken zu unterstützen oder den in einer modernen Industrie- oder Agrarwirtschaft auftauchenden sozialen Problemen durch korporative Bindungen gerecht zu werden oder schließlich den Wirt-

---

[37] E. R. *Huber*, Selbstverwaltung der Wirtschaft, Stuttgart 1958, S. 9.
[38] Vgl. a.a.O., S. 19.

schaftstätigen eine legitime Einwirkung auf die staatliche Wirtschaftsgesetzgebung und Wirtschaftsverwaltung zu eröffnen[39]."

Zur Förderung der Unternehmerwirtschaft zählt Huber:

„1. *Die genossenschaftliche Selbsthilfe* . . .

2. *Die Schaffung verbesserter Unternehmungsgrundlagen,* wo Aufgaben der Boden- und Wasserwirtschaft nur durch Gemeinschaftsarbeit bewältigt werden können (Flurbereinigung, Bodenverbesserung und -gewinnung, Siedlung, Bewässerung, Entwässerung und Hochwasserschutz).

3. *Die Wahrnehmung gemeinsamer Wirtschaftsinteressen* durch frei gebildete Unternehmerverbände, durch Innungen und durch berufsständische Kammern; dazu gehören auch die Marktbeobachtung und -beratung, die Feststellung verbindlicher Handelsbräuche, die Sicherung der Lauterkeit und Mißbrauchsfreiheit des Wettbewerbs, die Leistungssteigerung durch Bildungseinrichtungen, Prüfungseinrichtungen usw.

4. *Die Schaffung von Marktveranstaltungen* (Märkte, Messen, Börsen) . . .

5. *Die Errichtung von Marktverbänden in den Bereichen unvollständiger Konkurrenz* . . . (Schifferbetriebsverbände, ernährungswirtschaftliche Marktverbände, Kohlenverkaufsorganisation)[40]."

Für die soziale Selbstverwaltung und die Lösung sozialer Probleme empfiehlt Huber die Entwicklung von Formen sozialer Kooperation, unter Mitbeteiligung der Unternehmer- und Arbeiterkammern sowie auf höchster Ebene (Bundeswirtschaftsrat) auch der Verbraucher[41].

Als Formen der Einwirkung der wirtschaftlichen Selbstverwaltung auf die Wirtschaftsgesetzgebung zählt Huber auf:

„1. Anregungen, Hinweise, Vorschläge seitens der wirtschaftlichen Fach- und Spitzenverbände;

2. Berichte und Stellungnahmen seitens der öffentlich-rechtlichen Kammern;

3. Die Berufung von Wirtschaftstätigen, wirtschaftlichen Sachverständigen und Wirtschaftswissenschaftlern in Beiräte, Verwaltungsräte, Ausschüsse usw., die bei den Wirtschaftsbehörden und Wirtschaftsantalten bestehen;

4. Die Anhörung von Auskunftspersonen und Sachverständigen . . . in den Ausschüssen des Bundestags, besonders zur Vorbereitung der Wirtschafts- und Sozialgesetze . . .[42]."

---

[39] a.a.O., S. 36.
[40] *Huber,* a.a.O., S. 37.
[41] Vgl. ebd., S. 37 f. und S. 50 f.
[42] Ebd., S. 39.

Besonders wertvoll erscheinen die Hinweise Hubers auf die Tatsache, daß Selbstverwaltung keineswegs auf öffentlich-rechtliche Einrichtungen zu beschränken ist, sondern es heute eine Fülle von privatrechtlichen Selbstverwaltungseinrichtungen gibt, die wirtschaftliche und soziale Selbstverwaltungsfunktionen ausüben. Zum Teil haben solche privatrechtliche Einrichtungen öffentliche Macht erlangt ohne an das Gesamtinteresse durch Gesetz gebunden zu sein. Zum Teil aber erhalten sie durch Gesetz Pflichtcharakter und werden damit zu *beliehenen* Wirtschafts- und Sozialeinrichtungen.

Alle Zusammenarbeit enthält das Element der Selbstverwaltung, denn immer entsteht durch die Zusammenarbeit eine Gemeinschaft, die Selbstverwaltungsleistungen erfordert. Die Zusammenarbeit zwecks Selbstverwaltung jedoch zielt auf die Bereitstellung, Verbesserung oder Verbilligung oder Erhaltung der Verwaltungsleistungen durch Selbsterbringung und Schaffung von Selbstverwaltungseinrichtungen ab. Die wichtigste Funktion der Selbstverwaltung ist der sogenannte „Interessenausgleich". Durch ihn wird das Gemeinsame im Gesamtzusammenhang von Wirtschaft und Gesellschaft zur Geltung gebracht. Es soll Gemeinwohlbedeutung erhalten. Der Vorgang des Interessenausgleichs besteht also in der Eingliederung oder Integration der Einzelinteressen in das Gemeininteresse.

Mit dem Interessenausgleich erschöpft sich jedoch die Selbstverwaltung nicht. Selbstverwaltung bedeutet Ordnung und Ordnungsvollzug durch sachgerechte Verwaltungsleistungen. Ordnung ist aber die wichtigste Voraussetzung oder Bedingung der Produktivität der Wirtschaft. Sie ermöglicht die Arbeitsteilung indem sie vereinigt, sie sorgt für Stabilität und Sicherheit, die Voraussetzung der Kapitalbildung und Investition.

2. Die Selbstversorgung

Der Begriff der Autarkie ist heutzutage verfemt. Kübel von ätzend scharfem Spott werden vergossen, um den Gedanken, wo immer er auftaucht, zu unterdrücken. Man spricht von „Autarkieschwärmern"[43], „Autarkiepropheten"[44], die dem „Absperrungswahn"[44] huldigen, von „halbgaren und geistig mehr oder weniger unsauberen Gefühlsargumenten"[45], mit denen für die Autarkie eingetreten wird. Der Befund,

---

[43] H. v. *Beckerath* und Fr. *Kern*, Autarkie oder internationale Zusammenarbeit, 1932, S. 35, zit. bei B. *Laum*, Die geschlossene Wirtschaft, soziologische Grundlegung des Autarkieproblems, Tübingen 1933, S. 2.

[44] K. C. *Thalheim*, Autarkie — weder Ziel noch Schicksal, 1933, S. 17, 31, zit. bei *Laum*, ebd.

[45] *Röpke*, Art. „Neue Freiheit" in Frankfurter Zeitung Nr. 902/904 vom 3. Dez. 1932, zit. bei *Laum*, ebd. und S. 29.

den Laum vor mehr als 30 Jahren ausgestellt hat, gilt heute gleichermaßen: „Die offizielle Wirtschaftswissenschaft der Gegenwart nimmt in nahezu geschlossener Front gegen die Autarkie Stellung[46]."

Ein Gedanke, der soviel Widerspruch herausfordert und so stark bekämpft wird, von dem darf man mit gutem Grund annehmen, daß er auch einiges Richtige enthält. Wäre er ganz falsch, so wäre er nicht mächtig genug, die hervorragendsten Geister aus der Reserve zu locken und sie auf den Plan zu rufen.

Umgekehrt gilt, daß der starke Widerspruch, auf den der Gedanke der Autarkie stößt, sicher auch ein Beweis für das Falsche und Fehlerhafte ist, das er ebenfalls in sich birgt. Diese Doppelwertigkeit teilt die Autarkie mit allen staats- und wirtschaftspolitischen Ideen. Verabsolutiert werden sie zu ideologischen und demagogisch gehandhabten Instrumenten der Massenbeeinflussung.

Nur als relative Werte, in diesem Fall also als nur verhältnismäßige Autarkie oder Selbstversorgung, können wirtschaftliche Ideen der sich dauernd ändernden Wirklichkeit gerecht werden. Absolute, d. h. völlige Autarkie wäre mit unendlich großen Fruchtbarkeitsverlusten verbunden, die sich kein Staat und kein Unternehmungszusammenschluß leisten könnten. Wie bei der Autonomie überhaupt, so geht es auch bei der Autarkie um das jeweils rechte Verhältnis, das jeweils rechte Maß an Selbstversorgung und Fremdversorgung.

Durch die Zusammenarbeit soll dieses rechte Maß der Selbstversorgung und Fremdversorgung hergestellt werden. Durch die Zusammenarbeit und den die Zusammenarbeit ermöglichenden Zusammenschluß entsteht ein Gebilde, das einen höheren Grad an Selbstversorgung, einen höheren „Selbstversorgungsindex" aufweist, als die vorher getrennt produzierenden und tauschenden Einzelgebilde.

Neben den sozialen, außerökonomischen Motiven, die das Streben nach Selbstversorgung so entscheidend durchdringen und die Laum eingehend dargestellt hat, lassen sich auch rein ökonomische Gründe genügend anführen, die dieses Streben verständlich machen.

Einige der Gründe, die für die Selbstversorgung gegenüber der Marktversorgung sprechen können, nannten wir bereits:

Leistungen und Produkte, die der Markt überhaupt nicht bereitstellt.

Leistungen und Produkte, die der Markt nicht in der benötigten Qualität und Quantität oder Form liefern kann.

Leistungen und Produkte, bei denen Selbstversorgung billiger ist als Marktversorgung.

---

[46] a.a.O., S. 3.

Zur ersten Gruppe gehören beispielsweise zahlreiche Dienste auf dem Forschungs-, Entwicklungs-, Projektierungs- und Ausbildungssektor, die nur durch betriebs- oder brancheeigene Kräfte und Einrichtungen erbracht werden können.

Die zweite Gruppe ist wahrscheinlich die umfangreichste: Jeder Betrieb ist bestrebt, die Hilfsleistungen, die zur Erbringung seiner Hauptleistungen notwendig sind, sich anzugliedern. Der Kosmos der Hilfskostenstellen und der allgemeinen oder Verwaltungskostenstellen, der sich um die Hauptkostenstellen rankt, ist ein deutlicher Hinweis auf die Selbstversorgungstendenz. Man denke etwa an das ganze Gebiet der Reparaturleistungen, den Fuhrpark, die Materialprüfstellen. In nicht wenigen Fällen werden durch einen Zusammenschluß von Betrieben zu Verbänden Hilfs- und Verwaltungsleistungen in einer dem Bedarf der Betriebe günstigeren Qualität, Quantität oder Form bereitgestellt werden können. Der Markt kann mitunter nur uniforme Bedürfnisse befriedigen oder standardisierte Produkte oder Leistungen zur Verfügung stellen. Spezifische Bedürfnisse der einzelnen Betriebe oder einzelner Branchen kann er oftmals nicht berücksichtigen. Wenn spezifischer Bedarf besteht, so kann dies einen wesentlichen Grund zur Selbstversorgung abgeben.

In die dritte Gruppe gehören jene Leistungen und Produkte, bei denen die Selbsterstellung billiger ist als die Marktversorgung. Die Kostenvorteile sind darum besonders groß, weil die Selbsterzeugung nur zu Grenzkosten angeschlagen werden muß. Dieser Kostenvorteil kann auch für Zusammenschlüsse von Betrieben zwecks Selbstversorgung die eigentliche Ursache sein. Nicht selten werden auch Verbandsleistungen (z. B. auf dem Gebiete der Marktforschung, der Statistik, des Ausstellungswesens) billiger sein, als gleichartige Leistungen von Fremdfirmen (z. B. der Marktforschungsinstitute, Industrieberater, Werbebüros), die über den Markt anbieten.

Allein, diese drei Gruppen von wirtschaftlichen Gründen, die für die Selbstversorgung sprechen, sind noch nicht die wichtigsten. In Literatur und Praxis spielen die Risiken der Marktversorgung die größte Rolle für die Selbstversorgungstendenzen. Die meisten für die Selbstversorgung ins Treffen geführten ökonomischen Argumente lassen sich unter dem Stichwort der Stetigkeit oder Sicherheit zusammenfassen. Die Stetigkeit der Fremd- oder Marktversorgung ist durch ökonomische oder außerökonomische Momente nicht immer gewährleistet. Die Versorgung über den Markt kann durch politische oder konjunkturelle Ereignisse sehr plötzlich unterbrochen werden.

Auf Gedeih und Verderb von der Marktversorgung abhängige Betriebe können durch solche auch nur kurzfristige Unterbrechungen in ihrem Lebensnerv getroffen werden. Allein schon die Lieferzeiten und ihre erwartete oder mögliche Entwicklung können bei der Entscheidung, ob Fremd- oder Selbstversorgung, ausschlaggebend sein. Das Streben nach Selbstversorgung wird sich daher auf die für die Betriebe oder Branche lebenswichtigen Leistungen und Güter erstrecken, bei denen das Risiko der Fremdversorgung besonders hoch eingeschätzt wird, so bei gewissen Rohstoffen und Hilfsstoffen, bei der Energie- und Wasserversorgung, bei Transportleistungen, aber auch bei bestimmten Kapitalgütern und spezialisierten Dienstleistungen. Auch die Frage Eigen- oder Fremdkapital gehört hierher.

Jede Branche kennt ihre „strategischen Güter" und ihre Engpässe, bei denen das Risiko der Fremd- oder Marktversorgung besonders groß ist. Das Risiko kann entsprechend der Risikenlehre[47] verschiedener Art sein:

das quantitative Risiko wird schlagend, wenn die Versorgung nicht mehr in genügender Menge erfolgen kann (z. B. durch plötzliche Kontigentierungen, Einfuhrverweigerung, Ausfuhrverbote, Devisensperren),

das qualitative Risiko kann bei Erzeugungsänderungen auftreten (Typenwechsel, neue Moderichtungen usw.),

das zeitliche Risiko stellt die rechtzeitige Versorgung in Frage (z. B. bei plötzlich auftauchendem Bedarf, bei Streiks, Änderungen in der Konjunkturlage und im Auftragsstand der Lieferwerke, die zu höheren Lieferzeiten führen),

das räumliche Risiko, das bei einer Unterbrechung der Transport- und Verkehrswege (z. B. der Pipelines, der Stromzufuhr, der Wasserversorgung, Behinderung des Grenzübertritts von Waren und Personen u. a.) auftaucht,

das finanzielle Risiko, etwa bei plötzlicher Zurückziehung oder Einschränkung der Kredite,

das Preisrisiko, besonders bei wenigen Anbietern oder bei Preisfestsetzungen der öffentlichen Versorgungseinrichtungen oder durch die öffentliche Hand.

Die gleichen Risiken, die bei der Beschaffung auftreten, können auch bei den mit der Absatzfunktion zusammenhängenden Leistungen von Bedeutung werden. Sind solche Risiken vorhanden, so führen sie zu Bestrebungen, Marktstufen anzugliedern. Die Selbstversorgung versucht dann, die Marktstufen durch Zuleitungsformen zu ersetzen (Angliederung von Kleinhandelsfilialen an Großhandelsketten, Bildung von Vertriebsgenossenschaften, besonders bei landwirtschaftlichen Produkten, Verkaufssyndikaten, gemeinsamen Handelsniederlassungen, Exportringen usw.).

---

[47] Vgl. K. *Oberparleiter,* Funktionen und Risiken des Warenhandels, 2. Aufl., Wien 1955.

Abschließend läßt sich zusammenfassen: Selbstversorgung will die Markt- und Fremdversorgung, soweit dies möglich und wirtschaftlich ist, ersetzen und die Marktunabhängigkeit fördern. Sie ist ein entscheidender Antrieb zur Zusammenarbeit.

C. Zusammenarbeit zwecks Förderung des Gemeinwohls (Gemeinwohlprinzip)

Es ist ein eigenartiger Befund, daß sich der Vergesellschaftungsprozeß heute vorzugsweise in den leistungsgemeinschaftlichen Gebilden abspielt[48]. In der Tat hat es den Anschein, als sei die Wirtschaft an die Stelle der Religion getreten[49]. Jene, im innersten metaphysisch-religiös und sittlich bestimmten Sozialgebilde, die in der Vergangenheit den Vergesellschaftungsprozeß vornehmlich bewirkt haben, Haus und Familie, Kirche, die „aus der Gemeinsamkeit des Raumes und dem geistigen Ausdruck räumlicher Gemeinsamkeit, der Tradition“[50] stammenden Sozialstrukturen, Nachbarschaft, Dorf, Landschaft, Städte und Nation, endlich die auf der Gemeinschaft des Berufes beruhenden Sozialgebilde[51] werden stark zurückgedrängt, ausgelaugt, vereinseitigt, funktionalisiert, ökonomisiert und so dem Menschen entfremdet. Diese metaphysisch-religiös bestimmten Sozialgebilde umfaßten den Menschen, der ihnen angehörte, in seinem ganzen Person-Sein. Sie beließen ihm „seine Eigenständigkeit inmitten der sachlichen Eigenkraft des Geschehens ... Denn beides muß durch die soziale Ordnung schließlich verwirklicht werden: die Erreichung der Sachzwecke — z. B. der Wirtschaft — und die Entfaltung des Menschen als Person. Oder: die Erreichung der Sachzwecke im Wege der Entfaltung . . . (der) Person“[52].

Westphalen führt aus, daß in der Gegenwart starke Tendenzen bestehen, den Menschen in seiner persönlichen Eigenständigkeit zu vernichten und ihn den Sachgesetzlichkeiten äußerer Zweckmäßigkeit und der Macht der Institutionen total unterzuordnen. Sie funktionalisieren

[48] Vgl. MM 65.

[49] Vgl. W. *Heinrich,* Die Stellung der Wirtschaft im Weltbild der Gegenwart, Rede anläßlich der Inauguration als Rektor an der Hochschule für Welthandel in Wien am 14. Nov. 1953, Wien 1953, S. 3.

[50] Vgl. hierzu und zum Folgenden : F. *Westphalen,* Gedanken zum Problem einer gesellschaftlichen Ordnung nach dem Maße des Menschen, in Festschrift für Walter Heinrich, Graz 1963, S. 199 ff. (zit. S. 202).

[51] Auch die Berufsgemeinschaften waren ursprünglich metaphysisch (und magisch) verwurzelt. Vgl. dazu W. *Heinrich,* Die gesellschaftlichen Funktionen des Gewerbes, Vortrag, gehalten am 4. Januar 1953 an der gewerblichen Studientagung in Hofgastein (Österreich), Bern 1953 (Schweizerischer Gewerbeverband) und die dort angeführten weiterführenden Hinweise.

[52] *Westphalen,* a.a.O., S. 199.

den Menschen und formen das Vollmenschentum nach dem Gleichnis ihrer eigenen Teilzwecke in ein Teilmenschentum um. „Es gibt erfahrungsgemäß äußerst signifikante soziale Einheitsbildungen, die grundsätzlich in keiner konstitutiven Beziehung zur Erhaltung des Gesellschaftsganzen stehen, also zum Gemeinwohl. Sie bringen Teilinteressen zum Ausdruck, aber so, daß sie das Ganze des gesellschaftlichen Lebens und seiner Ordnung ihrem Teilinteresse ein- und unterordnen wollen[53]." Es sind das „etwa ‚klassen'-mäßige Interesseorganisationen. Ihre wesentlichsten Kräfte stammen aus jenen Ideologien, die von einem Teilinteresse ausgehend, dieses mit dem Ganzen schlechthin identifizieren"[54]. „Die Person des Menschen ist nicht mehr die Kraftquelle und nicht das bewußt anerkannte Wertziel sozialer Strukturbildungen"[55], sondern der Mensch wird nur noch als Mittel für den Vollzug des Sachzusammenhanges, als Befehlsempfänger angesehen. Nach Westphalen sind drei Tatsachen für die Tendenz zur Funktionalisierung in den Strukturen der heutigen Gesellschaft entscheidend: 1. „Die Dominanz der ökonomischen Werte über die personalen Werte und damit die Dominanz der auf ökonomische Zweckmäßigkeit und technische Effizienz gerichteten sozialen Strukturen über jene strukturbildenden Mächte, die unmittelbar der Entfaltung von Werten dienen, und die den Menschen ihrer Konstitution nach in der Fülle seiner Personalität zu erfassen vermögen[56]."

2. „Die Dominanz der Gegensätze über die Gemeinsamkeiten, also die Dominanz der Organisation grundsätzlich maßloser Interessenverfolgung über die Strukturen und Institutionen, die konstitutiv dem Gemeinwohl zugeordnet sind . . .[57]." Diese Dominanz der Gegensätze verhindert auch den bewußten Bezug auf das Gemeinwohl. „Soweit es in ihrer Macht liegt, will jede Gruppe dauernd die Bedingungen der sozialen Kooperation so festlegen, daß die andere Gruppe zum Mittel ihres Wohlstandes gemacht wird, daß sie funktionalisiert wird[58]." Zu all dem kommt 3. „die Dominanz der den Wandel sichernden Einrichtungen über jene, die die Dauer und Kontinuität wahren"[59]. Der „Fortschritt", das „Wachstum", die permanente Revolution werden institutionell gesichert.

Was muß bei dieser Situation die wirtschaftliche Zusammenarbeit zur Förderung des Gemeinwohles beitragen und leisten? Der Beitrag muß in einer Ausweitung des personalen, sittlichen Bereiches der Wirtschaft

---

[53] *Westphalen*, a.a.O., S. 202.
[54] Ebd., S. 202 f.
[55] Ebd., S. 205.
[56] Ebd., S. 207.
[57] *Westphalen*, a.a.O., S. 207.
[58] Ebd., S. 207.
[59] Ebd., S. 208.

liegen (1), er muß zu einer Überwindung des so stark auf den Gegensätzen der Marktteilnehmer und Interessen beruhenden labilen Gleichgewichtes führen (2) und er muß endlich die Stabilität und Dauer der wirtschaftlichen und sozialen Ordnungen und Beziehungen bewirken (3).

Das Gemeinwohl ist also kein bloß formaler Begriff, gruppensubjektiv durch die jeweils herrschende Klasse inhaltlich bestimmt[60], sondern hat vielmehr sehr konkrete, konstitutive und objektive Inhalte. Diese Inhalte, denen auch die Wirtschaft dient, sind von der Natur, dem Zweck, den Zielen und den Aufgaben der Gesellschaft abzuleiten. Der geschichtliche Zustand des Gemeinwesens spielt beim Hervortreten des einen oder anderen Inhalts in der Politik eine beträchtliche Rolle.

„Die Natur der Gesellschaft besteht in der Kooperation ...[61]." „Die Gesellschaft ... ist das Verbundensein von Menschen zur gegenseitigen Förderung in der Erreichung des durch die existentiellen Zwecke geforderten vollmenschlichen Seins. Sie sind verbunden durch die Kooperation aufgrund der einzelmenschlichen Ergänzungsbedürftigkeit und Ergänzungsfähigkeit[62]." Das vollmenschliche Sein ist zugleich das personale Sein. Wenn die Natur der Gesellschaft in der Kooperation besteht, und die Kooperation wegen der Ergänzungsbedürftigkeit des Menschen notwendig ist, so bedeutet die Förderung der rechten Zusammenarbeit auch eine Vervollkommnung des personalen Bereiches.

Kooperation und gesellschaftliches Verbundensein sind für Messner ein und dasselbe. Das gesellschaftliche Verbundensein ist die Voraussetzung für die „*Ermöglichung der eigenverantwortlichen und eigenkräftigen Erfüllung* der den Gesellschaftsgliedern durch die existentiellen Zwecke vorgezeichneten Lebensaufgaben"[63]. „Folglich ist der Zweck der Gesellschaft die *Hilfe,* die alle für die eigenverantwortliche Erfüllung der in den existentiellen Zwecken begründeten Lebensaufgaben benötigen[64]." Diesem Zweck wird die Gesellschaft um so besser gerecht, je stärker sie die Zusammenarbeit als Voraussetzung der eigen-

---

[60] E. *Hirsch,* Gemeinwohl, in: Wörterbuch der Soziologie, Stichwort Gemeinwohl, Stuttgart 1955: „Gemeinwohl (auch ‚allgemeines Wohl') ist ein Formalbegriff, dessen Inhalt von der jeweils herrschenden Gruppe eines Gesellschaftsintegrats ideologiegemäß bestimmt wird und als rechtlich zureichender Grund für die rechtliche Regelung eines Soziallebens im allgemeinen, daneben aber auch für besondere Eingriffe in die Individualsphäre dient ..."

[61] J. *Messner,* Das Naturrecht, Handbuch der Gesellschaftsethik, Staatsethik und Wirtschaftsethik, 1. Aufl., Innsbruck-Wien 1950, S. 113.

[62] Ebd., 4. Aufl., Innsbruck-Wien-München 1960, S. 130. Messner bezeichnet als „vollmenschliches Sein" das Vollkommensein des Menschen: „Darin, *Bild Gottes* zu sein, findet die menschliche Person das Maß dessen, was sie letztlich zu sein bestimmt ist" (121). Über „existentielle Zweck" vgl. *Messner,* a.a.O., S. 39 f. (Wir zitieren, wenn nicht anders angeführt, immer nach der 4. Aufl.!)

[63] Ebd., S. 158.

[64] Ebd.

tätigen Erfüllung der Lebensaufgaben für alle in jeweils angemessener Weise verwirklicht.

Die Gesellschaft selbst ist keine unitas plana, sondern eine unitas multiplex. Messner spricht vom „föderativen“ Aufbau der Gesellschaft und von ihrer „korporativen“ Gliederung in kleinere Gesellschaftskörper als Gliedgesellschaften mit Selbstbestimmung[65]. „Nicht die Einzelmenschen bilden zunächst die Glieder der Gesamtgesellschaft, vielmehr sind sie Glieder der Gesamtgesellschaft vor allem vermittels der gesellschaftlichen Zwischenglieder der Familie, der engeren und weiteren Gebiets- und Berufskörperschaften[66].“ „Nicht der Staat steht in der wohlgeordneten Gesellschaft im Vordergrund des Bewußtseins der Mehrzahl der Bürger, sondern, abgesehen von der Familie, die örtlichen und beruflichen Verbände und nicht zuletzt die freiwilligen Vereinigungen verschiedener Art. Solange eine Gesellschaft ihre wesenhafte Strukturordnung wahrt, bewegt sich das gesellschaftliche Leben des Menschen überwiegend in diesen kleineren gesellschaftlichen Einheiten[67].“

Dem pluralistischen Wesen der Gesellschaft entspricht das pluralistische Wesen des Gemeinwohls. „Da die verschiedenen existentiellen Zwecke, zur deren Verwirklichung der Mensch der gesellschaftlichen Ergänzung bedarf, verschiedene Formen gesellschaftlicher Verbindung und daher Arten von Sozialzwecken bedingen, ist das Gemeinwohl seinem Wesen nach pluralistisch[68].“ „Die kleineren und größeren Gemeinschaften mit naturgegebenen Zwecken sind unter anderem die Familie, die Nachbarschaftsgemeinschaft, die Berufsgemeinschaft, der Staat, die großen innerstaatlichen und überstaatlichen regionalen Einheiten, die Völkergemeinschaft, jede mit ihrem besonderen Gemeinwohl[69].“

„Das Einzelwohl des Menschen ist ... ganz und gar durch seine gesellschaftliche Verbundenheit und durch sein Teilhaben am Gemeinwohl bedingt[70].“ Diese Teilhabe oder Anteilnahme ist um so inniger, je verhältnismäßig enger die Beziehung zwischen den Einzelnen und der Gemeinschaft ist, je näher die Gemeinschaften den Einzelnen stehen und daher je kleiner die Gemeinschaften sind, in denen der Einzelne sich befindet und lebt. Heinrich nennt diesen Zusammenhang *„das Gesetz der kleinen Gemeinschaften“*[71]: „Der Mensch will die Herzenswärme der

[65] Vgl. *Messner*, a.a.O., S. 186.

[66] Ebd., S. 187.

[67] Ebd., S. 187.

[68] Ebd., S. 184.

[69] Ebd., S. 184.

[70] Ebd., S. 161.

[71] *Heinrich*, Wirtschaft und Persönlichkeit, a.a.O., S. 209.

kleinen Gemeinschaften[72]." Spann spricht vom „Gesetz der Kleinheit der Gemeinschaft": Lebendige Gemeinschaften sind stets klein[73].

Die Zusammenarbeit, so dürfen wir zusammenfassen, trägt durch die Schaffung gesellschaftlicher Zwischengebilde, in denen der Mensch oder seine Gemeinschaften aktiv am Gemeinwohl teilhaben können, zu einer gesellschaftlichen Ordnung nach dem Maße des Menschen bei. Zusammenarbeit fördert ganz allgemein die Sozialisation. Durch die Zusammenarbeit entstehen Zusammenschlüsse als neue Glieder und Zweige des sozialen Körpers, in denen der Mensch auf die ihm angemessene Weise die vom Gemeinwohl geforderten Leistungen in der Arbeitsteilung der gesellschaftlichen Leistungsgliederung erbringen kann[74].

Demgegenüber entspricht das gegensätzliche Handeln nicht der Natur der Gesellschaft, denn es dissoziiert[75]. Auf Gegensätzen läßt sich keine Ordnung aufbauen. Mit Recht bemerkt Westphalen: „Es gehört zu den Illusionen unserer Gegenwart, daß man glaubt, Macht allein durch institutionalisierte Gegenmächte in Schranken halten zu können, ja daß durch countervailing powers ... das soziale Gleichgewicht ... in Freiheit erhalten werden könnte[76]."

Auch nicht durch bloße „Spielregeln" läßt sich die organisierte Macht im Zaume halten. Die „Spielregeln" verstärken ja eher den Machtkampf, sie befrieden nicht.

---

[72] Ebd., S. 210.

[73] O. *Spann,* Der wahre Staat, Vorlesungen über Abbruch und Neubau der Gesellschaft, 3. Aufl., Jena 1931, S. 154.

[74] Vgl. *Messner,* a.a.O., S. 174.

[75] *Perroux,* a.a.O., S. 129: „Die auf dem Markt aufgebaute Pseudogesellschaft lockert die elementaren sozialen Bindungen ..." „Die Beobachtung der zeitgenössischen kapitalistischen Gesellschaft zeigt, daß der handelsmäßige Tausch die menschliche Gesellschaft angegriffen hat" (28).

Marx, Engels, Kommunistisches Manifest, I. Abschnitt: „Die Bourgeoisie, wo sie zur Herrschaft gekommen, hat alle feudalen, patriarchalischen, idyllischen Verhältnisse zerstört. Sie hat die buntscheckigen Feudalbande, die den Menschen an seinen natürlichen Vorgesetzten knüpften, unbarmherzig zerrissen und kein anderes Band zwischen Mensch und Mensch übriggelassen als das nackte Interesse, als die gefühllose ‚bare Zahlung'."

Heinrich, Adamitische und kainitische Wirtschaft, Über die letzten Fragen im Wirtschaftsgeschehen, Gloria Dei, 4. Jg., H. 3, Graz 1949/50, S. 201: „Mit den Seelen der Menschen handelt diese Wirtschaft und Leiber und Seelen der Menschheit verdirbt diese Wirtschaft" Babylons, der großen Stadt, von deren Wollust die Kaufleute auf Erden reich geworden (deutet W. *Heinrich* zusammen mit Leopold *Ziegler,* Menschenwerdung, Olten 1948, 2. Bd., S. 32 ff.) im Anschluß an die geheime Offenbarung des Johannes, 17—21.

Perroux, a.a.O., S. 127 f.: „In bestimmten Fällen läßt sich feststellen, daß ein Mensch den anderen kauft, was darauf hinausläuft, daß er zu seinem eigenen Vorteil seinen Nächsten physisch oder moralisch zerstört."

[76] *Westphalen,* a.a.O., S. 221.

Nach Messner ist jedoch eine Grundfunktion des Gemeinwohls die Begründung und Sicherung der *Friedensordnung*[77].

Die Tiefe des Begriffes Friede, wenigstens für die nordische Welt, hat Grönbech ausgelotet[78].

„‚Friede' ist ... der gegenseitige Wille, die Einträchtigkeit, Milde, Treue, worin Menschen innerhalb ihres Kreises leben" (52), „unbeschränktes Vertrauen" (53), „Freude, Lust, Hingebung, Liebe" (53), „Geborgenheit" (52), die Einheit, „die gegenseitige Identität, worauf die Gesellschaft und die Gesetze beruhen" (49), die Solidarität (48). Friede bedeutet Freundschaft (31), er ist etwas Aktives und zwingt die Freunde („Verwandte"), sich gegenseitig ihrer Sachen anzunehmen, einander zu helfen, füreinander einzustehen, sich aufeinander zu verlassen (39). Grönbech verweist darauf, daß der Friede in den Statuten der mittelalterlichen Gilden seinen gesetzmäßigen Ausdruck erhält, den der Friedensgemeinschaft (34). Die Gildenbrüder dürfen keinen Streit miteinander haben; entstehen Steitigkeiten dennoch, so müssen sie vor dem Richterstuhl der Bruderschaft ausgetragen werden. Ein anderes Gericht darf nicht angerufen werden, bei Strafe des Ausschlusses (34). In der Not ist dem Bruder bis zur Selbstverleugnung beizustehen: „Welcher Bruder, da er helfen kann, es nicht tut, ... der soll aus der Gilde heraus und ein Neiding genannt werden" (39, zit. nach den Statuten der St. Knuds Gilde). „Dem Blühen des Friedens folgten Heil und Wohlstand. Und im umgekehrten Falle, wenn Männer sich nicht einigen können, kränkelt das Leben und welkt, bis alles verödet ist." Diese Regel gilt für alle Friedensgemeinschaften, nicht nur für die Familie, sondern auch für zeitliche Verbindungen im Zeichen des Friedens (und unter einem anderen Zeichen war kein Zusammenschluß möglich). Wenn Männer sich zu irgendeinem Unternehmen zusammenschlossen, zum Fischen oder anderer Beschäftigung, hing der Erfolg von der Kraft der einzelnen ab, freundschaftliche und aufrichtige Beziehungen zueinander zu halten. In der Laxdoelasaga erhalten wir zufällig die Aufklärung: „Kluge Männer legten großes Gewicht darauf, daß man sich auf den Fischplätzen gut miteinander vertrug; denn man sagte, daß Männer weniger glücklich beim Fang waren, wenn Streit entstand, und die meisten nahmen sich daher in acht" (122 f.). „Wenn der Friede und die Ehre dahinsiechen, folgt Abstieg in allem, was das Geschlecht angeht. Abstieg und zuletzt Untergang" (123).

---

[77] Vgl. *Messner*, a.a.O., S. 159.

[78] Wilhelm *Grönbech*, Kultur und Religion der Germanen, aus dem Dänischen übersetzt von Ellen Hoffmeyer, 2 Bde., 2. Aufl., Hamburg 1937/1939 (Titel des Originals: Vor Folkeœt i Oltiden. København 1909—1912).

Damit ist zugleich die zweite Grundfunktion des Gemeinwohls angedeutet: „Die zweite ganz und gar positive Grundfunktion des Gemeinwohls betrifft . . .: die Begründung der Wohlfahrtsordnung[79].“

Diese Übereinstimmung zwischen dem Naturrecht und dem Befund der Altgermanistik ist frappierend: Das Gemeinwohl, das Heil der Gemeinschaft, verlangt Friedensordnung, Friedensgemeinschaft und Wohlfahrtsordnung. Frieden in dem oben aufgezeigten umfassenden Sinn ist die Voraussetzung der Wohlfahrt.

Bei diesem Sachverhalt nimmt es nicht wunder, daß die ersten, tastenden Versuche zur Überwindung der Interessengegensätze um die Wiederaufrichtung einer neuen Friedensordnung ausdrücklich bemüht sind. Es bezeichnet sich das nun schon berühmte und bald dreißig Jahre ungebrochen in Geltung stehende, auf Treue und Glauben beruhende Abkommen zwischen den schweizerischen Gewerkschaften und Arbeitgeberverbänden der Metallindustrie als „Friedensabkommen“[80]. Im vertraglichen Arbeitsfrieden sehen die Partner ein entscheidendes Grundelement einer gedeihlichen Volkswirtschaft[81]. Das Gedeihen der Volkswirtschaft erscheint also abhängig von der Aufrechterhaltung des Friedens, hier des Arbeitsfriedens.

Auch die vielen Versuche, an die Stelle des Konkurrenzkampfes den Konkurrenzfrieden zu setzen, dürfen wir als das Bemühen werten, eine Friedensordnung aufzurichten. Aus jüngster Zeit stammt die Meldung, die Krise in der Stahlindustrie durch eine weltweite Stahlkonferenz zu überwinden, d. h.: „Eine Konferenz aller Stahlländer, und der Versuch, eine grundsätzliche Ordnung in den Weltmarkt zu bringen. Es wird nicht leicht sein, alle Unruhestifter unter einen Hut zu bringen, besonders nicht so expansive Außenseiter wie die Japaner. Schließlich gibt es Vorbilder für eine vernünftige Regelung wirtschaftlicher Interessen auf weltweiter Basis, zum Beispiel das Kaffeeabkommen und die Baumwollkonventionen[82].“ Der Ursprung der EWG, die Montan Union, war ja nichts anderes als der Versuch, den Markt- und Konkurrenzfrieden im Interesse des Wohlstandes aller der Gemeinschaft angehörenden Länder herzustellen und die Interessengegensätze, die als Gefährdung auch des politischen Friedens in Europa angesehen wurden, auszugleichen.

---

[79] *Messner,* a.a.O., S. 159 (Wohlfahrtsordnung bei Messner gesperrt).

[80] Das Friedensabkommen wurde 1937 zwischen dem schweizerischen Metall- und Uhrenarbeiterverband und dem Arbeitgeberverband der schweizerischen Maschinen- und Metallindustrie abgeschlossen. Es war in der Folge für viele andere Wirtschaftszweige Vorbild für ähnliche Abkommen.

[81] Vgl. H. *Reimann,* Durch Arbeitsfrieden zur Selbstverwaltung der Wirtschaft, Zeitschrift für Ganzheitsforschung, NF, 2. Heft, 4. Jg., Wien 1960, S. 81.

[82] B. *Hoffschmid,* Siebzig Millionen Tonnen Stahl zuviel? In: Der Volkswirt, Heft 3, Frankfurt/Main, 17. 1. 1964, S. 53 f.

Neben der Schaffung von Zwischengebilden und der Überwindung der Interessengegensätze durch die Friedensordnung, soll der Beitrag der Zusammenarbeit Stabilität und Dauer der wirtschaftlichen und sozialen Ordnung und Beziehungen bewirken. Warum bedarf die Gesellschaft aus Gründen des Gemeinwohls stabiler und dauerhafter Bindungen? Für A. Müller ist das Problem der Dauer „das höchste politische Problem“[83], „das ‚heiligste‘ der Nationalökonomie“[84]. Müller sieht in der Gesellschaft „eine Allianz der vorangegangenen Generationen mit den nachfolgenden, und umgekehrt“[85]. Diese Allianz soll „auch unsterblich in der Zeit“[86] sein. „Die Lehre von der Verbindung der aufeinanderfolgenden Generationen ist ein leeres Blatt in allen unseren Staats-Theorien; und darin liegt ihr großes Gebrechen ...[87].“ „Jetzt, nachdem alles schwankend geworden, und nichts mehr so groß, so dauerhaft ist, daß man auf den nächsten Tag dafür gut sagen könnte, muß ja wohl die Lehre von der politischen Dauer und von der Allianz der Generationen, die so lange übersehen worden, alle Gemüter anziehen[88].“ Die vergangenen Generationen müssen in lebendiger Gegenwart erhalten werden, der erste Zweck des Staates (= Gesellschaft) ist die Sicherung der Dauer oder des Lebens[89].

Messner spricht sehr wortmächtig von der *„überdauernden Natur des Gemeinwohls* . . .: In ihm wird das Denken und Streben, das Ringen und Arbeiten, die Erfahrungen und Erfolge von unübersehbaren Generationen aufgesammelt und zu seelisch, geistig, sittlich fortzeugender Wirkeinheit . . . Dabei ist das Gemeinwohl die Wirklichkeit, die den *Lebensertrag von Generationen der Vergangenheit und damit zugleich den Lebensgrund für die Generationen der Zukunft* in sich birgt, so wie der Ackerboden den Schweiß der Väter und Vorväter in sich trägt und damit das Fruchtversprechen für Kinder und Kindeskinder[90].“

Heinrich hat die Stetigkeit, Dauerhaftigkeit, Nachhaltigkeit, Stabilität als einen der Schlüsselbegriffe der Produktivitätslehre und der Wirtschaftspolitik nachgewiesen[91]: „Auch in der Wirtschaft (verdient) Er-

---

[83] So in der Nachschrift zu einer Kritik am geschlossenen Handelsstaat von *Fichte*, abgedruckt in den „Vermischten Schriften über Staat, Philosophie und Kunst“, Wien 1812, S. 345 f., zit. in den Anmerkungen der von Baxa besorgten Ausgabe der Elemente der Staatskunst, 2. Hbd., Jena 1922, S. 284.

[84] A. *Müller*, Die Elemente der Staatskunst, Ausgabe Baxa, 2. Hbd., 3. Vorlesung, Baxa in den Anmerkungen, S. 322.

[85] Die Elemente der Staatskunst, 1. Hbd., 3. Vorlesung, Ausg. Baxa, S. 59 f.

[86] Ebd., S. 60.

[87] Ebd.

[88] Ebd., S. 61, *Müller* bezieht sich hierbei auf Burke.

[89] Vgl. ebd., 9. Vorlesung, S. 191.

[90] *Messner*, a.a.O., S. 165.

[91] *Heinrich*, Wirtschaftspolitik, a.a.O., I. Bd., S. 109 ff.

haltung des Bestehenden oder wenigstens dessen sorgsamst schonende Entwicklung den Vorzug vor allzu großer Fortschrittsfreudigkeit und Neuerungssucht[92]."

Die Fruchtbarkeit der Stabilität beruht in der Wiederkehr der Ziele und der dadurch möglichen Wiederholung der Leistungen, des Leistungsganges oder des Kreislaufes[93]. Die oftmalige Wiederholung, das oftmalige Gesetztsein der Leistungen macht dauernde Einrichtungen und den Einsatz dauerhafter Güter möglich. Der Betrieb als Ganzes beruht ja auf der fortgesetzten Werkverrichtung, ist also ein auf die Dauer angelegtes Gebilde. Durch die wiederholte Ausübung der Verrichtungen werden diese mit weniger Mühe als anfänglich vollzogen, sie werden besser erlernt, der Erfindungsgeist strebt, sie zu erleichtern, zu ordnen, zu automatisieren und zu spezialisieren.

Die Leistungsfähigkeit der Arbeit wird durch Kapitaleinsatz, durch Werkzeuge und Vorrichtungen fortwährend verbessert, längere und ergiebigere „Produktionsumwege" werden eingeschlagen. Dauer, Stabilität, sie ermöglichen erst Entfaltung, Entwicklung, fortschrittlichen Wandel — so paradox es klingt!

Bruch, Revolution, Krise, sie vernichten das Erbe, sie zerschneiden die Allianz der vergangenen mit den gegenwärtigen und den künftigen Generationen. Sie führen zu Verlust an Kapital, Wissen, Können. Erst wenn die Revolution abgelöst wird von stabilen Verhältnissen, kann der frühere Leistungsstand wieder erreicht und allenfalls übertroffen werden. Doch dann ist immer noch die Frage offen, ob eine Reformation anstelle der Revolution dem jetzt erreichten Leistungsstand nicht weit voraus wäre. Wandel also muß die Kontinuität wahren, muß sich kontinuierlich vollziehen und darf nicht zu heftigen Entsprechungsstörungen führen. Dauer ist vor Wandel.

Erreicht werden dauerhafte Verhältnisse durch Bindungen. Die Zusammenarbeit strebt dauerhafte Bindungen an, um den Vollzug der Leistungen über die Zeiten hinweg zu sichern und im Schutz dieser Sicherung fruchtbarer zu gestalten. Auch für die Zusammenarbeit bedeutet Stillstand Tod.

So trägt die Zusammenarbeit auch zur Festigung und Stabilität der gesellschaftlichen Verhältnisse im Interesse der Wohlfahrt bei.

---

[92] Ebd., S. 112.

[93] Vgl. O. *Spann,* Fundament, a.a.O., S. 123 ff.

III. Teil

Die Formen der wirtschaftlichen Zusammenarbeit

Durch die Zusammenarbeit entstehen Wirtschaftsgemeinschaften, deren Glieder die zusammenarbeitenden Wirtschaftsgebilde sind. Bedingung oder formendes Prinzip für die Bildung solcher Wirtschaftsgemeinschaften ist der jeweilige Gemeinsamkeitsinhalt. Die Gemeinsamkeit kann bestehen im Produkt, das die Zusammenarbeit hervorbringen soll (1), in der Gleichartigkeit des Leistungsinhaltes oder des Berufes (2), in der Gleichheit der Wirtschaftsmittel (3) oder in der Gleichheit der Interessen (4).

Soll durch die überbetriebliche Zusammenarbeit ein Produkt gemeinsam erzeugt, ein Werk gemeinsam erstellt oder eine Wirtschaftsaufgabe gemeinsam gelöst werden, so sprechen wir von werkgemeinschaftlicher Zusammenarbeit (1). Bei der Werkgemeinschaft entsteht durch die Vereinigung verschiedener Leistungen das marktfähige Produkt bzw. wird dieses Produkt näher an die verbrauchenden Gebilde oder an den Markt herangebracht. Für die Beziehung der zusammenarbeitenden Wirtschaftsgebilde zueinander tritt an die Stelle des Marktes, der den Leistungswechsel aufgrund von Angebot und Nachfrage regelt, die Organisation oder der Kooperationsvertrag. Organisationsprinzip der Werkgemeinschaft ist die Arbeitsteilung. Vereinigt werden komplementäre Leistungen.

Ist formendes Prinzip die Gleichartigkeit der von den zusammenarbeitenden Gebilden erbrachten Leistungen oder Gleichartigkeit des Berufes, so können wir von leistungsgemeinschaftlicher oder berufsgemeinschaftlicher Zusammenarbeit sprechen (2). Die Zusammenarbeit besteht in der Verbesserung der jeweils getrennt erbrachten Leistungen durch gemeinsame Einrichtungen oder durch Beeinflussung der Bedingungen oder „Daten“, des „Kapitals höherer Ordnung“, unter denen die Leistungen in der Gesamtwirtschaft erbracht werden.

Die Gleichheit des Verbrauchs von bestimmten Wirtschaftsmitteln kann die Bildung von Verbrauchsgemeinschaften anregen (3). Die Zusammenarbeit erstreckt sich hierbei auf die Beschaffung von Produkten, die die zusammenarbeitenden Wirtschaftsgebilde jedes für sich benötigen oder auf die Bedingungen, zu denen sie beschafft werden.

Als interessengemeinschaftliche Zusammenarbeit bezeichnen wir jene Vereinigungen, die die öffentliche Meinung, die Politik, die Gesetzgebung, die Verwaltung oder entgegenstehende Interessengruppen zwecks Umverteilung des Sozialproduktes durch Druck beeinflussen wollen (4).

Diese Unterscheidung verschiedener Formen von Zusammenschlüssen nach dem Inhalt der Gemeinsamkeit hat nur untergeordnete Bedeutung. In der Praxis ist in allen konkreten Gebilden der Zusammenarbeit immer ein Stück Werkgemeinschaft, Leistungsgemeinschaft, Verbrauchsgemeinschaft und Interessengemeinschaft.

A. Die Zielgemeinsamkeit als Bedingung wirtschaftlicher Zusammenarbeit (werkgemeinschaftliche Zusammenarbeit)

1. Die Zusammenarbeit zwischen Erzeuger und Verwender: die „vertikale Integration"

In seinem berühmten Vortrag auf der betriebswirtschaftlichen Tagung in Wien[1], kurz vor Ausbruch der großen Wirtschaftskrise, hat E. Schmalenbach, der Schöpfer der modernen Betriebswirtschaftslehre, dargelegt, „daß die fixen Kosten auf die Dauer die freie Wirtschaft zerstören müssen"[2]: Die wachsende Kapitalintensität, das Sozialrecht und die Macht der Gewerkschaften, welche Entlassungen von Arbeitskräften oder Lohnangleichungen bei ungünstiger Beschäftigungslage erschweren, sie führen zu einem Anwachsen der fixen, von den Beschäftigungsgradschwankungen unabhängigen Kosten. Der hohe Anteil der fixen Kosten an den Gesamtkosten führt dazu, daß jede Beschäftigungsgradschwankung auf den Ertrag der Unternehmen sich empfindlich auswirkt[3]. Bei schon geringem Rückgang der Beschäftigung scheinen rote Zahlen in der Bilanz auf, die auf zu geringe flüssige Mittel und Kreditmöglichkeiten treffen: „Dann kommt erst den gescheiten, schließlich auch den weniger gescheiten Vertretern der Branchen die Einsicht, daß man gut daran tut, auf die freie Konkurrenz zu verzichten[4]."

---

[1] „Die Betriebswirtschaftslehre an der Schwelle der neuen Wirtschaftsverfassung", Vortrag am 31. Mai 1928, Z. f. hw. Forschung, 1928, S. 241 ff.

[2] E. *Schmalenbach*, Kostenrechnung und Preispolitik, 8. verbesserte Aufl., Köln und Opladen 1963, S. 476. Weil der Vortrag zumeist nicht mehr zugänglich ist, tragen wir die Gedanken Schmalenbachs nach dem hier zitierten Buch vor.

[3] E. *Böhler*, Nationalökonomie, a.a.O., S. 236, ist ähnlicher Ansicht: „Mit der wachsenden *Starrheit des Produktionsapparates* und der *Zunahme der fixen Kosten* wird es immer schwieriger, das Angebot den Veränderungen der Bedarfsstruktur anzupassen ..."

[4] E. *Schmalenbach*, Kostenrechnung, a.a.O., S. 477.

„Die Entwicklung der Betriebswirtschaften ist dergestalt, daß die fixen Kosten im Laufe der Zeit in starkem Maße zugenommen haben und auch in Zukunft eine erhebliche Steigerung erfahren werden. Man denke nur an den in vielen Wirtschaftszweigen sich vollziehenden Prozeß der Automation[5].“

„Die fixen Kosten wirken sich bei ungenügender Beschäftigung stets in einem besonders starken Beschäftigungshunger aus.“ Auch bei guter Beschäftigungslage besteht „eine Neigung der Industriellen, über den bestehenden Beschäftigungsgrad hinaus Aufträge, wenn auch zu niedrigeren Preisen, hereinzuholen . . .“[6], weil zusätzliche Gewinnmöglichkeiten bestehen, so lange die Grenzkosten die Grenzerlöse nicht erreicht haben[7]. „Der einzelne Fabrikant sieht als einen zusätzlichen Bedarf die Kundschaft an, die der andere hat, und bricht in dessen Kundschaftspreis mit niedrigen Preisen ein. Der andere rächt sich dafür, und auf diese Weise läßt sich ohne eine Vereinbarung das Preisniveau . . . nicht halten. Hier ist es das Kartell, das das bisherige aus der freien Konkurrenz entstehende Unvermögen beseitigt[8].“

Das Anwachsen der fixen Kosten, so dürfen wir Schmalenbachs Gedanken interpretieren, führt dazu, daß die Betriebe an der Sicherung und Ausweitung ihrer Beschäftigungslage außerordentlich interessiert sind. Die Ausweitung der Beschäftigungslage stößt jedoch auf das gleiche Bestreben des Konkurrenten, der um so heftiger reagiert, je stärker der Druck ist, dem er ausgesetzt wird. Die Basis für die Ausweitung ist darum die Sicherung der erreichten Beschäftigungslage.

Sicherung der Beschäftigungslage bedeutet Absatzsicherung. Marktbesitz ist wichtiger als Fabrikbesitz[9]: „Wenn auch die Vertriebsfunktion im Herstellerbetrieb — zeitlich gesehen — hinter Einkauf und Produktion liegt, so muß sie bei den betrieblichen Überlegungen doch an erster Stelle stehen[10].“

Absatzsicherung verlangt in jedem Fall eine „Abdichtung“ des Marktes, eine Monopolisierung, also den Ausschluß der Konkurrenten vom eigenen „Markt“. Hierzu werden vornehmlich zwei Wege eingeschlagen:

1. Die Differenzierung der Leistungen, also Aufhebung der Unterschiedslosigkeit der Güter und Leistungen in zeitlicher, sachlicher, per-

---

[5] E. *Schmalenbach,* Kostenrechnung, a.a.O., S. 480.

[6] Ebd., S. 509.

[7] Das bewirkt das von Stackelberg so genannte „Gesetz des erwerbswirtschaftlichen Angebotes“.

[8] Ebd., S. 509.

[9] Vgl. K. *Mellerowicz,* Unternehmenspolitik, Bd. II, Freiburg 1963, S. 14.

[10] Ebd., S. 13 f.

sönlicher und räumlicher Hinsicht[11]. Das Produkt soll sich von den Konkurrenzerzeugnissen deutlich abheben[12]. Die Produktdifferenzierung *„verschafft dem Anbieter eine Stellung auf seinem Teilmarkt, die in der Literatur im allgemeinen als monopolistische bezeichnet wird“.*

2. Die Marktaufteilung durch Absprache oder durch Regelungen des Gesetzgebers. Wir behandeln vorläufig nur die Differenzierung.

Ein guter Teil dieser Differenzierungen wird erreicht durch die Zusammenarbeit mit dem Kunden. Angestrebt wird die langfristige Lieferverbindung.

Ende oder Ziel der Zusammenarbeit mit dem Kunden ist die Exklusivstellung und, falls die Stellung auch de jure angestrebt wird, der Exklusivvertrag. Solche exklusive Verhältnisse können sowohl im Interesse des Verkäufers wie im Interesse des Käufers gelegen sein, sie müssen es sogar, wenn sie Bestand haben sollen.

Nach Ottel entfällt bei langfristigen Lieferverträgen die Weckung von Bedarf und Käuferbereitschaft für jede einzelne Teillieferung, und es ist nicht erforderlich, jedesmal Zustimmung und Entscheidung der etwa Mitspracheberechtigten einzuholen; die glatte Abwicklung wird durch wechselseitiges Einvernehmen bewerkstelligt, und für alle Beteiligten lassen sich Erleichterungen vorsehen; das Lieferunternehmen kann seine Produktion für längere Zeit planen und dadurch rationalisieren[13/14].

Mit der Dauerbeschäftigung ist nicht nur die Sicherung eines bestimmten Umsatzes gegeben, sondern die im Vertrieb beschäftigten Arbeitnehmer werden frei, um sich um weitere Aufträge zu bemühen; dem Käufer bedeutet der langfristige Bezugsvertrag Leistungs- und Qualitätsgarantie[15].

Wie sehr solche Exklusivstellungen im Interesse des Kunden liegen, kommt in bezeichnenden Bemerkungen einiger Industrieller zum Ausdruck. „So führte in einer am 25. 1. 1963 von der Handels- und Industriekammer Lüttich veranstalteten Besprechung über Unterlieferungen (sous-traitance) Marcel Gérard, Chefingenieur und technischer Vizedirektor der S. A. Métallurgique d'Esperance-Longdoz, aus, daß die Unterlieferungen an spezialisierte Betriebe besser ohne Frage nach dem Preis vergeben werden, weil es sich im allgemeinen um Einzelanfertigung handelt und es widersinnig ist, eine ungeheure Verwaltungsarbeit, die viel Zeit und Geld kostet, auf sich zu nehmen, um sich mit Wett-

---

[11] Vgl. K. *Mellerowicz*, a.a.O., S. 46.

[12] Ebd., S. 46.

[13/14] Vgl. F. *Ottel*, Unternehmerische Grenzen des Marktes, ZfB., 33. Jg., Nr. 10, Wiesbaden, Okt. 1963, 549.

[15] Vgl. F. *Ottel*, a.a.O., S. 549.

bewerbern in Verbindung zu setzen. Namens der Mittel- und Kleinbetriebe stimmte Raymond Versie, ein Mitglied des Kammerausschusses, derartigen direkten Käufer-Verkäufer-Beziehungen zu. Der Besteller, welcher sich fortwährend auf die Konkurrenz beruft, um immer den besten Preis durchzusetzen, sei kein günstiges Element für Unterlieferungen; er werde immer Enttäuschung erleben und keinen Fortschritt erzielen. Dagegen würde ein Besteller durch aufeinanderfolgende Aufträge Unternehmungen finden, die sich seinem Bedarf anpassen und um Verbesserung ihrer Preise und Lieferfristen bemühen. Falls die Produktion beim Besteller zurückgeht, erfordere es der Grundsatz fairer Geschäftsverbindung, daß die Unterlieferanten nicht ausgeschaltet, sondern die Aufträge nur verhältnismäßig herabgesetzt werden, wozu Versie auf das Beispiel der französischen Renault-Werke hinwies[16]."

Auch für die französische l'économie concertée ist die Zusammenarbeit zwischen Lieferanten und Kunden eine der wichtigsten Maßnahmen zur Produktivitätsförderung: „Die Zusammenarbeit zwischen Lieferanten und Kunden kann die günstigsten Auswirkungen für die Entwicklung der verarbeitenden Industrie haben[17]." „Der Abschluß von langfristigen Lieferverträgen mit den Rohstofflieferanten (Stahl), die gemeinsame Festlegung von Normen, welche zur Qualitätsverbesserung und zahlenmäßigen Beschränkung der Artikel beitragen, die Zusammenarbeit zwischen dem industriellen Sektor und dem Vertriebssektor für den Verbrauch bestimmter Güter, die ständige Zusammenarbeit zwischen den Konstrukteuren oder Versuchsbüros und deren Zulieferern wird sich z. B. weiter ausbreiten und zur Verwirklichung des Planes beitragen[18]."

Die Zusammenarbeit zwischen Erzeuger und Kunden geht auch aus einem Bericht über die Stahlindustrie hervor: „Die anhaltenden und steigenden Einbrüche von Kunststoffen und Aluminium in die traditionellen Stahlmärkte, und die erfolgreichen Bemühungen beider Bereiche um die schöpferische Entfaltung neuer Verwendbarkeiten haben nun auch bei der amerikanischen Stahlindustrie, beim Stahlinstitut und bei den einzelnen Firmen, eine Marketingrevolution ausgelöst. Plötzlich entfaltet man eine neue Aggressivität, weniger durch Preiskämpfe für homogene Stahlerzeugnisse als durch Entwicklung neuer Verwendbarkeiten, gemeinsam mit dem Kunden, teilweise mit Gemeinschaftswerbung. Die Umkehr begann bereits vor einigen Jahren, als erstmals ein

---

[16] Bulletin Mensuel de Chambre de Commerce et d'Industrie Liège (Lüttich), 97. Jg., Nr. 2, Febr. 1963, zit. bei *Ottel,* a.a.O., S. 551.

[17] RKW-Berichtsreihe Auslandsdienst, Die französische Wirtschaftsplanung, Übersetzung ausgewählter Teile des IV. französischen Wirtschaftsplanes (1962 bis 1965), Frankfurt/Main, 1962, S. 63.

[18] Ebd., S. 64.

Verkaufsdirektor, Worthington, zum Präsidenten der US Steel Corporation ernannt wurde.

Kennzeichnend ist *ein extremes Eingehen auf die Kundenwünsche.* Die Stahlfirmen bieten zunehmend technischen und metallurgischen Rat, indem sie den Radius der Stahlverwendbarkeiten im Dienste des Kunden erweitern und zugleich in der Werbung darüber sprechen. Sonderwünsche des Kunden finden weit stärker als früher Berücksichtigung, und die Stahlfirmen entwickeln auch mehr Speziallegierungen, soweit nur eine Chance für einen bedeutungsvolleren neuen Zukunftsmarkt besteht." „Im ganzen besteht die Tendenz zum Anbieter von Problemlösungen aus Materialien statt aus Stahl zu werden. Es wird nicht mehr verkauft, was hergestellt wird, sondern man bemüht sich um Maßarbeitsmaterialien auf Grund von genauer Ermittlung der Kundenprobleme. Man bezeichnet diesen Abschnitt des ‚development marketing' als eine neue Phase der Marktoffensive in der Stahlindustrie, die zugleich eine neue Ära der Werbung ist und zur Gemeinschaftswerbung mit bedeutsamen Stahlverwendern drängt[19]."

Diese bedeutenden Anstrengungen sind naturgemäß auch Ausfluß der Gegenwehr gegen das Vordringen der Aluminiumindustrie. „Das Vordringen von Aluminium ist im wesentlichen eine Funktion der Verwendbarkeitsvermehrung." „Die *Aluminiumindustrie* führt ihren Siegeszug auf planvolle Marketing-Anstrengungen zurück. Alle Abteilungen und alle Mitarbeiter wurden schon früh darauf geschult, neue Märkte durch neue Verwendbarkeiten zu entwickeln." „Stets verfolgt man zwei Hauptziele: einmal anderen Materialien die Märkte wegzuschnappen durch bessere Problemlösungen, ferner die Entwicklung völlig neuer Märkte[20]."

Diese Hinweise genügen für die theoretische Erörterung der Fragen: Auf welchen Bedingungen beruht die Zusammenarbeit zwischen dem Lieferanten und dem Verwender von Erzeugnissen? Welche Prinzipien kommen zur Anwendung? Was für eine Wirtschaftsgemeinschaft entsteht durch die Verflechtung? Welchen Nutzen haben die Glieder dieser durch die Zusammenarbeit geschaffenen Wirtschaftsgemeinschaften von ihr?

Das Wesen der Absatzfunktion ist die Herstellung von Leistungszusammenhängen zwischen den Erzeugern und Verwendern von Gütern und Leistungen. Bei der Zusammenarbeit zwischen Erzeugern und Verwendern wird die Absatzfunktion ohne Einschaltung und das vermit-

---

[19] Dr. H. A., *Stahl* sucht ein neues Marktbild, Berichte und Informationen, Heft 908, Salzburg 13. Dez. 1963, S. 10.

[20] Ebd.

telnde Eingreifen des Händlers[21] erfüllt. Der Markt und das Angebot auf dem Markt treten höchstens noch als Alternative in Erscheinung, welche die gegenseitigen Forderungen der Zusammenarbeitenden in Schranken halten.

Dieser Leistungszusammenhang bleibt, auch wenn er nicht über den Markt vermittelt wird, Tausch. „Das tiefste Wesen auch dieses Tausches besteht darin: daß beide Wirtschaften von Anbeginn aufeinander hingeordnet sind, einander ergänzen . . . *wodurch die beiden Wirtschaften Glieder einer Ganzheit werden*[22]." „Die im Abgeben und Übernehmen gegebene *Ineinanderordnung* der Wirtschaftsbetriebe oder ‚Gebilde' *zu höheren Ganzen* ist es, die im Tausch sich vollzieht. Tausch ist daher: die Sichtbarwerdung, *die Verwirklichung jener Ganzheiten, als deren bloße Glieder sich die Tauschenden offenbaren*[23]." In dem durch den Absatz gestalteten Leistungszusammenhang werden die Betriebe dauernd aufeinander hingeordnet. Es entsteht eine Art Ehe, die sogar den Charakter der Unauflöslichkeit hat und in der jede Scheidung schmerzlich verspürt wird (besonders bei Verlust von Großkunden). Aufgabe des Vertriebs ist es ja, „möglichst wiederholbare Aufträge zu schaffen"[24], Dauerkundschaften zu gewinnen[25].

Die Absatz- und naturgemäß die ihr korrespondierenden Beschaffungsfunktionen bestehen vor allem darin, diese Aufeinanderhinordnung zu vervollkommnen, also den Leistungszusammenhang so eng oder weit zu gestalten, als es für jedes Gebilde am fruchtbarsten ist.

Bei der Gestaltung dieses Leistungszusammenhanges kommt dem Erzeuger eine besonders aktive Rolle zu, die die moderne Marketinglehre geradezu als „Nachfrageproduktion" umschreibt. Nachfrageproduktion ist die wichtigste Produktion des Betriebes überhaupt, meint Mellerowicz[26].

Nachfrageproduktion, Märkte schaffen heißt nichts anderes als die anderen Betriebe so umzugestalten, daß sie der Leistungen des Erzeugers bedürfen, um durch die Verwendung des Produktes ihre Betriebe aufrechtzuerhalten oder fortzubilden[27].

---

[21] W. *Heinrich*, Wirtschaftspolitik I, a.a.O., S. 414: „Nur ein Leistungswechsel auf dem Markte durch vermittelndes Eingreifen von Händlern wird als Handel im eigentlichen Sinn zu bezeichnen sein." Dort auch Hinweis auf den Leistungswechsel unter Umgehung des Marktes.

[22] O. *Spann*, Tote und lebendige Wissenschaft, a.a.O., S. 49.

[23] Ebd., S. 47.

[24] *Schnutenhaus*, Absatzpolitik und Unternehmungsführung, Freiburg i. Br., 1961, S. 90.

[25] Ebd., S. 67 ff.

[26] *Mellerowicz*, a.a.O., S. 14.

[27] Für Spann ist Nachfrage das Erfordernis der Eingliederung fremder, vorgeordneter oder früherer Leistungen in den eigenen Gliederbau; Angebot das

Nachfrage ist also nichts Vorgegebenes, sie muß häufig genug erst produziert werden. Aus diesem Grund gibt es auch keine vorgefundenen Nachfragekurven, nach denen die Produktion sich einstellen könnte[28], keine „Preis-/Absatzfunktionen" und ähnliche Spielereien, deren Wert für die Praxis geringer ist als das Papier, auf dem sie gedruckt sind[29].

So betont Perroux, daß es für neue Güter weder Markt noch Marktpreis gibt[30].

In der Praxis der Unternehmen ist es völlig unmöglich „Nachfragekurven" festzustellen, kein Unternehmen könnte es wagen! Es besteht nirgends eine eindeutige Beziehung zwischen Preis und Menge eines Gutes.

Der Absatz ist ja keineswegs eine Funktion des Preises, sondern das Ergebnis aller Anstrengungen, die eigenen Leistungen in das verwendende Gebilde einzugliedern, sich auf das verwendende Gebilde und seinen oft erst zu schaffenden Bedarf hinzuordnen, dieses so umzugliedern, daß es auf die angebotenen und häufig erst in Zusammenarbeit mit ihm ausgereiften eigenen Leistungen nicht verzichten will, weil es die Verwendung dieser Leistungen als erfolgversprechend ansieht. Der Preis kann nur ein sekundärer Anzeiger dieser Anstrengungen und Be-

---

Sich-Eingliedern in die nachfolgenden Gebilde. Tote und lebendige Wissenschaft, a.a.O., S. 245.

[28] E. *Böhler*, Nationalökonomie, a.a.O., S. 237, meint, es „können sich eindeutige Nachfragekurven, wie sie die Theorie verwendet, gar nicht bilden".

[29] F. *Ottel*, a.a.O., S. 546: „Die gedankenmäßige Aneinanderreihung der einzelnen Arbeits- oder sonstigen Nachfragen zu einer zusammenhängenden Nachfragekurve beruht auf einer Reihe von Fiktionen, durch welche die vielfachen Verschiedenheiten der Leistungen und der Zusammenhänge, in welche sie eingeführt werden, beiseite geschoben werden."

O. *Spann*, Tote und lebendige Wissenschaft, a.a.O., S. 257: „Immer wieder zeigt sich: daß *Angebot und Nachfrage, diese viel mißbrauchten Schachfiguren mathematisierender Preislehren, keine eindeutig bestimmten ‚Größen', ‚Kurven', ‚Gewichte', ‚Gleichgewichte' aufweisen* ...", S. 267: „Bei den rein mathematischen Lehrgebäuden (möge man nun Pareto, Barone, Cassel o. a. ins Auge fassen) werden alle diese Fehler ins Grelle gesteigert und *gänzlich lebensfremde Konstruktionen* vorgeführt. Von der ‚unmittelbaren Interdependenz' der ‚Quantitäten' angefangen bis zu den einseitigen und stetigen ‚Kurven' von Angebot und Nachfrage, Kosten u. dgl. m. sind alle Annahmen grundfalsch oder bloße Tautologien ..." S. 269 f.: „Es ist freilich einfach und bequem, Angebotkurven, Nachfragekurven, Schnittpunkte, Rentendreiecke zu konstruieren und aus deren Gestaltung ‚Gesetze' abzuleiten, sie unter ‚mathematische Bedingungen' zu stellen. Es sieht auch sehr gelehrt aus, sehr exakt. Man gibt auch dem Schüler etwas mit, was er schwarz auf weiß nach Hause tragen kann. Aber der Willkür sind dabei ... keine Grenzen gezogen. Der Einfälle und des theoretischen Denkens ist man auch enthoben — und die Wahrheit des Wirtschaftslebens und der Wirtschaftsgeschichte mag sehen, wo sie bleibe."

[30] F. *Perroux*, Economie et Société, Paris 1960, dtsch. v. Berger Lieser, Zwang, Tausch, Geschenk — zur Kritik der Händlergesellschaft, Stuttgart 1961, S. 127.

mühungen sein. Mit Recht behauptet daher ein kluger Belgier, daß der Preiswettbewerb die dümmste Art des Wettbewerbs sei[31].

Absatz ist also zuerst einmal Dienst am Kunden. Dieser Dienst besteht darin, daß die abgesetzte Leistung in der Wirtschaft des Verwenders Nutzen stiftet. Das ist nur möglich, wenn der Gliederbau der Wirtschaft des Kunden auf die zu übernehmende Leistung eingestellt wird. Diese Einstellung oder Hinordnung ist nicht selten an die Hilfe des Erzeugers gebunden.

So etwa übernehmen heute die Erzeuger hochwertiger Büromaschinen die Organisation des Kunden. Sie liefern ganze integrierte Organisationssysteme, die den Arbeitsablauf vom Auftragseingang über die Steuerung der Fertigung, Lagerhaltung, Materialeinkauf bis zur Ausstellung der Versandpapiere, Faktura, Debitorenbuchhaltung und Verkaufsstatistik umfassen und in die sie ihre Maschinen, aber auch die anderer Erzeuger einpassen. Sie helfen also, die Organisation des Kunden zu verbessern.

Erzeuger für Ausrüstungsgüter übernehmen häufig Planung, Bauaufsicht, Inbetriebsetzung und jahrelang die Inbetriebhaltung ganzer Fabrikanlagen einschließlich der Einschulung des Bedienungspersonals. Das kann sogar soweit gehen, daß sich die Lieferanten das „Dreinreden" des Kunden verbieten, weil sie sonst die Verantwortung für das Funktionieren der Anlage nicht übernehmen können[32]!

Weniger enge Formen der Zusammenarbeit und Einstellungshilfe fallen unter die Begriffe „Kundenberatung" und Service. Service bedeutet, daß der Erzeuger oder sein Vertreter dauernd mit der Wirtschaft des Käufers verbunden bleibt. Er überläßt mit der Lieferung sein Erzeugnis und den Käufer nicht ihrem Schicksal, sondern hilft, die Funktionstüchtigkeit des gelieferten Gegenstandes dauernd zu erhalten. Der Käufer, der sich auf das dauernde Funktionieren dieses Gegenstandes verläßt und seine eigene Produktion darauf einstellt, ist auf die zeitgerechte, schnelle Hilfe des Erzeugers bei Störungen und Ausfällen oft geradezu angewiesen. Der Käufer wird demnach vom Lieferanten abhängig, d. h. mit dem Kauf verändert sich seine Präferenz. Service und Beratung gehen ja heute bereits bis in die Haushaltungen (Autos, Waschmaschinen, Kühlschränke).

Der Anstoß zur Förderung der Zusammenarbeit zwischen Erzeuger und Verwender kann naturgemäß auch von letzterem ausgehen. Ottel verweist darauf, daß es gerade die Qualitätsansprüche des Käu-

---

[31] M. *Hoornaert*, La Politiques des Prix imposé, Brüssel 1939, S. 26, zit. bei *Ottel*, Unternehmerische Grenzen des Marktes, a.a.O., S. 541.

[32] Vgl. *Ottel*, a.a.O., S. 539. Er führt hierzu das bekannte Beispiel der Errichtung neuer Hüttenwerke in Indien an.

fers sind, welche zu direktem Kontakt mit dem Produzenten ohne Einschaltung von Vermittlern führen: „Dies gilt besonders für den Investitionsgüterbedarf mit seinen besonderen Qualitätserfordernissen und der u. U. notwendigen Einarbeitung des Bedienungspersonals[33]." Gerade bei Zulieferverhältnissen kann der Erzeuger sein Programm ganz auf die Wünsche des beschaffenden Betriebes einstellen und dem Einfluß des Verwenders unterordnen[34]. Gute Einkaufspolitik versucht, Stammlieferanten zu gewinnen. Nicht nur, weil durch Auftragskonzentration Preis- und Konditionsvorteile eingehandelt werden können, sondern sie wird auch „von folgenden nichtpreisabhängigen Faktoren bestimmt: Qualitäts- und Garantie-, Standort- und Termin-, Vertriebs-, volkswirtschaftlichen und sozialen Faktoren sowie vom Lieferer übernommenen Sonderleistungen"[35]. Es wird also auch der Lieferant vom Käufer abhängig. Aus der gegenseitigen Abhängigkeit kann die fruchtbare Zusammenarbeit entstehen. „Handelsbeziehungen sind nicht nur Austauschbeziehungen[36]." Angebot, Nachfrage, Preis entstehen vielfach erst in der Gegenseitigkeit der Eingliederungshandlungen und der Eingliederungserfordernisse, im Zusammenwachsen also von Hersteller und Verwender.

Es ist von Interesse, daß selbst in der Landwirtschaft solche Zusammenschlüsse zwischen Erzeugern und Verwendern heute vor sich gehen. Die moderne Agrarpolitik spricht von der *„vertikalen Integration"* und versteht darunter „die vertragliche Bindung zwischen unabhängigen Einzelunternehmen, ‚die auf verschiedenen Produktionsstufen dasselbe Produkt bis zur Konsumreife bearbeiten' ... Die neue Form ist *Vertragsproduktion* und diese Bindung ist umfassender und greift stärker in die Betriebsorganisation ... ein als bisher die Genossenschaften ... Als Vorteile der vertikalen Integration werden angegeben, daß dadurch die Produktion rationalisiert und geschlossene Produktionsgebiete geschaffen werden, daß sich die Produktion dem Markte besser anpassen und sich die Betriebe mehr als bisher spezialisieren können; das ermögliche wieder den gesteigerten Einsatz technischer Fortschritte und relative Mengenproduktion. Außerdem gestatte es die vertikale Integration, jeden einzelnen Landwirt wirksam zu beraten und ihn mit Kredit zu versorgen; sie garantiere ihm beständige und bessere Preise, sichere ihm den Absatz und vermindere sein ökonomisches Risiko. Im ganzen bewirke die vertikale Integration, daß Verbrauch und Nachfrage durch gute Qualität und Marktpflege günstig beeinflußt werden und daß die

---

[33] Vgl. *Ottel*, a.a.O., S. 549.

[34] Vgl. auch *Mellerowicz*, a.a.O., S. 245 ff.

[35] Vgl. *Mellerowicz*, a.a.O., S. 245.

[36] *Perroux*, a.a.O., S. 166.

höhere Produktion mit weniger Arbeitskräften geleistet werden kann[37]." Die vertikale Integration greift in die landwirtschaftlichen Betriebe selbst ein. Die „,vertragsgebundene Produktion' schreibt dem Landwirt vor, was und wie er zu produzieren hat; die vereinbarten Vorschriften betreffen das Tiermaterial, Futter und Art der Fütterung, Pflege, Lieferzeit, Lieferpreis u. a."[38].

Die Zusammenarbeit zwischen Erzeuger und Verwender wird bei der Verwertung der bei Erstellung der Hauptleistung anfallenden Nebenprodukte (z. B. Propan beim Raffinationsprozeß) oft so eng gestaltet, daß manche Verfasser die entstehende Verbindung als Verbundwirtschaft bezeichnen. Dabei wird als Aufgabe der Verbundwirtschaft die Nutzbarmachung all derjenigen Stoffe und Energien angesehen, „die im Betrieb zwangsläufig anfallen und ohne Anwendung der Verbundwirtschaft entweder verlorengingen oder nur unwirtschaftlich verwertet werden könnten"[39].

Die beruhigende und stabilisierende Wirkung auf den Markt wird besonders hervorgehoben[40]. Manche Verfasser sehen z. B. das gesamte Ruhrgebiet als einen einzigen Verbundbetrieb an[41] oder wollen in der Verbundwirtschaft die Grundlage künftiger Wirtschaftsgestaltung sehen[42].

Wir verwenden den Begriff Verbundwirtschaft in einem engeren Sinn und würden die von den obengenannten Verfassern dargestellten Verbindungen noch in die Zusammenarbeit zwischen Erzeuger und Verwender einordnen, welche durch exklusive Verträge eben besonders eng gestaltet werden kann.

Den durch die eben dargelegten Beziehungen zwischen Erzeuger und Verwender gestalteten Leistungszusammenhang können wir als die loseste Form der Werkgemeinschaft bezeichnen. Erzeuger und Verwender sind aufeinander hingeordnet, aufeinander eingestellt. Sie können diese Bindung weiter oder enger gestalten, je nach den Vor- oder Nach-

[37] H. *Bach*, Entwicklung und Grundsätze der österreichischen Agrarpolitik, Wien o. J. (1963), S. 35 f.

[38] Ebd., S. 36. Bach wendet sich mit Nachdruck gegen eine übertriebene „vertikale Integration", weil sie die Grundlage der bäuerlichen Familienbetriebe zerstören könnte, bejaht jedoch eine sinnvolle, mäßige Anwendung. Als solche kann die „vertikale Integration" einen Beitrag zu einer gesunden Entwicklung der Landwirtschaft leisten (36). Bach betont, daß die entstehenden Großmärkte zu einer stärkeren Geschlossenheit der Landwirtschaft drängen und eben diese Marktsituation verstärkte überbetriebliche Zusammenarbeit verlange (35).

[39] W. *Krähe*, Art. Verbundwirtschaft im HdSw, Bd. 11, Stuttgart 1961, S. 7.

[40] W. *Roelen*, Verbundwirtschaft als Grundlage künftiger Wirtschaftsgestaltung, in: Energieverbundwirtschaft, München 1951, zit. bei *Krähe*, a.a.O., S. 7.

[41] H. *Schult*, Das Ruhrgebiet ein Verbundbetrieb, Zeitschrift deutscher Ingenieure, Düsseldorf 1953, S. 95, zit. bei Krähe.

[42] W. *Roelen*, a.a.O., vgl. auch Abschnitt „Betriebsverbund".

teilen der gegenseitigen Abhängigkeit. Sie können sich bei dieser Bindung und Hinordnung gegenseitig helfen. Diese Aufeinanderhinordnung muß für beide, für Erzeuger und Verwender, Nutzen stiften. Der Hauptnutzen liegt in der Sicherung des Absatzes und des Bezuges zu angemessenen Preisen, in der weitgehenden Ausschaltung von Konkurrenzeinflüssen, in der Differenzierung der Produktion nach den notwendigen sachlichen, räumlichen, zeitlichen und persönlichen Erfordernissen. Sie ermöglicht rationelle und ungestörte Produktion beider Wirtschaften, der des Erzeugers wie der der Verwenders.

Geht die Zusammenarbeit über mehrere Veredelungsstufen, also vom Gewinnungsbetrieb und Erzeuger über Verarbeiter und Weiterveredler, so entsteht eine Produktionskette oder eine Art „vertikale Integration" in der Produktionssphäre. Ihr gehört wohl ebenso die Zukunft, wie den Handelsketten in der Vertriebssphäre.

2. Die Zusammenarbeit zwischen Lieferant und Händler: Die „Vertriebsbindung"

Das organisierte Zusammenwirken von Lieferant und Händler, wobei der Lieferant selbst wiederum Erzeuger oder Händler sein kann, beim Aufbau und Ausbau des Vertriebsnetzes, bezeichnen wir als Vertriebsbindung. Aufgabe des Vertriebs ist die möglichst optimale Nachfrageproduktion oder Markterschließung und die Einschleusung der Güter aus der Wirtschaft des Erzeugers oder eines sonstigen Lieferanten durch alle Marktstufen hindurch in die Wirtschaft des Verwenders.

Wie wir im vorstehenden Abschnitt gezeigt haben, genügt es heute keineswegs mehr, eine Ware zu produzieren, sie vor dem Fabrikstor abzusetzen, sie mit einem Preisschild zu versehen, nun auf die Nachfrager zu warten, die sich einstellen, je nach Umfang der Nachfrage den Preis zu erhöhen oder herabzusetzen oder die Produktion auszudehnen oder zu vermindern. Unsere Unternehmer sind beileibe nicht nur „Mengen- und Preisanpasser", sondern Wirtschaftsgestalter, Produktgestalter und Organisatoren der wirtschaftlichen Zusammenarbeit auf allen Stufen der Wirtschaft.

Vertriebsbindungen helfen der Markterschließung und Marktgestaltung. Sie helfen die natürliche Ordnung des Marktes befestigen. Der Markt ist kein homogenes, amorphes Gebilde[43], kein leerer Raum,

---

[43] A. *Sölter* fragt, ob „wirtschaftstheoretisch und wirtschaftspolitisch noch das von der klassischen Nationalökonomie entwickelte Modell des einstufigen Wettbewerbs haltbar ist oder ob den komplexeren Realitäten der modernen Produktions- und Absatzwirtschaft Rechnung zu tragen ist". Sölter verneint den ersten Teil und bejaht den zweiten Teil der Frage.

Vgl. A. *Sölter,* Vertriebsbindungen im Gemeinsamen Markt unter wirtschaftlichem und EWG-kartellrechtlichem Aspekt, Kartellrundschau, H. 4, Köln, Berlin, München, Bonn 1962, S. 17.

kein neutraler Kessel, in dem Angebots- und Nachfrageatome zur Reaktion kommen, ausgestattet mit dem Druckmanometer und Sicherheitsventil des Preises, um die Heftigkeit der Reaktion anzuzeigen. Der Markt ist vielmehr seiner Natur nach ein strukturiertes, hochdifferenziertes, hierarchisch gegliedertes Gebilde, das die Ineinanderordnung, die gegenseitige Bezogenheit, die gegenseitige Abhängigkeit und die gegenseitige Abstimmung oder die Integrierung der einzelnen Glieder der Wirtschaft neben anderen Einrichtungen der Sozialwirtschaft optimal ermöglichen soll. Markterschließung heißt Kundenbindung.

Je enger und dauerhafter die Vertriebsbindung, desto mehr ist die natürliche Ordnung des Marktes befestigt. Diese Marktfestigung ist notwendig, damit die Zusammenarbeit nicht durch den Wettbewerb verfälscht wird. Wettbewerb im Rahmen von Vertriebsbindungen kann daher immer nur soweit zulässig sein, als er die Zusammenarbeit nicht stört, sondern den Aufbau des Vertriebsnetzes und die Markterschließung fördert:

Diesem Streben, den Markt zu erschließen, das Vertriebsnetz aufzubauen und auf Dauer zu sichern sowie Störungen und *Verfälschungen der Zusammenarbeit durch den Wettbewerb zu vermeiden*, werden „Ausschließlichkeitsbindungen" im Vertrieb wohl am besten gerecht. Durch ein System von Vertriebsbindungen wird eine Ordnung geschaffen, die für den besten Fluß der Ware auf den günstigsten Absatzwegen vom Hersteller bis zum Verwender sorgt, ähnlich wie die Verkehrsordnung den Strom der Fahrzeuge auf den Straßen regelt. Hier wie dort müssen die Wege sorgfältig gepflegt und saubergehalten werden, wenn nicht mehr oder minder empfindliche Störungen zu Stockungen und Stauungen führen wollen, die den Stillstand herbeiführen können. Je enger der Raum, je größer die Zusammenballung und Massierung, desto größer die Störanfälligkeit und die Risiken, desto notwendiger auch die straffe und rigorose Ordnung des Verkehrs wie des Vertriebs[44]. Je enger der Raum, desto stärker die Bindung!

---

[44] Sehr klar macht Sölter auf diesen Zusammenhang zwischen Raum und Vertriebsbindung aufmerksam: „Beim Vergleich der Wettbewerbsordnung der EWG im Vergleich zu derjenigen der USA ist ein weiterer Gesichtspunkt nicht außer acht zu lassen. Die Bodenfläche der EWG verhält sich zu derjenigen der USA wie 1 : 8, d. h. die USA sind achtmal größer als die EWG in ihrer jetzigen Abgrenzung. Das Verhältnis der Einwohnerzahl ist dagegen 1 : 1,1 ... Daraus ergibt sich der für unsere Überlegungen ganz wesentliche weitere Umstand, daß sich in dem riesigen Raum der USA schon aus Gründen der Frachtbelastung, der unterschiedlichen Lebensgewohnheiten usw. *natürliche Teilmärkte* gebildet haben, die weit festere natürliche Gebietskartelle darstellen, als sie durch straffste Wettbewerbsbeschränkungen bewirkt werden könnten. Überdies kann man sich leicht vorstellen, welche *nachteiligen Folgen ein entfesselter, sich völlig selbst überlassener Wettbewerb gerade in einem dichtbesiedelten Erdteil* mit alter Tradition und hochgespannten sozialen An-

Die Ausschließlichkeitsbindung führt zu einem Zusammenwachsen des Produzenten oder eines anderen Lieferanten mit der Vertriebskette. Mit ihr überträgt der Hersteller oder Lieferant „einem Abnehmer das ausschließliche Recht ... zum Vertrieb seiner Waren, entweder allgemein oder in einem bestimmten Gebiet oder an einen bestimmten Kreis von Abnehmern"[45]. Diesem, dem Abnehmer eingeräumten Recht entspricht in der Regel die Verpflichtung des Abnehmers zum ausschließlichen Bezug der Waren vom Hersteller und dem Nichtvertrieb von gleichartigen Waren anderer Hersteller. Mit der Beschränkung auf ein bestimmtes Gebiet oder einen bestimmten Abnehmerkreis übernimmt der Alleinvertriebsberechtigte auch die Verpflichtung, andere Gebiete oder Abnehmerkreise weder selbst noch durch Dritte zu beliefern (Re-Export- und Re-Importverbot). Desgleichen sichert der Lieferant zu, weder selbst noch durch Dritte das Gebiet oder den Kundenkreis des Abnehmers zu beliefern. Durch diese Bindung wird der „Markt" strukturiert, gestaltet.

Die gebietsmäßige und branchenmäßige Beschränkung schmiegt sich an die Wirtschaftsstufen an und je besser das Vertriebsnetz durch Ausschließlichkeitsbindungen geordnet ist, desto deutlicher kommt die Wirtschaftsstufenreihe zum Ausdruck. Die Bindungen reichen vom Weltmarkt, den Märkten der Wirtschaftsblocks (EWG, COMECON), der einzelnen nationalen Wirtschaft, bis zu den regionalen und lokalen Märkten (Ausschließlichkeitsrecht eines Einzelhändlers in einer Straße beispielsweise einer Handelskette anzugehören). Durch die Beschränkung auf bestimmte Branchen soll vor allem der fachmännische Vertrieb hochspezialisierter und einer dauernden Betreuung beim Kunden bedürfender Erzeugnisse gesichert werden (z. B. Büromaschinen).

Nur in fachlich und regional strukturierten Märkten ist Platz für Import-, Großhandels- und Kleinhandelsfunktionen. Ohne Struktur werden die Funktionen verwischt.

Die Zusammenarbeit des Lieferanten mit dem abnehmenden Händler erstreckt sich zuerst einmal auf Erringung oder Erhöhung des Good-Will, des „Image" für Ware, Hersteller und Verkäufer, für ihre Zuverlässigkeit, Seriosität und Qualität. Good-Will-Gewinnen heißt Freunde unter den Kunden gewinnen. Aus diesem Grund ist die sorgfältige Auswahl der Händler nach ihrem Ruf und ihrer Leistungsfähigkeit notwendig. Jeder Kontrahierungszwang auf dieser Stufe widerspricht dieser Notwendigkeit der Marktgestaltung und der systematischen Markterschließung.

---

forderungen haben muß" (*Sölter*, Wettbewerbsförderung durch Gruppenkooperation — ein Weg zur Strukturanpassung der mittelständischen Industrie, in: Industriekurier, Nr. 192 vom 12. Dez. 1963, Düsseldorf).

[45] *Sölter*, Vertriebsbindungen, a.a.O., S. 14.

Die nächste Phase setzt ein mit dem Aufbau des Geschäfts, der Gestaltung der Verkaufsräume, der Schulung des technischen Personals, der Auswahl und Schulung des Verkaufspersonals, der Formung ihres Auftretens, dem Aufbau der Reparatur- und Serviceeinrichtungen.

Hand in Hand damit gehen die vielfältigen Arten der strategischen Werbung mit der Gewinnung von Meinungsträgern unter den Kunden oder Testern, um den eigenen Ruf durch den Ruf der Verwender oder Tester zu erhöhen (Bedeutung der Referenzen). Dazu soll die Duldung und womöglich Förderung durch die staatlichen und kommunalen Behörden und durch die Berufsvereinigungen für Werbung, Vertrieb, Marktbearbeitung, Import oder Herstellung kommen, allenfalls unter Beteiligung dieser Behörden und Vereinigungen. Letzteres spielt z. B. in der Mineralölindustrie eine außerordentlich große Rolle.

Wenn der Boden auf diese Weise vorbereitet ist, setzt die individuelle Kundenberatung ein, die die im Vorabschnitt erwähnte, sehr weitgehende Tätigkeit umfaßt, die Wirtschaft des Verwenders so einzustellen, daß sie der Güter und Dienste des Anbieters bedarf.

Dann gilt es, die konkrete Gestaltung dieser Güter und Dienste nach dem Bedarf des Kunden vorzunehmen und am Ende dieser Anstrengungen, als noch lange nicht letztes Glied, den eigentlichen Kaufvertrag abzuschließen.

In der Folge wird die ganze Aufmerksamkeit darauf gerichtet, daß der Kunde aus dem Erstgeschäft den größtmöglichen Nutzen zieht und er unaufdringlich, mit Takt und Zurückhaltung in der Verwendung angeleitet wird und Geschmack an der Sache findet[46]. Das ist die Aufgabe des Kundendienstes, der unterhalten wird, um den Kunden zu halten.

So mag es also dann zum Zweitgeschäft und Anschlußgeschäft kommen bis endlich durch enge Zusammenarbeit die ganze Kette vom Erzeuger bis zum Endverwender geschmiedet ist und lange Zeit hält.

Diese Kette ist so schwach, wie ihr schwächstes Glied. Das schwächste Glied ist jenes, das am weitesten offen ist für Einflüsse der Konkurrenz, das also noch am wenigsten gebunden und gesichert ist. Dieses Glied gilt es also zu verstärken.

Verstärkung bedeutet größere und festere Bindung und, falls der Ausschließlichkeitsvertrag nur ungenügende Bindungen enthält, Ersatz des schwachen Gliedes z. B. durch eigene Filialen, Verkaufsniederlas-

---

[46] K. H. Biedenkopf verkennt die Funktionen des Marketing völlig, wenn er meint, mit dem Liefervertrag sei die Parteiabsicht beider Vertragspartner auf das Austauschgeschäft gewissermaßen konsumiert. Vgl. Vertragliche Wettbewerbsbeschränkung und Wirtschaftsverfassung. Die Ausschließlichkeitsklausel als Beispiel. Heidelberg 1958, S. 93.

sungen, Reisende, Alleinvertreter, Agenten oder Kommissionäre, durch finanzielle Beteiligungen mit Einfluß auf die Geschäftsführung oder andere Möglichkeiten einer aktiven Marktbearbeitung, Markterhaltung und Absatzsicherung[47]. Auch der Alleinvertriebsberechtigte ist gewissermaßen der verlängerte Arm des Lieferanten und muß als solcher auch dienen.

Die Markterschließung im Sinne von Nachfrageproduktion ist also eine sehr langfristige und kostspielige Unternehmung. Die Kosten der Markterschließung sind noch in viel höherem Maße fix als die Produktionskosten. Die Notwendigkeit der Bindung erfährt dadurch eine weitere Verstärkung. Gerade wegen der hohen Investitionskosten für die Markterschließung empfiehlt es sich, die eigene Kapitalkraft durch die Dienste und das Kapital des alleinvertriebsberechtigten Eigenhändlers zu verstärken. Denn zur umfassenden Markterschließung sind nur sehr kapitalkräftige Unternehmungen allein fähig. Investitionen für die Markterschließung werden vom Eigenhändler jedoch nur aufgewendet, falls er die Sicherheit erhält, daß das Erzeugnis allein von ihm vertrieben wird. Die Alleinvertriebsbindung ist also „eine unerläßliche Maßnahme zur aktiven *Förderung* des Absatzes“[48].

Zwischen Erzeuger und Eigenhändler besteht eine enge Interessenverknüpfung[49], die ihren Ausdruck in der gegenseitigen Bindung durch den Ausschließlichkeitsvertrag findet. In Deutschland bejahen sämtliche Spitzenverbände der Wirtschaft, sowohl der Industrie, des Handwerks und des Handels, das System der Alleinvertriebsbindung[50].

Diesem Bestreben zum Aufbau einer Vertriebskette durch die Vertriebsbindung kommt die Bildung von Handelsketten, die vertikale und horizontale Integration vereinigen, stark entgegen. So haben „Großhandel und Einzelhandel in ihren verschiedenen Kooperationsformen (Ketten, Einkaufsringen, Einkaufsverbänden, Einkaufsgenossenschaften, Konsumgenossenschaften) sich nicht nur national, sondern international in großem Umfange zusammengeschlossen ...“[51].

Die Entwicklung in Deutschland ist besonders aufschlußreich. Vor dem 1. Weltkrieg betrug der Marktanteil der Großbetriebsformen des Einzelhandels, also Warenhäuser, Kleinpreisgeschäfte, Lebensmittelfilial-

---

[47] Vgl. auch *Sölter*, Vertriebsbindungen, a.a.O., S. 22.

[48] Ebd., S. 26.

[49] Hierauf hat der deutsche Bundesgerichtshof in ständiger Rechtsprechung hingewiesen. Vgl. ebd., S. 67.

[50] Ebd., S. 54 ff.

[51] *Sölter*, Vertriebsbindung, a.a.O., S. 44. Allerdings sicher nicht nur, wie Sölter meint, „um einen geballten Einkaufsdruck auf die sie beliefernde Industrie auszuüben“ (44). Ziel ist vielfach Rationalisierung der angeschlossenen Unternehmungen zur Erhaltung der Selbständigkeit.

betriebe, Großversandhäuser, Konsumgenossenschaften weniger als 10 %. Dieser Marktanteil erhöhte sich bis etwa 1950 auf 10 % und zwischen 1950—1960 auf rund 20 %. Seither ist der Marktanteil der Großbetriebsfirmen nicht gestiegen! Der bedrohte Einzelhandel „hat auf vielen Gebieten die Initiative ergriffen und sich in immer stärkerem Maße in Einkaufsgenossenschaften und freiwillige Ketten zusammengeschlossen. Durch diese Kooperation ist er der Umsatzkonzentration bei den Großbetriebsformen mit großem Erfolg entgegengetreten“[52]. Zwischen „1952 und 1962 haben sich rund 550 Großhändler und 82 500 Einzelhändler in 17 derartigen Organisationen[53] zu einer absatzorientierten Zusammenarbeit verbunden.

Die beiden großen *Einkaufsgenossenschaften,* die ihre Arbeit schon vor dem ersten Weltkrieg aufnahmen, stellten im Jahre 1962 56 000 Mitglieder in 320 örtlichen Genossenschaften. Damit dürften gut 85 % ... des Lebensmittel-Einzelhandels Anschluß an eine dieser beiden Kooperationsformen gefunden haben“[54]. Der Marktanteil der in freiwilligen Gruppen und Genossenschaften zusammengeschlossenen Lebensmitteleinzelhändler dürfte 1962 auf 54 % angewachsen sein.

In Österreich waren zu Beginn des Jahres 1963 in 6 freiwilligen Gruppen 79 Großhändler mit zusammen 9359 Einzelhändlern vereinigt. Weitere 4300 Lebensmitteleinzelhändler waren Mitglieder der ADEG. Sie standen 500 Filialbetrieben und 1700 Abgabestellen der Konsumgenossenschaften gegenüber[55].

Als Beispiel für Ziel und Arbeitsweise dieser Gruppen seien die „Grundprinzipien der deutschen SPAR“ angeführt[56], nämlich unter Wahrung der rechtlichen und wirtschaftlichen Selbständigkeit eine Rationalisierung der Unternehmungen durch Zusammenschluß von Groß- und Einzelhändlern herbeizuführen. Zu den Grundsätzen gehört, daß sich die regionalen und wirtschaftlichen Betätigungsgebiete der SPAR-Kaufleute nicht überschneiden und der SPAR-Großhändler für die Erschließung seines Gebietes und die Beteiligung der ihm angeschlossenen Einzelhändler an den Einrichtungen und Maßnahmen der SPAR verantwortlich ist; einheitliche Werbung im Namen und mit dem Zeichen der SPAR; einheitliche Kalkulations- und Zahlungssysteme; rückhaltsloser

---

[52] H. *Laumer,* Neue Dimensionen, in: Der Volkswirt, 18. Jg., H. 12, Frankfurt, 20. März 1964, S. 7. Aus diesem Artikel auch die obenstehenden Angaben.

[53] d. h. freiwilligen Ketten.

[54] W. *Fleck,* Die Schlagkraft wächst, in: Der Volkswirt, 18. Jg., H. 12, Frankfurt, 20. 3. 1964, S. 7.

[55] G. *Theuer,* Zusammenarbeit — ein Gebot der Integration, Die freiwilligen Ketten im Handel, in: Wirtschaftspolitische Blätter, 10. Jg., H. 1/2, Wien 1963, S. 54.

[56] Wir folgen der Darstellung von W. *Fleck,* a.a.O., S. 7 ff.

Erfahrungsaustausch; umfassende Betreuung und Berufsförderung der Einzelhändler durch den Großhändler; ihrer Leistungssteigerung dienen besondere Einrichtungen und Maßnahmen zur Ladengestaltung, Verkaufsschulung, Schaufenster- und Ladendekoration, allgemeine Betriebsberatung (einschließlich zentraler Buchführung), Beratung in Steuer- und Rechtsfragen und der SPAR-Versicherungsdienst; Beteiligung der Großhändler an den gemeinsamen Importen und Einkäufen der SPAR-Zentrale. Alle Großhändler gehören dem Handelskontor SPAR GmbH als Gesellschafter an. Die Einzelhändler mit dem Großhändler bilden nicht auf wirtschaftlichen Geschäftsbetrieb gerichtete Vereine, die wiederum Mitglieder der deutschen Handelsvereinigung SPAR e. V. sind, mit der Aufgabe, die berufsständischen Interessen der angeschlossenen Groß- und Einzelhändler zu vertreten und die Mitglieder in der Ausübung ihres Berufes zu fördern. Die ideelle Förderung des Berufes und das eigentliche Warengeschäft sind somit sauber getrennt. Ähnlich arbeiten auch andere Ketten.

Wir erwähnten schon, daß der Zusammenschluß des Handels dem Streben des Produzenten nach Gestaltung des Vertriebsnetzes entgegenkommt. Die Zusammenschlüsse helfen, den Markt seiner natürlichen Ordnung entsprechend zu strukturieren, zu differenzieren, zu gliedern und dadurch die Ordnung des Marktes nach allen Seiten hin zu befestigen. Am Ende dieser Entwicklung steht die weitgehende Bindung des Produzenten an die Kette und der Kette an den Produzenten. Darum apostrophiert Theuer eine „Intensivierung der Zusammenarbeit zwischen Erzeugern und Händlern“ als besonders zukunftsträchtig[57]. Allerdings ist die Kette nicht mehr verlängerter Arm des Herstellers, sondern geballte Nachfragemacht. Nicht selten wird von der Aufrechterhaltung der Bindung der Kette an den Hersteller dessen Wohl und Wehe abhängen. Sehr bald werden daher den Ketten ebenso straff geführte Verbindungen der Produzenten gegenübertreten müssen, etwa in der Form von Verkaufssyndikaten, die das zerstreute Angebot konzentrieren und konzertieren, um der konzentrierten Nachfrage gewachsen zu sein.

Theuer betont, daß das kettenfähige Sortiment sich keineswegs mit den Lebensmitteln und den Gütern des täglichen Bedarfes erschöpft. „Die branchenmäßige Expansion ist in anderen europäischen Ländern bereits erkennbar, so beispielsweise für Textilien, Hausrat oder Elektroartikeln. Dabei liegen auch bereits Erfahrungen vor, die darauf deuten, daß eine kettenähnliche Kooperation auch außerhalb der gängigen Alltagssortimente durchführbar erscheint[58].“ Es werden wohl alle jene Artikel als kettenfähig angesehen werden müssen, für die es heute bereits

---

[57] *Theuer,* a.a.O., S. 56.

[58] Ebd., S. 55.

Filialsysteme des Fachhandels gibt. Die Konzentrationsformen in Handel und Industrie bedingen sich gegenseitig, die Methoden des Massenabsatzes werden an die Methoden der Massenproduktion angeglichen und umgekehrt. Diese Angleichung zu fördern ist eine wesentliche Aufgabe der Zusammenarbeit zwischen Erzeugern und Händlern.

Wegen der Empfindlichkeit der modernen Industrie für Nachfrageschwankungen und der Unmöglichkeit, in den geschlossenen Märkten und Vertriebssystemen Ersatz für den Nachfrageausfall zu finden, ist vom Gemeinwohl her diese Zusammenarbeit zu verlangen. Ordnungsprinzip dieser Zusammenarbeit kann niemals der Wettbewerb sein.

„Im Widerspruch zu den Ideologien der Händlerwirtschaft und ihrer Gesellschaft hat die technische, wirtschaftliche und finanzielle Konzentration die Ordnung und Einrichtung des Marktes aus dem Gleichgewicht gebracht. Der von den Produzenten aufeinander und gegenüber den Arbeitnehmern und wirtschaftlich schwächeren Klassen ausgeübte private Zwang hat die Erklärung unannehmbar gemacht, wonach durch den Markt eine spontane Harmonie und Solidarität hergestellt wird[59].“

„Die liberalistische Ideologie glaubt an die ordnende Kraft des Wettbewerbs, die die Wirtschaft automatisch zum Gleichgewicht führe ... Solange es einen atomisierten Wettbewerb vieler relativ kleiner Wirtschaftseinheiten gab, war diese Lehre nicht einmal unrealistisch ... Nun haben sich aber die Verhältnisse wesentlich geändert ...“ Heute ist der „Wettbewerb in weiten Bereichen der Wirtschaft seiner ordnenden Funktion beraubt“[60].

Es gilt also neue regulative Prinzipien an die Stelle des Wettbewerbs zu setzen, regulative Prinzipien, die wir mit Selbsthilfe, Selbstverwaltung und Gemeinwohl umschrieben haben[61].

3. *Die Arbeitsgemeinschaften*

Arbeitsgemeinschaften sind straff organisierte Vereinigungen von selbständigen Betrieben zur Durchführung eines bestimmten Werkes[62].

---

[59] *Perroux*, a.a.O., S. 19.

[60] A. *Predöhl*, Monopol und Konkurrenz in pragmatischer Sicht, Volkswirtschaftliche Korrespondenz der Adolf-Weber-Stiftung, 3. Jg., Nr. 19, Frankfurt 1963, S. 1.

[61] Vgl. Zweites Buch, Teil II. Ferner vom Verfasser: Selbsthilfe, Selbstverwaltung und Gemeinwohl — ein Beitrag zur Theorie der wirtschaftlichen Zusammenarbeit, in: Wirtschaftspolitische Blätter, 10. Jg., H. 4/5, Wien 1963: S. 196 ff.

[62] Rössles Begriff der Arbeitsgemeinschaften als „mehr oder weniger straffe Vereinigungen selbständiger Betriebe zur Durchführung bestimmter Aufgaben“ (S. 97) ist uns zu unbestimmt. Dieser Begriff umfaßt nach Rössle auch beispielsweise Exportgemeinschaften, gemeinsame Messebeteiligungen etc. (vgl. K. *Rössle*, Die Grenzen der Betätigung von „Arbeitsgemeinschaften“ in

Das Werk ist das eigentliche Produkt dieser Gemeinschaft. Die Gemeinschaft wird errichtet, weil die Art oder Größe des Werkes die Kräfte des einzelnen Betriebes übersteigen oder Funktionen verschiedenster Art zusammenwirken müssen, um das Werk auszuführen. Die Arbeitsgemeinschaft wird mindestens für die Zeit gebildet, die zur Errichtung des Werkes und dem Auslaufen der Haftung notwendig ist[63].

Soll die spätere Errichtung gleichartiger Werke folgen, dann bleibt zumeist der Kern der Arbeitsgemeinschaft bestehen. Rechtlich sind Arbeitsgemeinschaften in der Regel Gesellschaften bürgerlichen Rechts, sie können aber auch alle anderen Rechtsformen einer moralischen Person annehmen. Das wird immer dann besonders sinnvoll sein, wenn die Arbeitsgemeinschaften dauernd bestehen bleiben soll.

Wirtschaftlich entsteht durch den Zusammenschluß eine Organisation, der gegenüber sich die Mitglieder zur Erbringung von Leistungen verpflichten und das Recht auf Gegenleistung erhalten. Recht und Pflichten der Arbeitsgemeinschaft und der Mitglieder werden durch Vertrag, den Arbeitsgemeinschaftsvertrag, geregelt.

Damit die Arbeitsgemeinschaft als Organisation tätig werden kann, muß der Vertrag Bestimmungen über die einheitliche Leitung, die Vollmachten und die Weisungsbefugnisse der Leitung gegenüber den Mitgliedern enthalten. Eine Arbeitsgemeinschaft ohne straffe Leitung und die Mittel, die Erfordernisse der Arbeitsgemeinschaft gegenüber den einzelnen Mitgliedern durchzusetzen, wird keinen Erfolg haben.

Der Charakter der Arbeitsgemeinschaft, besonders die Enge der Verbindung, wird sodann aus den Haftungsbestimmungen ersichtlich. Die Haftung gegenüber Dritten für die Leistungen der Arbeitsgemeinschaft und für ihre Qualität soll nach Möglichkeit solidarisch sein. Auch gegenüber dem Leiter der Arbeitsgemeinschaft (z. B. der federführenden Firma) sollen die Mitglieder gesamtschuldnerisch haften.

Die Haftungsbestimmungen sind ebenso wesentlich wie die einheitliche Leitung. Beide machen deutlich, daß die Grundlage jeder Arbeitsgemeinschaft das gegenseitige Vertrauen der Mitglieder ist. Das Vertrauen wird in die Person der Inhaber, des die Arbeitsgemeinschaft Leitenden und in die Leistungsfähigkeit der zusammengeschlossenen Betriebe gesetzt.

---

der Volkswirtschaft, in: Archiv für Genossenschaftswesen, Bd. II, Heft 3/4, Stuttgart 1942, S. 97).

[63] In der Kriegszeit gab es allerdings auch Arbeitsgemeinschaften, die gegründet wurden bevor noch Aufträge in Sicht waren. Sie bewarben sich gleichzeitig oder aufeinanderfolgend um die verschiedensten Aufträge (vgl. Reichsstand des deutschen Handwerks, Die Arbeitsgemeinschaften im Baugewerbe, 2. Aufl., Eberswalde-Berlin-Leipzig 1941, S. 15).

Die Literatur über Arbeitsgemeinschaften ist außerordentlich spärlich und steht in gar keinem Verhältnis zur Bedeutung, die sie in der Volkswirtschaft einnehmen. Der Grund ist wohl darin zu suchen, daß sie statistisch schwer erfaßbar sind und kaum in den öffentlichen Registern aufscheinen. Sie beruhen auf Privatverträgen, ihre Leistung ist häufig immateriell, sie besitzen zumeist kein Vermögen und sind zumeist nicht Steuersubjekt. Der volkswirtschaftlichen Bedeutung wegen wäre eine ausgiebige wissenschaftliche Befassung vonnöten. Die wissenschaftliche Behandlung sollte nicht durch den Blick auf das Bauhandwerk und die Klein- und Mittelbetriebe verstellt werden. Es ist zuzugeben, daß die Arbeitsgemeinschaften eine besondere Eignung für Klein- und Mittelbetriebe besitzen, sie spielen aber gerade heute bei Großvorhaben eine entscheidende Rolle, die durch zusammengeschlossene Großunternehmen in der ganzen Welt, namentlich in den Entwicklungsländern, durchgeführt werden.

In gewissem Sinn haben in den Arbeitsgemeinschaften die utopischen und irrealen Ideen Proudhons (1809—1865) konkrete Verwirklichung gefunden. Proudhon schwebte eine Wirtschaftsgesellschaft vor, in der die Produzenten mittels freier Verträge Assoziationen und Korporationen ausbilden sollten.

Gleichwohl die Gedanken Proudhons und der französischen Syndikalisten die sozialen Kämpfe der Arbeiterbewegung in Frankreich von der zweiten Hälfte des 19. Jhd. an bis zum 1. Weltkrieg bestimmten, verhinderte ihre anarchische Komponente, trotz der Unterstützung des Staates, die Durchsetzung[64]. Auch die auf Proudhon'schem Gedankengut aufbauenden Produktiv- oder Werkgenossenschaften gelten heute als völlig überholt[65].

Vor allem im Baugewerbe lassen sich drei Formen von Arbeitsgemeinschaften nach ihrer Beziehung zum Auftraggeber unterscheiden[66]:

1. Der Auftraggeber schließt mit jedem einzelnen Unternehmen (Bau-) Verträge ab, ein Unternehmen übernimmt außerdem die Bauleitung und erledigt gemeinschaftliche Arbeiten. Die Arbeitsgemeinschaft fungiert als Vermittler, die Mitglieder der Arbeitsgemeinschaften haften zumeist gesamtschuldnerisch für alle durch die Verträge vergebenen Arbeiten.
2. Die Arbeitsgemeinschaften bestehen aus Haupt- und Nebenunternehmern. Der Hauptunternehmer schließt mit dem Auftraggeber den

---

[64] Vgl. *Perroux*, a.a.O., S. 60 ff.

[65] Vgl. *Rössle*, a.a.O., S. 100 ff. (104). Er bezeichnet die Produktivgenossenschaften als längst überholte Form. Der österreichische Versuch zur Errichtung von Werkgenossenschaften hat ebenfalls Schiffbruch erlitten.

[66] Vgl. Reichsstand des deutschen Handwerks, a.a.O., S. 26 ff. Dort auch Musterverträge, S. 28 ff.

Vertrag über die gesamten Leistungen ab und verpflichtet sich, bestimmte Teile des Auftrages im Namen des Bauherrn an andere Unternehmer weiterzugeben.

Auch hier entstehen Rechtsverhältnisse zwischen dem Bauherrn und dem einzelnen Mitglied der Arbeitsgemeinschaft. Der Hauptunternehmer ist Vermittler und haftet dem Bauherrn gegenüber für die gesamten Leistungen. Dagegen haften die einzelnen Mitglieder dem Hauptunternehmer für die von ihnen erbrachten Leistungen (nicht gesamtschuldnerisch). Der Hauptunternehmer übernimmt in der Regel auch die Bauleitung.

3. Bei der eigentlichen Arbeitsgemeinschaft tritt allein diese nach außen hervor und schließt den Bauvertrag mit dem Auftraggeber ab. Die Beziehungen zwischen der Arbeitsgemeinschaft und den Mitgliedern regelt der „Arbeitsvertrag“, der weitgehende Bestimmungen über Haftung (meist gesamtschuldnerisch), Gewinn- und Verlustaufteilung, Geschäftsführer, Bauleiter, Anordnungsbefugnis, Bucheinsicht, Verwaltungsbüro, Beschlußfassung der Organe, Stimmrecht, Beistellung von Geräten, Gerätemieten, Arbeitskräfte, Tragung der Kosten, Ausscheiden von Mitgliedern, Neuaufnahmen und Schiedsgericht enthält.

Aus umsatzsteuerlichen Gründen werden in Deutschland und Österreich vor allem die beiden ersten Formen gewählt. Bei Mehrwertsteuer, wie sie in Frankreich üblich ist, wird die 3. Form bevorzugt werden. Es wäre wünschenswert, daß auch in Deutschland und Österreich großzügige Steuerbegünstigungen der Arbeitsgemeinschaften erfolgten, ähnlich wie sie in Frankreich im Rahmen der Planifikation bereits gehandhabt werden. Besonders sollte die dritte und günstigste Form für Arbeitsgemeinschaften nicht benachteiligt werden. Die Überlegenheit des Großbetriebes beruht ja neben der finanziellen Stärke in der Einheitlichkeit der Leitung. Soll daher das Institut der Arbeitsgemeinschaft den Klein- und Mitellbetrieben helfen, so ist die dritte Form besonders geeignet, weil hier die Einheitlichkeit der Leitung wie überhaupt der Gemeinschaftscharakter am klarsten zum Ausdruck kommen und daher die Rechtsverhältnisse eindeutiger gestaltet werden können.

4. *Der Herstellerring*

Der Herstellerring in der Form, in der er unten behandelt wird, ist die Schöpfung eines genialen Organisators[67], dem zweifellos glückliche Umstände zu Hilfe kamen. Dennoch haben diese konkrete und besondere

---

[67] R. *l'Orange,* Der Herstellerring, ein Weg, den Klein- und Mittelbetrieben die Vorteile des Großbetriebes zu sichern, jedoch dessen Nachteile zu vermeiden, 2. Aufl., Stuttgart 1942, dort auch Mustervertrag, S. 131.

Form und die angewendeten Prinzipien so allgemeine Bedeutung, daß eine ausführliche Behandlung notwendig ist. Vor allem glauben wir, daß hier eine sehr zukunftsträchtige Organisation der Zusammenarbeit gefunden wurde, die aller Aufmerksamkeit einer aktiven Gewerbepolitik wert ist.

Es unterliegt kaum einem Zweifel, daß eine Fülle von sozialen und technischen Erscheinungen der modernen Gesellschaft den Zug zur Konzentration verstärken. Großstaat, Großstadt und Großbetrieb kennzeichnen diese Entwicklung zur Genüge. Es hat wenig Sinn, vor dieser Entwicklung die Augen zu verschließen oder durch massive Subventionen die Existenz der Klein- und Mittelbetriebe, wo diese gefährdet ist, zu erhalten.

Notwendig erscheint vielmehr die wissenschaftliche Abklärung jener Funktionen, welche die Zusammenballung und Konzentration überlegen machen. Dabei müssen gleichzeitig jene Bereiche aufgezeigt werden, in denen die Zusammenballung keine Vorteile oder sogar Nachteile hat. Möglicherweise werden aus dieser Analyse Ansatzpunkte für Versuche und neue Formen der Organisation wirtschaftlicher Zusammenarbeit gewonnen werden können, die die Vorteile der Konzentration von Funktionen mit den Vorteilen der Dezentralisation unter Vermeidung der Nachteile vereinigen. Diesen Weg ist L'Orange klarsichtig gegangen[68]. Er wagt den Versuch, die Überlegenheit des Großbetriebes mit der des Mittelbetriebes zu vereinigen, „indem die Funktionen, welche in ihrer Zusammenballung eine Überlegenheit ergeben, in einem Betrieb zusammengefaßt werden, die Funktionen, die in der Zusammenballung keine Vorteile ergeben, in mehreren anderen Betrieben belassen und alle durch einen gemeinsamen Ring zusammengehalten werden“[69].

Die Überlegenheit des Großbetriebes besteht zu einem guten Teil in der Erfüllung jener Aufgaben, die die Kräfte des Klein- und Mittelbetriebes regelmäßig übersteigen. Die Überlegenheit des Großbetriebes liegt in der straffen Leitung und Verwaltung, in der ausgedehnten Forschung, Versuchsentwicklung, Qualitätsprüfung, Konstruktion, im Vertriebsapparat, in der Finanzkraft, im Einkauf, bei Sortiment und Lagerung.

Diese Funktionen können durchaus aus den Klein- und Mittelbetrieben weitgehend ausgegliedert und, nach L'Orange, in einer „Kopffirma“ vereinigt werden.

Die Kopffirma hat daher umfangreiche Abteilungen für die Schöpfung der Artikel (Forschungsgruppen, Konstruktionsbüros, technische Archive, Entwicklungsabteilungen, Werkstätten für Musterherstellung und

---

[68] Vgl. *l'Orange*, a.a.O., bes. S. 115 ff.
[69] Ebd., S. 115.

Prototypen), für den Schutz der Erfindungen (Patentabteilungen, Rechtsbüros), für Marktforschung, Vertrieb, Kundendienst und Kundenberatung, für Planung und Kontrolle der Produktion (Produktionsplanung, Arbeitsvorbereitung, Fertigungsabnahme) sowie für die straffe Führung der Verwaltung (Buchhaltung, Betriebsrechnung, Finanzabteilung, Steuerabteilung, Personalbüro). Für den Herstellerbetrieb ist die Kopffirma vornehmlicher Auftraggeber und Kunde, Forscher, Konstrukteur, Rechtsanwalt, Wirtschaftstreuhänder und Steuerberater, Buchstelle, Bankhaus, Betriebsrechner, Ausbildungsstelle, Personalbüro, Arbeitsvorbereiter, Einkäufer, Werkstoffprüfer, Produktionskontrolle etc.

Die Kopffirma hat sich dann bewährt, wenn es ihr gelingt, den Herstellerbetrieben „Artikelsicherheit" zu verschaffen: „Artikelsicherheit ist erreicht, wenn zu jedem Zeitpunkt durch Forschung, Konstruktion, Entwicklung und Vertrieb für die Produktion passende und gewinnbringende Arbeit beschafft werden kann ... Hierzu ist ein gewisser Mindestumfang dieser vier Arbeitsbereiche nötig ..."[70], den Klein- und Mittelbetriebe zumeist nicht aufbringen können.

Der Klein- oder Mittelbetrieb wird durch die Arbeitsteilung zwischen ihm und der Kopffirma von Funktionen entlastet, für die er am wenigsten geeignet ist. „Statt daß der Unternehmer sich in Vertrieb, Artikelsuche, Propaganda, Marktbeobachtung, Fertigungsvorbereitung und Fertigungsüberwachung, Gefolgschaftsauslese und Gefolgschaftsbetreuung und hundert andere Einzelheiten zersplittert — die er als Einzelner in dem heute nötigen Umfang doch nie richtig übersehen, verfolgen und beherrschen kann — notwendigerweise in jedem nur Unvollkommenes leistend, konzentriert er sich und sein Denken und Wagen auf das Gebiet der Fertigung, des Betriebes und der Gefolgschaft[71]."

L'Orange meint: „Die moderne Produktionswirtschaft wird gesteuert von einigen großen Wirtschaftsführern und dem Staat. Die Gebiete, auf denen Unternehmertum nach außen hin, auf dem Markte und in der Wirtschaftsplanung noch für nennenswerte Zahlen von Unternehmen bleiben, gehen ständig zurück. Die Aufgaben nach innen aber warten, ja sind im Ansteigen[72]."

Diese Aufgaben nach innen sieht L'Orange in der Aktivierung der persönlichen Initiative, der Mitarbeit und des Mitdenkens, des persönlichen Interesses gegenüber einer allmählichen Abstumpfung und Verschematisierung des Menschen in den entsprechenden Stellen im Großbetrieb; in der Einsparung an Verwaltungsarbeit; in der Eindämmung der Fehler; in der Verminderung von Organisations- und Kontrollmaß-

---

[70] *L'Orange*, a.a.O., S. 22.

[71] Ebd., S. 72.

[72] Ebd., S. 72.

nahmen durch kleinere überschaubare Einheiten; in der günstigeren Losgröße durch Anpassung der Serien an die verschiedenen Betriebsgrößen der Herstellerwerke; in der Verminderung von Transportkosten, weil es zumeist für die Unternehmen, zumindest aber für die Volkswirtschaft viel billiger ist, die Arbeit zum Menschen als den Menschen zur Arbeit zu bringen; Gewinnung zusätzlicher Arbeitszeit (Fortfall der Wegzeit) und von Arbeitskräften; Einsparung von Infrastrukturkosten, etwa bei sonst notwendiger Schaffung von Werkssiedlungen; Beschäftigungsausgleich in der Landwirtschaft während der toten Saison u. a. m.

Die den sehr konkreten und praktisch[73] durchgeführten Vorschlägen zugrundeliegenden Prinzipien, nämlich funktionale Arbeitsteilung, funktionale, eigentumsmäßige und räumliche Dezentralisation, Nutzbarmachung brachliegender Produktionskräfte, Förderung existenzfähiger Klein- und Mittelbetriebe, sind in ihrer volkswirtschaftlichen Auswirkung für die soziale und wirtschaftliche Produktivität kaum zu überschätzen. Die Vorschläge entsprechen darüber hinaus ganz den Anliegen der modernen Betriebssoziologie: Vollarbeit statt zu starke Arbeitszerlegung; Schaffung verhältnismäßig selbstverantwortlicher kleiner Einheiten; Teamwork, Gemeinschaftsarbeit statt isolierter Arbeit in der Masse; belebte Kontrolle durch kleine Einheiten statt tote Kontrolle; heimatverbundene Arbeit, Arbeit an der Stätte, mit der der Arbeiter seelisch verbunden ist, statt Pendlertum oder vom Wohnort der Familie allzuweit entfernte Arbeitsstätten[74].

„Durch den Zusammenschluß entsteht also ein nach außen geschlossenes, alle Funktionen eines Normal-(Groß-)Betriebes erfüllendes Wirtschaftsgebilde, das aus Einzelbetrieben besteht, die in sich und ihrer Umwelt gegenüber Klein- und Mittelbetriebe sind[75].“ Es hat den Anschein, als habe L'Orange die kühne Vision eines amerikanischen Industrieführers vorweggenommen: „Um 1975 werden die großen Konzerne nur noch Beratungsorgane sein, die einen Schirm von Forschung, Finanzierung und sonstigen Aufgaben über die kleineren, praktisch selbständigen Konzerneinheiten halten. Die Initiative wird an die kleinen Manager zurückkehren und nicht mehr bei der hydraköpfigen Bürokratie liegen[76].“

---

[73] L'Orangens Herstellerring wurde praktisch verwirklicht für Motorteile und Motorzubehör. Die Anfänge gehen auf 1930 zurück.

[74] Über die Tendenz der modernen Betriebsorganisation vgl. W. *Heinrich*, Mensch und Betrieb, zur Systematik der betrieblichen Sozialpolitik, Jahrbücher für Nationalökonomie und Statistik, Bd. 163, Heft 5, Stuttgart 1950, S. 321 ff.

[75] *L'Orange*, a.a.O., S. 116.

[76] E. Dale, zit. bei W. *Heinrich*, Wirtschaftspolitik, II. Bd., 2. Hbd., Wien 1954, S. 157.

Der europäischen Wirtschaft, die ja stark durch Kleinbetriebe geprägt ist, kann die Entwicklung zu Konzern und Trust und wieder zurück zu den kleineren Einheiten innerhalb der großen durch Zusammenschlüsse von der Art der Herstellerringe erspart bleiben. Sie wird dennoch die künftigen Aufgaben, Massenversorgung, Massenproduktion, standardisierte Produktion, hohe Spezialisierung, Innovation und Nutzbarmachung der technischen Entwicklung, durchaus lösen können.

5. *Der Betriebsverbund*

Beim Betriebsverbund werden selbständige, private, öffentliche oder gemischte, gleiche oder verschiedenartige Betriebe, um den größten Gesamtnutzen zu erzielen, so eng miteinander verflochten, als ob sie Betriebsstätten eines einzigen Betriebes wären.

Das ist z. B. bei der Elektrizitätserzeugung, in der der Betriebsverbund eine außerordentlich große Rolle spielt, dann der Fall, wenn die einzelnen und zumeist technisch verschiedenartigen Betriebe ihre Leistung in ein gemeinsames Netz, das Verbundnetz, so einspeisen, daß der gesamte Strombedarf zu minimalen Kosten gedeckt wird. „... es kommt für die Wirtschaftlichkeit des Kraftwerksbetriebes[77] darauf an, möglichst viele Kraftwerke in einem Netz zusammenzufassen, um zur Stromlieferung jeweils die nach Technik und örtlicher Lage billigste Stromquelle heranzuziehen und die Erzeugungsmöglichkeit der Wasserkraftwerke voll ausnützen zu können. Damit dies aber gelingt, müssen die Kraftwerke aufeinander abgestimmt arbeiten wie ein Orchester unter der Stabführung eines Dirigenten; jedem Kraftwerk muß in einem Fahrplan vorgeschrieben sein, zu welchen Stunden es welche Leistungen abzugeben hat, welche Kraftwerke die vom Fahrplan nicht erfaßbaren Leistungsschwankungen auszugleichen haben, was bei Störungen zu unternehmen ist usw.[78]."

Dieser Betriebsverbund ermöglicht die Verwertung örtlich gebundener Brennstoffe, die infolge ihres geringen Wärmegehaltes keine hohen Transportkosten vertragen; Belastungsschwankungen des Netzes, können durch eine Mischung von vielen, großen und kleinen Kraftwerken günstig ausgeglichen werden; Werke, die konstante Leistungen abgeben müssen, wie die hochgezüchteten kalorischen Kraftwerke oder auch Atomkraftwerke können mit Wasserkraftwerken eine Verbindung eingehen, die die Ausregelung von Belastungsspitzen ermöglicht; mit der Speicherung des Primärenergieträgers bei Wasserkraftwerken kann die Stromerzeugung von der Schwachlastzeit auf die Starklastzeit verlagert

---

[77] d. h. des gesamten Dargebotes an Elektrizität. F. R.

[78] K. *Krauss*, Die Elektrizitätswirtschaft, ihr gegenwärtiger Stand und ihre Entwicklungslinien, ZfG, NF. 6. Jg., H. 3, Wien 1962, S. 122.

werden; Großspeicher ermöglichen die jahreszeitliche Überbrückung von den Sommermonaten mit reichlicher Wasserführung und geringem Strombedarf auf die Wintermonate mit geringer Wasserführung und hohem Strombedarf; Kleinspeicher überbrücken die täglichen Spitzen durch Speicherung des konstanten Zuflusses während des Tages und die Abgabe in den Stunden des größten Bedarfes.

Belgiens Elektrizitätswirtschaft, die auf einem hohen Anteil industrieller Eigenversorgungsanlagen beruht, bildet ein schönes Beispiel für die Privatinitiative, die in der Union de Centrales Electriques Industrielles auf genossenschaftlicher Basis „ein gesundes und in sich gefestigtes Werk" schuf, das „auf freier Zusammenarbeit beruht und in gleicher Weise dem Gemeinwohl des Landes wie den individuellen Interessen der Industrie Rechnung trägt"[79].

Durch den Zusammenschluß der belgischen Eigenversorgungsanlagen und später mit den öffentlichen Elektrizitätsunternehmen konnten erhebliche Kosteneinsparungen erzielt werden, besonders durch Verminderung der notwendigen Reserveanlagen von bis zu 100 % auf 5 %. Ferner kann die Erzeugung der Energie aus dem jeweils wirtschaftlichsten Energieträger erfolgen. Die zusammengeschlossenen Unternehmungen stimmten ihre Investitionen aufeinander ab und fanden über die Selbstkostenrechnung einen Weg zum Kostenausgleich. Aufgabe des Zusammenschlusses war die Mitwirkung an der wirtschaftlichen Gestaltung von Produktion und Transport elektrischer Energie in der Weise, daß die verschiedenen Anlagen so gebaut und so betrieben wurden, als ob es sich um einen einzigen Betrieb handele.

Durch den Zusammenschluß sollte ferner die Ausnützung des Wärmeüberschusses bei Zementfabriken, Glashütten und des Dampfüberschusses in den Papier- und Textilfabriken sowie in anderen Betrieben rationell möglich werden, die volkswirtschaftlich von größter Bedeutung ist.

In Österreich könnte zweifellos durch ein gutes Zusammenarbeiten zwischen Privatindustrie und öffentlichen Elektrizitätsunternehmungen noch manch ungenützte Energiequelle mit geringen Kosten ausgeschöpft werden.

Es ist selbstverständlich, daß sich nach Einführung der elektrischen Energie sehr bald ein Verbund zwischen Kohlenbergbau und Elektrizitätswerken ergab. Besonders im Ruhrgebiet, mit seiner Vielfalt von Kohlensorten, lassen sich die ballastreichen Kohlenqualitäten nur an

---

[79] *De Léenner,* Die Stellung der „Unions de Centrales Electriques Industrielles" im Rahmen der Elektrizitätsverbundwirtschaft in Belgien, in: Energieverbundwirtschaft, Vorträge und Diskussionsberichte, München 1951, S. 262.

Ort und Stelle verwerten[80]. Im Interesse rationalster Energiewirtschaft geht der Bergbau darauf aus, heute für Zechengruppen gemeinsam Kraftwerke zu bauen, die nicht nur die Abfallkohle der umliegenden Zechen aufnehmen, sondern auch deren gesamte Energiewirtschaft unter gemeinsamen Gesichtspunkten betreiben[81]."

Mit Recht bemerken hervorragende Sachkenner im Hinblick auf die Entflechtungsbestrebungen, „daß es mit Rücksicht auf die technische und wirtschaftliche Weiterentwicklung nicht unbedenklich wäre, Kohlengewinnung und Eisenerzeugung, Gaswirtschaft und Stromwirtschaft zu getrennten Wirtschaften und Unternehmungen zu machen und damit einer Betriebsform zuzusteuern, die einen Ausbau zur echten Verbundwirtschaft mit allen ihren Vorteilen und Möglichkeiten versperrt"[82].

In der Gaserzeugung hat sich ein ähnlicher Verbund zwischen den an die Zechen oder die Eisenhütten angeschlossenen Kokereien und den örtlichen Gasversorgungsunternehmungen herausgebildet[83], zu denen in den letzten Jahren noch die Raffinerien, die chemischen Betriebe und das immer bedeutungsvollere Erdgas traten.

In der westdeutschen Gaswirtschaft ist der Verbund der über ein Ferngasnetz zusammengeschlossenen Kokereien, Gaswerke und der Erdgasfelder von Bedeutung. „Trotz des verhältnismäßig geringen Anteils des Erdgases an der öffentlichen Gasversorgung (2,5 %, F. R.) spielt es in der Spitzendeckung eine wichtige Rolle, und in diesem Zusammenhang können insbesondere die emsländischen Erdgasfelder, die im wesentlichen der Versorgung des öffentlichen Ferngasnetzes dienen, mit Untergrundspeichern verglichen werden[84]." Die Bedeutung dieses Verbundes wird durch den gewaltigen Erdgasfund auf deutschem und holländischem Gebiet (Groningen) noch zunehmen.

Es läßt sich mit Roelen zeigen, daß „erst die organische Zusammenfassung von Rohstoffwirtschaft und Energiewirtschaft für Kohle, Koks, Kohlechemie, Eisen, Strom und Gas" und nunmehr auch Mineralöl und Petrochemie „die vollkommene Verbundwirtschaft" darstellt, „die ein optimales Gesamtergebnis bringt"[85]. In der modernen Produktionswirtschaft sind Wissen und Energie die wichtigsten Produktionsfaktoren.

---

[80] W. *Roelen*, Verbundwirtschaft als Grundlage künftiger Wirtschaftsgestaltung. In: Energieverbundwirtschaft, a.a.O., S. 267 ff.

[81] E. *Melchinger*, Der gegenwärtige Stand der Verbundwirtschaft. In: Energieverbundwirtschaft, a.a.O., S. 13.

[82] W. *Roelen*, a.a.O., S. 273.

[83] Vgl. *Melchinger*, S. 10.

[84] W. *Kessler*, Gewinnung und Verwertung des Erdgases Nordwestdeutschlands, Vortrag, gehalten auf dem Leobner Bergmannstag 1962, in: Erdöl und Kohle, 17. Jg., H. 2, Hamburg, Febr. 1964, S. 139.

[85] *Roelen*, a.a.O., S. 268.

In beiden Bereichen zeigen sich auch die Vorteile der wirtschaftlichen Zusammenarbeit am deutlichsten.

In ähnlicher Weise ist als Betriebsverbund die Vereinigung der Luftfahrtgesellschaften zu bezeichnen. Die Gesellschaften befliegen ein gemeinsam ausgearbeitetes Verkehrsnetz, je nach Dichte allein oder in bestimmter Reihenfolge, sorgen für gegenseitige Überbrückung von Maschinenausfällen, poolen ihre Verkaufsniederlagen, den Zubringerverkehr zu den Flugplätzen, benützen gegenseitig ihren Inspektions- und Reparaturdienst, all das im Zusammenwirken mit den einzelnen Staaten als den Trägern der Verkehrspolitik oder im Rahmen internationaler Abkommen und internationaler Organisationen[86]. Nicht anders arbeiten die Schifferbetriebsverbände, wie überhaupt das Verkehrswesen für Formen des Betriebsverbundes oder wenigstens für die verbandliche Zusammenarbeit prädestiniert ist.

6. Das Wirtschaftgebiet als Werkgemeinschaft: Die „Erschließungsgesellschaft“

Globale Maßnahmen der Wirtschaftspolitik, z. B. die Politik des billigen Geldes, Steuererleichterungen, allgemeine Investitionsbegünstigungen, verstärken die Konzentration der Unternehmungen und die Ballung in den Wirtschaftsräumen. „Es ist eine bekannte Erfahrung, daß allgemeine Wirtschaftsförderungsprogramme ohne regionale Differenzierung dazu beitragen, die Wirtschaft derjenigen Gebiete, in denen sie besonders stark ist, weiter zu stärken und den Unterschied zu den zurückgebliebenen Wirtschaftsregionen zu vergrößern[87].“ „Es gilt daher als eine unbestrittene Aufgabe moderner Wirtschaftpolitik, nach Möglichkeit Niveauunterschiede in der regionalen Wirtschaftsstruktur auszugleichen[88].“ Nach W. Heinrich ist „eines der Hauptziele jeder Gebietswirtschaftspolitik . . . die Vermeidung von Überentfaltung einerseits

[86] So z. B. sieht die in Beratung befindliche Gründung der Air-Union den Zusammenschluß der Air-France, Lufthansa, Alitalia, Sabena und wohl auch der KLM vor. Das gesamte Leistungsangebot wird auf die zusammengeschlossenen Gesellschaften nach Quoten aufgeteilt, der Verkauf aller Verkehrsleistungen und der Borddienst wird nach gemeinsam entwickelten Grundsätzen durchgeführt, Kosten und Erträge werden zusammengelegt, den Regierungen stehen weitgehende Aufsichtsbefugnisse zu. Auch der nichtintegrierte Verkehr dieser Gesellschaften soll wettbewerbsfrei gestaltet werden.

Vgl. H.-U. *Spree*, Air-Union auch ohne Frankreich, Der Volkswirt, H. 3, Frankfurt 1964, S. 62 f.

[87] K. *Albrecht*, Planifikateure beim Werk, Wirtschaft zwischen Zwang und Freiheit, 1. Aufl. Düsseldorf-Wien 1964, S. 72.

[88] Ebd.

und Verkümmerung sowie Wirtschaftsverfall andererseits . . ."[89]. „Die Gebietswirtschaftspolitik kann weiterhin die Aufgabe haben: zurückgebliebene Wirtschaftsgebiete innerhalb einer Volkswirtschaft zu fördern. Sie kann also ein Glied in der von uns immer wieder verlangten Politik der Dezentralisation der Wirtschaftskräfte und deren gleichmäßiger Entfaltung sein[90]." Regionalpolitik setzt sich also als Ziel die Ausgleichung von „Niveauunterschieden" zwischen den einzelnen Gebieten, die Erschließung und Förderung verkümmerter oder zurückgebliebener Gebiete und die Dezentralisation oder Auflockerung der Ballungsgebiete.

Die Zusammenarbeit innerhalb der Region ist bei der wirtschaftlichen Erschließung von so entscheidender Bedeutung, daß der Erfolg mit dieser Zusammenarbeit steht und fällt. Erst die Zusammenarbeit macht es möglich, alle Betriebe, der Landwirtschaft, der Industrie, des Handwerks, des Handels, des Verkehrs, des Bankwesens als eingebettet in die Landschaft und in Beziehung zu den Menschen in diesem Wirtschaftsraum vom Ganzen her zu sehen und zu fördern. Erst dann kann auch jede einzelne wirtschaftspolitische Maßnahme zur Erschließung eines Gebietes als Teil einer geschlossenen Einheit, eines geschlossenen Systems eingesetzt und angewendet werden. Ohne diese Sicht auf die Einheit, die durch die Zusammenarbeit ermöglicht und begriffen wird, bleibt jede einzelne Maßnahme nur Stückwerk.

Was es heißt, ein Wirtschaftsgebiet als Einheit zu fördern und zu erschließen, soll an einem der aufregendsten Beispiele der Geschichte vorgeführt werden, der Geschichte der Tennessee-Valley-Authority. Das Beispiel stammt also aus einem Lande, das den extremen Hochkapitalismus verwirklicht hat, den USA. Das Aufsehen, das dieses Beispiel auf internationaler Ebene erregt hat, galt weniger den technischen Großtaten, sondern der Idee und dem Geist, die die Gründung hervorriefen und die die Durchführung der übertragenen Aufgaben beseelten.

Das Gesetz vom 18. Mai 1933, mit dem die Tennessee-Stromtal-Verwaltung als größte Erschließungsgesellschaft, die es je gab, geschaffen wurde, bezeichnet als Zweck „the unified development", die vereinheitlichte, einheitliche Entwicklung des Gebietes, das zum Tennessee-System gehört.

In jedem Flußtal der Welt wird das Wohl seiner Bewohner vom harmonischen Verhältnis zwischen Land und Wasser bestimmt. „Die Kraft von Strom und Boden kann . . nicht voll ausgeschöpft werden, wenn

[89] *Heinrich*, Wirtschaftspolitik, II. Bd., 2. Halbband, Wien 1954, S. 39. Heinrich stellt in einem eigenen Abschnitt über die Gebietswirtschaftspolitik das ganze Arsenal der Möglichkeiten und Maßnahmen für die Regionalpolitik zusammen.

[90] Ebd., S. 9.

Wasser und Land nicht in harmonischem Verhältnis zueinander entwickelt werden. Wenn der Boden unbedeckt ist . . . werden seine Menschen arm, und der Fluß ist trübe und schwer von der besten Erde der Felder[91]." Die Farmer sind dann gezwungen, ihren Boden noch mehr auszusaugen und dadurch den Kreislauf der Zerstörung zu beschleunigen „bis alle fruchtbare Erde verschwunden ist. Wenn es schließlich so weit kommt . . ., dann läßt selbst ein mäßiger Regenfall den Fluß über die Ufer treten, und jeder stärkere Regenguß bringt katastrophale Überschwemmungen, die Ernten, Häuser, Brücken und Straßen zerstören . . .", „Industrietätigkeit und Eisenbahnverkehr werden unterbrochen, Gehöfte überschwemmt, Städte und Dörfer zerstört und große Mengen Schlamm füllen die Staubecken der Kraftwerke und verstopfen die Schiffahrtswege"[92]. Das etwa war die Situation, welche die T. V. A. antraf.

Ihre Aufgabe zur einheitlichen Erschließung des Gebietes umfaßte weit mehr als die bloße Krafterzeugung. „Sie erstreckt sich auf Stromregulierung, Verhinderung der Erosion des Landes, Aufforstung, Ausschaltung unbrauchbaren Landes, Umlegung und Anpassung der Industrie, hieß es in der Botschaft Roosevelts zum Gesetz[93]." Zum ersten Mal in der Geschichte Amerikas sollten die natürlichen Reichtümer im Interesse der allgemeinen und sozialen Wohlfahrt in jener „Einheit erschlossen werden, in der die Natur ihre Reichtümer hervorbringt"[94]. „Die Natur bewegt sich in einem großen Kreislauf"[95]: Regen fällt, sickert durch Wurzeln und in unterirdische Kanäle, sammelt sich in kleinen Bächen, die Bäche in Flüssen, das Wasser der Flüsse im Stausee. Dort läuft es durch ein Stahlrohr und treibt die Turbinen zur Erzeugung von elektrischem Strom und setzt dann seinen Lauf zum nächsten Stauwerk fort. Der Strom wird im Bruchteil einer Sekunde zu einer 300 km entfernten Fabrik transportiert, erzeugt dort unglaublich hohe Temperaturen zur Produktion von Phosphatdünger, der wiederum auf das Land gestreut „neues Leben aus dem Boden erweckt"[96] und das Wachstum der Gräser auf den Wiesen fördert. „Diese Wiesen, aus der Energie der Phosphate und der Elektrizität entstanden, nähren die Energie der Menschen und Tiere, schützen das Land,

---

[91] D. E. *Lilienthal*, TVA-Democracy on March, New York (o. J.), dtsch. v. M. Slavik, Das elektrische Stromtal Tennessee, München, Leipzig, Freiburg i. B., 1950, S. 69. Lilienthal gehörte von 1933—1946 dem „board of directors" der TVA an. Wir folgen hier in der Hauptsache seiner aufschlußreichen Darstellung.

[92] Ebd., S. 70.

[93] Angeführt bei *Lilienthal*, a.a.O., S. 65 f.

[94] Ebd., S. 67.

[95] Ebd., S. 97.

[96] Ebd., S. 97.

befreien die Ströme vom Schlamm und stauen Wasser im Boden auf[97]." „Langsam kehrt das Wasser in die von Menschen gebauten Staubecken zurück, durch die neuer elektrischer Strom erzeugt wird . . .[98]." „Ein solcher Kreislauf ist schöpferisch, und er erschöpft sich nie. Er schafft neues Leben, indem er Leben erhält. Das Prinzip der Einheit ist befolgt; der Kreislauf ist geschlossen. Das Ergebnis ist . . . harmonische Entwicklung von Natur, Wissenschaft und Menschen[99]."

Wo dieses Prinzip der Einheit der Naturquellen nicht gewahrt wird, folgt Zerstörung. „Alle Zivilisationen sind zugrunde gegangen . . ., weil sie gegen das Gesetz von der Einheit der Natur verstoßen haben . . . Überall in der Welt hat die ungleichmäßige Erschließung der natürlichen Reichtümer da Armut, Zerstörung, Häßlichkeit und den Untergang blühender Städte gebracht, wo einst der Wohlstand gesichert schien. Land, das einst anmutiges Leben hervorbrachte, ist kahl und öde geworden . . .[100]."

Die Privatindustrie und Landwirtschaft, beide unter den Gesetzen der Marktwirtschaft und des Wettbewerbs stehend, sind von sich aus nicht fähig, dieses Prinzip der Einheit der natürlichen Reichtümer zu beachten[101]. Sie bedürfen der Unterstützung und Anleitung solcher Institutionen, denen das Gemeinwohl anvertraut ist, denn die „richtige und zweckmäßige Ausnützung der Naturquellen durch die Industrie ist für jede Nation eine Lebensfrage"[102]. Die Privatindustrie — von der Landwirtschaft sprachen wir schon oben — verfolgt ohne diese Anleitung und Unterstützung nicht das Gemeinwohl, sondern ihr jeweiliges Einzelinteresse. Jede Einzelindustrie beutet die eine oder andere Naturquelle aus ohne Rücksicht auf das Ganze. Lilienthal führt hierzu ein Beispiel aus den Bergen des östlichen Tennessee an: „Man hat Kupfer entdeckt, Bergwerke angelegt und eine Schmelzhütte errichtet. Einer der Naturschätze dieser entlegenen Gegend wurde nutzbar gemacht. Das bedeutete neue Arbeitsplätze und zusätzliche Einkommen . . . Aber die Pläne der Unternehmer beschränkten sich auf die Kupfererzeu-

---

[97] Ebd., S. 97. Lilienthal führt an, daß Land, wenn es „mit Gras oder Bäumen bedeckt ist und jedes Jahr so bebaut wird, daß es den Regen dort festhält, wo er niederfällt ... buchstäblich zu einem Wasserreservoir, zu einem Teil des Schutzsystems gegen Überschwemmungen" wird (a.a.O., S. 70). Bebauter Boden kann die Hälfte der Regenmenge halten, die jährlich auf die Oberfläche fällt (vgl. S. 70).

[98] Ebd., S. 97.

[99] *Lilienthal*, a.a.O., S. 97.

[100] Ebd., S. 73.

[101] Ebd., S. 138.

[102] Ebd., S. 138: „Die Privatindustrie ist von sich aus weder fähig, im Einzelfall festzustellen, was im Interesse der Öffentlichkeit zum Schutz der natürlichen Reichtümer geschehen müßte, noch ist sie als Privatindustrie imstande, alle dafür notwendigen Maßnahmen durchzuführen."

gung. Im Umkreis von zwölf Kilometern wurden die herrlichen Wälder gefällt und als Brennstoff für die Schmelzöfen verwandt. Die Schwefeldämpfe . . . zerstörten die verbliebene dünne Schicht fruchtbarer Erde; aber nicht nur die Bäume, auch jedes Anzeichen anderen pflanzlichen Lebens erstarb, denn der Boden selbst wurde allmählich vergiftet. Das tote Land, seines Schutzes durch Gräser und Bäume beraubt, wurde von den Regengüssen unbarmherzig zerrissen; die einst liebliche fruchtbare Erde wurde von tiefen Wasserrinnen durchfurcht, die sich zu trostlosen, metertiefen Schluchten erweiterten . . . Der Schlamm wurde von den unbeschützten Bergabhängen in die Flüsse geschwemmt und vernichtete den Fischreichtum. Das Wasser wurde so seines Wertes für die Menschen, die Tiere und die Industrie beraubt, während sich am unteren Flußlauf das Staubecken . . . mit Schlamm füllte. Einer der Naturschätze . . . — Kupfer — war nutzbar gemacht worden, alle anderen Naturschätze aber wurden dabei vernichtet. Die Menschen und das, was sie bisher geschaffen hatten, mußten die Folgen ihres kurzsichtigen Vorgehens tragen"[103]. „Wenn die Industrie . . . die Naturschätze, von denen wir alle abhängen, nur ausbeutet und nicht gleichzeitig auch pflegt und bewahrt, dann kann sie den Reichtum eines Gebietes zerstören und damit die Hoffnung . . . auf Sicherheit und Glück[104]."

Die Behörden, die örtlichen sowohl wie die des Staates, haben nicht weniger als die Privatindustrie gegen dieses Prinzip der Einheit der Naturschätze verstoßen. Auch für ihre Projekte ist es „üblich, den ersten Damm anzulegen, bevor noch überhaupt ein Gesamtplan vorliegt, der die volle Nutzbarmachung des ganzen Flusses sichert. Es gibt viele Dämme, die nur für den Zweck der Krafterzeugung gebaut worden sind. Solche Einzeldämme . . . werden ohne Rücksicht darauf entworfen und gebaut, daß der ganze Fluß von Natur aus eine Einheit ist"[105]. Sie „werden nicht errichtet, um Überschwemmungen zu verhindern, und sie schaffen auch keinen durchgehenden Schiffahrtsweg . . . Andererseits sind Hunderte von Millionen öffentlicher Gelder für den einzigen Zweck ausgegeben worden, einige unserer Flüsse schiffbar zu machen; aber die meisten dafür gebauten Dämme bieten keinen Schutz vor Überschwemmungen und sind auch nicht imstande, elektrische Energie zu erzeugen. Heute bilden diese Dämme mächtige Hindernisse für die Errichtung von Anlagen, die allen Zwecken gleichzeitig dienen könnten"[106]. „Lange Zeit wurden ungezählte Dollars für Schutzdämme ausgegeben, die das Wasser in den Unterläufen einiger unserer Flüsse regulieren sollten.

[103] Ebd., S. 73 f.

[104] Ebd., S. 77.

[105] Ebd., S. 68 f.

[106] Ebd., S. 69.

An den Oberläufen hingegen ersparte man sich die Dämme, die die örtlichen Sicherheitsmaßnahmen erst voll wirksam gemacht hätten[107]."

Um nun dieses Prinzip der Einheit und Zusammengehörigkeit von Menschen und Naturquellen, einer Einheit, die Land, Ströme, Wälder, Bodenschätze, Landwirtschaft, Industrie und Menschen umschließt, voll zu bewahren, wurde mit der Schaffung einer öffentlich-rechtlichen Körperschaft (public corporation), der TVA, ein ganz neuer Weg begangen.

Die Aufgaben umfaßten gleichzeitig und waren als Einheit durchzuführen:

Verbesserung der Schiffbarkeit des Flusses,

Zähmung des Tennessee und seiner Nebenflüsse zwecks Hochwasserschutz,

Wiederaufforstung im Einzugsgebiet (drainage basin),

sinnvolle Nutzbarmachung des brachliegenden Landes (marginal land),

Förderung der Landwirtschaft zwecks Bodenverbesserung,

Förderung der Industrie,

Erzeugung von Elektrizität,

Stärkung der Verteidigungskraft durch Betrieb von Elektrizitätswerken für die Aluminiumindustrie und die Stickstoffabriken[108].

Um diese Aufgaben zu erfüllen, wurden von der TVA innerhalb der ersten 10 Jahre ihres Bestehens 16 Staudämme neu konstruiert, weitere 5 bestehende Dämme verbessert. Die Staudämme gehören zu den größten der Welt. Auf einer Strecke von etwa 5000 Meilen wurde der Tennessee und seine Nebenflüsse schiffbar; das Gebiet gilt heute als sicher gegen Überschwemmungen; 1944 wurde durch die Elektrizitätswerke der TVA beinahe halb soviel Kraftstrom erzeugt, als in ganz Amerika zur Zeit des Kriegseintritts; über nicht mit Gewinnabsicht gegründete Gemeindeunternehmungen oder Genossenschaften wurden große Mengen billigen Stromes verteilt; besonders wertvoller konzentrierter Phosphatdünger wurde in einer Fabrik der TVA erzeugt und der Anwendung durch weitverbreitete Demonstrationen zugänglich gemacht; dabei wurden die Farmer gleichzeitig in besseren Methoden der Bodenbebauung unterwiesen, die darauf abzielten, die Ernte zu erhöhen, den Anbau vielfältiger zu gestalten und die Bodenfruchtbarkeit zu verbessern und zu erhalten. Wälder und Bodenschätze wurden von der TVA gepflegt

---

[107] Ebd., S. 69.

[108] Vgl. The Tennessee-Valley-Authority-Act vom 18. 5. 1933 (Public-No. 17—73 D, Congress 1st Session), abgedruckt im Anhang zu H. *Finer*, The TVA. Lessons for International Application, Montreal 1944 (Veröffentlichung des International Labor Office).

und erschlossen, damit Landwirtschaft und Industrie angeregt und die Gesundheit der Bevölkerung und das Allgemeinwohl verbessert werden[109].

Das Gebiet, das von der TVA betreut und entwickelt wurde, ist nur um ein Drittel kleiner als England und erstreckt sich über 7 Bundesstaaten der USA. Die Körperschaft wurde durch einen Vorstand geleitet, der sich aus drei Mitgliedern, die vom Präsidenten nach Genehmigung durch den Kongreß ernannt wurden, zusammensetzte. Dieser Vorstand, besonders der vom Präsidenten ernannte Vorsitzer, war unmittelbar dem Präsidenten verantwortlich. Der Vorstand hatte, bei sonst strafrechtlicher Verfolgung, ohne Rücksicht auf politische Einflüsse, die Anstellung aller weiteren Leiter, Angestellten und Arbeiter vorzunehmen, die er zur Durchführung der Aufgaben für notwendig hielt.

Dadurch sollte die klare Verantwortungsabgrenzung und ein Status erreicht werden, der die Initiative, die Schlagkraft, den Einfallsreichtum und die technische Kapazität von Großunternehmungen aufwies.

Der Körperschaft war alle exekutive Gewalt übertragen, die zur Erfüllung der Zwecke notwendig war. Sie war insbesondere bei der Erfüllung ihrer Aufgaben an keine andere Behörde gebunden. Der Kongreß hielt es für unzweckmäßig, die verschiedenen Aufgaben auf die verschiedenen Ministerien des Staates aufzuteilen und anschließend für eine besondere Art von Koordination zu sorgen. Alle Probleme sollten so behandelt werden, als seien sie integriert, d. h. gegenseitig voneinander abhängig. Daher sollte eine Verwaltungsform gefunden werden, die die Funktionen besser auszuüben imstande war als die herkömmlichen Ministerien (traditional departments of Government). Roosevelt verlangt eine „Körperschaft, die mit Regierungsgewalt betraut werden sollte, aber dennoch die Flexibilität und die Initiative einer privaten Unternehmung haben sollte“[110].

Die Form der „öffentlichen Körperschaft ist anscheinend ein solches Mittel“, mit dem „die überalterten traditionellen Verwaltungsmethoden aufgefrischt werden“ können[111].

Um ihre Aufgaben zu lösen, stellte die TVA eine Fülle von Fachleuten an, und — was mehr ist — brachte sie zu gemeinsamer Arbeit. Darunter waren Geologen, Agronomen, Förster, Chemiker, Architekten, Ärzte, Fachleute für öffentliches Gesundheitswesen, für Wild- und Fischzucht, für Kantinen und solche für Freizeitgestaltung, Buchhalter,

---

[109] Vgl. zu diesem Absatz *Finer*, a.a.O., S. III.

[110] In seiner Botschaft an den Congress am 10. 4. 1933. Zu Vorstehendem vgl. H. *Finer*, The TVA. Lessons for International Application, Montreal 1944 (International Labor Office).

[111] *Lilienthal*, a.a.O., S. 274.

Rechtsanwälte, Fachleute für Umsiedlungen, für Erholungszentren, Straßenbauer, Fachleute für Schiffahrt mit allen Nebenanlagen, sogar ein Archäologe war darunter, natürlich neben den Fachleuten für Hydrodynamik, Kraftwerksbau usw. Nur so war es möglich, alle die verschiedenen Aufgaben von den Bedürfnissen und dem Wohl der Gesamtheit her durchzuführen und zu lösen. Der TVA gelang es gleichzeitig, die Bevölkerung des Tales, insbesondere die Farmer zur Mitarbeit an der Bodenkonservierung zu gewinnen. Sie ließ die Farmer eingehend beraten und schulen, regte Musterfarmen an, gründete „Musterfarmvereinigungen", die von den Farmern selbst organisiert und von Bevollmächtigten geleitet wurden. Dann wurden „Musterfarmgemeinden" gebildet und überall die Mittel zur Bodenverbesserung und Besitzfestigung ausprobiert[112]. Dabei war es der TVA möglich, theoretisch gebildete Fachleute und die Farmer, die früher durch eine tiefe Kluft getrennt waren, zusammenzubringen[113]. Die TVA führte „Techniker und Wissenschaftler ... zusammen, um bei der Lösung der Probleme der Durchschnittsfarmen mitzuwirken und beschränkte sich dabei nicht auf diejenigen Zweige, die üblicherweise als ‚landwirtschaftlich' bezeichnet werden. Erfinder, Ingenieure, Transport-Fachleute, Unternehmer — sie alle wirkten an der Umstellung der Farmen mit"[114].

Es lassen sich die vielfältigen und segensreichen Wirkungen der TVA, vor allem die Nebenwirkungen, gar nicht alle anführen. Es sank z. B. der Strompreis in ganz Amerika erheblich und die TVA-Preise waren weit unter den Preisen anderer privater Elektrizitätsgesellschaften. Der konzentrierte und billige Dünger verbesserte Ernte, Boden, Einkommen der Farmer und trug zur Besitzfestigung bei. Ebenso die Dehydriermethoden oder die Kühl- und Konservierungseinrichtungen, die die TVA schuf, verbesserte oder einführte. Durch entsprechende Regelung des Wasserstandes bekämpfte die TVA beispielsweise erfolgreich die Malaria. Entlang der großen Stauseen wurden Erholungszentren geschaffen und der Fremdenverkehr angeregt. Der Fischreichtum wurde wesentlich erhöht und dadurch der Fischereisport belebt. Vielleicht sieht man „diese Veränderung am besten, wenn man ... im Flugzeug über das Tal hinwegfliegt ... Von tausendfünfhundert Meter Höhe aus ist die große Wandlung unverkennbar ... Man sieht die wellenförmigen Terrassen der Bergabhänge, die so angelegt sind, daß die gewaltigen Regenmengen nicht wild niederströmen, sondern langsam dem nächsten Ablauf zufließen. Man sieht die grauen Massen der Dämme, die sich ... über dem Strome erheben, dessen Wasser heute tiefblau sind, nicht mehr rötlich und trübe von der ausgewaschenen Erde der zerklüfteten Ufer.

[112] Vgl. *Lilienthal*, a.a.O., S. 87 ff.

[113] Vgl. ebd., S. 106.

[114] Ebd., S. 106.

Man sieht die Schlepper mit ihren doppelten Zügen von Frachtkähnen, die an neuen Hafenplätzen ausgeladen werden. Und gleich einem Netz, das sich zu allen Punkten des Horizontes hinzieht, das stählerne Gewebe der Hochspannungstürme, Türme des 20. Jahrhunderts ...“[115].

Die Kosten des Ganzen aber werden von einem Nebenprodukt getragen, das bei der Zähmung des Stromes anfällt, der Elektrizität[116].

Daß systematische Regionalpolitik auch in Europa, also in dichtest besiedelten Gebieten möglich ist, beweist Frankreich. Frankreichs Gebiete wurden in 21 Wirtschaftsräume eingeteilt. Für jeden einzelnen Wirtschaftsraum bestehen mehrjährige Regionalpläne. Für die Aufschließung einzelner Regionen werden Entwicklungsgesellschaften gegründet, die weitgehende Vergünstigungen steuerlicher und finanzieller Art genießen. Sie übernehmen Kapitalzuteilungen und gewähren Darlehen an Industriebetriebe, die in Gebieten, in denen Unterbeschäftigung herrscht, angesiedelt oder erweitert werden. Die einzelnen Entwicklungsgesellschaften sind wiederum in der Mehrzahl in einem öffentlichen Organ, der Société central pour equipement du territoire (SCET) zusammengefaßt, an der vor allem auch die staatlichen Banken beteiligt sind. Regionale Komitees für wirtschaftliche Entwicklung aus Vertretern der verschiedensten Berufe sorgen zusammen mit einem „prefect coordinateur“ für die Planung und Durchführung innerhalb der Region. Die Pläne bestimmen die Wohn-, Landwirtschafts- und Industriezonen, helfen bei der Ansiedlung der Industrien, regen den Ausbau der Häfen, Lagerhäuser, Getreidesilos, Flughäfen, Autobahnen und Straßen, Kanäle und Energieversorgung an.

Es besteht eine „zentrale Gesellschaft für die Aufschließung von Grund und Boden“ (SCGT), die über einige Hundert Techniker verfügt, die an Gemeinden, Kammern und andere Körperschaften ausgeliehen werden, wenn es gilt, alte Gebiete zu sanieren oder neue zu erschließen. Für Industriegründungen selbst sorgt dann die „Gesellschaft für industrielle Umstellung und Entwicklung“ (SOBIC), ebenfalls eine Gesellschaft der Banken[117].

Die Auswirkungen dieser Zusammenarbeit auf die Erschließung einzelner Regionen in Frankreich, mag durch ein Beispiel illustriert werden:

„Die Verbindungsstelle Landwirtschaft/Industrie e. V., Essen, berichtet über eine Studienfahrt nach Südfrankreich, wo die staatliche

---

[115] Ebd., S. 19 f.

[116] Näheres über Kosten, Erlöse, Finanzierung, Verzinsung und Amortisation bei *Finer*, a.a.O., bes. 180 ff., 247 ff.

[117] Vgl. zu Vorstehendem, *Albrecht*, a.a.O.

Agrarpolitik im Raum Nimes-Montpellier eine moderne Konservenindustrie ansiedelt und zugleich ein modernes System der Vertragslandwirtschaft einführt; mit solchem Erfolg, daß in wenigen Jahren die französische Obst- und Gemüsekonservenproduktion einen Exportanteil von 80 % benötigen werde und Märkte vorwiegend in der Bundesrepublik. Die Studiengruppe war beeindruckt. Die Regierung konzentrierte ihre Agrarpolitik auf bestimmte, begrenzte Gebiete, in Synthese mit privater Initiative. Dabei geht es um die Schaffung einer gesunden regionalen Gesamtstruktur, die alle Bereiche einbezieht, mit dem besonderen Ziel, Rückwanderer aus den afrikanischen Gebieten anzusiedeln. In Südfrankreich betont man Mais, Obst, Gemüse, Tafeltrauben, Reis, Mastvieh und Milchprodukte. Der Aufbau einer Konservenindustrie steht im Vordergrund, später ergänzt durch Tiefkühlprodukte. Es sollen Industriewerke hinzukommen, nachdem die Wasserkraftwerke ausgebaut wurden. In etwa drei bis fünf Jahren wird in den südfranzösischen Gebieten eine erhebliche Verbesserung des Lebensstandards erwartet, woraus man wiederum eine gewisse Ablenkung von Industrien aus dem Pariser Ballungsgebiet erhofft[118]."

7. *Die Volkswirtschaft als Werkgemeinschaft: L'économie concertée*

Daß der Schlüsselbegriff und das Baugesetz der Wirtschaft, die Entsprechung, zur Kennzeichnung des Wirtschaftsprogrammes einer europäischen Großmacht dienen würde, hatte der Schöpfer dieses Begriffes, O. Spann[119], wohl kaum erwartet. E. Hirsch, der zweite Generalkommissar (nach J. Monnet) der französischen Planungsbehörde, spricht von „abgestimmter Wirtschaft"[120] und vergleicht die Wirtschaft, wegen der engen Abhängigkeit der verschiedenen Elemente, mit einem militärischen Operationsplan[121].

De Gaulle, der Architekt des neuen Frankreich, sieht das Wesen des französischen Wirtschaftsplanes in der Abstimmung der einzelnen Wirtschaftszweige aufeinander, damit „der Marschtritt der Wirtschaft regel-

---

[118] Neue Konjunktur-Merkmale, Berichte aus der Weltwirtschaft, in: Berichte und Informationen, Salzburg, Heft 913 vom 17. Jänner 1964.

[119] Vgl. *Spann*, Fundament der Volkswirtschaftslehre, a.a.O., S. 118, § 15, 2: „Der Aufbau des Gebildes: Das Baugesetz der Entsprechung", ist dieser Abschnitt überschrieben. Spann verwendet neben „Entsprechung" die Ausdrücke: Korrelation, Komplementarität, Verhältnismäßigkeit, Zusammenstimmung, Angelegtsein aufeinander, Abgestimmtsein aller Teile aufeinander (S. 118 bis 121).

[120] Et. *Hirsch*, Die französischen Planungsmethoden und ihre Ausdehnung auf den Gemeinsamen Markt, Berlin-München 1962, S. 6 (Sonderheft des IFO-Instituts für Wirtschaftsforschung).

[121] Vgl. ebd., S. 11.

mäßig und ihr Aufstieg methodisch" sei[122]. Die Zusammenarbeit der einzelnen Wirtschaftszweige wird also mehr und mehr zum Gegenstand der Generalstabsarbeit. Quasimilitärische Ordnungsvorstellungen treten in der modernen Wirtschaft an die Stelle des Wettbewerbs. Die Organisation des modernen Staates weist deutlich Züge der Heeresorganisation auf, ganz besonders in einigen romanischen und asiatischen Staaten. In Europa und Amerika verfügt der Staat über etwa 40 % des Brutto-Sozialproduktes. Der Staat trägt heute überall die Verantwortung für die Konjunktur, die Beschäftigungslage, die Geldwertstabilität, die Zahlungsbilanz und das Wirtschaftswachstum. Er steuert und tätigt die profitlosen, doch Profit erst ermöglichenden Investitionen für die „Infrastruktur", sorgt für Hochschulen, Forschungseinrichtungen, Atommeiler, Raumordnung, Wohnungen, Krankenhäuser, Straßen, Autobahnen, Häfen, Kanäle, Eisenbahn, Flugplätze, Fluggesellschaften, baut und betreibt Kraftwerke, Raffinerien, Fernleitungen, Bergwerke, Wasserwerke, bewirtschaftet riesige Waldgebiete, schafft Marktzentren, Schlachthöfe, Abfallverbrennungsstätten. Der Begriff der „Infra-Struktur" dehnt sich heute immer mehr aus und heute ist der Staat der mächtigste und größte Unternehmer im Bankwesen und in der Grundstoffindustrie. Er betreibt Eisen- und Stahlwerke, Automobilwerke, Reedereien und Schiffsflotten. Er ist an wichtigen Unternehmen beteiligt und erhält von allen mehr als die Hälfte des ausgewiesenen Gewinnes. Selbst in jenen Zweigen der Wirtschaft, in denen das Privateigentum noch verbreitet ist (z. B. Landwirtschaft, Handwerk, Kleinhandel), sorgt die ausgedehnte Anwendung objektiver Normen auf die Berufsausübung, die Ernährung, die Preisregelung, die Investitionen, die Gewerbeinspektion, die Wasserrechts- und Bauordnungen für eine „Vergesellschaftung des Austausches" zwecks Erhöhung der Wohlfahrt aller Kinder der Nation.

Bei dieser starken staatlichen Durchdringung der Wirtschaft wundert es uns nicht, daß auch die Wirtschaft immer mehr die Züge der staatlichen Organisation annimmt und von staatlich-militärischen Ordnungsvorstellungen geprägt wird. Je besser es dem Staate durch seine Wirtschaftspolitik und wirtschaftliche Aktivität gelingt, alle Wirtschaftszweige und Wirtschaftshandlungen untereinander abzustimmen, desto stärker ist er. Damit wird Wirtschaft und Wirtschaftspolitik zu einer Frage der Staatsverteidigung oder der (militärischen) Strategie und die Abstimmung zu einer Frage des „militärischen Operationsplanes" (Hirsch).

Der Staat als höchste Organisation des Volkes muß daher erst einmal selbst seinem ungeheuerlichen Wirtschaftsbereich sehr konkrete Ziele setzen, um die einzelnen Glieder dieses Reiches auf diese gemeinsamen

---

[122] In einer Rede im April 1963, zit. bei *Albrecht*, a.a.O., S. 278.

Ziele hin auszurichten. Daß gerade hier sehr schwer gesündigt wird, ist von großem Nachteil: „Ganz ohne Zweifel beunruhigt es, das die Organisation unserer Regierung mit ihrer Aufteilung in verschiedene Wirtschaftsressorts deren ausreichende Koordinierung nicht gewährleistet und eine einheitlich wirtschaftspolitische Konzeption erschwert[123]."

Die für die Deutsche Bundesrepublik getroffene Feststellung gilt für Österreich mit seinem viel stärkeren staatlichen Anteil an der Wirtschaft noch in erhöhtem Maße.

Daher dient das französische Plankommissariat[124] zuerst einmal der Koordinierung aller staatlichen Behörden, Einrichtungen und Wirtschaftsunternehmungen. Es untersteht direkt dem französischen Präsidenten der Republik. Der Generalkommissar ist der zuständige Delegierte des Präsidenten bei allen ministeriellen Departements in allen Fragen, welche die Aufstellung des Planes betreffen. Er hat Informationsrecht bei allen Verwaltungen, kann Enquêten sowohl bei öffentlichen Verwaltungen wie mit Berufsorganisationen oder Einzelpersonen durchführen und ist mit der Überwachung der Ausführung des Planes betraut. Er kann die Dienste aller amtlichen und halbamtlichen Institutionen in Anspruch nehmen, so des Statistischen Instituts, des Wirtschaftsforschungs- und Finanzinstituts[125], des Nationalinstituts für Bevölkerungsentwicklung (INED) und des Instituts für Konsumverhalten (CREDOC)[126].

Aufgrund dieser Informationen versucht die Plankommission die langfristigen Entwicklungstendenzen der Wirtschaft zu erkennen (im IV. Plan war das „Horizontjahr" 1975, für den V. Plan, der 1965 begann, ist das Horizontjahr 1985), und sie legt schließlich im Einvernehmen mit der Regierung die Wachstumsrate für die Planperiode fest. Bei der Festlegung der Wachstumsrate wird versucht, Vollbeschäftigung, Gleichgewicht von Investition und Ersparnisrate sowie inneres und äußeres finanzielles Gleichgewicht zu vereinen.

Mit Hilfe der Wachstumsraten wird für das letzte Planjahr und das „Horizontjahr" (also beim IV. Plan 1965 bzw. 1975) die Endnachfrage und ihre wichtigsten Elemente bestimmt: die Bildung des fixen Kapitals der Unternehmungen mit Ausschluß des Bausektors, die Bedürfnisse des Bausektors, die Bedürfnisse der öffentlichen Verwaltung, die Importe,

---

123 *Albrecht*, a.a.O., S. 9.

124 Le Commissariat général du Plan d'Equipement et de la Productivité.

125 „Service des Etudes Economiques et Financières" (SEEF), eine Einrichtung des Finanzministeriums, welche die volkswirtschaftliche Gesamtrechnung betreut und vorausschauende Wirtschaftsbudgets erstellt, die eine besonders wichtige Rolle für die Konzipierung des Planes spielen.

126 Das „Centre de Recherches et de Documentation sur la consummation" befaßt sich mit der Endnachfrage nach Gütern und Dienstleistungen.

die Exporte und der Verbrauch der privaten Haushalte. Diese Informationen ermöglichen sodann die „Nachfrage an Produkten der verschiedenen Branchen zu konkretisieren. Mit dieser Schätzung beginnt dann die Konstruktion eines sogenannten „tableau économique“ für das Endjahr[127]. Im „Tableau“ wird der sogenannte intermediäre Verbrauch an Rohstoffen und Halbfabrikaten und der interindustrielle Austausch miterfaßt. Die Technik stimmt mit der Leontief'schen Input-Outputrechnung ganz überein.

Dieser in mehreren Varianten aufgrund angenommener Wachstumshypothesen ausgearbeitete Plan wird von mehreren Organen diskutiert und begutachtet[128] bevor dann die Regierung eine Variante des Planes billigt und damit eine bestimmte Wachstumsrate festlegt[129].

Die im „Tableau“ enthaltenen Produktionsvorstellungen ermöglichen den vertikalen Modernisierungskommissionen, sich über Mittel und Voraussetzungen klar zu werden, die zur Erreichung des Produktionszieles einzusetzen sind. Die Modernisierungskommissionen sind das wichtigste und zugleich originelle Element der französischen Planifikation. An der Aufstellung des IV. Planes wirkten 23 vertikale Modernisierungskommissionen mit, in denen 113 Vertreter der Verwaltung, 134 technische Sachverständige, 206 Unternehmensleiter, 82 Gewerkschaftler, 23 Vertreter des Staates, des Rechnungshofes und der Universitäten, 13 Vertreter des Kreditwesens, 41 sonstige Vertreter, darunter Gastronomen, Mediziner, Künstler usw.[130] berieten. Die Modernisierungskommissionen sind also nicht paritätisch, sondern sachverständig zusammengesetzt. Darin scheint uns ein weiterer Vorzug der französischen Planifikation zu liegen.

Jede Kommission hat etwa 30 bis 50 Mitglieder, die ohne Abstimmung zu einem Ergebnis ihrer Beratung zu kommen versuchen. Man kann ja in der Tat über Sachfragen ebensowenig abstimmen wie über die Frage, ob $2^2 = 4$. Diese Kommissionen können wiederum Ausschüsse bilden und man schätzt, daß am Zustandekommen des IV. Planes mehr als 3000, zum Großteil ehrenamtliche Mitarbeiter beteiligt waren.

Aufgabe jeder einzelnen der 23, etwa nach Wirtschaftszweigen (z. B. Landwirtschaft, Energiewirtschaft, Chemie, Handel, verarbeitende In-

---

[127] *Albrecht*, S. 64 f.

[128] So vom „Obersten Planungsrat“, dem Conseil Supérieur du Plan de developpement économique et social und vom Wirtschafts- und Sozialrat (Conseil économique et social, dem Nachfolger des früheren Wirtschaftsrates).

[129] Der V. Plan soll auch dem Parlament vorgelegt werden. Wie immer entscheidet aber naturgemäß der Sachverstand und selbst die Billigung durch die Regierung hat wohl mehr „nostrifizierenden“ Charakter der Empfehlungen des Plankommissars.

[130] *Albrecht*, a.a.O., S. 57.

dustrien, Nahrungsmittelindustrie, Fremdenverkehr, Rundfunk, Fernsehen, Transportwesen, Stadtplanung, Schuleinrichtungen, kulturelle Einrichtungen) gebildeten Kommissionen ist es, die besonderen Ziele im Rahmen des Planes und die Mittel jeder Art zu bestimmen, die nötig sind, diese Ziele zu erreichen. So vor allem:

Die Arbeitskräfte unter Angabe ihrer Qualifikation, die benötigten Rohstoffe, Halbfabrikate, die Ausrüstungen, die technische Forschung, den Kreditbedarf. Die Ergebnisse der Kommissionsberatungen werden dann in einem Schlußbericht zusammengefaßt, der auch auf alle wirtschaftspolitischen Maßnahmen hinweist, die getroffen werden sollen: „z. B. die Spezialisierung der Fabrikationsprogramme und die Zusammenfassung von Unternehmungen zu Gruppen, die Entwicklung und Organisation wissenschaftlicher und technischer Forschung, die Normalisierung der Fabrikationstypen, die Aufstellung langfristiger Produktionsprogramme, die Umschulung von Arbeitskräften, die Ausbildung des qualifizierten technischen Personals, die Abrechnungsverfahren ... erstrebte Hilfen, Sondervorteile, Bewilligungen und Befreiungen, die also im Interesse des betreffenden Wirtschaftszweiges liegen, als Vorbedingungen, ohne welche die Planziele nicht erreicht werden können“[131], werden in den Schlußberichten formuliert und es besteht guter Grund, sie anerkannt zu erhalten. In den Modernisierungskommissionen erhält also der Staat ein ganz hervorragendes und sachverständiges Organ, die Wünsche und Möglichkeiten der einzelnen Wirtschaftszweige aus erster Hand zu erkunden, ihre Interessen zu analysieren und die wichtigsten Vertreter des Wirtschaftszweiges zur Mitarbeit am Aufstieg der nationalen Wirtschaft zu gewinnen und zu ermuntern. Der Präsident des französischen Industriellenvereins und sein Generalsekretär haben hervorgehoben, daß der nun schon fast zwei Jahrzehnte dauernde Erfolg der französischen Planifikation auf den wirksamen Einbau und die Mitarbeit der berufsständischen Organisationen zurückzuführen ist[132]. Die Arbeit an der Aufstellung des Planes hat die Zusammenarbeit der Unternehmer innerhalb der einzelnen Branchen ganz beträchtlich gesteigert, besonders auf dem Gebiet der Regelung des Wettbewerbs und der Abstimmung der Investitionen. Der Selbstverwaltungscharakter kommt darin zum Ausdruck, daß die Personen, die vom Plan irgendwie betroffen werden, an der Ausarbeitung des Planes teilnehmen und ihre Wünsche auch durchsetzen können[133]. Auch während der Laufzeit des Planes kommen die Gremien, die den Plan ausgearbeitet haben, regelmäßig zusammen, um die tatsächliche Entwicklung zu prüfen und zusätzliche Mittel zur Erreichung der Pläne einzusetzen.

---

[131] *Albrecht,* a.a.O., S. 68, vgl. auch S. 149.
[132] Vgl. *Albrecht,* a.a.O., S. 127 ff.
[133] Vgl. ebd., S. 153 f.

Von Unternehmerseite wird der besondere Vorteil der französischen Methode darin gesehen, daß sich der Plan nicht nur mit einzelnen Teilen der französischen Wirtschaft befaßt, sondern alle Teile umschließt.

Die erste und sehr weitgehende Phase der „Konzertierung" oder Abstimmung findet also in den einzelnen Modernisierungskommissionen und ihren Arbeitsgruppen statt. Um Widersprüche zwischen den Plänen der einzelnen Modernisierungskommissionen zu vermeiden, erhält jede Kommission von jeder anderen die sie betreffenden Informationen. Darüber hinaus treten die Präsidenten und Berichterstatter der einzelnen Kommissionen zu gemeinsamen Beratungen zusammen, gelegentlich werden auch zwischen einzelnen Kommissionen Arbeitsgruppen gebildet.

Die endgültige Harmonisierung des Gesamtplanes führt das Plankommissariat in Zusammenarbeit mit dem SEEF durch. Hierbei wirken auch die horizontalen Kommissionen für Arbeitskräfte, Finanzierungsmaßnahmen und Produktivität mit. Diese Schlußsynthese macht es uns möglich, von der französischen Wirtschaft als einer Werkgemeinschaft zu sprechen, in der alle Teile aufeinander abgestimmt sind und die Befriedigung der Bedürfnisse der gesamten Nation durch eine vollständige und optimale Nutzung ihrer Möglichkeiten in fortschreitendem Maße sichergestellt[134] wird.

Es dürfte kein Zweifel bestehen, daß durch die Arbeit am Plan das Zusammenwachsen der einzelnen Wirtschaftszweige, ihr gegenseitiger Interessenausgleich und die produktive Kraft ganz Frankreichs außerordentlich gefördert wurden. Durch den Plan wird die Volkswirtschaft zu einer substantiellen, handlungsfähigen, leitbaren Einheit. Falls kein neuerlicher Verfall der politischen Ordnung in Frankreich eintritt, wird dieses Zusammenwachsen noch fortschreiten, und die Planifikation anderen Ländern zum Vorbild dienen.

Kennzeichnend für die Planification à la française sind u. E.:

1. Klare Struktur. Das französische Generalkommissariat ist nichts weiter als ein Präsidialbüro (mit kleinem Personalstab), und keine Superbehörde. Der Generalkommissar untersteht direkt dem französischen Präsidenten der Republik (ebenso wie der board of directors der TVA). Der Generalkommissar ist der zuständige Delegierte des Präsidenten bei allen ministeriellen Departements, hat Informationsrecht bei allen Verwaltungsstellen in Fragen, die die Aufstellung und die Durchführung des Planes betreffen.
2. Der Pragmatismus[135]. Die Technik der Planifikation hat sich von Plan zu Plan verfeinert. Es ging nicht um vorgefaßte theoretische und

---

[134] Vgl. E. *Hirsch*, zit. bei Albrecht, a.a.O., S. 30.

[135] Auch in Bezug auf den österreichischen sozial- und wirtschaftspolitischen

technokratische Schemata, sondern zuerst einmal um den Wiederaufbau der kriegszerstörten Energiewirtschaft und der Grundstoffindustrie, um die Ankurbelung der Landwirtschaft, um konkrete Produktionszahlen für Eisen und Stahl, für Elektrizität und Kohle und um die Investition und Einrichtungen, die dazu helfen, die gesteckten Ziele zu erreichen. Eine Input-Output-Rechnung hat man bis zum IV. Plan überhaupt nicht erstellt[136], sondern sich mit den Comptes de Nation, der volkswirtschaftlichen Gesamtrechnung, und einigen eher vagen Trendprognosen begnügt. Aber um die Ziele der einzelnen Branchen, um ihre Abstimmung aufeinander, ihre „Konzertierung" und um die konkreten wirtschaftspolitischen Maßnahmen hat man sich sehr bemüht.

3. Die Offenheit in sachlicher, organisatorischer und personeller Hinsicht. Die in die Planung einbezogenen und im Detail behandelten Sektoren wurden von 5 auf 23 erweitert, zur Bearbeitung werden neue Kommissionen ins Leben gerufen, jede Institution, die wissenschaftlich von Nutzen ist, kann Forschungsaufträge erhalten, jede Person, welche die notwendige Kompetenz hat, ist eingeladen, sich an der Arbeit zu beteiligen. „L'ésprit du plan . . ., c'est le concert de toutes les forces économiques et sociales de la Nation[137]."
   Direkt oder indirekt sind am Zustandekommen des Planes alle Franzosen beteiligt[138].
4. Der indikative Charakter. Der Plan befiehlt nicht, er kommt nicht autokratisch zustande und er wird nicht diktatorisch durchgeführt. Er schlägt erwünschte Richtungen der Produktion, der Beschäftigung, der Ausbildung, der Forschung, der Investitionen und die Finanzierungsmittel vor und er zeigt Möglichkeiten und Hilfen auf, die der in Anspruch nehmen kann, der zur Zielerreichung des Planes beitragen will.
5. Die Zusammenarbeit. Der Plan ist vor allem Stätte der Begegnung[139], Aussprachegelegenheit, „table ronde" für eine sachliche Diskussion

---

Beirat meint Mitic, „daß bei allem Respekt vor den Grundsätzen die ewigen und leidenschaftlichen Diskussionen etwa über die Gegensätze zwischen ‚Planwirtschaft' und ‚Marktwirtschaft', ‚Privatwirtschaft' und ‚Gemeinwirtschaft', Privateigentum und Verstaatlichung oder Sozialisierung usw. — weniger weit führen als friedliche Überlegungen über praktische Lösungen konkreter wirtschaftspolitischer Probleme anhand der von keiner Seite leugbaren Tatsachen und ökonomischen Gesetzmäßigkeiten". M. *Mitic,* Der wirtschaftspolitische Beirat. In: Berichte und Informationen, 19. Jg., H. 927, Salzburg 24. 4. 1964, S. 1.

[136] J. *Fourastié,* La Planification économique en France, Paris 1963, S. 59.

[137] M. *Bloch-Lainé* bei *Fourastié,* a.a.O., S. 63.

[138] Der Plan, „une œuvre collective à l'élaboration de laquelle seraient associés directement ou indirectement tous les Français. P. *Massé* bei *Fourastié,* a.a.O., S. 64.

[139] Ebd., S. 23: „Le Commissariat est *un lieu de rencontre*".

aller Wirtschaftsfragen. Man versucht, die Wünsche nach Ausweitung der Kapazität mit der erwarteten Nachfrage in Übereinstimmung zu bringen. Man versucht, die Investitionen zwischen den Unternehmern der gleichen Branche und mit den Ausrüstern abzustimmen. Man arbeitet gemeinsame Empfehlungen zur Wirtschaftspolitik aus. Solche Empfehlungen beziehen sich auf Steuerfragen, Arbeitsbedingungen, Finanzierungsprobleme, sie betreffen Ausbildung und Weiterbildung des Nachwuchses, die Normalisierung der Produktion und die Typisierung, ferner Fragen der Forschung und Entwicklung, des Zusammenschlusses, der Spezialisierung, der Produktivitätssteigerung, gemeinsame Verkaufsnetze, Schaffung von Marktzentren, Verbesserung der Transportorganisation. Es wurde mit Recht darauf hingewiesen, daß zwar Kartelle verboten sind, jedoch „die Zusammenarbeit im Rahmen der planenden Gremien zur Verständigung zwischen den Firmen geführt“[140] habe. Zum Teil findet diese Verständigung aller interessierten Firmen Ausdruck in den „sociétés conventionées“, die sogar die Höhe der Importe aus EWG-Staaten regeln.

6. Die ständische Grundlage. Die französischen Unternehmerorganisationen haben hervorgehoben, daß der Plan sich auf die Verbandsorganisationen stützt. Tatsächlich spiegeln die „vertikalen Modernisierungskommissionen“, die das Gros der Detailarbeit leisten, die berufständische Gliederung des Wirtschaftsvolkes wider. Der Plan ist das Konzert der Berufstände mit dem Staat.

7. Die Versachlichung. Der objektive Wert der Planungsarbeiten besteht nach Huvelin darin, „daß alle Personen, die an der Ausarbeitung des Planes teilnehmen, irgendwie direkt von diesem Plan betroffen sind, und daß bei der Erörterung der großen und schwerwiegenden allgemeinen Probleme die Gesamtheit der Berufsorganisationen, die Gesamtheit der Regierung und der regionalen Behörden, die Gesamtheit der Verwaltungen, die Politiker und die Gewerkschaften gegenwärtig sind und daß jeder, ganz ohne Ausnahme, in der Lage ist, seine Beobachtungen und seine Wünsche vorzutragen. Dabei ... seien alle vor die praktische Unmöglichkeit gestellt, irgendwelche Positionen einzunehmen, die ein Wirtschaftssachverständiger von Bedeutung nicht akzeptieren könnte“[141].

8. *Zusammenfassung*

Bereits dieser Abschnitt über werkgemeinschaftliche Zusammenarbeit zeigt uns eine Fülle von Formen, die sich in der Wirtschaft mehr und

[140] *Albrecht*, a.a.O., S. 158.

[141] Bei *Albrecht*, a.a.O., S. 153 f.

mehr durchsetzen. Wir haben diese Formen nach den Grundprinzipien der Zusammenarbeit geordnet.

Die Formen, in denen das Prinzip gegenseitiger Hilfe und Selbsthilfe bei der Lösung der Wirtschaftsaufgabe im Vordergrund steht, behandelten wir zuerst: die „vertikale Integration“ als natürliches Zusammenwachsen von Erzeuger und Verwender; die „Vertriebsbindung“, die die Verteilungsaufgabe durch die Zusammenarbeit zwischen Lieferant und Händler bewältigen hilft.

Den Übergang von der Selbsthilfe zur operativen Selbstverwaltung und Selbstgestaltung bilden die Arbeitsgemeinschaften und die Herstellerringe. Hier liegt die Betonung auf der gemeinsamen Leitung und den Leitungsfunktionen. Leiten und Verwalten sind jedoch nur zwei Worte für denselben Begriffsinhalt.

Der Verbund ist wohl die höchste Ausformung des Prinzips der Selbstverwaltung und steht schon am Übergang zum Gemeinwohlprinzip. Das wird deutlich etwa bei Schult, der das ganze Ruhrgebiet als Verbundbetrieb ansieht und auf diese Weise überleitet zur Erschließungsgesellschaft, in der das Gemeinwohl, mindestens des Gebietes, für das die Erschließungsgesellschaft tätig ist, ihre Verwaltungs- und Leitungsfunktionen stark bestimmt. In der l'économie concertée ist das Gemeinwohl der ganzen Volkswirtschaft unmittelbar und bewußt erstrebt. Auch wird aus Bemerkungen von Fourastié deutlich, wie eine Form und ein Prinzip in das andere übergeht: Die Tennessee-Valley-Authority, so meint Fourastié, „ce fût une grande expérience de planification“[142].

Mit dem Übergang der einen Form in die andere meinen wir aber nicht, daß sie durch diesen Übergang ausgelöscht wird. Sie bleibt u. M. nach bestehen, ja mehr noch, die Formen durchdringen sich gegenseitig, ergänzen und stärken einander. Auch in der TVA oder der l'économie concertée bleibt die Selbsthilfe am Werke, ja ohne sie würde das Gemeinwohl überhaupt nicht erreicht werden können. Und umgekehrt stärkt wieder das Gemeinwohl die Kräfte der Selbsthilfe, denn es weist ihnen die Richtung und verhindert ihre Zerstreuung. Es „sozialisiert“, d. h. es vergesellschaftet die vielfältigen unternehmerischen und verbandlichen Anstrengungen, es verhindert, daß sie aus dem Ganzen herausfallen oder sich gar von ihm abwenden. Diese Sozialisation geschieht nicht durch Negation der Selbsthilfe, nicht durch immer weitere Belastung der einzelmenschlichen und verbandlichen Tätigkeit mit sozialen Hypotheken und Auflagen, welche die Initiative und das frei schöpferische Handeln zu ersticken drohen, sondern durch den Aufruf dieser Kräfte der Selbsthilfe, durch Stellung von Aufgaben. Sie schafft bewußt

---

[142] J. *Fourastié*, a.a.O.

Raum für das Mitwirken aller an Ordnung und Gestaltung des sozialen und wirtschaftlichen Lebens. Musterbeispiel ist die TVA, die die lokalen Selbstverwaltungen stützt oder ins Leben ruft und die Initiative überall hervorlockt, indem sie ihr den Boden bereitet, auf dem sie gedeihen kann.

Ansätze einer ähnlichen Entwicklung in Deutschland bietet die sogenannte 3. Phase der „sozialen Marktwirtschaft". War die 1. Phase durch die Aufhebung der Zwangswirtschaft, durch Liberalisierung und Währungsreform und die 2. Phase durch die Sicherung des Erreichten, die Härtung der deutschen Mark, die Stabilisierung der hohen Wachstumsrate, die Ausbildung der Integration und die Exportausweitung gekennzeichnet, so steht in der 3. Phase das von L. Erhard skizzierte „Gemeinschaftswerk" im Vordergrund: „Im gemeinsamen Bemühen staatlicher, halbstaatlicher und freier Institutionen des Gewerbes, der Industrie und der verbandlich organisierten Wirtschaft und Gesellschaft, sollen Aufgaben bewältigt werden, welche die Möglichkeiten einzelner Instanzen übersteigen und die zu finanzieren selbst finanzstarke Kommunen schon lange nicht mehr in der Lage sind[143]." Zu diesen Aufgaben gehören, nach dem bisher von Erhard nur in groben Umrissen konturierten Programm, bedeutende Anstrengungen auf dem Gebiete der Gesundheits-, Erziehungs- und Bildungspolitik, ferner die Raum- und Stadtplanung, die Stärkung des Verkehrswesens, der Ausbau des Straßennetzes, eine raumwirtschaftlich orientierte Strukturpolitik, nicht nur in den industriellen Ballungsräumen, sondern auch in den vorwiegend agrarisch oder gemischtwirtschaftlich genutzten Räumen zwischen Ruhr und Elbe, Main und Donau. Ein „neues Raumverhältnis" soll geschaffen werden: große Naturparks, Erholungszentren für Großstädter, Ausflugsziele für die Kleinstadt- und Landbevölkerung, Harz und Heide, Pfälzer Wald und Siegerland, Schwarzwald und die Hohe Mark sollen ihre lokale Bedeutung zugunsten einer wahrhaft großflächigen Behandlung des westdeutschen Raumes verlieren. „Landschaft und Wirtschaft sollen den neuen, veränderten Bedingungen und Verhältnissen des Menschen angepaßt werden. Denn mit einem neuen Lebensgefühl, das vor allem die jüngere Generation immer ausgeprägter zeigt, ist auch das Raumgefühl des Menschen gewachsen"[144], sein Verhältnis zur Natur wird bewußt und nach modernen, rationellen und zugleich ästhetischen Auffassungen gestaltet.

Diese Ansätze werden, konsequent weitergedacht, dazu führen, die ganze Wirtschaftsaufgabe als „Gemeinschaftswerk" oder die ganze Wirt-

[143] L. *Köllner*, Erhards neuer Plan, in: Die politische Meinung, 10. Jg., H. 105, Bonn, Mai 1965, S. 6.

[144] L. *Köllner*, a.a.O., S. 5.

schaft als Werkgemeinschaft anzusehen. Dabei wird man sich vor kollektivistischen, aber auch vor konstruktivistischen, funktionalistischen und perfektionistischen Lösungen hüten müssen, einerseits durch klare soziale Prinzipien, die, wie vor allem das Prinzip der Subsidiarität, dem freien Eigen- und Zusammenleben der kleinen Gemeinschaften Rechnung tragen, andererseits aber durch Anknüpfung an jene historisch-gewachsenen Ordnungen, die den Lebensraum der Stämme erfüllen. Es scheint in den von uns aufgezeigten Formen der Zusammenarbeit dieses neue Gemeinschaftsgefühl sich keimhaft anzukünden und seine ersten Schritte zu versuchen.

B. Die Gleichartigkeit der Verrichtungen als Grundlage wirtschaftlicher Zusammenarbeit (berufsgemeinschaftliche Zusammenarbeit)

Besteht Gleichartigkeit der von den zusammenarbeitenden Gebilden erbrachten Leistungen oder Gleichartigkeit des Berufes, so können wir von leistungs-, verrichtungs-, oder berufsgemeinschaftlicher Zusammenarbeit sprechen. Die leistungs- oder berufsgemeinschaftliche Zusammenarbeit bezweckt die Verbesserung der durch die Einzelwirtschaften getrennt erbrachten Leistungen durch gemeinsame Einrichtungen, Normen, Regelungen.

Die berufsgemeinschaftliche Zusammenarbeit erstreckt sich also zuerst einmal unmittelbar auf die von den einzelnen Betrieben oder Gebilden getrennt erbrachten gleichartigen Leistungen, auf ihre Quantität und Qualität, ihre räumliche und zeitliche Darbietung, auf ihre Preise und Konditionen. Die Kartelle, Normierungs- und Gütegemeinschaften finden hier ihr Aufgabengebiet.

Die Zusammenarbeit kann auch Vorsorgen für den Fall des Mißlingens der Leistungen beinhalten. Das ist das typische Tätigkeitsgebiet der solidarischen Hilfe in der Form von Versicherungsgemeinschaften, einer Unterform der Genossenschaften.

Eine Leistungsverbesserung läßt sich aber auch durch gemeinschaftliche Einrichtungen zur Erfüllung betrieblicher Teilaufgaben erzielen. Solche Einrichtungen nennen wir Verbandsbetriebe, die Zusammenarbeit ist eine genossenschaftliche.

Die berufsgemeinschaftliche Zusammenarbeit kann endlich mittelbar die Erbringung von Leistungen fördern, vor allem auf dem Weg über Berufsausbildung und Berufsordnung. Hier treten die öffentlich-rechtlichen Verbände in Erscheinung, insbesondere die Kammern für die gewerbliche Wirtschaft, die Landwirtschaft und die freien Berufe.

Abschließend wollen wir die Volkswirtschaft als Leistungsgemeinschaft oder die berufsgemeinschaftliche Organisation der Volkswirtschaft behandeln.

1. Zusammenarbeit zur Hebung der Qualität: Die Qualitäts- und die Produktentwicklungsgemeinschaft

Es ist durchaus verständlich, daß mehrere Hersteller eines Erzeugnisses, die Angehörigen eines Berufsstandes, an der guten Qualität ihrer getrennt erbrachten Leistungen interessiert sind, weil nur zu leicht vom Erzeugnis oder der Leistung des einzelnen Herstellers oder eines einzelnen Berufsangehörigen auf die Qualität aller geschlossen wird. Ein einzelner kann den ganzen Berufsstand in Verruf bringen und dadurch alle schädigen. Es ist darum nur natürlich, daß die Berufsangehörigen zur Hebung der Qualität ihrer Leistungen zusammenarbeiten.

Man hat mit Recht darauf hingewiesen, daß der bei fehlender Zusammenarbeit herrschende Konkurrenzkampf zu gefährlicher Qualitätsminderung der Produkte, zur Beeinträchtigung der Sicherheit bei der Nutzung (z. B. der Elektrogeräte), zur Vernichtung volkswirtschaftlicher Werte durch rasches Unbrauchbarwerden minderwertiger Artikel und zur Stagnation der technischen Weiterentwicklung führen kann[1]. Besonders bei dauerhaften Gütern hat der Käufer im allgemeinen keine Möglichkeit und auch nicht genügend Kenntnisse, um einen gründlichen Qualitätstest durchzuführen. Selbst Testinstituten sind objektive Qualitätsvergleiche nur schwer möglich. Der Käufer wird nicht selten durch das äußere Aussehen, die Aufmachung, massive Reizwerbung und unlautere Akquisitionsmethoden hinsichtlich der Qualität einzelner Produkte getäuscht. Die akquisitionsübliche Betonung der Minderwertigkeit der Konkurrenzerzeugnisse bewirkt, daß das Vertrauen der Abnehmer zu den Erzeugnissen der ganzen Branche schwindet.

In dieser Situation schlossen sich — nach Gloede — weitblickende, leistungsfähige Unternehmer zu technischen Arbeitsgemeinschaften mit dem Ziel zusammen, den technischen Vorsprung ihrer Betriebe auszubauen und die Qualität ihrer Produkte zu heben. Es wurde Patentaustausch bzw. gegenseitige Lizenzbereitschaft vereinbart und dadurch wiederum die Voraussetzung für freimütigen Erfahrungsaustausch geschaffen.

Die technische Weiterentwicklung der Geräte und die Verbesserung des Goodwill im Markte standen auch in engem Zusammenhang mit der

---

[1] Vgl. F. *Gloede*, Freiwillig, technische Arbeitsgemeinschaften mit Zweckbindungen (Patent- und Marktregelung) und ihre Einschaltung in die Organisation der Kriegswirtschaft, in: Kartell-Rundschau, 40. Jg., H. 7, Berlin 1942, Seite 217 ff.

Normierung der Geräte und den Sicherheitsbestimmungen (Prüfvorschriften).

Die bestorganisierten Qualitäts- und Entwicklungsgemeinschaften hatten drei Ausschüsse: einen technischen Ausschuß, einen Patentausschuß und einen Preisausschuß. Die wichtigsten Funktionen des technischen Ausschusses waren Auswahl der gemeinsam zu schaffenden Gegenstände und Typen und Festlegung der aus Qualitäts- und Sicherheitsgründen notwendigen Merkmale und Normen. Der Patentausschuß überwachte die Schutzrechte, gab Gutachten über die Höhe der Lizenzgebühren ab und schritt bei Verletzung der Schutzrechte ein. Der Preisausschuß bestimmte den so niedrig wie möglich und so auskömmlich wie nötigen Preis. Dieser Preis sollte insbesondere auch die Kosten des technischen Fortschritts rückvergüten. Außerdem hatte der Preisausschuß Marktstudien zu betreiben und Hinweise auf die ausländische Preispolitik zu geben. Während ursprünglich Marktregelung nicht bestand, wurde sie jedoch bald als bindendes Glied der technischen Entwicklung im gemeinsamen Interesse aller, Erzeuger wie Verbraucher, geschaffen. Marktregelung war Mittel zur Sicherung einer patentrechtlich loyalen Zusammenarbeit.

Bedeutung haben die Gütezeichen-Gemeinschaften erlangt. Die Gütegemeinschaft bezweckt, die Qualität der von den Mitgliedern hergestellten Waren der Kundschaft gegenüber zum Ausdruck zu bringen und zu garantieren. Die Gütegemeinschaft legt im allgemeinen Qualitätsanforderungen für bestimmte Erzeugnisse fest, überwacht die Einhaltung dieser Qualitätsanforderungen, oft durch unabhängige Materialprüfämter oder Treuhänder, und erteilt den Mitgliedern das Recht, bei Erfüllung der Qualitätsanforderungen ihre Erzeugnisse mit dem Gütezeichen zu versehen. Die Mitglieder können, soweit es die Kartellgesetze erlauben, verpflichtet werden, nur noch gütegesicherte Erzeugnisse herzustellen. Selbstverständlich kann der Eintritt in die Gütezeichengemeinschaft auch von Bedingungen abhängig gemacht werden, die in der Person des Herstellers liegen (z. B. Befähigung) oder die bestimmte technische Einrichtungen des Betriebes verlangen[2].

Nicht selten gelingt es solchen Gütezeichengemeinschaften, sich der Hilfe des Staates oder anderer öffentlich-rechtlicher Körperschaften zu versichern, die aus volkswirtschaftlichen Gründen, etwa zur Hebung des Exports, Qualitätsverbesserungen für wünschenswert halten. Das Gütezeichen erhält dadurch Kredit und Autorität der dahinter stehenden Körperschaft[3].

---

[2] Vgl. Bundesministerium für Wirtschaft, Zwischenbetriebliche Zusammenarbeit im Rahmen des Gesetzes gegen Wettbewerbsbeschränkungen, Zl. I B 5-813350, Bonn 1963, S. 41.

[3] Vgl. W. *Heinrich*, Wirtschaftspolitik I, S. 288 f.

Ähnlich wirkt die Zusammenarbeit zwecks Typenbereinigung. So waren beispielsweise in der BRD bei den einzelnen Herstellern 300 bis 500 Faß- und Trommeltypen im Sortiment. Durch Absprachen gelang es, die Sortimente weitgehend zu bereinigen, die einzelnen Faßtypen zu normieren, Vereinbarungen über Preisaufschläge für außerhalb der Norm zu liefernde Faßtypen zu treffen. Die Losgröße konnte dadurch wesentlich verbessert, die Lager vermindert und der Wirtschaftserfolg erhöht werden[4].

Typisch für die Produktivität der Zusammenarbeit ist das Beispiel eines Rationalisierungskartells für Ölhydraulik. So vereinbarten drei Unternehmungen des Maschinenbaues die gemeinsame Konstruktion und Verwendung einer Einheits-Hydraulik, um die außerordentliche Vielzahl von unterschiedlichen Konstruktionen und Antrieben zu vermindern. Die Einheits-Hydraulik erlaubt die Herstellung austauschfähiger Einzelteile, die Vereinheitlichung bei der Produktion, in Einkauf und Lagerhaltung sowohl bei den Erzeugerfirmen wie bei den Kunden. Ferner können Kosten für Sonderkonstruktionen weitgehend eingespart, das Personal der Kunden kann leichter geschult werden, die Bedienung, Unterhaltung und Reparatur wurden vereinfacht und billiger. Die Vereinbarung wurde vom deutschen Bundeskartellamt gebilligt[5].

Wir dürfen aus diesen Beispielen lernen, daß die treibende Kraft zur Zusammenarbeit hier der Wille zur Qualität, zur Rationalisierung und zur fortschrittlichen Entwicklung ist. Technischer Fortschritt, Qualität und Wirtschaftlichkeit sind Güter, die sich dem Gemeinwohl durchaus zuordnen lassen, wie überhaupt die tragfähigen Ideen der Selbsthilfe auch gemeinwohlgerecht sind.

2. Zusammenarbeit zwecks Marktregelung: die Kartelle und kartellähnliche Zusammenschlüsse

Wollte man versuchen, die Geschichte der Marktregelung in großen Zügen nachzuzeichnen, so wird man für unseren Kulturbereich wohl folgende Phasen anführen können:

1. Das Zusammenwirken der Obrigkeit (Reichs-, Staats-, landesherrlichen und Gemeindeobrigkeit) mit den Berufsverbänden (Collegia, Einungen, Zünfte) im Altertum und Mittelalter. Dieses Zusammenwirken ist immer wieder vom Verfall der obrigkeitlichen Ordnung und von kapitalistischen Wellen unterbrochen, gegen die sich wiederum zentralistische Eingriffe durchzusetzen versuchten. Der stark ge-

---

[4] Über dieses Beispiel berichtet H. Rühle v. *Lilienstern*, A. *Hermann*, J. *Neumann* in: Praktische Beispiele zwischenbetrieblicher Kooperation, Stuttgart 1964, S. 98 ff.

[5] Ebd., S. 109 f.

nossenschaftliche Charakter der Ordnung verhinderte jedoch eine dauernde Unterbrechung dieses Zusammenwirkens.

2. Die ausschließlich obrigkeitliche und polizeiliche Marktregelung während der Zeit des aufgeklärten Absolutismus. Dieses „System landesfürstlicher Wohlstandspolizei" herrschte von Beginn der Neuzeit bis zum Ende des 18. Jh., teilweise bis zur Mitte des 19. Jh. Durch die Zentralisation der politischen Gewalt wird die Obrigkeit zum einzigen Träger der Marktregelung. Durch landesfürstliche Privilegien und Monopole wird die Industrialisierung begonnen. Die wichtigsten Preise sind durch Taxen bestimmt, der Verbrauch unterliegt Beschränkungen (Luxusverordnungen), die selbständige gewerbliche Berufsausübung ist an Konzessionen gebunden, Ein- und Ausfuhr sind geregelt, die Inlandsproduktion durch Zölle geschützt. In dieser Phase konnten Vereinigungen von Gewerbetreibenden und Gesellen als „Verschwörungen" behandelt werden. Koalitionen von Arbeitgebern und Arbeitnehmern, die den Zweck hatten, die Preise der Erzeugnisse oder die Löhne zu erhöhen oder hochzuhalten, waren unter Strafandrohung verboten. Mit Recht bemerkt Kleinwächter: „Die älteren Koalitionsverbote sind wohl als eine notwendige Konsequenz der damaligen Gewerbeverfassung aufzufassen. So lange bei der Verleihung der Gewerbekonzession auf den Ortsbedarf Rücksicht genommen wurde, durfte der Staat wohl von der Anschauung ausgehen, daß die beschränkte Anzahl der Gewerbekonzessionen den Unternehmern eine genügend gesicherte Stellung gewähre, daß man daher den Gewerbetreibenden nicht gestatten könne, sich zusammenzutun und ihre Stellung durch eigenmächtiges Handeln noch mehr zu kräftigen[6]."

3. Der Zerfall der Ordnung im Zuge der Französischen Revolution. In dieser jakobinischen Phase wurden alle Privilegien und Konzessionen beseitigt, die Koalitionsverbote blieben bestehen oder wurden erneuert[7].

4. Die Periode des Laisser-faire um die Mitte des 19. Jh. bedeutet Zurückziehung des Staates, dessen Autorität durch die Französische Revolution und ihre Auswirkungen erschüttert ist, von ordnungspolitischen Aufgaben. Gewerbefreiheit, Vertragsfreiheit, Eigentumsfreiheit unterstreichen die Befreiung von obrigkeitlichen Beschränkungen. Zögernd werden die Koalitionsverbote aufgehoben und die

---

[6] F. *Kleinwächter*, Die Kartelle — Ein Beitrag zur Frage der Organisation der Volkswirtschaft, Innsbruck 1883, auszugsweiser Nachdruck in: Kartelle in der Wirklichkeit, Festschrift für Max Metzner, Köln, Berlin, Bonn 1963, wir zitieren nach diesem Nachdruck. Die Rechtschreibung wird von uns nach dem derzeitigen Stand berichtigt. Die zitierte Stelle auf S. 63.

[7] In Frankreich durch das vielzitierte Dekret vom 17. Juli 1791.

Vereinigungsfreiheit gewährt. In den vom Staat aufgegebenen Ordnungsraum dringt das Assoziationswesen langsam ein.

5. Die privatrechtliche Marktregelung bringt um die Wende zum 20. Jh. die Hochblüte der Kartelle. Anfangs gewährt der Staat den Koalitionen keinen Rechtsschutz, sei es durch Verweigerung der Rechtspersönlichkeit der entstehenden Verbände, sei es, daß er die Klagbarkeit der Ansprüche aus den Koalitionsverträgen gegenüber den einzelnen Mitgliedern, die sich den Verpflichtungen entziehen wollen, verneint[8]. Der Staat ringt um die Zurkenntnisnahme der privatrechtlichen Marktregelung, teils veranstaltet er Enquêten, um sich über ihr Bestehen zu informieren, teils versucht er vergeblich, sie zu verbieten oder längst nicht mehr eingehaltene Verbote aufrechtzuerhalten.

6. Die privatrechtliche Marktregelung wird zur öffentlich-rechtlichen oder zur rein staatlichen. Noch vor dem 1. Weltkrieg erkennt der Staat die privatrechtlichen Verbindungen zur Marktregelung als positives Element der Wirtschaftsordnung, und er bedient sich dieser Einrichtungen[9]. Diese Tendenz wird durch den 1. Weltkrieg noch verstärkt, ermöglichen doch auf vielen Gebieten die entstandenen privatrechtlichen Marktorganisationen die Durchführung der Kriegszwangswirtschaft. Umgekehrt fördert auch der in der Kriegswirtschaft stark wirksame Geist der Zusammenarbeit und der gegenseitigen Hilfe die Vertiefung der organisatorischen Beziehungen in den schweren Nachkriegsjahren. Das Erstarken der Organisationen der Arbeitnehmer bedingt auch das enge Zusammenstehen der Arbeitgeber.

   Der Staat beobachtet die entstehenden oder sich vertiefenden Marktregelungen, er registriert sie, beides zu dem Zweck, ihren Mißbrauch hintanzuhalten[10]. Mit ihrer Registrierung werden die privatrechtlichen Marktregelungsverbände staatlich genehmigt und anerkannt. Zum Beginn der dreißiger Jahre „waren die Hersteller aller im Inland industriell erzeugten Rohstoffe und Halbwaren bis auf wenige Ausnahmen vollständig kartelliert; die Fertigwarenproduktion stand etwa zu einem Viertel bis zu einem Drittel unter dem Einfluß von Kartellen“[11].

---

[8] In Deutschland wird der Rechtsschutz den Kartellen erst durch das berühmte Urteil des Reichsgerichtes vom 4. 2. 1897 gewährt.

[9] Erstes Symptom ist das durch den Staat errichtete Zwangskartell (Syndikat) im Kalibergbau, das durch das deutsche Gesetz v. 25. 5. 1910 errichtet wurde.

[10] In Deutschland durch die Verordnung gegen den Mißbrauch wirtschaftlicher Machtstellungen v. 2. 11. 1923 (Kartellverordnung).

[11] F. *Voigt*, Unternehmungszusammenschlüsse, (III) staatliche Politik, in: HdStw., Bd. 10, Stuttgart usw. 1959, S. 574. Nach Klug gab es 1928 2500 Kar-

In der Wirtschaftsdepression wird ab 1930 die marktregelnde Zusammenarbeit im Deutschen Reich, wie auch in auffällig vielen anderen Staaten, bewußt gefördert. Auf dem Gebiete der Landwirtschaft werden Zwangsverbände ins Leben gerufen[12], ebenso im Verkehr[13]. Die Preisüberwachung[14] war ein äußerer Beweis, daß die Preise sich nicht mehr nach Angebot und Nachfrage richteten. Nach der Machtergreifung durch den Nationalsozialismus übernimmt der Staat in immer weiterem Ausmaß die Lenkung und damit auch die Marktregelung der Wirtschaft. Die Kartelle und die öffentlich-rechtlichen Körperschaften werden zu Organen des Staates bei der Durchführung seiner Lenkungsaufgaben, eine Entwicklung, die im 2. Weltkrieg in völlige Zentralisierung umschlägt.

Nach dem 2. Weltkrieg erlangen in Deutschland die gemeldeten privatrechtlichen marktregelnden Verbände keine große Bedeutung mehr. Ende 1962 sind im deutschen Kartellregister nur 86 Kartelle eingetragen, davon die meisten Konditionenkartelle[15]. Das Bedürfnis nach privatrechtlicher Marktregelung schwindet zusammen mit der Marktwirtschaft. Salin schätzt, daß in „der Bundesrepublik, genauso wie in allen Staaten des Westens, die samt und sonders ein gemischtes Wirtschaftssystem aufweisen, der Raum der Marktwirtschaft nicht viel mehr als ein Viertel der Gesamtwirtschaft überdecken"[16] dürfte. Den Bereich, für den die Marktwirtschaft aufgehoben ist, umgrenzen die Ausnahmebestimmungen des bundesdeutschen „Gesetzes gegen Wettbewerbsbeschränkungen"[17]: die Landwirtschaft (Erzeugung, Lagerung, Veredelung, Ein- und Ausfuhr wichtiger landwirtschaftlicher Produkte),

---

telle, darunter 1700 Konditionenkartelle; 1934 waren es etwa 2700 (vgl. O. *Klug*, Die Problematik der amtlichen deutschen Kartellpolitik, in: Kartelle in der Wirklichkeit, a.a.O., S. 153 ff.).

[12] Das Milchgesetz vom 31. Juli 1930 (RGBl. S. 421) sah den zwangsweisen Zusammenschluß der Erzeuger und Verarbeiter, die Abgrenzung von Milcheinzugsgebieten und die Festsetzung von Milchpreisen vor. Das Gesetz enthielt Vorschriften für die Schaffung einheitlicher Sorten für Butter und Käse. Neben Zwangsverbänden konnten auch freiwillige bestehen. In der Zuckerwirtschaft erfolgte der Zusammenschluß auf Grund der V. O. vom 27. März 1931 (RGBl. S. 88) zu einem reinen Kontingentierungskartell. Ähnlich wurde die gesamte Kartoffelstärkeindustrie zusammengeschlossen.

[13] Auf dem Gebiet des Verkehrs wurde errichtet: das Elbschiffahrts-Zwangskartell vom 10. Juni 1932 als öffentlich-rechtliche Körperschaft.

[14] Auf Grund der Notverordnung vom 8. Dez. 1931 zum Schutz der Bevölkerung gegen Überteuerungen bei lebenswichtigen Gegenständen.

[15] Vgl. W. *Giesler*, Konditionskartelle und ihre Abgrenzungen zu Preisen und Preisbestandteilen, in: FIW-Schriftenreihe, 8. Heft, Köln etc. 1963, S. 14. Die Zahl der Eintragungen sagt nichts über die Zahl der bestehenden marktregelnden Einrichtungen aus.

[16] E. *Salin*, Kartellverbot und Konzentration, in: Kyklos Vol. XVI-1963, S. 179.

[17] BGBl. I, vom 27. Juli 1957 (Kartellgesetz), S. 1081.

die Versorgungsunternehmungen (Strom, Gas, Wasser), die Kohle- und Stahlerzeugung[18], der Verkehr (zu Lande, zu Wasser und in der Luft sowie die Verkehrsnebenleistungen), das Bank- und Kreditwesen, die Versicherungen. Dazu kommen die Möglichkeiten der Marktbindung bei Markenartikeln oder bei Verlagserzeugnissen, ferner die Marktbeschränkungen in Verbindung mit Patentrechten oder mit know-how-Überlassungen.

Probleme der Marktregelung bestehen heute noch in jenem „Viertel, in dem Gewerbe, Industrie und Handel beheimatet sind"[19]. Hier beschleunigen die beschränkten und erschwerten Möglichkeiten zur Marktregelung die Konzentration und die vertikale Integration. Konzentration und Integration bei fehlender oder erschwerter Marktregelung führen zu heftigen Wettbewerbskämpfen und Gleichgewichtsstörungen. Sie bringen erhebliche Verluste an volkswirtschaftlichem Kapital und an Produktionskraft.

Die Konzentration wird auch dadurch besonders gefördert, daß der Wettbewerbsspielraum immer kleiner wird. Die gebundenen Kosten verhindern eine Weitergabe der Preisschwankungen an die Arbeitnehmer und Vorlieferanten. Hellwig führt an, daß der Raum der gebundenen Kosten in einzelnen Werken beträgt: bei Steinen und Erden 85 %, in der elektrotechnischen Großindustrie 68 %, in der Zementerzeugung 71 %, bei der Metallverarbeitung 70—80 %[20]. Zu den gebundenen Kosten gehören die tarifmäßigen Löhne, Gehälter, Sozialabgaben, zahlreiche Rohstoffe, Brennstoffe, Energie, Transportkosten, gewisse Steuern, Versicherungen, Zinsen. Durch den hohen Anteil der gebundenen Kosten können Marktschwankungen kaum noch durch Preisanpassung ausgeglichen werden. Das Bestreben von Industrie und Gewerbe, auch ihre Leistungen preiszuregeln, ist daher nur zu verständlich.

Die Mengenanpassung an Marktschwankungen gelingt zwar noch bei Ausdehnung, die Kontraktion führt wegen der starken Progression der Stückkosten (bei nur geringer Senkung der Produktionsmenge) zu Ertragsausfall. Die Unternehmenspolitik schlägt darum zwei Richtungen ein:

Ausweitung oder wenigstens Sicherung des Marktanteils,

Erhöhung und Sicherung der Wirtschaftlichkeit durch Rationalisierung.

---

[18] Durch den Vertrag über die Gründung der Europäischen Gemeinschaft für Kohle und Stahl v. 18. April 1951. „Auch im Rahmen der Montanunion kann sich eine freie Preisbildung eigentlich nicht entwickeln", O. *Lehnich*, Die Wettbewerbsbeschränkung, Eine Grundlegung. Köln 1956, S. 477.

[19] *Salin*, Kartellverbot, a.a.O., S. 179.

[20] Bei *Lehnich*, a.a.O., S. 588.

Beide Richtungen hängen eng zusammen. Ausweitung des Marktanteils ist oft genug nur durch Rationalisierung möglich; Rationalisierung verlangt gesicherten Marktanteil.

Die Marktsicherung geschieht heute in vermehrtem Ausmaße durch vertikale Integration (vertikale Kombinate, Ausschließlichkeitsbindungen im Vertrieb, Preisbindungen der zweiten Hand). Die vertikale Integration verhindert jedoch nicht jede Bedrohung des Marktanteils. Das gelingt erst durch marktregelnde Zusammenarbeit mit den Berufsgenossen. Träger dieser Zusammenarbeit sind heute in hohem Maße die öffentlich-rechtlichen Verbände und Kammern.

Die lockerste Form der durch Zusammenarbeit erzielten Marktbindung besteht in der Aufstellung von Wettbewerbsregeln[21] mit dem Zweck, unlauteren Wettbewerb zu vermeiden. Sie enthalten häufig Bestimmungen über Zugaben, Rabatte, Werbung[22].

Marktregelnd wirken bereits Vereinbarungen über den Informationsaustausch. „Der Erfahrungs- und Meinungsaustausch ist ein Faktum des täglichen Wirtschaftslebens, das außerhalb des Kartellgesetzes steht. Der Informationsaustausch kann sich in beliebiger Form, z. B. in Gesprächen oder auf Verbandssitzungen, vollziehen. Er kann sich auf sämtliche Gebiete der Geschäftspolitik erstrecken, also etwa auf Fragen des Einkaufs, der Produktion, des Verkaufs, der Preise, der Lagerhaltung, der Werbung oder der Investitionspläne. Informationen dürfen auch in der Weise verbreitet werden, daß Verbände ihren Mitgliedern oder anderen Verbänden wahrheitsgemäß über den Verlauf von Verbandssitzungen berichten[23, 24].“ Je enger die Verbandsgenossen verbunden, und je anständiger sie sind, desto entbehrlicher werden formelle, schriftliche Verträge zur Marktregelung[25]. In Österreich, das den Kartellen lange Zeit keinen zivilrechtlichen Schutz gewährte, traten an die Stelle rechtlicher Bindungen vielfach moralische[26]. Gerade dieses Fehlen

---

[21] Codes of fair Competition wurden auch durch die staatliche Gesetzgebung erlassen (USA).

[22] z. B. Werbeverbot bei gewissen freien Berufen (Wirtschaftstreuhänder, Ärzte, Rechtsanwälte).

[23] BWM, Zwischenbetriebliche Zusammenarbeit im Rahmen des Gesetzes gegen Wettbewerbsbeschränkungen, Bonn 1963, S. 8 (Kooperationsfibel).

[24] Informationsaustausch dieser Art ist auch die Hauptaufgabe der Trade Associations, von denen es in den USA etwa 8000 gibt. Sie ersetzen die Kartelle. Vgl. E. *Grochla*, Betriebsverband und Verbandbetrieb — Wesen, Formen, Organisation der Verbände aus betriebswirtschaftlicher Sicht, Berlin 1959, S. 65 und S. 97.

[25] Darauf beruht auch die Wirkung der Gentlemen's Agreements in den angelsächsischen Ländern.

[26] Auf Grund des § 4 des Koalitionsrechts von 1870 waren „Verabredungen von Gewerbsleuten zu dem Zweck, um den Preis der Ware zum Nachteil des Publikums zu erhöhen“ verboten, vgl. *Lehnich*, a.a.O., S. 419.

des Rechtsschutzes für den rechtswirksamen Bestand der Kartelle hat die österreichische Kartellbildung frühzeitig auf Wege geleitet, auf denen sowohl die Interessen der Mitglieder als auch die der Öffentlichkeit einen besseren Schutz gefunden haben, als dies durch eine spezielle Gesetzgebung möglich gewesen wäre[27].

Ein weiterer Schritt zur Marktregelung durch Zusammenarbeit besteht in den gemeinsamen Bemühungen zur Erhöhung der Markttransparenz. „Für die Bemühungen um Herstellung der Markttransparenz haben sich besonders die Formen des *Informationsaustausches*, der *Informationsverpflichtung*, der *Marktanalyse* und der *Marktstatistik*, des *Open Price Systems*, der *Betriebswirtschaftlichen Leistungsgemeinschaft* und der *Umsatzmeldestelle* herausgebildet[28].“

Der Informationsaustausch ist oft nur dann wirksam, „wenn die Spielregeln zu einer Vereinbarung festgelegt werden und eine neutrale Stelle mit der Durchführung des Verfahrens beauftragt wird . . .“[29]. Durch die Spielregeln entsteht die Informationsverpflichtung als vertraglich geregelte Form der Zusammenarbeit im Rahmen des Informationsaustausches. Die Informationsverpflichtung besteht zumeist in der Herausgabe der einzelnen Preislisten, der Meldung von Änderungen der Preislisten resp. einzelner Nachlässe, Ausnahmen u. a. m. Diese Informationen werden allen oder einem Kreis der beteiligten Firmen automatisch oder über Anfrage zur Verfügung gestellt[30].

Marktanalyse und Marktstatistik dienen der Herstellung einer globalen Markttransparenz. „Marktforschung und Markterkundung sind angesichts der fortschreitenden Integration der Märkte wichtige Mittel der Absatzplanung[31].“ Die zusammenarbeitenden Firmen vereinbaren die Meldung der zur Marktanalyse oder Marktstatistik erforderlichen Daten, häufig durch Übersendung einer Rechnungskopie an eine zentrale Auswertungsstelle (Verband, Treuhandbüro, Abwicklungsstelle), die die Ergebnisse der Auswertung den beteiligten Firmen wiederum rückübermittelt. Die Auswertung enthält Aufgliederung der Produkte, Erlöse, Preise und Mengen nach zahlreichen Gesichtspunkten.

Das Open Price System verlangt die Offenlegung von Preisen und Geschäftsvorgängen. Das Ziel besteht in der „Herstellung einer Marktübersicht für konkrete Einzelgeschäftsvorgänge zum Zwecke der Aus-

[27] So der Vertreter des Hauptverbandes der Industrie Österreichs, Weiss-Wellenstein, auf dem 35. Deutschen Juristentag, Salzburg 1928; vgl. *Lehnich*, a.a.O., S. 411.

[28] H. *Menze*, unter Mitarbeit von R. Ley, Möglichkeiten unternehmerischer Zusammenarbeit ohne wettbewerbsbeschränkende Bindung, Berlin 1960, S. 15.

[29] Ebd., S. 35.

[30] Vgl. ebd., S. 31 f.

[31] BWM, a.a.O., S. 11.

schaltung unlauterer Ausspielungsversuche der Abnehmer und zum anderen hinsichtlich der Herstellung einer globalen Marktübersicht . . ."[32]. So weitgehende Offenlegungen setzten häufig Absprachen über Kundenschutz voraus.

Zur Verbesserung der Markttransparenz trägt auch die Anwendung einheitlicher Geschäftsbedingungen bei. Sie regeln vor allem die Liefer-, Zahlungs- und Garantiebedingungen. Sie bringen Ordnung in das Bedingungswesen, schaffen bessere Übersicht über die Marktbewegungen, tragen zu geordneten Geschäftsverhältnissen bei und bezwecken überhaupt Besserung der Sitten im Geschäftsverkehr. Die Preisstellung wird klarer und einfacher[33]. Gemeinsame Verkaufsbedingungen sollen die Überschuldung ganzer Branchen durch immer weitere Erstreckung der Zahlungsziele, die Aufweichung der Rabatt- und Skontobedingungen, die Überwälzung von Transportkosten und anderen Nebenleistungen von den Abnehmern auf die Lieferanten sowie die unbillige Verlängerung der Garantiefristen hintanhalten. Die Einhaltung der gemeinsamen Geschäftsbedingungen stellt an die Partner bereits hohe Anforderungen hinsichtlich Ehrbarkeit oder Seriosität.

Zur Verhinderung einer den guten Sitten widersprechenden Konkurrenz dienen Kalkulationsschemata sowie die mit ihrer Hilfe angestellten Betriebs- und Branchenvergleiche. Kalkulationsschemata sollen bewirken, daß die einzelnen Unternehmungen individuell ihre Kosten und Angebotspreise angemessen kalkulieren. Durch richtige Kalkulation der Preise sollen Unterpreisangebote eingeschränkt werden. Aus diesem Grunde werden solche gemeinsame Kalkulationsschemata mit Betriebs- und Branchenvergleichen verbunden, deren Ergebnisse in Form von Durchschnittskosten, Tariflöhnen, Materialpreisen, Materialdurchschnittsverbrauch, durchschnittliche Arbeitszeiten, kalkulatorischen Zinsen, Wagnissen, Unternehmerlohn, Steuern usw. bekanntgemacht werden.

Heinrich bemerkt, daß solche „Tätigkeiten von Verbandswirtschaften: Aufstellung von Preisstatistiken, Kostenkatalogen, Kalkulationsspiegeln, Zusammenstellung von technischen Daten und technischen Kalkulationsnormen . . . verbandsweise Durchleuchtung des Rechnungswesens, Richtlinien über Preisbestandteile, Ermittlung von Gemeinkostensätzen, überhaupt Durchleuchtung der Kostenstruktur und Kostenbedingtheit der einzelnen Wirtschaftszweige, Ermittlung von Kalkulationsgrundlagen — daß all dies in hohem Maße dem Erfahrungsaustausch, der Rationalisierung der Betriebe, der Verbesserung der Betriebstechnik wie auch der Betriebswirtschaft dient, auf eine

---

[32] H. *Menze*, u. a., a.a.O., S. 55.

[33] Vgl. O. *Lehnich*, a.a.O., S. 24 ff.

volkwirtschaftlich wünschenswerte Verstetigung der Preise hinwirken kann, ruinösen Wettbewerb auszuschalten vermag"[34]. Menze bezeichnet die entstehende Gemeinschaft, die betriebswirtschaftliche Kostendaten und Kennziffern laufend offenlegt, als betriebswirtschaftliche Leistungsgemeinschaft[35].

Diese kartellrechtlich zumeist unbedenklichen lockeren Formen der Marktregelung: Wettbewerbsregeln, Informationsaustausch, Informationsverpflichtung, Open Price System, Marktanalyse und Marktstatistik, einheitliche Geschäftsbedingungen, Kalkulationsschemata und Betriebsvergleiche, vertiefen bereits das Organisationsgefühl der Zusammenarbeitenden, den Standesgeist und das gegenseitige Vertrauen.

Zu festeren Formen der Marktregelung führen Vereinbarungen über Preise, Rabatte und Frachtausgleich. Was der Wettbewerb grundsätzlich nicht bewerkstelligen kann[36], nämlich den Ausgleich der Preise und die Abstufung der Preise nach objektiven Sacherfordernissen, soll durch die auf Preisregelung gerichtete Zusammenarbeit herbeigeführt werden. Die Sozialwirtschaft hat häufig an ausgeglichenen Preisen, besonders bei gleichförmigen Massengütern, unmittelbares politisches Interesse. Darum sind fast alle Massengüter des täglichen Bedarfs staatlich preisgeregelt. Häufig bezweckt die gemeinsame Preispolitik der Marktdestruktion durch entsprechende Marktstufenrabatte vorzubeugen, wünschenswerte Veredelungszweige anzuregen oder den Export zu fördern[37]. Der Frachtausgleich ermöglicht einheitliche Einstandskosten im ganzen Marktgebiet, er hilft Standortnachteile zu überbrükken und schafft Möglichkeiten zur räumlichen Dezentralisation der Industrie[38]. Vereinbarungen, die sich ausschließlich auf die Preise beziehen, sind verhältnismäßig selten. Meist werden sie ergänzt durch Vereinbarungen über Produktionsquoten, Marktgebiete, Kunden oder gemeinsame Verkaufsstellen Alle diese Vereinbarungen bezwecken Marktanteilssicherung durch Anpassung der Produktion und der Kapa-

---

[34] W. *Heinrich*, Wirtschaftspolitik II/2, S. 105.

[35] Vgl. *Menze*, u. a., a.a.O., S. 75.

[36] O. *Spann*, Tote und lebendige Wissenschaft, 4. Aufl., S. 60. „Nicht der Wettbewerb, sondern nur sein Gegenteil, die Organisation, kann die Preise vollkommen ausgleichen — Kartell, Kollektivarbeitsvertrag."

[37] Marktstufenrabatte für Großhandel und Kleinhandel sollen Direktverkäufen unter Überspringung einer oder mehrerer Marktstufen vorbeugen. Durch niedrigere Preise für das Einsatzmaterial (z. B. Flüssiggas für die Petrochemie) können wünschenswerte Veredelungszweige gefördert, nicht wünschenswerte Veredelungsarten (Verbrauch von Flüssiggas für Heizzwecke) eingedämmt werden.

Mittels Exportrückscheinen wurde beispielsweise die Ausfuhr von Walzstahl und Blechen vom Walzstahlbüro gefördert. Die Vereinbarung unterstützt die staatliche Ausfuhrvergütung.

[38] Ein Frachtausgleich bestand in Österreich z. B. für Gasöl.

zität an den Bedarf sowie Erhöhung der Wirtschaftlichkeit durch Verbilligung der Erzeugungs- und der Verteilungskosten. Die Anpassung der Produktion an den Bedarf soll in der Weise vorgenommen werden, „daß die gemeinsame Produktion unter die einzelnen Produzenten in angemessener Weise verteilt werde; keiner der Produzenten soll übermäßig beschäftigt sein, keiner soll feiern“[39]. Der gesicherte Marktanteil ermöglicht auch eine bessere Anpassung der Produktionskapazität an den Bedarf, weil die Entwicklung des Gesamtbedarfes verhältnismäßig gut und längerfristig vorausgesehen werden kann. Gegenseitiger Gebietsschutz bietet dann Vorteile, wenn eine aktive Markterschließung durch das im Gebiet tätige Unternehmen vorgenommen werden muß und die Früchte dieser Erschließung dem tätigen Unternehmen zugute kommen sollen. Vereinbarungen über Gebietsschutz sind darum häufig bei Verteiler-, Transport- und Kreditunternehmen anzutreffen. Überschneiden sich die Marktgebiete, so wird anstelle des Gebietsschutzes eine Vereinbarung über den gegenseitigen Kundenschutz eine Marktreglung herbeiführen, die die Beziehungen zwischen Kunden und Lieferanten intensiviert, den Aufbau des Vertriebsnetzes von Störungen durch die Konkurrenz frei hält und dadurch den Marktanteil sichert. Beim Kundenschutzvertrag verpflichten sich die einzelnen Unternehmungen, die geschützten Kunden der Partner nicht zu beliefern oder im Falle der Belieferung einen entsprechenden Ausgleich zu zahlen.

Die geschlossenste Form marktregelnder Vereinbarungen ist das Syndikat. Das Syndikat übernimmt als allen gemeinsame Verkaufsstelle den Absatz der Erzeugnisse der Mitglieder, manchmal auch unter Zunutzemachung der Werkhandelseinrichtungen. Die Marktregelungsfunktion des Syndikats wird durch den Ausschluß von Umgehungen der Marktregelungsvereinbarungen erleichtert. Insofern ist das Syndikat auch höchste Stufe der Marktregelung, als es zumeist die vorgenannten Formen der Marktregelung in sich aufnimmt. So bilden Quotenabkommen die Grundlage der großen Syndikate. Die Aufteilung der Aufträge geschieht im Rahmen der Quoten nach gebietlichen Gesichtspunkten. Die Berücksichtigung gebietlicher Gesichtspunkte läuft auf Kontinuität in den Beziehungen mit den Kunden hinaus. Die Preisstellung kann ohne Schwierigkeiten nach den Richtlinien, die das Syndikat erhalten hat, erfolgen, ebenso können einheitliche Geschäftsbedingungen durchgesetzt werden. Marktforschungsaufgaben sind einfacher.

Die Theorie, im besonderen die Kartelltheorie, hat frühzeitig die positive volkwirtschaftliche Bedeutung der Marktregelungen erkannt. Bereits Kleinwächter, dem wir die erste Studie in so guter Qualität verdanken, daß kaum noch zutreffendes Neues hinzugekommen ist, hat

---

[39] *Kleinwächter*, a.a.O., S. 57.

die marktregelnden Verbände als einen Beitrag zur Organisation der Volkswirtschaft erkannt. Dieser Beitrag besteht nach Kleinwächter in der Regelung der Produktion, ihrer Anpassung an den Bedarf, der Verhinderung von Überproduktion, in der angemessenen Verteilung der Produktion auf die einzelnen Erzeuger und der Versorgung des Marktes zu angemessenen Preisen[40]. Liefmann hebt hervor, daß den den Mitgliedern marktregelnder Vereinbarungen aufgebürdeten „Verpflichtungen eine stark organisierende Kraft innewohnt, die im (modernen) Wirtschaftsleben nicht entbehrt werden kann“[41]. Durch die marktregelnde Organisation nimmt die ganze Wirtschaft nach Liefmann einen mehr öffentlich-rechtlichen Charakter an. „Die Ansicht, daß die Fabrik ebenso Privateigentum, um das sich kein Fremder zu kümmern habe, sei, wie die private Wohnung, die eigene Hauswirtschaft ... macht immer mehr anderen Anschauungen Platz“[42]. Die Kartelle „scheinen mir daher neben anderen Erscheinungen in ganz besonderem Maße dahin zu wirken, daß die Unternehmungen die Eierschalen der Hauswirtschaft, aus der unsere heutige Produktionsordnung hervorgegangen ist, allmählich abstreifen und, unter Beibehaltung des Privateigentums, an Stelle des hauswirtschaftlichen einen mehr öffentlich-wirtschaftlichen Charakter annehmen, dem die Zukunft gehören wird, weil er den Fortschritt darstellt“[43]. Der Gemeinwohlcharakter kommt u. a. auch dadurch zum Ausdruck, daß dauerhafte Marktregelungen sich vorzüglich dort finden, wo sie sich mit der staatlichen Ordnung verschränken.

Haussmann vermerkt: „In Wahrheit haben sich in den letzten zwei Jahrzehnten die Fälle stark gemehrt, in denen der Staatseinfluß in den Kartellen wuchs, ja nicht selten des entscheidenden Einflusses sich bemächtigte. Damit haben sich zugleich die Grenzen zwischen privaten und staatlichen Kartellen mehr und mehr verwischt[44].“

Kleinwächter wies bereits darauf hin, daß der Bestand der Kartelle ein viel gesicherterer ist, wenn die Kontrolle der Vereinbarungen vom Staate gehandhabt wird, wie beispielsweise bei den Kohlengruben durch das Bergamt, bei Bierbrauereien durch die Biersteuermeldungen[45].

Die Verschränkung der staatlichen Ordnung mit der privaten Marktregelung geht sogar bis ins Persönliche. So berichtet Schmoller von den

---

[40] Vgl. *Kleinwächter*, a.a.O., S. 41 ff.

[41] R. *Liefmann*, Kartelle, in: HdStw., 4. Aufl., Bd. V, Jena 1923, S. 620.

[42] R. *Liefmann*, Kartelle und Trusts und die Weiterbildung der volkswirtschaftlichen Organisation, 6. Aufl., Stuttgart 1924, S. 620.

[43] Ebd. Wir sprechen statt von öffentlich-wirtschaftlichem Charakter lieber vom Gemeinwohlcharakter marktregelnder Vereinbarungen.

[44] F. *Haussmann*, Der Wandel des internationalen Kartellbegriffs, Amerikanische Kartelldoktrin und World Trade Charter, Bern 1947, S. 7.

[45] Vgl. *Kleinwächter*, a.a.O., S. 48.

Kartellführern: „... die Fähigsten und Besten derselben waren keine Geldmacher. Ich habe manche kennen und beurteilen gelernt, die ich unseren besten Generalen, Ministern und Staatsmännern gleichstellen möchte, in Begabung, Charakter und Leistung[46]."

Die Gemeinwohlbedeutung der marktregelnden Gebilde als kriegswirtschaftliche Lenkungsorgane haben wir bereits erwähnt. Aber auch als Instrument der Friedensordnung, die herzustellen die erste Aufgabe des Gemeinwohls ist, dienen marktregelnde Gebilde. Durch die marktregelnden Verbände wird „das Gefühl der Zusammengehörigkeit ... stärker als der Gedanke wirtschaftlicher Gegnerschaft ..."[47]. Der Gemeinsamkeits- oder Solidaritätsgedanke wird gestärkt und damit zumindest die Gemeinschaft der Berufsgenossen gefestigt. Jedoch geht die Politik der marktregelnden Gebilde über die engen Grenzen des eigenen Standes hinaus, pflegen doch die marktregelnden Gebilde selbst wieder zusammenzuarbeiten und dadurch ihren Bestand gegenseitig zu sichern. War der zwischenverbandliche Verkehr ursprünglich zur Erzielung der Lückenlosigkeit der Organisation im Kampf gegen Außenseiter konzipiert, so wurde bald der Gemeinwohlcharakter der zwischenverbandlichen Abkommen erkannt. Sie verhinderten, daß das einzelne Kartell Politik im isolierten Raum und ohne Rücksicht auf die Abnehmer durchsetzte. „Mit fortschreitender Durchorganisation der Volkswirtschaft stoßen jedoch Koalitionen zu Lasten Dritter auf immer stärkere Schranken[48]." Sie wirkt sich „im Sinne der freiwilligen oder zwangsweisen Korrektur der Ansprüche der einzelnen Gruppen aus"[49]. Die zwischenverbandliche Marktregelung wickelt sich ähnlich ab, wie der Verkehr der in den Tarifpartnerschaften zusammengeschlossenen Arbeitgeber- und Arbeitnehmerverbände. Hier wie dort muß der Ausgleich zwischen Forderung und Möglichkeiten gefunden werden. Diese Zusammenarbeit der marktregelnden Verbände stärkt den Gedanken der Friedensgemeinschaft und den der Gerechtigkeit oder Angemessenheit.

Selbstverständlich soll nicht daran vorbeigesehen werden, daß durch die Bildung marktregelnder Verbände Machtkörper entstehen, die objektiv in der Lage sind, das Gemeinwohl zu beeinträchtigen. Die Möglichkeit, eine solche Politik zu führen und den eigenen Vorteil zu überspannen, wird mit zunehmender Durchorganisation der Volkswirtschaft

---

[46] G. *Schmoller*, Das Verhältnis der Kartelle zum Staat, Einleitungsvortrag vor dem Verein für Socialpolitik am 27.—28. 9. 1905 in Mannheim, abgedruckt in: Kartelle in der Wirklichkeit, a.a.O., S. 91.

[47] *Liefmann*, Kartelle und Trusts, a.a.O., S. 33.

[48] A. *Gutersohn*, Gruppeninteresse und Allgemeinwohl, in: Individuum und Gemeinschaft, St. Gallen 1949, S. 219.

[49] Ebd., S. 221.

immer beschränkter und auch durch die zunehmende Überwachung der volkswirtschaftlichen Prozesse durch den Staat immer mehr erschwert. Aber auch der Staatswillkür werden durch das Bestehen dieser wirtschaftlichen corps intermédiaires Schranken gesetzt: Der Staat kann nicht ohne Widerstand der betroffenen Gruppen deren Sacherfordernisse ohne ausreichende Begründung vernachlässigen[50]. Gerade ein starker Staat zieht seine Kraft aus den Verbänden. „Ein starker Staat hat sich noch nie vor privater Macht gefürchtet, sondern hat sie kontrolliert, hat sie in Schranken gehalten . . .[51]."

Neben den für das Gemeinwohl so wichtigen Aufgaben, Förderung der Friedensgemeinschaft, Findung des gerechten Maßes und Herstellung einer subsidiären Gesellschaftsstruktur, trägt die Marktregelung zur Wohlstandsförderung bei. Es dürfte heute in der Literatur kein Zweifel mehr bestehen, daß das volkswirtschaftliche Optimum, d. h. die Ausschöpfung der Leistungspotenz aller in der Volkswirtschaft vorhandenen Wirtschaftsmittel, durch die Marktregelung besser erreicht wird als ohne Marktregelung. Die Stärkung der Wirtschaftskraft durch das Vorhandensein marktregelnder Zusammenarbeit haben die Alliierten frühzeitig erkannt und zwecks Schwächung und Zerstörung der deutschen Wirtschaftskraft die Dekartellierung angeordnet[52]. Stärkung der Wirtschaftskraft bedeutet ganz allgemein Erhöhung des Wohlstandes.

Die Politik der marktregelnden Verbände zielt auf Ausweitung der Produktion und des Absatzes[53], jedoch Vermeidung von Überproduktion.

---

[50] Lehnich sieht in den marktregelnden Gebilden „neue Machtkörper innerhalb des Staatsganzen", die staatliche Hoheitsrechte „an sich zu reißen suchen" und die das Standesbewußtsein vor das Staatsbewußtsein stellen. a.a.O., S. 212 ff. Lehnich verkennt ganz das Subsidiaritätsprinzip und geht von einer totalitären Staatsauffassung aus. Alle nicht totalitären Staatsauffassungen sind durch das Bestehen von an der demokratischen Willensbildung mitwirkenden Verbänden gekennzeichnet. Der Bereich der demokratischen Willensbildung erstreckt sich selbstverständlich auch auf die Wirtschaftspolitik.

[51] E. *Salin*, Kartellverbot und Konzentration, a.a.O., S. 190.

[52] Näheres bei *Lehnich*, a.a.O., S. 464 ff. Entgegen der Ansicht der Alliierten ist Lehnich der Meinung, daß Marktregelungen (= Wettbewerbsbeschränkungen) die Produktivität beeinträchtigen (S. 3) und den Zwang zur Rationalisierung erlahmen lassen (S. 481). Lehnich behauptet — ohne konkrete Hinweise —: „In jenen Ländern, die den Wettbewerbsbeschränkungen am schärfsten Einhalt gebieten, ist die Produktivität der Arbeit und der Lebensstandard der Bevölkerung am größten" (S. 481). Demnach wäre zu schließen, daß die Alliierten die deutschen Kartelle zerschlagen haben, um die deutsche Wirtschaftskraft zu erhöhen. Das stimmt jedoch nicht mit ihren ausdrücklichen Zielen überein. Sie haben klar ausgedrückt, daß sie die Dekartellierung anordnen, „um Deutschlands Fähigkeit, Krieg zu führen, zu zerstören" (Gesetz Nr. 56/1947 der amerikanischen Militärregierung).

[53] Lehnich ist im Irrtum, wenn er meint: „Unabhängig von der Einteilung der Kartelle in verschiedene Kategorien, wird man doch immer zu berücksich-

Sie sind dadurch Träger des Wirtschaftswachstums, wie Träger der vorbeugenden Krisenpolitik.

Man hat hervorgehoben, daß bei Marktregelung mit weniger Kapital und Arbeit der gleiche Nutzeffekt erzielt werde als bei freier Konkurrenz.

Mit der durch den Verband erfolgten Sicherung des Marktanteils verringern sich die spezifischen Wettbewerbskosten für Reklame, Akquisition, Preisunterbietungen.

Bessere Marktübersicht und bessere Anpassung der Produktionskapazität an den Bedarf beugt Fehlinvestitionen und Kapitalverlusten vor. Die Produktionskapazität kartellierter Zweige ist im Durchschnitt besser ausgenützt als die nichtkartellierten Industriezweige.

Die Aufteilung der Marktgebiete vermeidet unwirtschaftliche Doppelanlagen[54], bewirkt bessere Ausnützung der Transportmittel, dadurch Verbilligung der Transportleistungen und ermöglicht häufigere Bedienung[55].

Auf die Marktregelung als Voraussetzung für die Hebung der Qualität der Produkte, für ihre technische Weiterentwicklung und für freimütigen Erfahrungsaustausch haben wir bereits hingewiesen. Nach Heinrich ist der Kampf gegen Marktregelungen geradezu ein Kampf gegen die Rationalisierung[56]. Wenn überhaupt das Gewinnmotiv in der unternehmerischen Aktivität ausschlaggebende Bedeutung hat, so bewirkt der gesicherte Marktanteil die Konzentration dieser Aktivität auf Kostenverminderung durch Rationalisierung der Produktionstechnik. Bereits 1921 sieht Tschierschky die Zukunftsaufgaben der Kartelle als in der Rationalisierung liegend, so erstens in der „Forderung schärfster Produktionskostenkalkulation und ihrer kartellmäßigen Durchführung und zweitens in einer Rationalisierung der Erzeugung und des Absatzes durch systematische Spezialisierung — und gleichzeitig Kombinie-

---

tigen haben, daß in allen die Beschränkung des Absatzes zugrunde liegt ..." (a.a.O., S. 58).

Demgegenüber Liefmann: „Die Erfahrung hat jedenfalls bisher gezeigt, daß alle Kartelle, die längere Zeit bestanden haben, eine sehr bedeutende Vermehrung der Produktion und des Angebots ins Leben gerufen haben ..." (Kartelle und Trusts, a.a.O., S. 53 f.).

[54] Beispiel: In den Ausfallsstraßen unserer Großstädte stehen vielfach Tankstellen der verschiedenen Marken. Auch zu Spitzenzeiten sind diese Tankstellen nicht voll ausgenützt. Demgegenüber hat die Autobahnverwaltung das Tankstellennetz dem Bedarf einigermaßen optimal angepaßt und dabei Doppelanlagen vermieden.

[55] Dies spielt besonders im Großhandel eine bedeutende Rolle, aber naturgemäß auch bei jedem Verteilersystem der Versorgungsunternehmungen.

[56] Vgl. W. *Heinrich*, Wirtschaftspolitik II/2, a.a.O., S. 105.

rung — innerhalb der Industrie auf der Grundlage einer Normalisierung und Typisierung der Erzeugnisse“[57].

3. Zusammenarbeit bei der Erfüllung betrieblicher Teilaufgaben: die Genossenschaften

Der Betrieb als Stätte fortgesetzter Werkverrichtung muß eine Fülle von Teilverrichtungen vollziehen, um sein Ziel zu erreichen, um das vorgenommene Werk zu errichten oder seiner Aufgabe oder „Oberaufgabe“[58] nachzukommen. Der Betrieb ist selbst eine Art Leistungsgemeinschaft, eine Gemeinschaft von Leistungen, die um des Werkes willen besteht.

Mehrere Betriebe, die gleichartige „Oberaufgaben“ getrennt erstellen, Berufsgenossen also, können Teilleistungen ausgliedern und sie durch gemeinsam geschaffene oder unter ihrem gemeinsamen Einfluß stehende Betriebe vollziehen lassen. Noch häufiger als die Ausgliederung von Teilverrichtungen ist die Schaffung von Einrichtungen, die Leistungen vollbringen, welche der einzelne Betrieb, gleichwohl sie für ihn fördernd sind, gar nicht vollziehen kann, weil sie seine Fähigkeiten und Möglichkeiten übersteigen. Durch beides, Ausgliederung und Neuschaffung, entsteht ein Verband samt Verbandsbetrieb. Der Bedarf mehrerer Betriebe wird dann durch eine gemeinsame, allen dienende neugeschaffene Einrichtung befriedigt. An die Stelle der tatsächlichen oder einer möglichen Eigenversorgung oder Fremdversorgung tritt Verbandsbezug. Organe des Verbandsbetriebes, und als solche mit der Durchführung von Verbandsleistungen betraut, können wiederum ein Betrieb oder mehrere Betriebe der Verbandsgenossen sein (z. B. der für den gemeinsamen Einkauf „federführende“ Betrieb).

Hauptaufgabe des Gemeinschafts- oder Verbandsbetriebes ist die Erbringung von Teil- oder Hilfsverrichtungen, die die Betriebswirtschaften der Genossen für ihren Leistungsvollzug benötigen.

Wir können daher auch sagen: Werkgemeinschaften integrieren die Oberaufgabe, Leistungsgemeinschaften die Teilaufgaben einzelner Wirtschaftsgebilde.

---

[57] L. *Tschierschky*, Die Aufgaben der Kartelle für die Wirtschaftsordnung, Kartellrundschau 1921, H. 1, S. 106, nachgedruckt in: Kartelle in der Wirklichkeit, a.a.O., S. 116.

[58] E. *Grochla*, a.a.O., S. 29: „Eine nähere Betrachtung der Oberaufgabe des Betriebes zeigt, daß sie die gedankliche Zusammenfassung einer Fülle von Teilaufgaben ist, die der obersten Zielsetzung untergeordnet sind — oder umgekehrt betrachtet: jede Oberaufgabe veranlaßt in fortschreitender Aufgliederung Teilaufgaben, die entsprechend ihrer Ranghöhe als Zwischenaufgaben, Unteraufgaben oder als Einzelaufgaben bezeichnet werden können.“

Vom Standpunkt der Optimalität aus können nur solche Teilverrichtungen von dem Verbandsbetrieb erbracht werden, die den Betrieben der Genossen die Erfüllung ihrer Oberaufgaben erleichtern und ihre Wirtschaftlichkeit erhöhen helfen[59]. Der Verbandsbetrieb hat subsidiäre Stellung gegenüber den Betrieben der Genossen. Er ist kein Erwerbsbetrieb, sondern, wie Henzler treffend herausstellt[60], eine fördernde Betriebswirtschaft, jedenfalls insofern der Verbandsbetrieb dem genossenschaftlichen Grundauftrag, die Wirtschaften der Mitglieder zu fördern, gerecht wird.

Betriebswirtschaftliche Voraussetzung für die Übertragbarkeit ist eine gewisse Uniformität oder Uniformierbarkeit der Teilverrichtungen[61] sowie ein genügender Umfang des Bedarfes, damit der Verbandsbetrieb wirtschaftlich geführt und getragen werden kann.

Naturgemäß muß auch der Nutzen, der den Betrieben der Genossen durch die Hereinnahme von Leistungen aus dem Verbandsbetrieb zufließt, höher sein als die Kosten, die der Verbandsbetrieb verursacht. Gleichgültig ist dabei, ob Nutzen und Kosten nun voll rechenbar sind oder nicht.

Inhaltlich kann es sich bei den Leistungen des Verbandsbetriebes um alle Teilverrichtungen handeln, die zur Erfüllung der Hauptaufgabe eines Betriebes erbracht werden müssen. Niemals können die einzelnen Teilverrichtungen in ihrem ganzen Umfange auf den Verbandsbetrieb übertragen werden, stets bleiben Rudimente im übertragenden Betrieb zurück, sei es auch nur zur Aufrechterhaltung der Verbindung mit dem Verbandsbetrieb und zur Transformierung der vom Verband hereingenommenen Leistungen auf die eigenen Betriebsbedürfnisse hin.

Die Notwendigkeit, Rudimente im übertragenden Betrieb zurückzulassen, hängt auch damit zusammen, daß die Qualität der Eigen- und Verbandsleistung nie die gleiche sein kann.

Klammern wir die im vorigen Abschnitt behandelten marktregelnden Funktionen sowie die um Produktgestaltung und Qualität gruppierten Formen der Zusammenarbeit aus, so sind die hier zu behandelnden Verrichtungen typisch für das Genossenschaftswesen und für die Kammern. Das hindert jedoch nicht, daß die gleichen Einrichtungen auch durch andere Rechtsformen oder Rechtsinstitutionen getragen werden können.

---

[59] Näheres über die Aufgabenteilung zwischen Verband und Betrieb bei *Heinrich,* Wirtschaftspolitik II/2, a.a.O., S. 64 ff.

[60] Vgl. R. *Henzler,* Die Genossenschaft — eine fördernde Betriebswirtschaft, Essen 1957, S. 22, 24 u. ö.

[61] *Heinrich,* Wirtschaftspolitik II, a.a.O., S. 66. Auch *Grochla,* a.a.O., S. 34, Seite 58.

Gierke, dem wir die gründlichste und historisch tiefschürfendste Arbeit über das Genossenschaftswesen verdanken, nennt vier große Gruppen von „Personalgenossenschaften", die für unser Problem von Bedeutung sind:

„a) Garantiegenossenschaften (Risikovereine, Versicherungsgenossenschaften im weitesten Sinn). Sie assoziieren die Widerstandskraft gegen wirtschaftliche Unfälle und teilen sich weiter, je nachdem sie den Genossen eine Garantie gegen Sachschaden oder gegen die durch persönliche Ereignisse hervorgerufenen Wirtschaftsnachteile gewähren[62]." Durch die Versicherung wird „eine Menge von Einzelgefahren zur Gesamtgefahr verbunden: diese Gesamtgefahr aber ist — und hierin tritt das hervor, was überhaupt das Grundprinzip des ganzen Genossenschaftswesens bildet — etwas qualitativ anderes, als die Summe der Einzelgefahren; sie ist, da sie gewisser wird, Ungewißheit aber ein die Größe der Gefahr beeinflussendes Moment ist, geringer; oder positiv ausgedrückt, es wird die Widerstandskraft der Genossen gegen gewisse Unfälle potenziert, nicht summiert"[63]. Risiken, die die Personen betreffen, werden heute zum großen Teil vom Staat abgedeckt oder von eigenen Sozialversicherungsträgern. Für die freien Berufe bestehen in manchen Fällen eigene Alters-, Kranken-, Unfall- und Lebensversicherungen.

Die Sachversicherungen haben heute größtenteils die Erwerbsgesellschaften an sich gezogen. Nur in der Landwirtschaft treten lokale Versicherungsgenossenschaften noch zahlreicher auf. Sie erstrecken sich auf Hilfe bei Brand, Überschwemmung oder Viehabgang. Neben diesen beiden, von Gierke als Personen- und Sachgarantiegenossenschaften bezeichneten Versicherungen tritt die Sicherung gegen Vermögensrisiken, Versicherung gegen Forderungsausfall und die Haftpflichtversicherung. Die Versicherung steht dem Gemeinschaftsgedanken besonders nahe, ist sie doch ihrem Wesen nach Verbündung der durch eine gleichartige Gefahr Bedrohten, also Gefahrengemeinschaft, Risikengemeinschaft. Knüpft die Bildung dieser Gefahrengemeinschaften an noch bestehende Wirtschaftsgemeinschaften an, besonders an die Nachbarschaft und Berufsgemeinschaft, so können gewisse Tendenzen zur Überentwicklung des Versicherungswesens zurückgedrängt werden[64]. Zunehmende Bindung der Wirtschaft bedeutet vermehrte Sicherung, Verringerung des Risikos und damit der Versicherungsnotwendigkeit.

---

[62] O. v. *Gierke*, a.a.O., I, S. 1034 (wir zitieren hier und im folgenden nach der derzeit gültigen Rechtschreibung).

[63] Ebd., S. 1049.

[64] Vgl. *Heinrich*, Wirtschaftspolitik, I, a.a.O., S. 507.

„b) Geldverkehrsgenossenschaften, welche entweder den Kapitalumlauf (Gegenseitigkeitsbanken) oder die Kapitalbeschaffung (Kreditgenossenschaften) oder die Kapitalanlage (Spargenossenschaften) der Mitglieder vergemeinschaften[65].“ Wir behandeln hier nun die Kreditgenossenschaften, für die kennzeichnend ist, daß die „organisierte Gesamtheit der Kreditbedürftigen selbst die Kreditgeberin ist, mag sie nun ihrerseits das Kapital dazu ganz oder zum Teil von fremden Kapitalbesitzern, die nun *ihre* Gläubiger werden, auf ihren Gesamtheitskredit aufnehmen“[66].

Die Kreditgenossenschaften „beruhen auf der Potenzierung einer Anzahl für sich ohnmächtiger Einzelkredite durch ihre organische Verbindung zu einem lebensfähigen Gesamtkredit. Dieses Resultat wird dadurch erreicht, daß die Genossen die Genossenschaften mit ihrer Persönlichkeit decken und persönlich und solidarisch für deren Verbindlichkeiten als Garanten haften[67].“

Die Entwicklung der Kreditgenossenschaften ist in Deutschland eng mit Schulze-Delitzsch (1808—1883) und Raiffeisen (1818—1888) verbunden. Sie sind die Gründer und Schöpfer des modernen deutschen Genossenschaftswesens, das inzwischen auf eine über 100 Jahre dauernde Entwicklung zurückblicken kann. Was diese Entwicklung zur Erhaltung eines freien Bauern-, Handels- und Handwerkerstandes beigetragen hat, läßt sich kaum überschätzen.

„c) Distributivgenossenschaften ... Sie suchen entweder nur die allgemein menschlichen Haushaltsbedürfnisse auf genossenschaftlichem Wege zu befriedigen, wie namentlich die gewöhnlichen Lebensbedürfnisse ... oder aber sie assoziieren eine bestimmte Seite der wirtschaftlichen Produktion (des industriellen, kaufmännischen oder landwirtschaftlichen Gewerbes), sei es nun die Materialbeschaffung (Rohstoffgenossenschaften), seien es die Produktionsmittel (Werkzeug-, Werkstätte-, Weidegenossenschaften u. dgl. mehr), sei es endlich den Absatz (Magazingenossenschaften usw.)[68].“

„d) Produktivgenossenschaften (Arbeitsgenossenschaften), bei denen sich die produktive Arbeit selbst assoziiert[69].“

Gierke hebt hervor, daß hier die Selbständigkeit der Einzelwirtschaften aufgehoben und unmittelbar auf Gemeinerwerb, nicht auf Förderung der Einzelwirtschaften abgezielt wird[70].

---

[65] *Gierke*, a.a.O., I, S. 1034.

[66] Ebd., S. 1068.

[67] Ebd., S. 1074.

[68] *Gierke*, a.a.O., I, S. 1034 f.

[69] Ebd., S. 1035.

[70] Vgl. ebd., S. 1035.

Die Unterscheidung Gierkes erscheint uns zweckmäßiger als die einfache Einteilung der Genossenschaften in Beschaffungs- und Verwertungsgenossenschaften, die Henzler vorzieht, denn es handelt sich bei vielen Genossenschaften nicht um die Beschaffung oder Verwertung, sondern um die Übernahme und Erbringung von Teilleistungen für die zu fördernden Betriebe der Genossen[71].

Die u. E. weitestreichende Einteilung gibt W. Heinrich, derzufolge sich die genossenschaftlichen Verrichtungen der Verbandswirtschaften auf die nachfolgenden Bereiche beziehen können:

„A. Auf den Bereich der Wirtschaftsziele, besonders auf die Werbung (z. B. durch Lieferung von Werbemitteln an die Verbandsmitglieder oder durch Werbeberatung seitens des Verbandes).

B. Auf den Bereich der organisierenden Leistungen, und zwar:

a) auf die Betriebsorganisation (z. B. durch Wirtschaftsberatung);

b) auf die Rechtsberatung (z. B. durch Arbeiten von Verbandsanwälten, die den Mitgliedsbetrieben zur Verfügung stehen);

c) auf das Steuer- und Abgabenwesen (z. B. durch verbandwirtschaftliche Durchführung des steuerlichen Abschlusses in den Betrieben der Mitglieder);

d) auf das betriebliche Rechnungswesen (z. B. durch Buchstellen, Treuhandgenossenschaften).

C. Auf den Bereich des Erfindens und Lehrens:

a) durch verbandsweisen Ankauf von Patenten und Erwerb von Lizenzen, Mustern, Modellen und durch ähnliche Leistungen des Verbandes;

b) durch verbandsweise Bereitstellung von Ausbildungsleistungen (also jetzt nicht mehr deren Organisation, sondern die verbandliche Durchführung von Kursen usw.).

D. Auf das Leihwesen (Kreditgenossenschaften).

E. Auf den Handel (Bezugs- und Absatzgenossenschaften, Konsumgenossenschaften, Syndikate oder Verkaufskartelle).

F. Auf die Bereiche der Aufbewahrung, der Vorrats- sowie Lagerhaltung (Lagerhaus-, Kellereigenossenschaften).

G. Auf das gesamte Verkehrs- und Transportwesen (genossenschaftliche Transportmittel).

H. Auf die Schadenverhütung und Versicherung (Deichgenossenschaften, genossenschaftliche Schädlingsbekämpfung, Versicherungsverein auf Gegenseitigkeit).

---

[71] Vgl. R. *Henzler*, Die Genossenschaft — eine fördernde Betriebswirtschaft, Essen 1957.

J. Auf die Erzeugung (Produktivgenossenschaften): genossenschaftliche Anlagen; Werkzeug-, Geräte- und Maschinengenossenschaften; genossenschaftliche Rohstoffgewinnung, z. B. genossenschaftliche Verarbeitung wie im Falle der Molkerei-, Winzergenossenschaften; genossenschaftliche Fertigung, wenn z. B. eine landwirtschaftliche Genossenschaft einen Hotelbetrieb hat; man denke ferner an den großen Bereich der gemeinsamen Anlagen und Werkstätten der mittelalterlichen Zünfte. Wir haben hier die bunte Fülle verbandswirtschaftlicher Zusammenarbeit in der Erzeugung mit allen ihren Sparten: der Kapitalgüter- und Gebrauchsgütererzeugung, der Rohstoffgewinnung, Ver- oder Bearbeitung und Fertigerzeugung jeweils in den großen Erzeugungszweigen, wie Land- und Forstwirtschaft, Bergbau und Elektrizitätswirtschaft, Industrie und Handwerk und ihrer vielfachen Untergliederungen[71a, 72]."

Was für uns nun von besonderem Interesse, ist der schon den ersten Genossenschaftsgründungen gemeinsame Zug zur Abrundung der Genossenschaftsfunktionen oder der Zug zur Vollgenossenschaft (1), ferner der Zug zur Aufstufung der einzelnen Genossenschaften durch Zentralverbände (2), schließlich die Zusammenarbeit der einzelnen Genossenschaftszweige (3).

1. Unter Vollgenossenschaft verstehen wir ein Wirtschaftsgebilde, das alle Teilfunktionen enthält, die die zu fördernden Betriebswirtschaften aus ihrer Außensphäre beziehen. Wir können dies auch den Zug zum ausschließlichen Verbandsverkehr nennen.

Wenn wir vom Zug zur Vollgenossenschaft sprechen, so läßt sich dieser dreifach nachweisen: Einmal aus der Sachlogik (a), dann aus dem geschichtlichen Prozeß (b), zuletzt aber aus der Absicht und dem Willen der Gründer des modernen Genossenschaftswesens (c).

(a) Der sachliche Beweis wird sofort bei der Kreditgewährung klar. Der Kredit ermöglicht Erzeugung, die ohne Kredit nicht erfolgte. Der Kreditgeber läßt sich darum sehr genau über die Verwendung des Kredits informieren und er beurteilt diese Information weit über den engen Bereich der Erzeugung hinaus, beurteilt die Fähigkeit der Betriebsleitung, Verschuldungsgrad und Ertragskraft, Absatzlage und Risiken. Je nach seinem Urteil nimmt der Kreditgeber mehr oder minder aktiv auf die Umgestaltung des ganzen Betriebes des Kreditnehmers Einfluß, ja es entsteht zwischen Gläubiger und Schuldner wiederum eine Art

---

[71a] Eine Fülle von Beispielen für zwischenbetriebliche Kooperation, vornehmlich kleiner und mittlerer Betriebe bieten: H. Rühle v. *Lilienstern*, A. *Hermann*, J. *Neumann*, Praktische Beispiele zwischenbetrieblicher Kooperation, Stuttgart 1964.

[72] W. *Heinrich*, Wirtschaftspolitik, II/2, a.a.O., S. 115 f.

Leistungsgemeinschaft, eine gegenseitige Verzahnung, die in der genossenschaftlichen Form besonders eng wird.

Da ist dann im zu fördernden Betrieb Erzeugung, Nutzung, Verwertung, Bezug, Geldverkehr, Rechnungswesen, rechtliche Bindung und Sicherung gleicherweise betroffen: besonders für die Verwertung der durch den Kredit erzeugten Produkte sowie für die Beschaffung der Betriebsmittel trifft der genossenschaftliche Kreditgeber Vorsorge.

(b) Im Ursprung waren die Gründungen Schulzes und Raiffeisens Wohltätigkeitsvereine und Konsumvereine zur Linderung der Not der armen Bevölkerung[73]. Schulze und Raiffeisen wurden sehr rasch gewahr, daß Wohltätigkeit und Konsum keinen tragfähigen Ansatz zur dauernden Linderung der Not abgaben, sondern der gewerblichen und ländlichen Bevölkerung, unter Mithilfe der Gemeinschaft, die Möglichkeit gegeben werden mußte, sich selbst zu helfen. Schulze organisierte vorerst Rohstoffassoziationen für einzelne Handwerkszweige seines Bezirks, die sich bald gemeinsame Absatzeinrichtungen schufen[74]; rasch aber erkannte er im Kreditmangel die Ursache der Not des Handwerks-

---

[73] Schulze-Delitzsch organisierte 1846 für die durch die Mißernte betroffene arme Bevölkerung eine Hilfsaktion, an der sich wohlhabende Bürger, Behörden und Gemeindevorstand beteiligten, pachtete später eine Mühle und Bäckerei, ließ dort Getreide vermahlen und Brot backen, das er den Bedürftigen zu ermäßigtem Preis oder unentgeltlich abgab. Während zur gleichen Zeit „anderwärts zur Beilegung der Brotkrawalle Militär angefordert werden mußte, zog man den Einsatz von Truppen für Delitzsch überhaupt nicht in Erwägung". Vgl. H. *Faust*, Ursprung und Aufbruch der Genossenschaftsbewegung, Neuwied 1958, S. 160 f.

Zur gleichen Zeit, im Winter 1846/47, „als die Not der Bevölkerung durch eine Mißernte bedrohlich geworden war", gab Raiffeisen, damals Bürgermeister von Weyerbusch, Mehl an die arme, nicht zahlungsfähige Bevölkerung auf Vorschuß aus, gründete eine Armenkommission, der die Verteilung des Mehls übertragen wurde, errichtete eine Gemeindebäckerei, die in der Folge bewirkte, daß der Brotpreis für die Gegend um 50 % sank. Der „Brotverein", wie er hieß, beruhte auf caritativer Grundlage und Nächstenliebe; „der Gedanke der Gegenseitigkeit war noch nicht zur Geltung gebracht. Dennoch darf man ihn als die Geburtsstätte der ländlichen Genossenschaftsbewegung ansehen, denn die Idee, viele einzelne Kräfte zu einem Gemeinschaftswerk zu vereinigen" ward hier geboren. Vgl. *Faust*, a.a.O., S. 254 f.

Ferner W. *Krebs*, Friedrich Wilhelm *Raiffeisen*, in: HdStw., VI. Bd., 4. Aufl., Jena 1925, S. 1161.

[74] 1849 gründete Schulze eine Rohstoffassoziation, zuerst für Tischler und wenig später für Schuster, deren Aufgabe es sein sollte, durch Auftragskonzentration und Barzahlung von den Großlieferanten günstige Preise eingeräumt zu bekommen. Den Mitgliedern gegenüber wurde am Prinzip der Barzahlung festgehalten. Während sich die Rohstoffgenossenschaft der Tischler nur wenig entwickelte und schon bald nach der Gründung wieder einging, hatte die Schuhmacherassoziation guten Erfolg. „Auf der Messe zu Leipzig unterhielt sie einen gemeinsamen Verkaufsstand für alle ihr angeschlossenen Schuhmacher", der die Absatzmöglichkeiten verbreiterte und Abschlüsse über Deutschland hinaus bis nach Amerika ermöglichte. Vgl. *Faust*, a.a.O., S. 172 f.

standes und rief zur Gründung eines noch immer auf Wohltätigkeit fußenden Vorschußvereins auf[75]. Raiffeisen hatte genau zur gleichen Zeit den Wucher zu bekämpfen, der den Bauernstand untergrub. Er gab Sachkredite, überließ den unbemittelten Bauern durch einen Hilfsverein angekauftes Vieh zur Aufzucht und stundete die Kredite bis zum Verkauf. Später wurden die Sachkredite in langfristige Darlehen umgewandelt, die auch zur Verbesserung von Gebäuden, Grundstücken, Geräten und zum Ankauf der Saatfrucht gewährt wurden[76]. Während die Schulzeschen Vorschußvereine sich über die Volksbanken bald des normalen Bankgeschäftes annahmen, das rein nach dem Erwerbsprinzip ausgerichtet ist, breitete sich der Genossenschaftsgedanke Schulzes viel stärker im Handel als im Handwerk aus und er hat sich schließlich in der Industrie in der „Doppelgesellschaft“[77] eigene Formen geschaffen. Beide Bereiche hatte Schulze nicht im Sinn, sondern den notleidenden gewerblichen Mittelstand.

Die Raiffeisenschen Gründungen haben dagegen neben der Kreditvermittlung von Anfang an sich mit dem Bezug der landwirtschaftlichen Betriebsmittel und mit der Verwertung und dem Absatz landwirtschaftlicher Produkte befaßt, teils als „Untergenossenschaften“ der Darlehenskassen, teils durch Ausbildung spezialisierter Genossenschaften, die dann wieder einer gemeinsamen zentralen Einrichtung unterstehen und sich gegenseitig ergänzen.

(c) Schulze entwickelte 1853 in seinem „Assoziationsbuch für deutsche Handwerker und Arbeiter“ ein ganzes System von ineinandergreifenden und stufenweise aufgebauten Assoziationen, das alle möglichen Beziehungen des wirtschaftlichen Lebens der Handwerker und Arbeiter umfassen sollte. Es ging von der Rohstoff- und Magazingenossenschaft

---

[75] „Die ersten Erfolge der Rohstoffgenossenschaft hatten Schulze in der Auffassung bestärkt, daß es in der Hauptsache Mangel an Kapital oder Kredit war, der selbst den tüchtigen und fleißigen Handwerkern die Möglichkeit nahm, ihre Berufsarbeit für sich und die Ihrigen ersprießlich und einträglich zu gestalten. Diesen Mangel sucht er dadurch zu beseitigen, daß er im März 1850 seine Delitzscher Mitbürger zur Gründung eines Vorschußvereins aufrief, der den Handwerkern Geld zu günstigen Bedingungen leihen sollte. Die Errichtung des Vereins kam Anfang Juni des gleichen Jahres zustande. Das Bemerkenswerte an seiner Struktur war, daß er noch ausgesprochenen Wohltätigkeitscharakter hatte.“ *Faust,* a.a.O., S. 173. Diesem Verein fehlte „die Eigentümlichkeit der Selbsthilfe und der Solidarität der Mitglieder noch vollständig“ (ebd., S. 174).

[76] Vgl. *Faust,* a.a.O., S. 261.

[77] Vgl. E. *Naegeli,* Die Doppelgesellschaft, I. Bd., Zürich-Berlin 1936. Doppelgesellschaft ist hierbei jede juristische Person, die Rechtsträger und geschäftsführendes Organ einer aus einem Zusammenschluß entstehenden nichtrechtsfähigen oder auch rechtsfähigen Vereinigung ist. Wir könnten die Doppelgesellschaft noch einfacher als Unternehmungsform des Verbandsbetriebes definieren.

aus und führte über die Kreditvereine zu den Konsumgenossenschaften und Produktivgenossenschaften. Die Produktivgenossenschaft war für Schulze der vollkommenste Genossenschaftstyp, die Krone seines Systems. „Schulze war, als er dieses ... Buch der Öffentlichkeit übergab, noch in dem Glauben befangen, der ganzen Wirtschaft eine neue Form auf genossenschaftlicher Grundlage geben zu können[78].“ Erst später rückte er, unter dem Eindruck der negativen Erfahrungen mit den gegründeten Produktivgenossenschaften, von „der Vorstellung ab, die Genossenschaften könnten ein neues System der Volkswirtschaft einleiten“[79].

Deutlicher forderte Raiffeisen die volle oder, wie er es nannte, die Universalgenossenschaft. Die Beschaffung der Geldmittel wollte er ergänzt wissen durch gemeinschaftliche Beschaffung der landwirtschaftlichen Betriebsmittel (Dünger, Futtermittel, Saatfrüchte, Kohle, bei Mißernten auch Brotfrüchte)[80] und durch gemeinschaftliche Absatz-, Lager- und Verwertungsgenossenschaften (für Getreide, Milch und Molkereierzeugnisse, Vieh etc.)[81]. Diese Geschäftszweige sollten von Untergenossenschaften der jeweils lokalen Darlehenskasse überall dort betreut werden, wo der Genossenschaftssinn genügend entwickelt und die Genossenschaftsorganisation erstarkt war[82]. Wie wir später sehen werden, ist der Gedanke der Universalgenossenschaft heute wenigstens noch in der Genossenschaftsspitze verwirklicht, während auf lokaler Ebene der Grundauftrag der landwirtschaftlichen Genossenschaften, die Dorfgemeinschaft wieder herzustellen[83], unter dem Einfluß zunehmender Kommerzialisierung vernachlässigt wurde[84].

---

[78] *Faust*, a.a.O., S. 177.

[79] Ebd.

[80] F. W. *Raiffeisen*, Die Darlehenskassen-Vereine, 7. Auflage (unv. Neudruck der 5. Auflage von 1887), S. 109.

[81] Vgl. ebd., S. 110 f.

[82] Vgl. ebd., S. 111 f.

[83] H. *Tillmann* in der Einführung zu Raiffeisens oben zitiertem Buch, S. XI: Raiffeisentum „zielt auf die Wiederherstellung des sozialen Gleichgewichts und der Dorfgemeinschaft“.

[84] Die Kommerzialisierung ist führend dem Einfluß Haasens zuzuschreiben, der von den Bezugs- und Absatzgenossenschaften herkam und auf Trennung dieser Genossenschaften von den Darlehenskassen drang. *Faust*, a.a.O.„ S. 334: „Haas hat einst die Genossenschaft ‚kommerzialisiert‘.“ Haas spaltete die hessischen und später große Teile der süd- und westdeutschen Genossenschaften vom Raiffeisenverband ab, überführte sie in die „Vereinigung der deutschen landwirtschaftlichen Genossenschaften“ (1883), die dann im Allgemeinen Verband (1890) und im Reichsverband (1903) aufging. Erst 1930 konnten beide Verbände, Reichsverband und Raiffeisenverband, sich wieder vereinigen und zwar im „Reichsverband der deutschen landwirtschaftlichen Genossenschaften — Raiffeisen — e. V. zu Berlin“. Näheres über W. Haas bei *Faust*, a.a.O., S. 289 ff. Von Haas wird der Ausspruch überliefert: „Die Genossenschaft muß unpersönlich sein, in ihr muß sich das Ideal der Unterordnung des einzelnen

2. Der Zug zum Zentralverband verlief in drei Richtungen: Schaffung der Anwaltschaft und der Prüfungsverbände (a), Schaffung einer genossenschaftlichen Zentralkasse (b) und schließlich Schaffung funktioneller Einrichtungen auf zentraler Ebene, um die Funktionserfüllung der Einzelgenossenschaften zu erleichtern und wirtschaftlicher zu gestalten (c).

(a) Wie von berufener Stelle erklärt wurde, ist die Prüfung der Einzelgenossenschaften „die geschichtliche Veranlassung für die Entstehung der genossenschaftlichen Verbände überhaupt“[85].

Ursprünglich nahmen die Schöpfer der modernen Genossenschaften, Schulze und Raiffeisen, selbst Einfluß auf Gründung und Statuten der Einzelgenossenschaften. Sie wurden in der Folge auch die ersten Anwälte ihrer Genossenschaftszentrale, die über die Prüfung hinaus für die Vertiefung der genossenschaftlichen Grundsätze, für die Unterstützung beim weiteren Ausbau der genossenschaftlichen Einrichtungen, für die Vertretung der genossenschaftlichen Interessen in der Öffentlichkeit sowie für die Führung der Genossenschaftsstatistik[86] sorgten. Prü-

---

unter die Gesamtheit verwirklichen, wenn sie gedeihen soll.“ Zitiert bei *Faust*, ebd., S. 289.

Gegenüber dieser Kommerzialisierung hat Raiffeisen den sittlichen Gehalt seiner Genossenschaftsbewegung bis in die Statuten hinein betont. Vgl. *Raiffeisen*, a.a.O., S. 25, 29, 31 u. ö., auch die Einleitung S. 17 ff.

[85] Akademie für deutsches Recht, Das Recht der deutschen Genossenschaften, Denkschrift des Ausschusses für Genossenschaftsrecht, hrsg. v. W. *Granzow*, Tübingen 1940, S. 111/112, zit. bei R. *Henzler*, Die Genossenschaft — eine fördernde Betriebswirtschaft, Essen 1957, S. 200. Empfehlenswert auch die Ausführungen *Henzlers* über die Funktionen der Prüfungsverbände, a.a.O., Seite 199 f.

[86] „Hatte bereits Huber den *Zusammenschluß der Einzelgenossenschaften zu Zentralorganisationen* als notwendig erkannt, so führte das praktische Bedürfnis ... 1859 zur Errichtung eines Zentralbureaus, das zur Begründung des ‚*Allgemeinen Verbandes der auf Selbsthilfe beruhenden deutschen Erwerbs- und Wirtschaftsgenossenschaften*‘ (1864) überleitete. Nach dem im ‚Allgemeinen Verbande‘ durchgeführten Grundsatze verwalten oder besorgen dann die zu dem Verband gehörigen, nach Landesteilen oder Genossenschaftsarten gegliederten ‚Unterverbände‘ ihre Angelegenheiten (insbesondere auch die 1889 gesetzlich vorgeschriebene Revision) durchaus selbständig. Der ‚Allgemeine Verband‘, an dessen Spitze ein ‚Anwalt‘ steht (‚Anwaltschaftsverband‘), will lediglich das Genossenschaftswesen im allgemeinen und die gemeinsamen Interessen der vereinten Genossenschaften vertreten und pflegen.“

Pesch, a.a.O., Bd. III, S. 435. Schulze wurde bereits 1862 zum ersten Anwalt der in diesem Jahr gegründeten Anwaltschaft der deutschen Erwerbs- und Wirtschaftsgenossenschaften vom Vereinstag gewählt und blieb es bis an sein Lebensende (1883). Vgl. W. *Heinrich*, Der Gedanke von Hermann Schulze-Delitzsch in der heutigen Zeit, Wien 1959, S. 10.

Während Raiffeisen anfänglich seinen Genossenschaften den Anschluß an den von Schulze geleiteten Allgemeinen Verband empfahl, führten doch unüberbrückbare Gegensätze im Grundprinzip der genossenschaftlichen Vereinigungen zur beiderseitigen Trennung. 1877 schuf Raiffeisen den „Generalanwaltschaftsverband ländlicher Genossenschaften“. 1889 wurde dieser Ver-

fung und Beratung durch die Anwaltschaften führte zweifellos dazu, daß die Fehlgründungen und Fehlschläge der genossenschaftlichen Einrichtungen in überaus engen Grenzen blieben. Schulze-Delitzsch, der Urheber des modernen Genossenschaftsrechtes, hat die Prüfungsfunktion ganz klar als Mittel zur Wahrung der Autonomie der Genossenschaften erkannt[87].

(b) Die Notwendigkeit zentraler Bankinstitute erkannten sowohl Schulze-Delitzsch wie Raiffeisen. Beide schufen zwischen 1864 und 1876 entsprechende Einrichtungen, die eine mehr oder minder wechselvolle Geschichte hatten[88]. Heute besteht für die gewerblichen wie für die landwirtschaftlichen Kreditgenossenschaften eine gemeinsame Institution, die Deutsche Genossenschaftskasse[89]. Zwischen den landwirtschaftlichen Einzelgenossenschaften und der Deutschen Genossenschaftskasse bestehen außerdem für jeden einzelnen der 13 Verbandsbezirke regionale Zentralkassen.

Ursprünglich waren diese Zentralkassen als Geldausgleichsstellen konzipiert, sie konnten dadurch und wegen ihres beschränkten Bereiches an der Kreditschöpfung nicht teilnehmen und entwickelten sich, wohl auch wegen des Widerstandes der Großbanken, zu typischen Sekundärbanken[90]. Diese ungünstige Entwicklung führte zur Errichtung der Preußischen Zentralgenossenschaftskasse durch den Staat, der ihr Sondervermögen in steigendem Ausmaße zuführte. Das Prinzip Schulzes, Selbsthilfe ohne Staatshilfe, war hier durchbrochen, wirtschaftlich wurden die genossenschaftlichen Zentralbanken durch das Ausschließlichkeitsprinzip der Preußischen Zentralkasse weiter ausgehöhlt.

---

band mit der Pflichtrevision der ländlichen Genossenschaften betraut. Vgl. *Pesch*, III, a.a.O., S. 439 f. Auch Raiffeisen blieb Anwalt bis zu seinem Tode (1888).

[87] Vgl. *Henzler*, a.a.O., S. 196.

[88] Schulze-Delitzsch ließ durch seine Mitstreiter 1865 die „Deutsche Genossenschaftsbank von Soergel, Parisius & Co, KG auf Aktien" gründen. Sie ging 1904 in der Dresdner Bank auf. Raiffeisen schuf 1872 die Rheinische, 1874 die Westfälische und die Hessische landwirtschaftliche Genossenschaftsbank. Alle drei mußten über Intervention Schulzes wieder liquidiert werden. Erst Raiffeisens Gründung der „Landwirtschaftlichen Zentraldarlehenskasse" in der Form einer Aktiengesellschaft (1876) blieb 53 Jahre, also bis 1929, in Tätigkeit. Sie firmierte zuletzt als Deutsche Raiffeisenbank AG. Man übertrug ihr auch das Warengeschäft (1899), bei dem sie zuletzt erhebliche Verluste erlitt. Näheres bei *Faust*, a.a.O., S. 273 f.

[89] Vgl. H.-J. *Seraphim*, G. *Aschoff*, P. *Goertzen*, W. *Jäger*, H.-K. *Nook*, Das ländliche Genossenschaftswesen in den Mitgliedstaaten der EWG, Baden-Baden 1963, S. 82.

[90] Zum Begriff der Sekundärbanken vgl. L. A. *Hahn*, Volkswirtschaftliche Theorie des Bankkredits, Tübingen 1920, S. 56 ff. Sekundärbanken sind von der Kreditschöpfung mehr oder minder ausgeschlossen, sie ermöglichen jedoch die Kreditschöpfung durch die Großbanken.

(c) Die Übertragung von Funktionen der Einzelgenossenschaften auf überlokale Gebilde wurde vor allem bei Einkauf, Verwertung und Absatz wirksam. Die Genossenschaften waren wohl die ersten, die den Vorteil der „vertikalen Integration“ erkannten und den Erfordernissen der modernen Absatz- und Beschaffungswirtschaft Rechnung trugen. Die Methoden, Auftragskonzentration auf der Beschaffungsseite und Schließung der Kette über alle Verwertungs- und Handelsstufen hinweg bis zum Letztverbraucher, haben in Landwirtschaft[91] und Handel die verbreitetste Anwendung gefunden.

Für die Auftragskonzentration hat die Landwirtschaft sich in der Raiffeisen-Warenzentrale für die Bundesebene und in den verschiedenen Zentralgeschäftsanstalten auf Länderebene geeignete Einrichtungen geschaffen, um Großabschlüsse für Importe und industrielle Lieferungen tätigen zu können. In Absatz und Verwertung ist beispielhaft die Genossenschaftskette der Molkereien, die von der Kuh bis zur Flasche und zum Butterpaket im Eisschrank des Verbrauchers reicht; Überschüsse werden über den zentralen Milch-, Fett-, Eierkontor veräußert, fehlende Mengen zugekauft. Ähnliche Ketten bilden sich für Wein, Obst und Vieh aus, wenn auch weniger vollkommen. Der dreistufige Aufbau: Einzelgenossenschaft, Länderzentrale, Bundeszentrale, wiederholt sich auch hier. Er durchzieht das ganze Genossenschaftswesen. Eine Übertragung von Teilfunktionen findet auch auf die unter (a) genannten Prüfungsverbände statt, deren Spitze in der Landwirtschaft der Deutsche Raiffeisenverband e. V. ist. Neben Prüfung und Betreuung der angeschlossenen genossenschaftlichen Einrichtungen liegt seine Hauptaufgabe in der Agrarpolitik. „Sinngemäß liegt die Aufgabe und Bedeutung des genossenschaftlichen Zusammenschlusses darin, eine möglichst *breite Schicht selbständiger, ländlich gebundener Existenzen zu erhalten* ...“, also „die bäuerlichen Formen der Bodennutzung und Viehhaltung, wie sie für den *Familienbetrieb* charakteristisch sind *zu fördern*“[92] und nicht

[91] W. Jäger fordert, daß der Bauer die Kette vom Erzeuger bis zum Verbraucher selbst „in die Hand nimmt“ und auf diese Weise wenigstens organisatorisch zusammengefügt wird, was ursprünglich eine Einheit war (96). „Nur sie sind hinsichtlich der Organisation und des Kapitalbedarfs in der Lage, auf dem Wege vom Erzeuger zum Verbraucher möglichst viele Wirtschaftszwischenstufen selbst unter Kontrolle bzw. in der Hand zu behalten, auf diese Weise den Handelsweg zu verkürzen und den landwirtschaftlichen Anteil am Verkaufserlös der Endprodukte zu erhöhen“ (97), der in der BRD dzt. nur 58 % beträgt (97). Vgl. W. *Jäger*, Neue Formen genossenschaftlicher Selbsthilfe in der Landwirtschaft, in: Aktuelle und zukünftige Aspekte genossenschaftlicher Forschung, hrsg. von H.-J. *Seraphim*, Quellen und Studien des Instituts für Genossenschaftswesen an der Universität Münster, Bd. XIV, Karlsruhe 1962.

[92] *Seraphim*, u. a., a.a.O., S. 62. Dort auch Wiedergabe der in diesem Sinn gefaßten Beschlüsse der Agrarminister der EWG (Landwirtschaftskonferenz in Stresa 1958) und des Verbandes der Europäischen Landwirtschaft (Wiener Manifest 1958).

mitzuhelfen, in der Landwirtschaft industrielle Wirtschaftsweisen (Agrarfabrik) einzuführen, die das Gleichgewicht zwischen Familie, Hof, Pflanze, Tier und Boden zerstören[93]. Der Spitzenverband hat zur besseren Betreuung seiner angeschlossenen 13 Landesverbände 8 Fachausschüsse errichtet für: Prüfungs-, Rechts- und Steuerwesen; Waren-Ein- und Verkauf; Geld- und Kreditwesen; Milch- und Eierverwertung; Obst- und Gemüseverwertung; Winzergenossenschaft; Viehverwertung; Arbeits- und Sozialrecht. Damit sehen wir auf der Gesamtverbandsebene die Tendenz zur Abrundung und zur Universalgenossenschaft wieder wirksam: Auch der Gesamtverband will alle Geschäftssparten umgreifen. Teilweise erfüllt der Spitzenverband seine Aufgaben im Zusammenspiel mit der bäuerlichen Interessenvertretung (z. B. Bauernbund, Landwirtschaftskammern) und mit den ihm nahestehenden politischen Parteien auf höchst wirksame Weise. Darüber hinaus pflegt der Spitzenverband Beziehungen zu ausländischen Genossenschaftsverbänden und zu Genossenschaftsverbänden auf internationaler Ebene, die auf die Weltmeinung und auf die Weltinstitutionen Einfluß haben. Diese Beziehungen beackern das Feld auch für die Saat der Genossenschaftspolitik im Inland.

Wir haben die Genossenschaften, insonderheit die landwirtschaftlichen Genossenschaften, deshalb so ausführlich behandelt, weil sie als gewachsene Ordnungen und Einrichtungen das wohl vollkommenste Geflecht überbetrieblicher Beziehungen darstellen, besonders dann, wenn wir auch noch ihre marktregelnden Funktionen und die Qualitätsfunktionen (Gütegemeinschaft, Standardisierung, Normalisierung, Spezialisierung und Produktentwicklung) in Betracht ziehen.

Die Behandlung dieses Modells erspart es uns, auf Beispiele aus anderen Zweigen, etwa aus Handel und Industrie, einzugehen. Die dort festzustellenden Formen der Zusammenarbeit bei der Erfüllung betrieblicher Teilaufgaben sind alle weniger vollkommen, sei es durch Nichtausschöpfung des Universalprinzips, sei es durch fehlende Aufstufung zu wirkungsvollen Spitzenverbänden. Aber auch die in Handel und Industrie festzustellenden und heute in zahllosen Beispielen bekannten Formen tendieren alle in Richtung des angeführten Modells. Dieses Modell aber ist gekennzeichnet durch gemeinschaftliche Politik, Planung, Steuerung und Kontrolle, in seinem betriebswirtschaftlich-funktionalen Aufbau gleicht es einem weit verzweigten Filialsystem[94]. Sein Zweck

---

[93] Vgl. E. *Hyams*, Soil and Civilization, dtsch. v. F. Scholand unter dem Titel: Der Mensch — ein Parasit der Erde? Kultur und Boden im Wandel der Zeitalter, 1. Aufl., Düsseldorf-Köln 1956, S. 14, S. 28, S. 29 u. ö.

[94] Für *Henzler*, a.a.O., S. 180 ff. ist der Filialbetrieb von einem betriebswirtschaftlich-funktionalen Standpunkt aus das Ideal der genossenschaftlichen Beziehungen zwischen Zentralstelle und Einzelgenossenschaft. „Die einzelne

aber ist die Förderung der in das System eingebundenen und durch das System gesicherten Einzelwirtschaften.

4. Die Zusammenarbeit bei der Berufsordnung: die Aufgabe der Kammern

Der Schritt von der genossenschaftlichen zur berufsordnenden Zusammenarbeit ist gering, denn es liegt nahe, daß die Genossen, welche Teilverrichtungen für alle gemeinsam durch Verbandsbetriebe vornehmen und sich die Ordnung des Marktes oder die Hebung der Qualität ihrer Produkte angelegen sein lassen, auch über die Berufsordnung verständigen.

Wenn wir die berufsordnende Aufgabe der in den Kammern vereinigten Berufsgenossen besonders hervorheben, so soll damit nicht gesagt werden, daß den Genossenschaften, den marktregelnden Verbänden oder den Qualitätsgemeinschaften keine berufsordnende Funktion und Wirkung zukäme, aber sie stehen bei diesen letztgenannten Vereinigungen nicht im Vordergrund. Umgekehrt sind auch die Kammern nicht auf die berufsordnende Tätigkeit beschränkt. Sie sind ja auch Interessenverbände, die auf die Wirtschaftspolitik des Staates einzuwirken trachten und vollziehen im übertragenen Wirkungskreis sogar vielfach staatliche Aufgaben. Allein, wenn wir den Bereich der Selbstverwaltung ins Auge fassen, so ist die wichtigste Aufgabe der Kammern die Berufsordnung.

Das abzuhandelnde Problem, die Berufsordnung, verlangt zuerst Verständigung darüber, was denn eigentlich das Objekt dieser ordnenden Tätigkeit, der Beruf, sei. Der Wirtschaftsberuf ist jene regelmäßige Tätigkeit, durch die der einzelne zur Bedarfsdeckung der Gemeinschaft beiträgt und für die ihn die Gemeinschaft erhält.

Die Angehörigen einer Berufsgemeinschaft vollziehen gleichartige Tätigkeiten, und das verbindet sie.

Der Beruf ist zwar nicht das einzige, wohl aber ein ganz entscheidendes Kriterium der sozialen Schichtung: Die Stellung des Menschen in der Gesellschaft hängt weitgehend vom Beruf und der Stellung innerhalb der Berufshierarchie ab. Gleichartige Tätigkeiten, ähnliche Stellung in der Gesellschaft prägen Haltung, Mentalität, Lebensart und Gesinnung der Berufsangehörigen. Tritt diese Berufsgesinnung, -haltung,

---

genossenschaftliche Betriebswirtschaft erscheint ... als Teilbetrieb ... eines großen genossenschaftlichen Verbundbetriebs und die zwischen ihnen bestehenden Geschäftsbeziehungen sind nun keine Marktbeziehungen mehr, sondern innerbetriebliche Beziehungen, die zu Verrechnungspreisen abgerechnet werden." Ebd., S. 185. Ähnlich *Seraphim*, u. a., a.a.O., S. 84.

Lebensart organisiert in Erscheinung, so sprechen wir von Dienstverband oder Berufsstand[95].

Dieser Dienstverband oder „Stand ist Leistungsgemeinschaft auf Grund von Lebensgemeinschaft"[96]. „Jeder menschliche Verband hat geistige Grundlagen, und zwar ist es nicht so, daß die zufällig gemeinsame Berufstätigkeit auch gewisse Beziehungen hervorbrächte. Es ist vielmehr so, daß die gemeinsame geistige Grundartung und Haltung ihren verrichtungsmäßigen Ausdruck im Berufe findet[97]." Diese gemeinsame geistige Grundlage der Berufsangehörigen, die Dienstgesinnung, ist nicht nur subjektiv, sondern sie ist objektiv durch das Gemeinwohl der Gesellschaft bestimmt. Es ist das in der Dienstgesinnung der Berufsangehörigen sich subjektiv einbildende Gemeinwohl, welches in der Ordnung des Berufes uns objektiv entgegentritt. Hieraus erklären wir das allen Berufsordnungen gemeinsame Streben, stets alle Berufsangehörigen zu umfassen, für alle zu gelten (1), alle mit dem Beruf zusammenhängenden wesentlichen Gebiete zu normieren (2) und sich über die Generationen hinweg, angepaßt an die wechselnden Erfordernisse des Gemeinwohls, zeitgemäß zu erhalten (3). Heinrich bezeichnet dieses dreifache Streben der Berufsverbände als „Streben zur Körperschaft-

---

[95] Den Grund für die Organisierung solcher Berufsgemeinschaften, -genossenschaften oder „Gilden" lag nach O. v. *Gierke* „in der Selbsthilfe des Volkes, welches da, als die seit uralter Zeit bestehenden natürlichen Genossenschaften teils sich auflösten, teils nicht mehr allen ihren Zwecken genügten, der im Volksbewußtsein lebenden Genossenschaftsidee in frei erschaffenen Formen einen neuen Ausdruck verlieh", a.a.O., Bd. I, S. 226. Nach Gierke waren die älteren „Gilden", wie die Genossenschaften hießen, Verbände gleicher Männer, daher Brüderschaften, die den ganzen Menschen ergriffen und sich auf alle Seiten des Lebens erstreckten. Die Mitglieder konnten daher keinem anderen Verein angehören, der nicht die Genossenschaft selbst wie das Ganze den Teil umfing. „Jede germanische Gilde hatte daher zugleich religiöse, gesellige, sittliche, privatrechtliche und politische Ziele" (228). In religiöser Hinsicht waren die Zünfte Träger des (Zunft)-Brauchtums, das sich in der kultischen Verehrung des Schutzpatrons, Opfer- und Totenmahl, Weihefesten, Fastnachtsfeiern, Aufnahmeriten und Freisprechungen kundtat (vgl. R. *Siemsen,* Germanengut und Zunftbrauch, Berlin 1942, S. 17 ff., bes. S. 22). Die Kulte der Berufsgemeinschaften gaben diesen „ein starkes Gemeinschaftsethos und enthalten überhaupt erst den Schlüssel für diejenigen Kräfte, die durch diese Gemeinschaften historisch wirksam geworden sind" (ebd., S. 23).

[96] W. *Heinrich,* Das Ständewesen mit besonderer Berücksichtigung der Selbstverwaltung der Wirtschaft, 2. Aufl., Jena 1934, S. 21 (fettgedruckt).

J. Werner irrt, wenn er die Wirtschaftsverbände auf die bewußte Organisierung wirtschaftlicher Gruppeninteressen zwecks Verbesserung der Einkommenslage der Mitglieder zurückführt. In Kriegszeiten wirken die Wirtschaftsverbände sogar kräftig dem Erwerbsstreben ihrer Mitglieder entgegen. Dazu wären sie unfähig, wenn ihnen nicht der Charakter von Sozialkörpern eignete und von ihnen nicht alle Seiten des Lebens entfaltet würden, besonders aber die sittlichen. Vgl. J. *Werner,* Art. Wirtschaftsverbände, HdStw., 49. Lieferung, Stuttgart, Tübingen, Göttingen 1964, S. 281.

[97] W. *Heinrich,* Ständewesen, a.a.O., S. 97.

lichkeit"[98]. „Ist ... die Organisation eines Standes zu einer ausgesprochenen Körperschaft gediehen, d. h. ist das Lebens- oder Sachgebiet ausgeschöpft, der Verrichtungszweig durch die Organisation völlig ergriffen und diese zu einer dauernden Einrichtung mit voll entfaltetem Aufgabenkreis geworden ...", so ist der Berufsstand dann „eine echte Körperschaft, deren Mitglieder nicht nur ein unbewußt und zufällig gleiches Verhalten nach außen zur Schau tragen; die vielmehr durch bewußte und grundsätzliche Vorkehrungen die gleichartige innere Haltung wie das gleichgerichtete Verhalten nach außenhin zu sichern trachtet"[99]. In diesen bewußten Vorkehrungen besteht die Ordnung des Berufes. Wie der Beruf selbst, so hat auch die Ordnung zwei Seiten: die soziale und die fachliche. Die soziale Natur kommt in jenen Vorkehrungen zum Ausdruck, die die Vertiefung der Berufsgesinnung bezwecken: wir denken etwa an Standesethos, Standesehre, Standessitte, Berufsfrieden, gegenseitige Hilfe und gegenseitigen Schutz, Berufssolidarität, Berufsgerichtsbarkeit, Berufsaufsicht und zum Teil auch an Vorkehrungen für die Berufserziehung, die ja nicht nur fachliche Ausbildung, sondern zugleich Standeserziehung ist. Ferner gehört hierher die Sozialpolitik der Berufsgemeinschaft im Krankheits- oder Todesfall eines ihrer Mitglieder. In fachlicher Hinsicht steht bei der berufsordnenden Tätigkeit im Vordergrund: die Regelung der Berufsausbildung (Lehre, Gesellenzeit, Meisterprüfung), die Aufsicht über Qualität der Berufsausübung, die Erhaltung und Anpassung der Berufstüchtigkeit.

Die Kammern sind der berufsordnenden Aufgabe durch ihre verhältnismäßig vollkommenen Organisationsform besonders gewachsen. In ihrer Organisationsform kommt der oben behandelte „Zug zur Körperschaft" recht gut zum Durchbruch. Wenigstens im österreichischen Typ der Handelskammer, der an internationalen Maßstäben gemessen, einen hohen Stand erreicht hat und als Vorbild gelten darf[100]. Sachlich umfaßt diese Kammer die gesamte gewerbliche Wirtschaft, nicht nur Industrie, Handel und Gewerbe, sondern ebenso Verkehr, Fremdenverkehr sowie Geld-, Kredit- und Versicherungswesen. Landwirtschaft, Zivilingenieure, Wirtschaftstreuhänder, Rechtsanwälte, Ärzte, Tierärzte, Dentisten, Notare sind in eigenen Kammern zusammengeschlossen. Persönlich gehören der Kammer der gewerblichen Wirtschaft alle natür-

---

[98] Ebd.

[99] *Heinrich*, a.a.O., S. 19.

[100] P. *Förster*, Ein Vergleich mit Handelskammern des Auslands, in: Wirtschaftspolitische Blätter, 7. Jg., H. 1, Wien, Febr. 1960, S. 8 f., bes. 9. F. Geiszler weist darauf hin, daß dieser österreichische Typ 1943 für das ganze Deutsche Reich richtungsweisend wurde. Vgl. F. *Geiszler*, Die Entstehung und der Entwicklungsgang der Handelskammern in Österreich, in: Hundert Jahre österreichischer Wirtschaftsentwichlung 1848—1948, hrsg. von H. Mayer, Wien 1949, S. 117.

lichen und juristischen Personen an, die in den oben angeführten Wirtschaftszweigen selbständig tätig sind und zwar kraft der Tatsache ihrer Berufsberechtigung (Gewerbeberechtigung). Die Kammerzugehörigkeit ist daher ebenso freiwillig wie die Staatszugehörigkeit. Zur regionalen Gliederung bestehen neben der Spitzenkörperschaft, der Bundeskammer der gewerblichen Wirtschaft, Landeskammern für jedes Bundesland. Fachlich gliedern die Kammern die Bundessektionen und Fachverbände aus, die das ganze Bundesgebiet überdecken (z. B. Fachverband der Nahrungs- und Genußmittelindustrie Österreichs), auf regionaler Ebene bestehen Fachgruppen, Gremien und Innungen (z. B. Rauchfangkehrer Wiens). Dieser wohlabgestufte, fachlich und regional gegliederte Organismus ist in hervorragender Weise geeignet, an der wirtschaftlichen „Ausbildungs- und Erziehungsarbeit im Dienste der Allgemeinheit“[101] mitzuwirken.

So werden durch die fachlichen Gliederungen die Ausbildungsrichtlinien geschaffen, die die Lehrmeister über die den Lehrlingen zu vermittelnden Kenntnisse informieren; die Kammer schult Lehrmeister, Ausbildungsleiter und Lehrgesellen; vermittelt angehenden Meistern wichtige Kenntnisse zur pädagogisch richtigen und methodisch wirksamen Erziehung der Lehrlinge; stellt die Prüfungsordnungen auf; protokolliert die Lehrverträge; überprüft die Betriebe, die Lehrlinge aufdingen, hinsichtlich ihrer Einrichtung und ihrer persönlichen Voraussetzung zur Lehrlingsausbildung; sie wickelt die Lehrabschlußprüfungen ab (pro Jahr etwa 48 000 Prüfungen); hält Vorbereitungskurse für die Lehrabschluß- und die Meisterprüfungen; betreut über Schulausschüsse und Kuratorien die Berufsschulen; errichtet Internate für auswärtige Lehrlinge und ermöglicht auch den in kleineren Orten lebenden Lehrlingen den Berufsschulbesuch (jährlich 7 Wochen); erhält und führt mehrere Handelsakademien[102].

Nach abgeschlossener Ausbildung gilt es, die Berufstüchtigkeit zu erhalten und zu verbessern. Das ist Aufgabe der im Schoße der Bundes- und Landeskammern errichteten Wirtschaftsförderungsinstitute. Sie führen jährlich etwa 2000 Kurse zur Vorbereitung auf Prüfungen und zur Fortbildung in Österreich durch, unterhalten modernste Lehreinrichtungen und fahrbare Ausbildungsstätten, helfen bei der Rationalisierung durch branchenweise Reihenuntersuchungen (teils in Zusammenarbeit mit den technischen und den kaufmännischen Hochschulinstituten) und tragen auf diese Weise das durch die Wissenschaft erarbeitete Erfahrungsgut in die Betriebe, regen Erfahrungsaustausch

[101] Vgl. K. *Kehrer*, Ausbildungs- und Erziehungsarbeit im Dienste der Allgemeinheit, in: Wirtschaftspolitische Blätter, 7. Jg., H. 1, Wien, Febr. 1960, S. 46.

[102] Vgl. *Kehrer*, a.a.O., S. 47 f.

an, unterrichten über den jeweils neuesten Stand der technischen Entwicklung auf den einzelnen Fachgebieten, studieren neue Arbeitsmethoden, Maschinen, Werkzeuge, Apparate, neue Werkstoffe und Verfahren, leisten Hilfe bei der Automation, befruchten das künstlerisch-modische Schaffen und helfen in jeder Weise bei der Rationalisierung der einzelnen Betriebe[103].

Diese Aus- und Fortbildungstätigkeit führt zur „Aufschließung" der Betriebe, zu einer Atmosphäre, in der Berufssolidarität und Zusammenarbeit gedeihen, die dann bei Innungs-, Fachgruppen- und Sektionstagungen sich ausdrückt, aber auch in Maßnahmen gegen Mitglieder, welche gegen die Berufssolidarität verstoßen, deutlich wird. Gleicher Erziehungsgang, häufige gemeinsame Beratung helfen bei der Herausbildung von zumeist ungeschriebenen Berufsnormen, die die Mitglieder binden und deren Nichtbeachtung mit den Mitteln der Gemeinschaft — reichend vom Gespräch unter vier Augen bis zum offenen Verruf — hintangehalten wird. Gemeinsame Normen und gemeinsamer Ausbildungsgang prägen die gleichartige Haltung und Gesinnung, die es den Führungsgremien ermöglichen, als Repräsentanten des Berufsstandes nach innen und außen zu handeln. Gemeinsame Haltung, Gesinnung, Normen, Ausbildung sind der Boden, auf dem genossenschaftliche Einrichtungen, Marktregelungen und Qualitätsgemeinschaften gedeihen.

5. *Die Volkswirtschaft als Leistungsgemeinschaft: die berufsgemeinschaftliche Organisation der Volkswirtschaft*

Überblicken wir die eben behandelten Zusammenschlüsse der Berufsgenossen in Qualitätsverbänden, in marktregelnden Verbänden, in Genossenschaften und Kammern, so wundern uns nicht die Versuche, die ganze Volkswirtschaft als Leistungsgemeinschaft anzusehen und sie auf berufsständischer Basis zu ordnen. Über die Weltanschauungen hinweg vereinigen diese Versuche konservative[104], sozialistische[105], faschisti-

[103] Vgl. G. *Jäger*, Festigung der wirtschaftlichen Position des Gewerbes durch Rationalisierung; ferner H. *Salzbrunn*, Im Dienste der Wirtschaft — die Wirtschaftsförderungsinstitute — ihr Werden und Wirken; beide in: Wirtschaftspolitische Blätter, 7. Jg., H. 1, Wien, Febr. 1960, S. 78 ff. bzw. S. 75 ff.

[104] Vgl. O. *Spann*, Der wahre Staat, 3. Aufl., Jena 1931 (1. Aufl., 1921). Ders., Gesellschaftslehre, 3. Aufl., Leipzig 1930 (1. Aufl. 1914). Spann knüpft an Platon, Aristoteles, die Scholastik und den deutschen Idealismus an, die alle einen stark korporativen berufsständischen Einschlag aufweisen.

H. *Ritschl*, Gemeinwirtschaft und kapitalistische Marktwirtschaft, Zur Erkenntnis der dualistischen Wirtschaftsordnung, Tübingen 1931, S. 152: „Spann hat die Umformung der freien, atomisierten Marktwirtschaft zu einem System korporativer Ordnung wohl zuerst in ihrer prinzipiellen Bedeutung erkannt."

[105] Das kommt in der Rede des sozialistischen Reichswirtschaftsministers R. Wissel zum Ausdruck, mit der dieser die von seinem Unterstaatssekretär W. v. Moellendorff verfaßte Denkschrift seines Ministeriums am 5. Juni 1919

sche[106] und christlich-soziale[107] Kreise. Wenn auch jeder dieser Kreise den gleichen Gedanken hundertfältig variierte, dieses oder jenes Prinzip mehr als andere betonte und an den anderen Kreisen mitunter schärfste Kritik übte, so ist doch der berufsständische Ordnungsgedanke ihnen allen gemeinsam.

Ihre modernste, der Industriegesellschaft angepaßte Formulierung erfährt die berufsständische Ordnung durch W. Rathenau (1867—1922). Er ist hierzu durch brillante Geistesgaben, naturwissenschaftlich-technische und philosophische Studien, großindustrielle Herkunft, führende Stellung in Industrie und Kriegswirtschaft sowie nach Kriegsende als Aufbau- und Außenminister, hervorragend befähigt[108].

Rathenau sieht klar die Schäden, welche die auf dem Erwerbsprinzip fußende Markt- und Wettbewerbswirtschaft der Volkswirtschaft zufügt, er erkennt das Auseinanderfallen von einzelwirtschaftlicher Rentabilität und volkswirtschaftlicher Produktivität. Rathenau untersucht nach vier Seiten hin die Mängel des volkswirtschaftlichen Prozesses: in den einzelnen Betrieben, in der Arbeitsteilung der Werke und Gruppen, im Zusammenwirken der Gewerbezweige und in der Gesamtbewegung des Wirtschaftskörpers.

Die Industrie ist vielfach durch ungünstige Standorte mit hohen Kosten belastet. Veraltete Einrichtungen und Arbeitsmethoden führen zur Vergeudung von Material, Arbeitskraft und Energie[109]. Die Arbeits-

---

vor dem Verein der Berliner Kaufleute und Industrieller begründete. Vgl. R. *Wissel*, W. v. *Moellendorff*, Wirtschaftliche Selbstverwaltung — zwei Kundgebungen des Reichswirtschaftsministeriums, Jena 1919. Ferner: W. v. *Moellendorff*, Der Aufbau der Gemeinwirtschaft. Denkschrift des Reichswirtschaftsministeriums vom 7. Mai 1919, Jena 1919.

[106] Vgl. dazu A. *Weber*, Kurzgefaßte Volkswirtschaftspolitik, 4. Aufl., Berlin 1943, S. 220 ff., insbesondere das Gesetz zur Vorbereitung des organischen Aufbaues der deutschen Wirtschaft vom 27. 2. 1934.

[107] *Pius XI.*, Q. a. Nr. 83, vgl. auch erstes Buch, II. Teil, B.

[108] Rathenau studierte Physik, Elektrotechnik, Chemie und Philosophie, 1889 promovierte er zum Dr. phil. Sein Vater gründete die Deutsche Edison-Gesellschaft, aus der die AEG hervorging. R. wird Aufsichtsrat in 80 Unternehmungen. Als Leiter der Kriegs-Rohstoffverteilung organisierte er die deutsche Rohstoffwirtschaft bis zum Jahre 1915. Dann tritt er an die Stelle seines Vaters als Präsident der AEG. 1921 wird er Wiederaufbauminister, 1922 Reichsaußenminister. Wegen Unterzeichnung des Rapallo-Vertrages und der ihm vorgeworfenen Erfüllungspolitik wird er im gleichen Jahr durch nationalistische Kreise ermordet. Vgl. W. *Morsey*, Art. Walter Rathenau, in: Staatslexikon, 6. Bd., 6. Aufl., Freiburg 1961, S. 596 ff., bes. S. 597: „Seine außergewöhnlichen Geistesgaben, die überzeugende Wirkung seiner aristokratischen Persönlichkeit und sein selbstloser Einsatz für die Wiederaufrichtung des geschlagenen und gedemütigten Vaterlandes blieben ebensowenig ohne Eindruck, wie sein Mut zur Konsequenz in Theorie und Praxis.“ Dort auch bibliographische Hinweise.

[109] W. *Rathenau*, Die neue Wirtschaft, Berlin 1918, S. 40. „Heute ist jeder Verlust, jede Verschwendung Sache der Gemeinschaft; es hat niemand mehr,

teilung, auf der — neben der Massenbewältigung — die neuzeitliche Gütererzeugung beruht, ist auf die einzelnen Werke beschränkt. Von Werk zu Werk und Gruppe zu Gruppe ist sie unvollkommen, zufällig, unsystematisch und dem Herkommen überlassen[110]. Die Produktionsprogramme sind zersplittert[111] und mit ihnen die Arbeitsvorgänge. Auf dem Wege vom Urstoff zum Halbprodukt und Endprodukt; vom Erzeuger, Zwischenhändler, Kleinhändler und Verbraucher entstehen Unwirtschaftlichkeiten und Reibungen, die die Aufeinanderfolge der Produktionsstufen zerreißen, zum Schaden für die Vor- und Nachverarbeitung[112]. „Es tritt hinzu das Zickzack der verlorenen Wege und Frachten, die Verluste und Kosten der Lagerung, des Handelsrisikos der Spekulation, die Verlangsamung des gesamten Produktionsvorgangs[113].“ Auf dem Weg zum Verbraucher entstehen noch größere Schäden. „Durch Modenauslese, Verderb, Konkurrenz, Umwerbung des Kunden, Propaganda, Kreditausfälle, Lagerkosten, verlorene Frachten, Zinsaufwände gehen Beträge an Arbeitskraft, Umlaufsgeschwindigkeit, Material in solchem Umfange verloren, daß etwa einzelne Webwaren auf diesem Wege sich auf das Doppelte und Dreifache verteuern[114].“ Die Betriebs-

---

auch wenn er es bezahlen kann, das Recht, eine Auspuffmaschine zu betreiben, die das Fünffache des Zulässigen an Kohle frißt, so wenig wie jemand das Recht hat, Brot zu zertreten. Hier wird eine der sittlichen Umstellungen fühlbar, die die neue Wirtschaft fordert.“

110 Ebd., S. 42: „Es ist nicht abzusehen, zu welcher Verbilligung und Steigerung der Produktion die wissenschaftlich durchdachte Arbeitsteilung von Gruppe zu Gruppe führen würde.“

111 Ebd., S. 45: „Gibt es zehn-, zwölf- und fünfzehnpferdige Motoren, so verlangt der Betriebsingenieur des Bestellers in selbstgewisser Ausübung seiner Sachverständigkeit einen elfundeinhalbpferdigen und zwingt den minder willensstarken Fabrikanten, den neuen Typ zu schaffen, ungeachtet der Tausende von Arbeitsstunden, die der schrullige Einfall der nationalen Wirtschaft entzieht. Sind tausend Umdrehungen üblich, so werden neunhundert gefordert. Sitzt der Antrieb rechts, so muß er links sitzen. Wird ein chemisches Produkt in neunzigprozentiger Reinheit geliefert, so wird es achtzigprozentig verlangt. Ist eine Verpackung auf hundert Kilogramm eingerichtet, so wird sie zu fünfzig Kilogramm beliebt.“ „Die Fabrikationsverzeichnisse unserer Werke enthalten, allein in den technischen Industrien, Hunderttausende von Nummern, die ohne Schaden für den Verbrauch gestrichen werden könnten, die zum schwersten Schaden der Produktion an Geistesarbeit, an Zerrüttung des Arbeitsvorgangs, an wirtschaftlicher Spannkraft und Stoßkraft aufrechterhalten werden müssen, weil auf dem Boden des ungezügelten Wettbewerbs keine Autorität der Willkür des Absatzmarktes gegenübersteht“ (S. 45 f.).

112 Vgl. ebd., S. 46 ff., S. 47 f.: „Die fortschreitende Mechanisierung und Arbeitsteilung mußte nach und nach fast jedes Zwischenprodukt zum Handelsgut machen ...“, da „ein jedes für sich, einen möglichst hohen Nutzen tragen (muß) und zwar zum Schaden des Weiterverarbeitenden, dessen Produktion hierdurch geschwächt wird und schwächend auf die Urproduktion zurückwirkt“.

113 Ebd., S. 48.

114 Ebd., S. 49: „Zur Verteilung ..., zur Kundenanwerbung, durch Eisenbahnfahrten sind Armeen junger schaffenskräftiger Menschen der wirtschaftlichen Produktion entzogen, deren Bestandszahlen mit sechs Stellen geschrieben werden.“

gründungen erfolgen nicht nach Prüfung der Bedürfnisfrage, ebensowenig wie der Einsatz der Arbeitskräfte[115].

Mit dieser kritischen Analyse legt Rathenau klar, welche Forderungen vom Produktivitätsstandpunkt an die Wirtschaftsordnung zu stellen sind. Höchste Wirtschaftlichkeit bei der Verwendung von Material, Energie und Arbeitskräften. Durchgreifende Normalisierung und Typisierung der Produktion. Weitestgehende Arbeitsteilung durch Spezialisierung der einzelnen Werke und Werksgruppen. Zusammenwirken der Gewerbe über alle Produktions- und Handelsstufen hinweg. Lenkung der gesamten Produktion nach dem volkswirtschaftlichen Optimum: „Alle diese Richtkräfte, mögen sie der Schonung und Verteilung einheimischer Hilfsmittel, mögen sie der Abwehr fremder, der Stärkung eigener Wirkung dienen, mögen sie endlich und vor allem der nationalen Wirtschaft ermöglichen, über das freie Spiel der Preisbildung und des Einzelnutzens hinaus Gebiete höheren ökonomischen Interesses auf Kosten geringerer oder scheinbarer Nützlichkeiten zu fördern, können nur von einheitlichem Willen einer zusammengefaßten und durchgeistigten Produktion gelenkt werden[116].“ Dieser einheitliche Wille, der die Produktion der Volkswirtschaft durchgeistigt oder „rationalisiert“, soll sich in Berufsverbänden und Gewerbsverbänden manifestieren. In den Berufsverbänden sind alle gleichartigen Betriebe je für sich zusammengefaßt[117]. In den Gewerbsverbänden sind die Berufsverbände „mit ihren vorverarbeitenden und nachverarbeitenden Gewerben . . . zu gesonderten Gruppen verbunden“[118], also vertikal, über alle Produktions- und Handelsstufen hinweg, integriert. „Die wichtigere der beiden Organisationsformen ist der Berufsverband . . . Diese Einheit tritt nicht nur in ein festes Verhältnis zu ihren benachbarten Gruppen, sondern auch zur Arbeiterschaft, zur Öffentlichkeit und zum Staat . . .[119].“

Der Berufsverband läßt sich „seinem Handeln nach als Syndikat denken“[120]. An das Syndikat liefern die Unternehmen zu Selbstkosten ihre Waren ab; was zur eigenen Weiterverarbeitung gehört, wird verrechnet. Den Verkauf besorgt der Verband zu abgestuften Preisen.

---

[115] Vgl. ebd., S. 53 f.

[116] Ebd., S. 54.

[117] Ebd., S. 56: „. . . etwa alle Baumwollspinnereien für sich, alle Eisendrahtwalzwerke für sich, alle Schreinereien für sich, alle Großhandlungen für Weißwaren für sich.“

[118] Ebd., S. 56: „denken wir uns ferner jede dieser Vereinigungen zusammengefaßt mit ihren vorverarbeitenden und nachverarbeitenden Gewerben, also das gesamte Baumwollgewerbe, das Eisengewerbe, das Holzgewerbe und das Leinengewerbe zu gesonderten Gruppen verbunden.“

[119] Ebd., S. 57.

[120] Ebd., S. 57.

Der Staat überträgt dem Verband bedeutende Rechte „. . ., die zum Teil an Hoheitsrechte grenzen: das Recht der Aufnahme oder Ablehnung neu Hinzutretender, das Recht des Alleinverkaufs inländischer und eingeführter Ware, das Recht der Stillsetzung unwirtschaftlicher Betriebe gegen Entschädigung, das Recht des Ankaufs von Betrieben zur Stillsetzung, Umwandlung oder Fortführung. Kein neuzeitliches Syndikat hat je so weitgreifende Rechte besessen und mit ihnen so bedeutende Aussichten auf Leistungskraft und Ausdehnung[121]." „Als Gegenleistung beansprucht der Staat mitwirkende Aufsicht in der Verwaltung, soziale Leistungen und Gewinnabgaben[122]": „Der Staat kann fordern, wo er leistet; er soll leisten, wo er fordert"[123]. In der Verwaltung[124] soll der Staat überwachende und eingreifende Rechte haben, und außerdem soll die Arbeiterschaft vertreten sein. In den Verantwortungskreis der Berufsverbände fällt: Organisation und Handhabung des Verkaufs und der Ausfuhr. Erweiterung der Absatzgebiete. Beschaffung, notfalls Einfuhr. Hebung und Verbilligung der Produktion durch Ausbreitung technischer Erfahrung, Verbesserung und Neueinrichtung der Werkstätten, Stillegung unwirtschaftlicher Betriebe, notfalls Errichtung und Betrieb eigener Musterfabrikationen, Erweiterung, erforderlichenfalls Finanzierung gut gelegener und wirtschaftlich betriebener Anlagen. Ausarbeitung und Durchführung des wissenschaftlich durchdachten Planes der Arbeitsteilung von Werk zu Werk, Bezirk zu Bezirk unter Berücksichtigung der Standortfaktoren. Verteilung der Erzeugungskontingente. Einführung einheitlicher Typen, Normalien und Muster, Beschränkung der überflüssigen Ausführungsformen. Verhandlung und Verkehr mit den benachbarten Verbänden des Gesamtgewerbes, mit Angestellten- und Arbeiterverbänden, Vertretung der Berufsinteressen gegenüber der Regierung[125].

Rathenau wünscht nicht die alten Zünfte wiederherzustellen oder Zweck- und Interessenverbände souveräner Einzelbetriebe, sondern „. . . eine Produktionsgemeinschaft, in der alle Glieder organisch ineinandergreifen, nach rechts und links, nach oben und unten zur lebendigen Einheit zusammengefaßt, mit einheitlicher Wahrnehmung, Urteil, Kraft und Willen versehen, nicht eine Konföderation, sondern ein Organismus"[126].

Gleichwohl die Industrialwirtschaft zu einem Gesamtwerk, etwa nach der Weise eines Riesenkonzerns, geordnet wird, trifft Rathenau Vor-

---

[121] Ebd., S. 58.

[122] Ebd., S. 58.

[123] Ebd., S. 58.

[124] Ebd., S. 59: Verwaltung ist hier als „Aufsichtsrat" zu verstehen.

[125] Vgl. ebd., S. 59 f.

[126] Ebd., S. 61.

sorge, „daß nicht eine bürokratische Formel oder gar eine politische Zentralmacht sie zusammenfaßt, die alle Führer in Beamten, alle Entschlüsse in Maßregeln verwandelt, sondern . . . daß möglichst alle Initiative und Einzelverantwortung erhalten bleibt und der ganze Organismus auf Selbstverwaltung beruht"[127].

„. . . die Anfangsquoten ergeben sich aus dem gegenwärtigen Besitzstand, die Quotenentwicklung aus der Leistung[128], der Zutritt aus neuer Initiative, Erfindungskraft und Betriebsverbesserung"[129], die Ausscheidung nicht leistungsfähiger Betriebe durch objektive Kriterien[128].

In den Gewerbsverbänden werden „die Fragen des Bedarfs, der Warenbeschaffung in Güte, Typen und Mustern, der Umstellung auf neue Anforderungen, der Preise, Lieferzeiten, Zahlungsweisen, der Arbeitsvermittlung, Erweiterung, Betriebseinschränkung von Gruppe zu Gruppe, von Berufsverband zu Berufsverband, verhandelt"[130] und langfristig Produktion und Bedarf abgestimmt[131].

„Der Handel von Verband zu Verband bedarf keiner zwischentretenden Vermittlung. Ungezählter Zweigniederlassungen, Reisender nach Hunderttausenden, toter Lager, Ladenhüter, zweifelhafter Kredite, verhüllter Finanzierungen bedarf es nicht mehr[132]."

Kleinhandel und das applizierende Handwerk werden durch die Gemeinden geordnet, überwacht, konzessioniert und tarifiert, Warenhäuser gemischtwirtschaftlich betrieben[133].

Rathenau errichtet hier zweifellos ein imposantes Gebäude, ein Ordnungsgerüst großindustrieller Prägung, sehr geeignet, das Leitbild der berufsständischen Wirtschaftsordnung zu verdeutlichen. Er faßt dieses Leitbild, dem die Ordnung entgegenstrebt, in den Sätzen zusammen: „Die Ordnung, zu der wir gelangen, wird eine privatwirtschaftliche sein, wie die gegenwärtige, doch keine ungezügelte. Ein Gemeinschaftswille wird sie durchdringen, der gleiche, der heute alles solidarische

---

[127] Ebd., S. 61.

[128] Gemessen an den Selbstkosten.

[129] Ebd., S. 63.

[130] Ebd., S. 63.

[131] Vgl. ebd., S. 63 f.: „Wer der Wirtschaft nahesteht, weiß den ungeheuren Vorteil einzuschätzen, der aus einer möglichst ganzjährigen Zusammenfassung der Bedürfnisse sich ergibt. Wenn man in regelmäßigen Zeitabschnitten weiß, wieviel Schienen, Garne, Kessel, Motoren, Zubehörteile, Chemikalien, Glasscheiben verlangt werden und in welcher Beschaffenheit, so können langsichtige Fabrikationsprogramme und Aufteilungen festgesetzt werden, die ganze Werke dauernd voll und gleichmäßig beschäftigen, die Erzeugung unabsehbar verbilligen, große Lager unnötig machen, die Verkehrsstraßen entlasten, den Arbeitsprozeß beschleunigen, Kapital und Zinsen ersparen und die Leistung im Bezuge auf alle ihre Elemente erhöhen."

[132] Ebd., S. 64.

[133] Vgl. ebd., S. 71.

Menschenwerk durchdringt, mit Ausnahme eben des wirtschaftlichen Schaffens; eine Sittlichkeit und Verantwortung wird sie durchdringen, die heute jeden Dienst an der Gemeinschaft adelt[134]." Wie eine heimliche Kraft setzt sich dieses Leitbild auch nach dem 2. Weltkrieg durch. Die rasche Erstarkung des Verbandswesens in Deutschland, das Kammerwesen in Österreich, der Gliederbau des Sozialökonomischen Rates in Holland, das System der Planifikation in Frankreich, die korporative Ordnung in Portugal oder Spanien, in fast allen westeuropäischen Ländern zeigen sich mehr oder minder vollkommene Ansätze dieses Leitbildes, Ansätze, die in der theoretischen Diskussion abgewogen und in der Praxis immer mehr ausgestaltet und aufgestuft werden[135]. „Mögen diese Ansätze . . . den Charakter eines etwas problematischen Experiments aufweisen, so dürfen sie bei grundsätzlicher Betrachtung doch als ausbauwürdig bezeichnet werden[136]." Es ist J. Werner auch beizupflichten, wenn er den Verbänden und den Vereinbarungen zwischen den Verbänden konstitutive Bedeutung für die heutige Staats- und Wirtschaftsordnung beimißt[137].

Den theoretischen ‚Überbau' für dieses Leitbild der berufsständischen Ordnung führt W. Heinrich in der wohl geschlossensten Form auf[138]. Hier lassen sich Einwendungen, die gegen Rathenau noch erhoben werden können: Zentralismus im Syndikatsgedanken, Rationalismus und geringe soziale Verwurzelung des Konzernmodells, Einfluß des Rätesozialismus, nicht mehr vorbringen[139]. Ähnlich wie Platons Staat die nie erreichte und doch immer angestrebte Norm alles staatlichen Lebens darstellt, so kann Heinrichs „Ständewesen" als das ideale, gleichwohl unerreichbare Leitbild der berufsständischen Ordnung angesehen werden[140].

---

[134] Ebd., S. 27.

[135] Vgl. Otto *Most*, Art. Industrie- und Handelskammern, HdStw., V. Bd., Stuttgart usw. 1956, S. 167: „Die *grundlegenden Probleme* liegen in der Eingliederung der Industrie- und Handelskammern in ein künftiges System der Wirtschaftsorganisation mit einem Bundeswirtschaftsrat an der Spitze und im Zusammenhang damit in etwaiger Verwirklichung eines ‚überbetrieblichen Mitbestimmungsrechts' im Hinblick auf die Industrie- und Handelskammern."

[136] J. *Werner*, Art. Wirtschaftsverbände, HdStw., 49. Lieferung, Stuttgart usw. 1964, S. 287.

[137] Ebd., S. 286.

[138] *Heinrich*, Das Ständewesen mit besonderer Berücksichtigung der Selbstverwaltung der Wirtschaft, 2. Aufl., Jena 1934 (1. Aufl. 1932).

[139] Auch Rathenau könnte auf manche seiner Äußerungen verweisen, die diesen Einwendungen Rechnung tragen. Außerdem unterlagen Rathenaus Gedanken einem ständigen Reifeprozeß, wie ein Vergleich seines Buches: Von kommenden Dingen, Berlin 1917, mit der behandelten Spätschrift: Die neue Ordnung, Berlin 1918, beweist.

[140] Während Rathenau, Wissel und v. Moellendorff die Bildung des Reichswirtschaftsrates der Weimarer Verfassung durch ihr Wirken stark befördert haben, war W. Heinrichs Buch so wie seine Arbeit am Düsseldorfer „Institut

Riehl nennt es „eine staats- und verfassungsrechtliche Grundlegung ohne Vergleich“[141]. Heinrich stellt zuerst klar, daß der Staat sich nicht von den Ständen herleitet, nicht aus ihnen „zusammengesetzt“ ist, sondern daß er die Idee der Nation repräsentiert und darauf sein Recht, seine Macht, seine Oberhoheit und seine Verantwortung für die Darlebung dieser Idee in den übrigen Ständen gründet[142]. Der Staat hat den Vorrang vor der Wirtschaft, aber die Wirtschaft leitet sich deshalb nicht vom Staate her, sondern sie hat Eigenständigkeit, Eigenleben und darum eigene Sachsouveränität und Herrschgewalt. Daraus leitet sich das Recht der Wirtschaft auf Selbstverwaltung ab[143]. Auch der Staat, soweit er Wirtschaftsgesetze gibt, muß sich dieser Sachsouveränität fügen[144]. Aus der Stellung des Staates zur Idee der Nation und seiner Vorrangstellung auch gegenüber der Wirtschaft folgt seine Oberleitungsaufgabe: Der Staat hat die Wirtschaft so zu gestalten, daß sie dieser Idee treu bleibt, ihr mit allen Mitteln dient, und er hat diese ihre Dienstbarkeit dauernd zu überprüfen und zu überwachen. Der Staat gestaltet die Wirtschaft, indem er sie verfaßt, sie organisiert[145]. Auf der gemeinsamen Wirtschaftsverfassung, der höchsten vereinheitlichenden Kraft, beruht der öffentlich-rechtliche, körperschaftliche Grundzug der Wirtschaft. Durch ihn wird die Wirtschaft zum „Stande“[146]. Repräsentation dieses Standes „Wirtschaft“ ist ein oberstes Organ, ein „Bundeswirtschaftsrat“ oder „wirtschaftliches Ständehaus“[147]. Diese Spitzenkörperschaft faßt sowohl die territorialen Wirtschaftsstufen (Länder, Bezirke, Gemeinden in ihrer wirtschaftlichen

für Ständewesen“, das von Thyssen gefördert wurde, nicht ohne Einfluß auf die Bildung des Reichsnährstandes und auf den Versuch eines „organischen“ Aufbaues der deutschen Wirtschaft (1934). Heinrich übte jedoch scharfe Kritik an der „Drei Säulen-Theorie“ R. Leys, die dem berufsständischen Gedanken widersprach sowie am italienischen Faschismus (Die Staats- und Wirtschaftsverfassung des Faschismus, 2. Aufl., München 1932). Heinrich konnte nach 1934 in Deutschland nicht mehr wirken. 1938 wurde er inhaftiert. Nach Entlassung aus der Haft (1940) erhielt er Lehrverbot, das erst nach Kriegsende wieder aufgehoben wurde.

Vgl. H. *Riehl*, Walter Heinrich, sein Leben und sein Werk im Dienste seiner Zeit, in: Festschrift Walter Heinrich — Ein Beitrag zur Ganzheitsforschung, Graz 1963, S. 1 ff.

[141] *Riehl*, a.a.O., S. 5.

[142] *Heinrich*, Ständewesen, S. 32 f., S. 37: „Nach ganzheitlicher Auffassung ist es widersinnig, den Staat selbst oder seine Herrschergewalt von den Gesamtständen oder gar von den Berufsständen, also von wirtschaftlichen Gebilden, abzuleiten.“

[143] Vgl. ebd., S. 28.

[144] Eine außerordentlich radikale Formulierung des Subsidiaritätsprinzips!

[145] Vgl. ebd., S. 80, S. 109.

[146] Vgl. ebd., S. 91.

[147] Vgl. ebd., S. 119, 150, 180 ff.

Funktion) wie den ganzen Organismus der Berufsstände (Spitzenverbände der einzelnen Wirtschaftszweige und ihre Untergliederungen) zusammen[148]. Heinrich ordnet den Berufsständen sehr weitreichende Funktionen normierender, exekutiver und schiedsrichterlicher Art zu, die die staatliche Hypertrophie abbauen sollen. Unmittelbar operativ haben die Gliederungen die Facherziehung, Wirtschaftsforschung, Rationalisierung und kreditgenossenschaftliche Aufgaben durchzuführen. Heinrich empfiehlt ferner „den Ausbau von *Bezugs- und Absatzorganisationen,* die zwischen den großen Wirtschaftszweigen selbst . . . vor allem aber auch zwischen den im Ablauf der Erzeugung aufeinanderfolgenden Geschäftszweigen (. . .) vermitteln“[149], wodurch der verteuernde Zwischenhandel ausgeschaltet und die Markttransparenz erhöht wird[150]. In ähnlicher Weise wünscht er die Förderung des Genossenschaftswesens, denn es ist seit jeher mit dem ständischen Element verbunden[151]. Durch diese operativen Funktionen wird die berufsständisch geordnete Wirtschaft zu einer durchaus rationellen Leistungsgemeinschaft. Das aber ist nicht ihr letzter Sinn: „Der Sinn der ständischen Ordnung des Gemeinwesens aber ist: jeden Bereich des Lebens geistig zu durchdringen und zu verinnerlichen. Das auch im äußerlichen und rein dienenden Bereiche, der Wirtschaft, zu ermöglichen, ist der letzte Sinn der Berufsstände[152].“

6. Zusammenfassung

Mit den leistungs- und berufsgemeinschaftlichen Formen der Zusammenarbeit haben wir einen Archetypus der wirtschaftlichen Organisation aufgezeigt, der sowohl über die Zeiten wie über die politischen Ideologien hinweg wirksam ist. Es ist überraschend, daß auch das großindustrielle Zeitalter mehr und mehr von ihm geprägt wird. Der Schlüsselbegriff der modernen Industriegesellschaft, die Arbeitsteilung, wird im 20. Jahrhundert auf eine neue, überbetriebliche oder gesamtwirtschaftliche Stufe gehoben. Nicht nur der Betrieb wird nach den Prinzipien der Rationalität und Wirtschaftlichkeit durchorganisiert, sondern der ganze volkswirtschaftliche Leistungsprozeß rückt ins Blickfeld. Ungeheure Produktivitätsreserven werden entdeckt, gegen die jene auf einzelne Betriebe beschränkten Aktionen der Rationalisierung verblassen.

---

148 Vgl. ebd., S. 181.

149 Ebd., S. 210.

150 Ebd., S. 210 f. Heinrich nähert sich hier sehr stark den Vorschlägen Rathenaus.

151 Ebd., S. 211.

152 Ebd., S. 244.

Es vereinigen sich in diesem Streben nach volkswirtschaftlicher Produktivität drei Ströme: die neue Unternehmergesinnung, welche die Produktionsaufgabe als Dienst an der Gesamtwirtschaft auffaßt und sich selbst die Normen für die Qualität der Arbeit gibt und diese Normen höher und höher schraubt; der kräftige Genossenschaftsgeist, der immer neue Formen der Selbstverwaltung und Selbstregulierung entwickelt, und dem Gedanken der Solidarität der Berufsgenossen immer neuen Auftrieb verleiht; endlich der Staat, der sich mit den unternehmerischen und verbandlichen Strömungen vereint und sie zu einem Höchstmaß an Produktivität führt.

Wir haben gesehen, wie der Kooperationsgeist, einmal in Bewegung gesetzt, von Verbindung zu Verbindung weiterschreitet, sich weiter vertieft. Wir nennen dies das Gesetz der Ausschöpfung des Sachgehaltes oder das „Gesetz der Sachsouveränität". Da wird zuerst Gütesicherung angestrebt. Dann folgt Bereinigung der Typen durch Normalisierung. Weil die Wirtschaft aber nicht stillsteht, wird die gemeinsame Produktentwicklung in Angriff genommen. Die Fragen des Erfahrungsaustausches führen zur Patentpoolung, beides wiederum setzt Marktregelung voraus. Sie bezieht sich vorerst auf die Oberflächenenerscheinungen der Wirtschaft, auf Preise und Kosten, greift aber alsbald über auf die Abstimmung zwischen Bedarf und Produktion, auf die Mengenregelung. Die Rationalisierungsmöglichkeiten im Vertrieb und in der Versorgung des Kundenkreises werden gesehen und durch Gebietsschutz, Frachtausgleich oder gar durch Syndikate organisatorisch bewältigt. Der zwischenverbandliche Verkehr wird ausgebildet, und die gemeinsamen Vereinbarungen mit den Abnehmerorganisationen erhalten Gewicht. Gemeinschaftliche Einrichtungen zur Bewältigung und Erleichterung der Betriebsaufgaben werden geschaffen, man bildet Kredit-, Versicherungs- und Haftungsgemeinschaften. Die gemeinsame Versorgung mit Rohstoffen, Energie und Betriebsmaterial oder die Weiterverarbeitung von halbfertigen Produkten lassen die genossenschaftlichen Zweige der Zusammenarbeit aufblühen. Gemeinsame Büros werden errichtet zur Bewältigung der vielfältigen Aufgaben der Verwaltung, besonders des Rechts- und Steuerwesens, aber auch für die betriebliche Rationalisierung der Verwaltung, für die Beobachtung der Konjunktur oder Marktlage und endlich zur Interessenvertretung. Die Nachwuchsprobleme liefern weitere Ansätze zur Zusammenarbeit, die schließlich zur Ordnung des ganzen Berufs überführen. Solange durch Selbsthilfe und Selbstverwaltung noch Verbesserungen der Produktivität möglich sind, treiben die sich vertiefenden Gemeinschaftsbeziehungen zur immer weiteren Ausschöpfung dieser Möglichkeiten, werden immer weitere Maßnahmen getroffen und neue Einrichtungen zur Förderung dieser Zusammenarbeit geschaffen. Es drückt sich in diesem

Gesetz der Zug zum Universalverband oder zu einem Kranz von zusammengehörigen Verbänden aus, die neben den Qualitäts- und Entwicklungsfunktionen marktregelnde, genossenschaftliche und berufsordnende Aufgaben erfüllen. Dem Gesetz der Sachsouveränität entspricht auch der Zug zur Lückenlosigkeit der Organisation. Die Regelungen sollen für alle gelten, die im gleichen Beruf oder im gleichen Wirtschaftszweige tätig sind. Daher der Kampf gegen Außenseiter und gegen Durchbrechung der Regelungen mit Mitteln des Organisationszwanges. Der Zug zum Universalverband und zur Lückenlosigkeit bedingt wiederum Ausgliederung und Entfaltung der Organisation nach fachlichen und regionalen Gesichtspunkten, mit starken Tendenzen zur Zentralisation der Leitung der Gesamttätigkeit in einer gemeinsamen Spitze und zur Dezentralisation der Ausführungsfunktionen. Es bildet sich innerhalb der Verbände eine ganze Hierarchie von Leitung, Abteilungen und Unterabteilungen aus, ähnlich wie in Großbetrieben.

Je stärker diese Tendenzen zum Universalverband, zur Lückenlosigkeit, zur Auffächerung der Verbandstätigkeit und der Organisation sind, desto mehr nimmt die Selbstverwaltung öffentlichen Charakter an, und sie verschränkt sich mit dem Staat. Denn der Staat sieht hier Kräfte auf sich zukommen, die ihm helfen, seine Ordnungspflicht zu erfüllen. Er bedient sich dieser Kräfte, teils indem er sie unterstützt und fördert, teils indem er sie zügelt, lenkt und leitet. Und umgekehrt fühlen sich diese Kräfte durch die staatliche Hilfe verdoppelt und vervielfacht, aber auch verpflichtet, als Träger des Gemeinwohls zu wirken. Für den politischen Ökonomen gibt es kein schöneres Konzert als das der Verbände mit dem Staat. Welche Möglichkeiten durch die Harmonie der Verbände mit den staatlichen Machtträgern ausgeschöpft, welche Begabungen entdeckt, welcher Reichtum der Nation geschaffen, welche Potenzen genutzt werden können, davon lassen die plastischen Hinweise Rathenaus manches ahnen.

C. Verbrauchsgemeinschaftliche Zusammenarbeit

Der gleichartige Verbrauch an Rohstoffen, Werkstoffen, Betriebsmitteln, Energie, Ausrüstungen oder sonstigen Bedarfsgegenständen begründet vielfach das organisierte Zusammenwirken von Haushalten (Familienhaushalten) oder von einzelnen Betrieben zwecks Verbesserung ihrer Versorgung.

Voraussetzung dieses Zusammenwirkens ist also nicht mehr der gleichartige Beruf oder das gleiche Werk, wenn auch häufig der gleichartige Beruf zur gemeinschaftlichen Nutzung von Gemeinschaftseinrichtungen anregt, weil ja durch Gleichartigkeit des Berufs auch die Gleichartigkeit der verwendeten Mittel vielfach bedingt ist; Voraussetzung des hier zu behandelnden Zusammenwirkens ist die Gleichartigkeit des Verbrauchs. Dieses Zusammenwirken ist ganz unabhängig von der Oberaufgabe der Betriebe und Haushalte. Es können sich daher die verschiedenartigsten Betriebe und Haushalte dieser Form der Zusammenarbeit bedienen[1].

Es konnte nicht ausbleiben, daß wir die Frage der verbrauchergemeinschaftlichen Zusammenarbeit bereits bei der leistungsgemeinschaftlichen Form (Berufsstände, Kammern, Genossenschaften, marktregelnde Verbände), aber auch bei der werkgemeinschaftlichen Form (Verbund, vertikale Integration, l'économie concertée) berührt haben, denn immer wieder stoßen wir auf die Verflechtung der einzelnen Formen mit anderen und auf die Notwendigkeit des zwischenverbandlichen Verkehrs. War aber der Blick in den vorhergehenden Abschnitten gerichtet auf Werk und Leistung (Beruf), so mag jetzt Verbrauch, Abnahme und Versorgung ins Blickfeld rücken. Haben sich bei der werkgemeinschaftlichen Zusammenarbeit verschiedenartige Betriebe zu gemeinsamem Werk zusammengetan, so ist die Vereinigung jetzt auf die gemeinsame Versorgung der Wirtschaftsgebilde gerichtet.

Durch diese verbrauchs- oder versorgungsgemeinschaftliche Zusammenarbeit tritt selbstverständlich auch eine Ballung der Nachfragemacht ein: die Einzelanbieter oder anbietenden Gruppen (z. B. Syndikate) stoßen auf eine organisierte Nachfragemacht und nicht mehr auf einzelne Nachfrager. Das ist nicht nur von der Wirkung auf die Preise her zu beurteilen, sondern durch die Ballung der Nachfrage ändert sich auch die Qualität der Leistungen und die Art und Weise der Leistungserstellung (z. B. das Betriebsgrößenoptimum). In gewissem Sinn wird nicht mehr eine Einzelperson, ein Einzelbetrieb oder Einzelhaushalt versorgt, sondern eine Verbandspersönlichkeit muß befriedigt werden. Die Verbandspersönlichkeit hat Hunger[2]. Der Bedarf wird durch sie vereinheitlicht, uniformiert. Die Einzelbetriebe, Haushalte und Einzelpersonen sind jetzt als Organe der nachfragenden Verbandspersönlichkeit aufzufassen, die, solange und soweit sie Glieder dieser Verbandspersönlichkeit sind, das schlucken müssen und wollen, was ihnen die Verbandsperson vorsetzt. Die Verbandspersönlichkeit tritt als „vorgeschalteter"

[1] Typisch der Energiekonsumentenverband, dem völlig heterogene Betriebe, Verwaltungsbehörden, Gemeinden als Energieverbraucher angehören können.

[2] H. *Kolms*, Art. Konsum, HdStw., 6. Bd., Stuttgart, Tübingen, Göttingen 1959, S. 148: „Auch der Staat tritt als Konsument auf, indem er Güter und Dienste der Wirtschaft für die Befriedigung der ‚*Kollektivbedürfnisse*' in Anspruch nimmt." Vgl. ferner *Ritschl*, Gemeinwirtschaft und kapitalistische Marktwirtschaft, a.a.O., S. 43: Staatswirtschaft ist Verbrauchswirtschaft.

Konsument auf, zwischen ihr und ihren Mitgliedern besteht kein Markt mehr[3], sondern Verteilung und Zuleitung. Diese Verteilung und Zuleitung besorgen entweder eigene Organe der Verbandspersönlichkeit (Filialen) oder die „Auftragnehmer“ in Auftragsdurchführung (die Lieferanten des Einkaufssyndikats).

Der Unterschied für die Ordnung der Wirtschaft ist außerordentlich tiefgreifend. Wir könnten ihn schlagwortartig als „umgekehrtes marketing“ bezeichnen, also Organisation der Wirtschaft von der Beschaffungsseite her. Nicht mehr „Nachfrageproduktion“, sondern „Angebotsproduktion“ ist die Aufgabe dieses umgekehrten marketing.

Mangelndes Angebot, ungeeignete Qualität, unbefriedigende Mengen, Unsicherheit in der Versorgung und vor allem überhöhte Preise führten in der Vergangenheit dazu, daß die Verbraucherverbände zur Selbstversorgung schritten und sich Erzeugungs-, Handels- und sonstige Dienstleistungsbetriebe angliederten, sofern nicht überhaupt die Eigenwirtschaft aus überwirtschaftlichen Gründen von der Verbandspersönlichkeit betrieben wurde (z. B. Klöster).

Jede konkrete Form der Zusammenarbeit ist ja auch verbrauchergemeinschaftliche Zusammenarbeit insoweit das durch die Zusammenarbeit erstellte „Wirtschaftsgut“ von allen genutzt, das heißt, in die Einzelwirtschaften der zusammenarbeitenden Gebilde eingegliedert ist. Damit fügt sich die verbrauchergemeinschaftliche Zusammenarbeit in den allgemeinen Zusammenhang ein.

Die verbrauchergemeinschaftliche Zusammenarbeit als eigene Form zu behandeln ist bei Absonderung aus dem allgemeinen Zusammenhang möglich. Wir werden uns in der Folge beschränken auf den Verbrauch ganz bestimmter Wirtschaftsgebilde und ganz bestimmter Güter, nämlich auf die Familienhaushalte oder Hauswirtschaften und auf ihre Bedarfsgüter[4].

Unser Interesse konzentriert sich daher auf zwei Formen von Verbänden der Hauswirtschaften:

1. die Konsumgenossenschaften,
2. die Siedlungs- oder Wohnungsgenossenschaften.

---

[3] H. *Ohm*, Art. Konsumgenossenschaft, HdStw., 6. Bd., Stuttgart usw., 1959, S. 158: „Die Konsumgenossenschaft ist ... als ein Gebilde zu behandeln, das sich aus dem Genossenschaftsbetrieb (Organwirtschaft) und den Mitgliederwirtschaften (Haushalten) zusammensetzt, zwischen denen der Markt auf jeden Fall soweit ausgeschaltet ist, daß nur ein *Quasi-Marktverhältnis* existiert.“

[4] Verbrauchergemeinschaftliche Zusammenarbeit ist aber auch bei anderen (Verbands-) Haushalten möglich, z. B. bei der gemeinsamen Beschaffung der vereinheitlichten Heeresausrüstungen durch mehrere Staaten.

1. Die Konsumgenossenschaften

Konzentration der Nachfragekraft der einzelnen Haushalte, Aufbau einer Verteilungsorganisation, über die die gesammelte Nachfragekraft geleitet wurde und die die Zuleitung der Bedarfsgegenstände übernahm, Angliederung von Erzeugungs- und Dienstleistungsbetrieben bei mangelndem Angebot und durch all dies Verbilligung oder Verbesserung der Versorgung der Haushalte mit Bedarfsgegenständen, das waren in der Tat die unmittelbar wirksamen Prinzipien der Konsumgenossenschaftsbewegung. Es ist bemerkenswert, daß der Konsumgenossenschaftsgedanke sich aber nur dort auf die Dauer und erfolgreich durchsetzen konnte, wo er mit einer sozialreformatorisch-politischen Bewegung sich verband. Fehlte der sozialreformatorische Schwung und sein Bezug zur Arbeiterbewegung, so blieben die Konsumgenossenschaften in den Ansätzen stecken.

In Deutschland mußte erst das Dogma vom „ehernen Lohngesetz" und der von Lasalle inspirierte Widerstand der Arbeiterbewegung fallen, bevor die Konsumgenossenschaften sich durchsetzen konnten (etwa ab 1890). Auch die als Wohltätigkeitsvereine oder die von der Mittelstandsbewegung gegründeten Konsumgenossenschaften waren in Deutschland nicht in großem Umfang tragfähig.

Dagegen waren in England, das wir als Heimat der Konsumgenossenschaftsbewegung heute anerkennen, die Voraussetzungen für eine überlokale Ausbreitung der tragfähigen Genossenschaftsgründungen günstiger. Denn dort wirkten zusammen der durch R. Owen angefachte sozialreformatorische Wille, die Arbeiterschaft als Träger dieses Willens und endlich der Wille, selbst zu handeln, sich selbst zu helfen und den Ideen durch die Tat Gestalt zu geben. Ch. Gide hat wohl recht, wenn er dem „unbeugsamen Glauben an den Durchbruch der Gerechtigkeit"[5] jene bewegende Kraft zuschreibt, die einfache Arbeiter buchstäblich aus dem Nichts eine derart erfolgreiche Organisation schaffen läßt, wie es die Konsumgenossenschaften in England bereits nach wenigen Jahrzehnten waren und sie es heute in der ganzen Welt sind. Faust nennt den Bericht über die Gründung der Konsumgenossenschaft zu Rochdale das „schönste Kapitel in der Geschichte der Genossenschaftsbewegung, zugleich das wundersamste Beispiel menschlicher Selbsthilfe"[6].

Wenn wir heute das Programm der am 24. 10. 1844 registrierten „Rochdale Society of Equitable Pioneers", die von 28 Mitgliedern mit 28 engl. Pfund Kapital gegründet wurde, lesen, so locken die Weltverbesserungspläne ein mitleidiges Lächeln hervor, denn wir glauben kaum

---

[5] Zit. bei *Faust*, a.a.O., S. 86.

[6] *Faust*, a.a.O., S. 73.

noch an die gerechte Ordnung und schon gar nicht haben wir die Absicht, sie aus eigener Kraft zu verwirklichen. Wir verstehen gut den Spott, dem die Pioniere bei der Eröffnung ihres armseligen Ladens in der Krötengasse des nordenglischen Fabrikstädtchens durch ihre Kollegen ausgesetzt waren. Und doch hat jeder Punkt des Programms in unseren Breiten inzwischen sehr weitgehend Verwirklichung erfahren. Vollbeschäftigung, wohlfeile Versorgung mit den Gegenständen des täglichen Bedarfs, preisgeregelte Mieten und Mieterschutz für Wohnräume, weitgehend freie Volksbildungsinstitutionen sind uns zur Selbstverständlichkeit geworden. Aber mit der Befriedigung der materiellen Bedürfnisse ist das soziale „Unbehagen“[7] nicht geringer geworden. Das soziale Gewissen ist nicht beruhigt. Mit der „Entpflichtung“ des Menschen stieg die Unrast.

Daß der sozialreformatorische Gedanke sich in der Konsumgenossenschaftsbewegung objektivieren konnte, ist durch die sozialen Auswirkungen der modernen Industriegesellschaft auf die Familienhaushalte bedingt. Die gebundene Wirtschaft sicherte das Einkommen, die „standesgemäße Nahrung“, den Unterhalt der Familienangehörigen. Die Selbstversorgung in der Großfamilienwirtschaft war intensiv[8]. Erst die Lockerung der gesellschaftlichen Bande brachte Existenzunsicherheit und damit Gefährdung der hauswirtschaftlichen Bedarfsdeckung; es trat eine „Entleerung“ des Haushalts von Produktionsfunktionen und damit erwerbswirtschaftliche und versorgungswirtschaftliche Marktabhängigkeit ein[9]. Selbst in der Theorie war der Haushalt höchstens noch Konsumationsstätte zwecks Reproduktion der Arbeitskraft. Das Rochdaler Programm kann geradezu als Spiegelbild dieser Entwicklung der Industriegesellschaft angesehen werden. Die Marktabhängigkeit sollte durch Ausschaltung von Marktstufen und Ballung der Nachfragemacht vermindert werden und zwar durch Übernahme von Kleinhandelsfunktionen für die Gegenstände des täglichen Bedarfs. Als nächster Schritt war bereits der Bau oder Kauf von Häusern vorgesehen, um dort Wohnungen für Mitglieder zu schaffen, d. h. Selbstversorgung im Bereich der Wohnungswirtschaft anstatt ungeschützte Mieterschaft. Der dritte Schritt sollte in der Aufnahme der Eigenproduktion bestehen, und zwar der gewerblichen sowohl wie der landwirtschaftlichen, nicht etwa um billiger zu produzieren oder um die Mitglieder besser zu versorgen,

---

[7] Vgl. F. *Klenner*, Das Unbehagen in der Demokratie, Wien 1956, S. 73: „Die soziale und wirtschaftliche Besserstellung haben den Arbeiter nicht zufriedener gemacht.“ Nach Klenner ist der Arbeiter mit der Gesellschaft „überworfen“ (Betrieb, Behörde-Staat, Gewerkschaft, Stadt, Parteien).

[8] Bücher spricht in diesem Zusammenhang sogar von der „geschlossenen Hauswirtschaft“, die in der Antike vorgeherrscht haben soll, und verweist damit auf die erweiterte Selbstversorgung.

[9] Vgl. E. *Egner*, Art. Haushalt, HdStw., 5. Bd., Stuttgart usw., 1956, S. 65 ff.

sondern um den Mitgliedern eine gesicherte Beschäftigung zu ermöglichen, also um die Einkommensunsicherheit zu bannen. Am Ende der geplanten Entwicklung sollten Gemeinschaftssiedlungen entstehen, in der alle vorhandenen Kräfte der Gesellschaft für die Produktion, Verteilung, Erziehung und Selbstverwaltung eingesetzt werden sollten[10]. Dieses Programm ist positiv, denn es vertraut nicht auf eine mechanische Evolution, die zur Sozialisierungsreife führt, sondern auf die eigene Tat, die Selbsthilfe. Es ist nicht auf Erringung der politischen Macht und Umsturz der bestehenden Ordnung gerichtet, sondern es erinnert eher an jenes langwierige Beginnen, mit anspruchslosen Pflanzen wandernde Dünen zu befestigen und den Flugsand zu binden. Dieses Programm der einfachen Weber, Schneider und Flickschuster ist noch heute das tragende Gerüst der sozialdemokratischen Parteien, die sich erst nach langem Widerstand zu ihm durchgerungen haben[11].

Der sozialreformatorische Geist hat sich bis in die Geschäftsbedingungen und die Gestaltung des Verhältnisses zu den Mitgliedern fortgesetzt. Der Dienst an allen Verbrauchern verlangte eine Gesellschaft mit nicht geschlossener Mitgliederzahl, später wurde sogar die Ausdehnung auf das Nichtmitgliedergeschäft aus dem gleichen Grunde gestattet. Nur unverfälschte Ware einwandfreier Qualität sollte bei vollem Gewicht und zu gerechtem — durchaus nicht billigstem — Preis verkauft werden. Barzahlung sollte zu ordentlicher Haushaltsführung anregen. Der Überschuß sollte in einen unverteilbaren Fonds fließen, soweit er nicht als Rückvergütung an die Mitglieder nach der Summe ihrer Bareinkäufe ausgeschüttet wird. Damit aber ist eine Organisation erfolgreich geworden, deren letzter Zweck ein idealer ist, nämlich der Dienst am Menschen[12], die dem erwerbswirtschaftlichen Prinzip, das auf dem Eigennutz des einzelnen beruht, völlig widerspricht und zu der Ohm meint, daß hier „eine vollkommene Eliminierung des Gewinnmotivs“[13] vorläge. In einzelnen Staaten Nordeuropas sind bis zu einem Viertel der Bevölkerung Mitglieder der Konsumgenossenschaften[14].

---

[10] Vgl. die Darstellung des Programms der Rochdaler Pioniere bei *Faust,* a.a.O., S. 76.

[11] Wir erinnern, daß sich in Deutschland die Konsumgenossenschaftsbewegung erst etwa 1890 gegen die marxistischen Gruppen durchsetzen und sich mit ihnen verbinden konnte. Noch 1866 ließ Marx auf dem Kongreß der Internationale in Genf eine Resolution annahmen, die besagte, daß die Genossenschaftsbewegung die kapitalistische Gesellschaft umzuwandeln außerstande sei. Vgl. *Pesch,* a.a.O., III, S. 493.

[12] *Faust,* a.a.O., S. 85: „... bei der Genossenschaft wurde die Wirtschaftsorganisation in den Dienst des Menschen gestellt.“

[13] *Ohm,* a.a.O., S. 157. Wir könnten natürlich einwenden, daß ein Gewinnmotiv in den Haushalten vorhanden wäre, müßten aber dann zugeben, daß es Verbandspersönlichkeiten gibt, die ohne dieses Motiv zu erfolgreicher Entwicklung fähig sind.

[14] Näheres bei *Ohm,* a.a.O., S. 157 f.

Wir beurteilen die Stellung der Konsumgenossenschaften in der heutigen Gesellschaft wesentlich zwiespältiger als die Stellung, die sie vor der Jahrhundertwende einnahmen. Der Gedanke der Selbsthilfe ist kaum noch ausgeprägt, die Mitwirkung der Konsumenten an der Konsumgenossenschaft besteht aus einer bloß noch formellen Mitgliedschaft[15]. Die Leitung ist von den Mitgliedern distanziert[16], die Organisation nach dem Filialmodell rationalisiert, das Geschäft ökonomisiert. Das Ziel ist nicht mehr das Durchwachsen der Gesellschaft mit genossenschaftlichen Strukturen, sondern die Konsumgenossenschaft wurde in einigen Ländern zum Instrument einzelner Parteien, die auf die Revolution der Gesellschafts- und Wirtschaftsordnung abzielten[17].

Wo aber die Genossenschaften sich von diesen Einflüssen freihalten konnten, haben sie noch manche, ihrem Gründungsauftrag gemäße Aufgaben zu erfüllen. Heute müssen die Konsumgenossenschaften trachten, Träger des Konsumentenschutzes zu werden[18]. Dazu gehört die Verbrauchserziehung, d. h. Erziehung zum wertigen Verbrauch[19], die Konsumentenberatung, die Qualitätskontrolle und der Schutz vor verfälschten und gesundheitsschädlichen Waren und Genußmitteln. Darüber hin-

---

[15] Wie sehr die Genossenschaften um aktive Mitglieder, ja um Teilnahme bei den Mitgliederversammlungen ringen müssen, geht beispielsweise aus dem Bericht des Verbandsdirektors des Zentralverbandes der österreichischen Konsumgenossenschaften, Dr. A. *Vukovich*, im Jahrbuch des Konsumverbandes 1962/63, Wien 1963, hervor: „Aber es ist das ständige Bestreben unserer Bewegung, möglichst viele Mitglieder an unserer Bewegung zu interessieren, so daß aus bloß einkaufenden Mitgliedern bewußte, die Bewegung mitgestaltende Genossenschaftler werden" usw. (S. 9).

[16] Ebd.: „Ausdruck dieses Bestrebens ist, die Mitgliederversammlungen möglichst interessant und ansprechend zu machen, um auf diese Weise zu erreichen, daß ein immer größer werdender Teil der Mitglieder diese Versammlungen besucht und (es) damit zu einer direkten persönlichen Kontaktnahme mit den leitenden Organen der Genossenschaft kommt" (S. 9).

[17] Die größten Mitgliederzahlen im Verhältnis zur Bevölkerungsquote weisen die Konsumgenossenschaften der Ostblockländer auf.

[18] E. *Egner*, Art. Haushalt, a.a.O., S. 67: „Der Haushalt und erst recht der einzelne Konsument ist in diesem Markte alles andere als souverän, vielmehr das Objekt eines übermächtig über ihn herfallenden Geschehens."

[19] Ebd.: „Auf dem Konsumgütermarkt steht er (der Konsument) einer Unzahl von Gütern gegenüber, deren Qualität und Wohlfeilheit er nicht beurteilen kann ..." An die Stelle des langlebigen Familiengutes" ist die kurzlebige Typenware getreten". *Vukovich*, a.a.O., S. 14: „Wie oft werden mit allen Mitteln einer reißerischen Reklame Produkte angeboten, die bei einer genaueren Prüfung sich nicht als so nützlich und wertvoll erweisen, wie man den Konsumenten einzureden versucht. Eine in der Gegenwart besonders wichtig gewordene Aufgabe der Konsumgenossenschaftsbewegung ist es, in dieser Hinsicht unablässig aufklärend zu wirken und darauf zu achten, daß in der Konsumgenossenschaft nur wirklich gediegene, preiswerte Waren angeboten werden." — „Stärker als bisher sollten die Konsumgenossenschaften auch geschmacksbildend wirken. Die Ausstellung ‚Die gute Form' ... soll dazu einen Beitrag leisten."

aus haben sie als Korrektiv des Marktes und der Preisbildung zu wirken. Organisierte Konsumenten leiten „die Nachfrage dorthin, wo billigere Preise sind ... Im Grunde genommen verwirklichen sie, was der Theorie nach die freie Konkurrenz bringen soll: Verdrängung der teurer produzierenden Unternehmer, Abgabe beliebig reproduzierbarer Waren zu den Produktionskosten“[20]. Liefmann hat wohl schon vor mehr als vierzig Jahren richtig erkannt, daß nicht mehr der Gegensatz zwischen Arbeitern und Produzenten, sondern der zwischen Produzenten und Konsumenten das große wirtschaftliche Problem der Zukunft bilden werde[21].

2. *Die Siedlungs- oder Wohnungsgesellschaften*

Wenn es richtig ist, daß zusammen mit den Gründungen auch die geschichtlichen Gegenkräfte wachsen, dann war das Jahrzehnt zwischen 1770—1780 für die moderne Industriegesellschaft schicksalhaft. 1776 erscheint die 1. Auflage der Wealth of Nations: die Theorie des Kapitalismus. Im gleichen Jahr wird die Dampfmaschine erfunden: das Instrument des Kapitalismus. Und noch im selben Jahr wird die amerikanische Unabhängigkeit deklariert: das politische Dokument des Kapitalismus.

Wenige Jahre bevor noch der Kapitalismus sich in Theorie, Instrument und Dokument seine geschichtliche Form gibt, die das nächste Jahrhundert bestimmt, wird Robert Owen (1771—1858) geboren, der in die kapitalistische Gesellschaft den Keim zu ihrer Überwindung trägt. Ein Zufall? Eine Spielerei der Geschichte? Ein Wink der „List der Vernunft“, der uns an das Zeitliche unserer Anstrengungen und unseres Denkens erinnern soll?

Der Aufstieg R. Owens vom Lehrling aus beschränkten Verhältnissen zum Textilmillionär gleicht amerikanischen Karrieren. Bevor er sich in jene verhängnisvolle Unternehmung um New Harmony einläßt, prägt er den Typ des sozial-verpflichteten Unternehmers. Er setzt die Arbeitszeit von 17 auf 10½ Stunden herab und verbietet die Heranziehung von Kindern unter 10 Jahren zur Fabrikarbeit, beides für damalige Verhältnisse unerhört.

Mehr noch: Er errichtet helle und luftige Fabriksräume und rüstet seine Unternehmungen mit den modernsten Maschinen aus. Er führt höhere Löhne ein, nimmt auf die Jugenderziehung Einfluß und schafft Unterrichtsräume. Es gelingt ihm, aus Arbeitern, die allen denkbaren Lastern verfallen waren, in Streit und Zwietracht miteinander lebten, eine fleißige und friedfertige Schar von Mitarbeitern zu machen. Aus

---

[20] *Pesch,* a.a.O., III, S. 495.

[21] Vgl. *Liefmann,* Die Unternehmungsformen, 3. Aufl., 1923, S. 197, zit. bei *Pesch,* a.a.O., III, S. 495.

einem schmutzigen Dorf wurde eine blitzsaubere Ortschaft, eine Musterkolonie, umgeben von blühenden Gärten und Grünanlagen. Neue Häuser mit gesunden Wohnungen ließ R. Owen bauen, ein Warenhaus wurde eröffnet, dem Garküche und Speisesäle angeschlossen waren. Eine Schule wurde gebaut, mit sonnenhellen Räumen, in denen 300 Schüler zum Großteil unentgeltlich unterrichtet wurden. Für die neugeweckten kulturellen Bedürfnisse, die in New Lanark sicher nie vorhanden waren, wurden Lesesäle und Bibliotheken geschaffen. In wenigen Jahren wurde New Lanark zum Wallfahrtsort für Minister, Könige, Prinzen und Gesandte. Allein im Jahr 1815 pilgerten 20 000 Menschen nach New Lanark, um die durch R. Owen ins Werk gesetzte große Verwandlung zu bestaunen. Der König von Preußen verlieh ihm eine goldene Medaille, der Zar von Rußland seinen kaiserlichen Schutz[22]. R. Owen war der Erste, der Mensch, Industrie und Siedlung zu einer organischen Einheit verband. Seine Visionen gingen weiter: Aus dieser Einheit sollte eine neue, harmonische Lebensgemeinschaft, ein neues Lebensgefühl erwachsen, in der Besitz und Gewinn nicht mehr die treibenden Kräfte sein sollten. Was er in England nicht für möglich hielt, versuchte er auf dem neuen Kontinent. Er erlitt Schiffbruch, denn seine Zeit war nicht reif für seine Vision. Auf dem Sterbebett aber wurde er „noch einmal umfangen von einer Idee, die ihm zeitlebens ans Herz gewachsen war: die Gartenstadt“[23].

R. Owen hat nicht nur das dringende Problem der Arbeitersiedlung erkannt, sondern durch ihn wurde der Genossenschaftsgedanke für immer mit dem Siedlungsgedanken verbunden. Wir spielten darauf bereits bei der Behandlung des Programms der Rochdaler Pioniere an, das als die zweitwichtigste Frage (nach der Versorgung mit den Gegenständen des täglichen Bedarfs) die Schaffung von Wohnraum für ihre Mitglieder ansah. Auch die deutsche Genossenschaftsbewegung hat die Wichtigkeit dieser Frage frühzeitig erkannt und sie auf ihren Vereinstagen in Mainz und Stettin (1864 bzw. 1865) behandelt. Auf dem Vereinstag zu Stettin wurde ausgeführt: „Dem Mangel an guten, gesunden Arbeiterwohnungen können in der Regel auf dem Prinzip der Selbsthilfe beruhende Baugenossenschaften abhelfen, soferne dieselben kleine, für je eine Familie bestimmte Häuser bauen und ihren Mitgliedern gegen ein Kaufgeld, welches durch terminliche, auf eine Reihe von Jahren zu verteilende Raten amortisiert wird, zu ausschließlichem Eigentum überlassen[24].“

---

[22] Über R. Owen vgl. *Faust*, a.a.O., bes. S. 52.

[23] *Faust*, a.a.O., S. 69.

[24] Vgl. Darstellung bei H. *Crüger*, Art. Baugenossenschaften, HdStw., II. Bd., 4. Aufl., Jena 1924, S. 436.

So bescheiden die genossenschaftlichen Beiträge zur Deckung des Wohnungsbedarfes sind[25], so hoch ist der ideelle Wert zu veranschlagen. Die Genossenschaftsbewegung hat zweifellos dazu geführt, daß der Gedanke der Gemeinnützigkeit im Wohnungswesen an Breite gewonnen hat; das Wohnungswesen aus der Markt- und Erwerbswirtschaft ausgeklammert wurde und Mieterschutz, Mietenregelung, sozialer Wohnungsbau auch in mehr kapitalistischen Ländern an der Tagesordnung sind. Darüber hinaus ist es der Genossenschaftsbewegung — neben anderen Strömungen — zu verdanken, daß die Siedlungsfrage als „Lebensfrage" des Volkes und der Volkswirtschaft erkannt wurde. Sie ist verknüpft mit den Fragen der Großstadtauflockerung, dem Bestreben, das überfließende Wachstum der Großstadt durch Grüngürtel einzudämmen, durch Trabantenstädte dem ungehemmten Wachstum zu steuern, der Stadt wieder eine eigene Nahrungsgrundlage zu verschaffen (die „Stadt-Land-Kultur"-Bewegung durch L. Migge), die Eigenheimbewegung und Gartenstadtbewegung und überhaupt die Behausungsfrage, dort, wo sie am dringendsten ist, in der Arbeiter- und Angestelltenfamilie, einer familiengerechten Lösung zuzuführen, die das Haus als die vornehmste Grundlage der Familienwirtschaft betrachtet.

Die Siedlung ist in der Tat „Volksschicksal"[26]. Es steht sehr zu hoffen, daß die mit der Siedlung verbundenen Aufgaben sehr ernst ergriffen werden und eine Organisation geschaffen wird, in der das Gemeinwohl durch eine großzügige Landesplanung und Aktivität der Landesbehörden, die Selbstverwaltung durch die Gemeinden und Kommunalverbände und die Selbsthilfe durch Genossenschaften vereint und sich gegenseitig fördernd an die Gestaltungsaufgabe wagen, Heim und Heimat in Schönheit erstehen zu lassen und in den Herzen der Bewohner zu verankern. Zur Durchführung fordert die neue Forschung einen Generalsiedlungsplan für ganze Wirtschaftsgebiete, die Schaffung „besonderer Zweckverbände, welche Groß-, Mittel- und Kleinstädte sowie das platte Land ... unter Berücksichtigung der Bedürfnisse von Industrie, Handel, Landwirtschaft und liberalen Berufen sowie öffentliche Aufgaben zusammenfassen"[27]. Die Vorschläge verbinden sich also mit dem Gedanken der „Erschließungsgesellschaft", wie ja überhaupt die planvolle Siedlung als Einheit von Wirtschaft und Gesellschaft des Landes, also als Aufgabe der Regionalplanung gesehen werden muß.

---

[25] In Deutschland wurden kaum 5 % der Wohnungen durch Genossenschaften gebaut.

[26] Vgl. C. J. *Fuchs*, Art. Siedlungswesen, HdStw., 4. Aufl., VII. Bd., Jena 1926, S. 459: „Die Siedlungsfrage ist heute die Lebensfrage unseres Volkes und unserer Volkswirtschaft — eine Siedlungspolitik größten Stils der erste, notwendigste und allein auf die Dauer erfolgversprechende Weg zum Wiederaufstieg."

[27] *Fuchs*, a.a.O., S. 467.

D. Interessengemeinschaftliche Zusammenarbeit

„Es gibt Archetypen menschlicher Bewußtseinsinhalte, die auf dem Grunde alles politischen Lebens wirksam sind[1].“ „Dazu zählen die *Ehre,* die *Tugend* und das *Interesse*[2].“ „Das Gewicht der *Interessen* scheint das konstitutionelle Merkmal unserer gegenwärtigen Weltstunde zu sein[3].“ „Interesse ist so ein ursprüngliches politisches Element[4].“ „In den westlichen Demokratien gliedert sich die Gesellschaft nach *Interessen*[5].“

Nach Wössner ist das Interesse „Konstitutionsprinzip der Gesellschaft“[6] und daher auch ihr Organisationsprinzip: „Weder Dienst, Ehre und Pflicht, noch Klassengeist und Klassenkampf, sondern das ‚Interesse‘ ist das organisatorische Prinzip der gegenwärtigen Gesellschaft. Und weil diesem Prinzip der Organisationsmodus des Verbandes geschichtlich zugewachsen ist, können wir auch von einer Verbandsgesellschaft sprechen[7].“ „Der Verband ist organisierte Interessenvertretung“ oder „Organisation gesellschaftlicher Gruppen zur Interessenvertretung“[8]. L. v. Stein hat schon vor mehr als 100 Jahren hervorgehoben, „daß alle Bewegungen der Gesellschaft notwendig durch das *Interesse* beherrscht werden“[9] und es als *„Prinzip der Gesellschaft“*[10] erkannt.

Das „Interesse“ wird dem „Differenzierungsbedürfnis und der Mobilität der industriellen und demokratischen Gesellschaft voll gerecht“[11]. Wössner bemerkt, daß „eine parallele Entwicklung festzustellen ist zwischen dem Aufkommen und der Fortbildung der modernen Wirtschaftsform einerseits, und der Entstehung von Verbänden andererseits“[12].

Es wird heute für die Schweiz, das demokratische Land par excellence, behauptet, „daß die schweizer Produktionswirtschaft (von der

---

[1] J. H. *Kaiser,* Die Repräsentation organisierter Interessen, Berlin 1956, S. 9 und S. 363.

[2] Ebd., S. 9.

[3] Ebd., S. 363.

[4] Ebd., S. 9.

[5] Ebd., S. 339.

[6] J. *Wössner,* Die ordnungspolitische Bedeutung des Verbandswesens (die Verbands-Gesellschaft) Tübingen 1961, S. 68 u. ö.

[7] Ebd., S. 83 f.

[8] Ebd., S. 98 und S. 124.

[9] L. v. *Stein,* Geschichte der sozialen Bewegung in Frankreich von 1789 bis auf unsere Tage, Leipzig 1850, Neue Ausgabe durch G. *Salomon.* München 1921, Bd. 1, Der Begriff der Gesellschaft und die soziale Geschichte der franz. Revolution bis zum Jahre 1830, S. 137, zit. auch bei J. *Kaiser,* a.a.O., S. 340.

[10] Ebd., S. 42 f. (*Kaiser,* S. 340). Weitere von Kaiser zitierte Stellen finden sich auch bei *Wössner,* a.a.O., S. 68.

[11] *Kaiser,* a.a.O., S. 346 f.

[12] *Wössner,* a.a.O., S. 42.

Konsumwirtschaft gilt die Feststellung in wesentlich reduziertem Maße) sowohl in vertikaler wie in horizontaler Richtung vollständig durchorganisiert ist“[13].

Nach Huber sind „Wirtschaftsstil und Wirtschaftsordnung unserer Epoche in hohem Maße durch das Verbandswesen geprägt . . .“[14] und im Anschluß an L. v. Wiese bezeichnet er „den Gruppenegoismus als das entscheidende Problem unserer Gesellschaft“[15].

Wenn wir in diesem Abschnitt von Interesse sprechen, so meinen wir ausschließlich wirtschaftliches Interesse. Das wirtschaftliche Interesse richtet sich auf das Einkommen, ist daher Einkommensinteresse oder Interesse an der Verbesserung der Einkommenslage[16]. „In einer Verkehrswirtschaft ist das Streben nach *Einkommen* die unvermeidliche letzte Triebfeder alles wirtschaftlichen Handelns[17].“

Das Einkommen kann gehoben werden durch Verbesserung der Leistung oder durch Beeinflussung der Verteilung.

Ein Sozialgebilde richtet sein Interesse auf die Hebung seines Gesamteinkommens, die einzelnen Gruppen oder Glieder des Gebildes auf ihren Anteil an diesem.

Bei individualistischer Gesellschaftsauffassung steht die Einkommensverteilung im Vordergrund, bei ganzheitlicher Auffassung die Gesamtleistung oder das Gesamtprodukt. Die ganzheitliche Auffassung zielt daher auf Hebung des Leistungsstandes ab, werk- und leistungsgemeinschaftliche Verbündungen sind für sie typisch. Die individualistische, verkehrswirtschaftliche Auffassung bewirkt die Bildung von Interessenverbänden zwecks Beeinflussung der Einkommensverteilung. Interessenverbände zwecks Beeinflussung der Verteilung setzen gleichartige Einkommenslage ihrer Mitglieder voraus. Die Einkommenslage besteht in der bei den Mitgliedern vorherrschenden Einkommensart.

---

[13] W. *Büchi*, Zur Diskussion um die ordnungspolitische Funktion der Verbände, in: Wirtschaft und Recht, H. 3, 14. Jg., Zürich 1962.

[14] H. *Huber*, Die Umwälzungen im Staatsgefüge durch die Verbände, in *Ordo*, Jahrbuch für die Ordnung von Wirtschaft und Gesellschaft, VII. Bd., Düsseldorf und München 1955, S. 192.

[15] Ebd., S. 189, v. Wiese machte diese Bemerkung auf dem 9. Soziologentag 1948 in Worms.

[16] Als wirtschaftliches Interesse bezeichnen wir nur das auf das Einkommen gerichtete Bewußtsein. Das sogenannte „Berufsinteresse“, das weltanschauliche oder politische „Interesse“, das religiöse Interesse bezeichnen wir lieber als „Gesinnung“.

[17] Max Weber führt alles Wirtschaften in der Verkehrswirtschaft auf die Deckung von Interessen zurück. Das Interesse besteht im Streben nach Einkommen, dieses ist „die unvermeidlich letzte Triebfeder alles wirtschaftlichen Handelns“. Wirtschaft und Gesellschaft, Grundriß der verstehenden Soziologie, 4. Aufl., 1. Hbd., Tübingen 1956, S. 119, 120 u. ö.

Nach individualistischer Auffassung führt sich alles Einkommen auf die drei Produktionsfaktoren zurück: Boden, Arbeit, Kapital[18].

Der Einkommenslage, Interessenlage entsprechen Klassenlage und Klasse, denn „es sind nach dieser Terminologie eindeutig ökonomische Interessen und zwar an die Existenz des ‚Marktes' gebundene, welche die Klasse schaffen"[19]. Nach individualistischer Auffassung sind darum alle Interessenverbände Klassenverbände[20]. „Wir wollen da von einer ‚Klasse' reden, wo 1. einer Mehrzahl von Menschen eine spezifische ursächliche Komponente ihrer Lebenschancen gemeinsam ist, soweit 2. diese Komponente ausdrücklich durch ökonomische Güterbesitz- und Erwerbsinteressen und zwar 3. unter den Bedingungen des (Güter- und Arbeits-) *Marktes* dargestellt wird (‚Klassenlage')[21]." Nach M. Weber sind ‚Besitz' und ‚Besitzlosigkeit' „... die Grundkategorien aller Klassenlagen, einerlei, ob diese im Preiskampf oder im Konkurrenzkampf wirksam werden[22]." Wird der aus der unterschiedlichen Besitzstruktur sich ergebende „Kontrast der Lebenschancen als etwas nicht schlechthin Gegebenes und Hinzunehmendes, sondern entweder 1. aus der gegebenen Besitzverteilung oder 2. aus der Struktur der konkreten Wirtschaftsordnung Resultierendes empfunden und dagegen ... in Form rationaler Vergesellschaftung reagiert ..."[23], so entsteht aus dem bloß irrationalen Interesse das organisierte Klasseninteresse oder der Interessenverband. Klassenlage ist letztlich Marktlage[24]. Beeinflussung der Einkommensverteilung durch Interessenverbände bedeutet Beeinflussung der Marktlage für die Produktionsfaktoren Arbeit, Boden, Kapital und ihrer Preise: Löhne, Bodenrente und Kapitalgewinn. Für M. Weber ist die Wirtschaftsordnung „... die Art der Verteilung und Verwendung ökonomischer Güter und Leistungen"[25]. Da die Art und Verteilung wiederum die Marktlage, Einkommensverteilung und Interessen- oder Klassenlage bestimmt, so ist jede Verbesserung der Marktlage auf Änderung der Wirtschaftsordnung gerichtet. Klassen- und die ihnen entsprechenden Interessenverbände sind in der Wirtschaftsordnung beheimatet[26] und sie wollen von hier aus einander gegenseitig und die Rangordnung beeinflussen und wieder durch sie

---

[18] Vgl. die Einkommensarten bei M. *Weber*, a.a.O., S. 120 (Lohn, Gewinn, Besitzrente).

[19] M. *Weber*, a.a.O., 2. Halbband, S. 532.

[20] Vgl. M. *Weber*, a.a.O., 531.

[21] Ebd., S. 531.

[22] Ebd., S. 532.

[23] Ebd., S. 533.

[24] Vgl. ebd., S. 533.

[25] Ebd., S. 531.

[26] Vgl. M. *Weber*, a.a.O., S. 539.

beeinflußt werden[27]. Diese Beeinflussung der Wirtschaftsordnung und damit der Einkommensverteilung ist eine Frage der politischen Macht. Die Sammlung, Stärkung und Ausübung von Macht[28] als Mittel zur Beeinflussung der politischen Organe zwecks Verbesserung der Einkommenslage ihrer Mitglieder durch Änderung der Wirtschaftsordnung oder Verteilung ist, wenigstens nach herkömmlicher Auffassung, der unmittelbare Sinn der Interessenorganisationen.

Da der Staat die Macht zur Gestaltung der Einkommensverteilung besitzt, wurde der Weg zur Beeinflussung und Beherrschung des Staates und seiner Politik durch die Interessenverbände gegangen, in den demokratischen Staaten vornehmlich durch Verbindung mit den politischen Parteien, aber auch durch Druck auf Behörden, Regierung und Parlamentsfraktionen sowie durch „Verschränkung" mit diesen Organen.

Die Ablösung der nach individualistischer Auffassung gebildeten und geleiteten Verbände trat in Deutschland am Ende und als Folge des 1. Weltkrieges ein. Die ganzheitliche Auffassung, die nach dem 1. Weltkrieg immer stärker hervortrat, verlangt Zusammenarbeit aller Verbände zwecks Hebung des Sozialprodukts. Verbunden damit war die Unterordnung und Einordnung des Sonderinteresses unter das Gesamtinteresse. Der Gedanke der Sozialpartnerschaft löste mehr und mehr den Kampfbund ab.

Neue Institutionen zur Zusammenarbeit wurden gebildet und bereits erprobte weiter gestärkt. Die Beziehungen der Sozialpartner zueinander und zum Staat wurden zunehmend geordnet. Über alle Krisen und Rückfälle hinweg hat sich diese Tendenz in allen westlichen Ländern auch nach dem 2. Weltkrieg fortgesetzt[29]. Die wichtigsten Stationen auf diesem Wege zur Zusammenarbeit der Sozialpartner sind Tarifvertrag, Betriebsrat und Schlichtungswesen zur Regelung der Beziehungen der Arbeitsmarktparteien zueinander, die öffentliche und zum Teil öffentlich-rechtliche Anerkennung und gesellschaftliche Eingliederung der jeweiligen Institutionen sowie die Schaffung gemeinsamer Spitzenkörperschaften für die Wirtschafts- und Sozialpolitik und für die gemeinsame Durchführung derselben.

---

[27] Vgl. ebd., S. 539.

[28] Ebd., S. 531: „Unter ‚Macht' wollen wir dabei hier ganz allgemein die Chance eines Menschen oder einer Mehrzahl solcher verstehen, den eigenen Willen in einem Gemeinschaftshandeln auch gegen den Widerstand anderer daran Beteiligten durchzusetzen."

[29] Die geschichtliche Wandlung im Verhältnis von Kapital und Arbeit, die wir hier nicht weiter verfolgen wollen, hat Adolf Weber ausführlich dargestellt.

Vgl. A. *Weber*, Der Kampf zwischen Kapital und Arbeit, Gewerkschaft und Arbeitgeberverbänden in Deutschland, 6. Aufl., Tübingen 1954.

Auch die Wirtschafts- und Sozialtheorie folgt in zunehmendem Maße dieser geschichtlichen Entwicklung und erkennt „die ordnungspolitische Bedeutung des Verbandswesens“[30]. Die Verbände gestalten den unter liberalem, individualistischem Einfluß von den politischen Gewalten, besonders vom Staat, so vernachlässigten Raum zwischen Individuum und Staat. Wössner bezeichnet diesen durch die Interessenverbände zwischen privatem und staatlich-politischem Raum gestalteten Ordnungsraum als den sozialen Raum oder den Bereich der Gesellschaft[31]. In ihm sind die Verbände „Ordnungsträger“ und „Ordnungseinrichtungen“[32]. Formal besteht ihre Funktion in der Integration der Individuen in die gesellschaftliche Gruppe und ihrer Leistungen in das gesellschaftliche Leistungsgefüge; ferner in der Repräsentation der Interessen[33]. Material aber besteht die Funktion der Verbände in der personalen, fachlichen und organisatorischen Selbstverwaltungstätigkeit[34]. Typisch für den personalen Bereich der Selbstverwaltung, der das „Kooperations-Subjekt“ betrifft, ist Tarifvertrag, Mitbestimmungsrecht, das nicht-staatliche Ausbildungswesen und die Sozialversicherung[35]. Die fachlichen Formen der Selbstverwaltung beziehen sich auf die Bedingungen zur fachlich-rationellen Leistungserbringung, also auf die fachlichen Interessen, denen auch durch entsprechende innere Gliederung der Verbände Rechnung getragen wird (Fachverbände)[36].

Für den organisatorischen Funktionskreis ist nach Wössner ganz typisch der „Interessenausgleich“, und „zwar nicht nur zwischen den verschiedenen Branchen, etwa innerhalb der Industrie, sondern auch zwischen verschiedenen Gesamtleistungsbereichen, wie etwa zwischen Handwerk und Industrie oder zwischen Industrie und Landwirtschaft“.

„Dazu kommt noch im Rahmen dieses Funktionskreises die Beratung und Beeinflussung des außergesellschaftlichen, staatlichen Bereiches[37].“

---

[30] J. *Wössner*, Die ordnungspolitische Bedeutung des Verbandswesens (die Verbandsgesellschaft), Tübingen 1961.

[31] J. *Wössner*, a.a.O., S. 166: „D. h. die Verbandstätigkeit kann sich ex definitione weder auf den privaten, der persönlichen Freiheit und Verantwortung überlassenen, noch auf den der politischen Tätigkeit vorbehaltenen staatlichen Bereich erstrecken. Mit anderen Worten: Das Interessenprinzip als Organisationsprinzip gesellschaftlicher Gruppen verweist diese auf den diesem Prinzip adäquaten Bereich, nämlich auf den Bereich der Gesellschaft.“ Die Trennung entspricht u. E. nicht der Wirklichkeit, denn jede Verbandstätigkeit hat politische und persönliche Rückwirkungen. J. H. Kaiser spricht daher mit Recht sogar von der „wachsenden Teilhabe der organisierten Interessen an der staatlichen Willensbildung“. J. H. *Kaiser*, Die Repräsentation organisierter Interessen, Berlin 1956, S. 29.

[32] Wössner, a.a.O., S. 133.

[33] Vgl. ebd., S. 101.

[34] Vgl. ebd., S. 108 f.

[35] Vgl. ebd., auch S. 126 f.

[36] Vgl. ebd., S. 115.

[37] *Wössner*, a.a.O., S. 127.

Wössners Überlegungen gipfeln in der Forderung nach einer Gesamtrepräsentation der Gesellschaft durch eine Institution, in der wirtschaftliche, religiöse und geistig-kulturelle Verbände vereint sind und die dem Staat gegenübertritt[38].

Damit aber sind wir bereits auf die ordnungspolitische und gesellschaftspolitische Bedeutung der Zusammenarbeit verwiesen, die wir im nächsten Abschnitt behandeln wollen.

Bezeichnend für die theoretische Situation scheint uns zu sein, daß Wössner im Fortgang seiner Arbeit das Interesse hinter die Leistung an die zweite Stelle rückt. So behandelt er zuerst das „Interesse" als Konstitutionsprinzip der Gesellschaft[39]. Im nächsten Schritt wird festgestellt, daß es die gleichartigen Leistungen sind, auf Grund welcher sich die gesellschaftlichen Gruppen konstituieren[40] und Interesse nur „die in das volle Bewußtsein gesellschaftlicher Gruppen gelangte Struktur der Gesellschaft"[41] ist. Das Interesse ist in der Folge „der durch den objektiven Leistungszusammenhang aufgebaute und von dort auch bedingte Interessenzusammenhang"[42]. Dieser Leistungszusammenhang stiftet „gesellschaftliche Einheit"[43]. Zum Schluß seiner Arbeit weist Wössner darauf hin, daß „in der dreifachen Leistungs- und Interessenstruktur der verbandlichen Gesellschaftsordnung . . . intentionaliter eine Werkstruktur und damit eine Wertordnung" erscheint[44]. In der Wertstruktur aber erscheint die sittliche Idee[45]. Diese ist daher u. E. das erste, konstituierende Prinzip der Gesellschaft (1), denn sie objektiviert sich in der Wertstruktur (2) als „gesellschaftliche Einheit" (3), welche den Leistungszusammenhang stiftet (4), in das allgemeine Bewußtsein als Allgemeininteresse eingeht (5), sich im Gruppenbewußtsein differenziert (6) und in der sozialen Natur des Menschen realisiert (7). Damit aber findet auch die moderne, von den ideellen und materiellen Inter-

---

38 Ebd., S. 136 ff., bes. S. 147, S. 150.

39 Ebd., S. 68.

40 Ebd., S. 71, auch S. 88.

41 Ebd.

42 Ebd.

43 *Wössner*, a.a.O., S. 71.

44 Ebd., S. 179.

45 Ebd., *Wössner* nennt sie nicht „sittliche Idee", sondern „ideelle Komponente" (S. 176) und fordert die „ethische Sicherung und Stabilisierung dieser Gesellschaftsordnung" und der „adäquaten Wertung der Gesellschaft und ihrer einzelnen Mitglieder" (S. 179). Wössner geht bei seiner Untersuchung im übrigen von der Natur und der Bestimmung des Menschen aus (S. 7 ff., bes. S. 13), anstatt vom eigentlichen Lebensprinzip der Gesellschaft (vgl. dazu unseren lehrgeschichtlichen Abschnitt). Die Gesellschaft ist daher für Wössner auch nur Akzidenz und nicht Substanz (S. 16 f.). Dies sind noch individualistische „Rückstände" in der sonst der ganzheitlichen Auffassung nahestehenden Arbeit Wössners.

essen ausgehende Sozialtheorie durchaus Anschluß an die in der Lehrgeschichte aufgezeigte Tradition der attischen Philosophie, der christlichen Soziallehre, der romantischen Lehre von der Gemeinschaft und ihrem Geist, der sozialrechtlichen Lehre von den Verbänden, und der ganzheitlichen Organisationslehre.

Drittes Buch

Zusammenarbeit als ordnungspolitische Aufgabe

Im vorangegangenen Buch wurde deutlich: Zusammenarbeit ist das Prinzip, das die Ordnung unserer Wirtschaft allenthalben bestimmt. Der „staatsverlassene Raum“ wurde durch die mächtige Selbsthilfe der Wirtschaftsgenossen nach dem liberalen Einbruch im vorigen Jahrhundert immer stärker geordnet und von Organisationen durchzogen. Die Selbstverwaltung sorgte für den immer mehr vervollkommneten und verstärkten „Interessenausgleich“ nach oben und unten und nach allen Seiten. Was ursprünglich als Markt- und Klassenkampforganisation gegründet, hat mit dem einstigen Gegner Frieden geschlossen, sitzt ihm am Arbeitstisch zur sachlichen Verhandlung gegenüber, wägt Argumente, übernimmt Verantwortung zur Mitarbeit und bei der Durchführung der getroffenen und für gerecht empfundenen Vereinbarungen, diszipliniert radikale Strömungen. Indem die vielfältigen Formen der Zusammenarbeit alle für die Wohlfahrtsordnung und für den Frieden sorgen, wirken sie mit an der Objektivierung des Gemeinwohls.

Die aus der Theorie schon lange verschwundenen Begriffe des „freien Marktes“ und der „freien Marktwirtschaft“, sie sind auch in der Praxis der beinahe durchgängigen „Organisation“ und „Organisationswirtschaft“ gewichen[1].

Die „sozial-geordnete Wirtschaft“ hat die Markt- und Konkurrenzwirtschaft abgelöst. An die Stelle des mechanischen Prinzips ist das Prinzip der gewachsenen und gestalteten Ordnung getreten; an die Stelle des Atomismus die Erkenntnis der ganzheitlichen Struktur des Gemeinwesens und seiner Wirtschaft; an die Stelle der Konkurrenz vielfach Zusammenarbeit.

---

[1] „Markt“ ist für uns nur eine besonders hochorganisierte, rationalisierte Form zur Regulierung der Tauschverhältnisse. Als Unterform der Organisation tritt der Markt nur dort auf, wo es an dauerhaften Bindungen mangelt. Je kräftiger und direkter die gegenseitige Bindung und Aufeinanderhinordnung der Tauschpartner, desto geringer die Bedeutung der Marktveranstaltungen. Teils ersetzt, teils vermittelt der Markt differenzierte und individuelle Bindungen. Markt ist darum nur dort, wo andere, direkte Formen der organisierten Zusammenarbeit der absetzenden und beschaffenden Wirtschaften fehlen. Marktveranstaltungen werden in der Regel nicht durch die Tauschpartner organisiert, sondern durch die Obrigkeit oder durch berufsständische Einrichtungen, Kammern und Verbände.

Zum Begriff der Organisationswirtschaft (organizational economy) vgl. G. *Myrdal*, An International Economy, a.a.O., S. 25 ff. M. weist auf den säkularen Trend hin, der wegführt von einer freien Marktwirtschaft, die durch das Zusammenspiel der Marktkräfte reguliert wird, und hinführt zu einer Integration der Wirtschaft durch Regierung und soziale Gruppen.

Und hinter den durch Selbsthilfe und Selbstverwaltung entwickelten Organisationen und der durch sie gefügten Wirtschaftsordnung sehen wir das Gemeinwohl am Werke. Dieses Gemeinwohl ist keine geheimnisvolle, mystische Kraft, sondern das in jedem Menschen mehr oder minder starke Streben nach Vervollkommnung seiner eigenen Person und seiner Gemeinschaften, nach Gerechtigkeit, Friede, Sicherheit und Freiheit, nach ideellem und materiellem Wohlstand. Das Gemeinwohl erscheint besonders ausgeprägt in den großen Sozialgestaltern, den Kirchenvätern und Philosophen, den großen Staatsmännern und Wirtschaftsführern, endlich in den aus der Geschichte herausragenden Gründern und Verwirklichern neuer Formen des sozialen Lebens. Es erscheint aber auch und wirkt weiter in den mannigfachen Institutionen, die jene in die Gesellschaft einzuführen, die sie wiederzubeleben oder die sie umzuformen verstanden — oft genug unter den größten persönlichen Opfern, geschmäht, verspottet, verachtet oder gar ans Kreuz geschlagen von ihren Zeitgenossen[2].

In diesem dritten Buch wollen wir versuchen, einige Sätze zum Begriff der gesellschaftlichen Ordnung (I) zu sagen, anschließend die wirtschaftliche Zusammenarbeit als Gesellschaftsprinzip erläutern (II) und die Ordnung der Zusammenarbeit als Aufgabe der Wirtschafts- und Gesellschaftspolitik behandeln (III). Im nächsten Abschnitt wollen wir aufzeigen, welche Institutionen sich in den jüngsten Jahren auf volkswirtschaftlicher Ebene herausgebildet haben, um der gesellschaftlichen und wirtschaftlichen Ordnung der Zusammenarbeit zu dienen (IV) und was sie zur Festigung und Verbesserung der sozialen Verhältnisse beitragen (V). Dieses dritte Buch ist zugleich Zusammenfassung des in den vorangegangenen Büchern Ausgeführten und es wird beitragen, das dort Gesagte zu vertiefen und an die rechte Stelle zu rücken.

---

[2] Nach Goethes „Faust I“, 1. Teil:
Die wenigen, die was davon erkannt,
Die töricht gnug ihr volles Herz nicht wahrten,
Dem Pöbel ihr Gefühl, ihr Schauen offenbarten,
Hat man von je gekreuzigt und verbrannt.

I. Teil

Der Begriff der gesellschaftlichen Ordnung

Jeder gesellschaftliche Verband hat Mitglieder. Diese Mitglieder sind seine Organe, in denen er sich realisert. Ohne Mitglieder ist der Verband nicht denkbar, ohne sie erscheint er nicht. Aber auch die Mitglieder können nicht sein ohne Verband, denn ohne Verband sind sie keine Mitglieder. Wenn wir darum fragen, was zuerst war, die Mitglieder oder der Verband, so können wir die Frage nicht beantworten, denn das eine entsteht durch das andere[1].

Obwohl die Organe des Verbandes unterschiedlich sind und die unterschiedlichsten Funktionen ausüben, so ist doch der Verband das ihnen allen Gemeinsame. Jede soziale „Beziehung" zweier Menschen setzt dieses Gemeinsame, das „Verbindende" als Bestandsgrund der Beziehung voraus. Ohne dieses Gemeinsame besteht keine soziale Beziehung[2]. M. Weber nennt darum die Vergemeinschaftung eine soziale Beziehung, die auf Zusammengehörigkeit der Beteiligten beruht[3]. Die Zusammengehörigkeit beruht aber wiederum auf gemeinsamer Geistigkeit.

Diese gemeinsame Geistigkeit wird — nach M. Weber — wertrational zur Gewohnheit, emotional zur Anhänglichkeit und zweckrational zum Interesse. In jedem Verband mischen sich wertrationale, traditionale, zweckrationale und emotionale Züge. Kein Verband kann auf die Dauer nur das nackte Interesse der Mitglieder ansprechen, selbst Kartelle und Gewerkschaften nicht, bald kehren die Verbände „übergeordnete", „außerökonomische" „Werte" vor, bald pochen sie auf ihr traditionelles Recht und auf die entwickelten Usancen oder sie appellieren immer wieder an die Opferbereitschaft ihrer Mitglieder für diesen oder jenen Zweck und an die „höhere Einsicht". Darum lassen sich die Ver-

---

[1] O. *Spann*, Kategorienlehre, 2. Aufl., Jena 1939, S. 103: „Darum sind die Glieder nichts ohne das Ganze, aber auch die Ganzheit ist nichts ohne die Glieder, sie kann nur in Gliedern sich vermitteln, erscheinen ..."

[2] Das bloße Gespräch setzt den Sprechenden und Hörenden und die beiden gemeinsame „Sprache", also gemeinsame Geistigkeit voraus, ohne die kein Gespräch aufkommt. Gemeinsame Geistigkeit aber ist das Wesen jeder Gemeinschaft.

[3] Vgl. M. *Weber*, Wirtschaft und Gesellschaft, Bd. I, a.a.O., S. 21.

bände auch nicht einfach in religiöse, geistig-kulturelle, wirtschaftliche und staatlich-politische Verbände einteilen[4] und noch viel weniger läßt sich ihre Wirksamkeit nach solchen Einteilungen beschränken: Jeder Verband ist politischer Verband, er verkörpert mehr oder minder große politische Macht, er ist geprägt vom geistig-kulturellen Leben und seine innere Ordnung läßt sich nicht vom sittlichen Leben der Gesellschaft isolieren[5]. Alle Verbände sind Sozialverbände, organisierte soziologische Gruppen, und sie betätigen sich — wenn auch auf jeweils eigentümliche Weise — auf allen Gebieten des sozialen Lebens.

So beurteilt beispielsweise die in der Kirche organisierte Glaubensgemeinschaft auch die wirtschaftlichen Handlungen ihrer Mitglieder und deren Wirtschaftsverbände nach dem Sittengesetz und nicht nach dem wirtschaftlichen Gewinn oder der wirtschaftlichen Produktivität[6].

Die ästhetische Empfindung beurteilt die wirtschaftlichen Verrichtungen und Erzeugnisse vom ästhetischen Standpunkt der künstlerischen Produktion („industrial design"). Das Rechtsempfinden beurteilt wirtschaftliche Erscheinungen, beispielsweise die Verteilung, vom Standpunkt der Gerechtigkeit und der Rechtmäßigkeit. Für die Wissenschaft ist die Wirtschaft „Untersuchungsobjekt", an dem der Wahrheitsgehalt wissenschaftlicher Thesen geprüft wird. Der Staat beurteilt die Wirtschaft vom Standpunkt der politischen Macht oder der Eignung für die Bereitstellung der Mittel für den Staatsbedarf. Umgekehrt ist für die Wirtschaft Religion und Kultordnung Wirtschaftsmittel[7] und wird beurteilt hinsichtlich ihrer Wirkungen auf die wirtschaftliche Fruchtbarkeit, ebenso Recht und Rechtssicherheit oder Kunstfertigkeit oder wissenschaftliche Erkenntis und know-how. Auch der Staat wird zum Wirtschaftsmittel, nicht nur wenn er imperialistische Politik betreibt und auf diese Weise dem Handel Raum schafft, sondern auch wenn er Handelsverträge abschließt oder Arbeitsstreitigkeiten schlichtet, durch die erhebliche Kapitalverluste erspart werden. Spann nennt diesen Vorgang „Entsonderung" oder auch „Zuartung"[8], d. h. z. B. Beurteilung der Wirtschaft nicht nach der wirtschaftlichen Produktivität, sondern nach wirtschaftsfremden Gesichtspunkten, wird doch hier etwa der Bereich der Wirtschaft nach rechtlichen, künstlerischen, sittlichen,

---

[4] So z. B. Wössner.

[5] z. B. ist die so wichtige Frage der Arbeitszeitordnung (Sonntagsruhe) auch nach der in einem Land herrschenden religiösen Auffassung geregelt.

[6] Dazu jetzt Kardinal F. *König*, Wirtschaftserfolg und Wirtschaftsethik, Vortrag am 11. Febr. 1965 vor der Vereinigung österreichischer Industrieller in Wien. In: Die Industrie, 65. Jg., H. 7, S. 5, 12. Febr. 1965.

[7] Vgl. A. *Müller-Armack*, Religion und Wirtschaft. Geistesgeschichtliche Hintergründe unserer europäischen Lebensform. Stuttgart 1959.

[8] O. *Spann*, Kategorienlehre, a.a.O., S. 287.

staatlichen Maßstäben beurteilt. Und insoferne jene Zuartung stattfindet, kann der Satz aufgestellt werden: Jeder Sozialverband ist auch der „andere“ Verband, jeder Sozialverband nimmt teil am Leben des anderen[9].

Diese Teilnahme kann aber noch auf die Weise vor sich gehen, daß der andere Sozialverband zum „Auftraggeber“ oder sein geistiger Inhalt zum Ziel für die Leistung des fremden Verbandes wird. So wird der Staat (z. B. durch die Rüstung) zum Ziel und Auftraggeber der Wirtschaft, ebenso der religiöse Verband durch Kultbauten und Kultgeräte, die Familie zum Auftraggeber für die Nahrungsmittel-, Bekleidungs- und Bauindustrie. Spann nennt diesen Vorgang „Verganzung“. Hier werden die nichtwirtschaftlichen Bereiche zum Zielsystem der Wirtschaft: Denn „‚Ziel‘ zu sein ist ja das einzige Merkmal, welches das Ganze der Gesellschaft für die Wirtschaft hat“![10].

Dieser an sich recht verwickelte Sachverhalt: Jeder Verband ist auch der andere Verband (1), jeder Verband kann Ziel werden für jeden anderen Verband (2), macht perfektionistische, funktionalistische und konstruktivistische Aussagen über die Ordnung der Gesellschaft und die Ordnung der Wirtschaft unmöglich. Jede gesellschaftlich-geschichtliche Ordnung erwächst aus dem Dialog der sozialen Gruppen. In diesem Dialog aber spiegelt sich wider der Kampf um die inhaltliche Bestimmung der Vollkommenheit der Gesellschaft und des Menschen, der Gerechtigkeit und des Wohlstands, das Ringen um die sittliche Idee. Nicht der Produktionsprozeß, wie die materialistische Geschichtsauffassung fälschlich annahm, sondern die sittliche Idee prägt die Gesellschafts- und die Wirtschaftsordnung. Die nach Zeit und Ort jeweils verschiedene Auffassung der sittlichen Idee führt auch zur jeweils verschiedenen Wirtschafts- und Gesellschaftsordnung. Kriterium für die Beurteilung der Güte der verschiedenen Wirtschafts- und Gesellschaftsordnungen ist daher in der Entsprechung zwischen sittlicher Auffassung und Ordnung zu suchen, denn die Funktion der Ordnung besteht darin, die sittliche Auffassung in der menschlichen Gesellschaft zur vollkommenen Realisation zu bringen.

Die Norm der Ordnung ist also die sittliche Idee. Jede Ordnung ist darum so zu gestalten, daß sie der sittlichen Idee entspricht. Die letzte Quelle des Sittlichen ist das Absolute, Gott, letzte Bestimmung des Menschen und seiner Gemeinschaften die Verähnlichung mit Gott. Sittlich ist daher eine soziale Ordnung, wenn sie die Bestimmung des Menschen und seiner Gemeinschaften erfüllt. Ob eine Ordnung oder eine soziale Handlung sittlich oder unsittlich ist, erkennen wir sehr genau

---

[9] Vgl. O. *Spann*, Gesellschaftslehre, a.a.O., S. 391.

[10] O. *Spann*, Kategorienlehre, a.a.O., S. 287.

durch das Gewissen per quam bonum et malum discernunt. Nach den Worten des heiligen Thomas wirkt im Gewissen das ewige Gesetz, die lex naturalis, als verbindliches Sittengesetz[11]. Gewissen ist subjektives Wissen um die objektive Norm, um das Gesollte oder um das Sein schlechthin.

Das Wissen um die Norm der Gesellschaft ist Gegenstand der Sittenlehre oder Ethik. Die Sittenlehre ist das erste Lehrstück der Gesellschaftsphilosophie und sie setzt auch die Maßstäbe für die gesellschaftlichen Einzelwissenschaften: „Bei Platon, Aristoteles, Thomas, Hegel, den Romantikern, überall steht die Lehre von der richtigen Gestaltung des geistigen Gehaltes der Gemeinschaft und des Einzelnen, steht die Vollkommenheits- oder Sittenlehre am Anfang des Begriffsgebäudes, und sie steht auch der Tatsachenforschung der Einzelwissenschaften vor[12].“

An der Spitze der Sittenlehre steht die Güterlehre[13]. Ohne Güterlehre keine Güterordnung. Ohne Güterordnung keine Wertordnung, ohne Wertordnung keine Gesellschaftsordnung. Ordnung der Güter oder Werte verlangt Rangfeststellung oder Rangordnung. Jede sittliche Rangordnung verlangt ein höchstes Gut. Das höchste Gut ist, nach übereinstimmender Aussage aller großen Gesellschaftsphilosophen, Gott. „Darum gibt es nur ein Ziel für alle Gebilde der Gesellschaft und für alle ihre Glieder, die einzelnen Menschen: nach Maßgabe ihrer Eigenart und Gliedhaftigkeit sich mit dem höchsten Gute zu erfüllen[14].“

Darum haben in jeder Kultur jene Inhalte der Gesellschaft, welche die Verbindung mit Gott herstellen, Religion und metaphysische Philosophie, absoluten Vorrang[15].

Ihr folgen jene geistursprünglichen Inhalte der Gesellschaft, die sich im Wissen als Begriff und in der Kunst als Gestalt realisieren. In Religion, Wissenschaft und Kunst erscheinen die höchsten Werte: das Göttliche, das Wahre und das Schöne. Die Güter der Religion, Wissenschaft und Kunst, sie sind es, die die Güter der geistigen Gemeinschaften, das Gemeinwohl, konkret und inhaltlich, bestimmen.

Das soziale Handeln, welches die Richtung auf diese Güter nimmt, aus ihnen heraus Mensch und Gemeinschaft vervollkommnet, wird zum sittlichen Handeln. Die sittliche Aufgabe oder „Pflicht“ besteht in der

---

[11] Vgl. J. *Lob*, Naturrecht und ganzheitliche Philosophie, Wien 1962, S. 49 ff.

[12] O. *Spann*, Gesellschaftsphilosophie, mit einem Anhang über die philosophischen Voraussetzungen der Wirtschaftswissenschaften, München-Berlin 1928, S. 116.

[13] Vgl. ebd., S. 123.

[14] Ebd., S. 125.

[15] Vgl. ebd., S. 125, ferner S. 148.

Vervollkommnung, d. h. in der Erfüllung des Menschen und seiner Gemeinschaften mit den Vollkommenheitsgütern.

Der Mensch kann zur Vollkommenheit nicht gelangen, es sei denn, durch die Gemeinschaft. Durch die Gemeinschaft erst vermag er teilzunehmen an Fülle und Reichtum des Absoluten. Die Gemeinschaft selbst wird damit zu einem sittlichen Gute und insoferne die Gemeinschaft die Teilhabe des Menschen am Vollkommenen, seinen Aufstieg regelt, erfüllt sie ihre sittliche Funktion. Aus dieser Regelung entspringt die Ordnung: zuerst als Kult- und Opferordnung, dann als Rechtsordnung. Darum hat die Ordnung bei allen Völkern sakralen Gehalt, sie ist Heilsordnung[16].

Die Sittlichkeit, die uns in der Heilsordnung objektiv entgegentritt, ist „Regelsystem für jegliches Handeln"[17]. Weber nennt darum die Ordnung für das soziale Handeln „Regulierungsordnung"[18]. Dieses Regelsystem ist von bestimmender Bedeutung für die Organisation oder Veranstaltung: *„Sittlichkeit ist daher allgemeinste ‚Satzung' für die gesellschaftlichen Organisationen*[19]." Was jeweils veranstaltet wird, hängt von der Wertbestimmung des Zieles ab: „Die ‚Wertbestimmung', die primäre Grundlage alles Organisierens, liegt aber in Sittlichkeit und Recht. Diese sind zugleich die Normen, welche allein bestimmen, daß organisiert wird und in welchen (normativen) Verhältnissen die organisierenden Handlungen zueinander stehen ... Sittlichkeit und Recht müssen zur Satzung werden, um die Veranstaltung leitend zu bestimmen[20]." Als Satzung, Gestaltung oder Verfassung der gesellschaftlichen Anstalten bewirkt das Recht *„die Herstellung jener vollkommenen Gegenseitigkeit, in welcher das Ganze der Gesellschaft wie der individuelle Geist sich am vollkommensten entfaltet.* Recht heißt daher nicht, daß sich ein Wille durch den anderen beschränke — vielmehr, daß ein Wille den anderen, ein Geist den anderen bilde und stärke, um die größte Innigkeit und Allseitigkeit ... herzustellen"[21]. Recht und Ordnung bezeichnen darum den „Weg des Ganzen sowohl wie der Einzelnen zur Herstellung höchster Gegenseitigkeit"[22].

---

[16] Vgl. *Lob*, a.a.O., S. 122 ff.

[17] *Spann*, Gesellschaftslehre, a.a.O., S. 373.

[18] M. *Weber*, Bd. I, a.a.O., S. 28. Soweit das soziale Handeln Verbandshandeln ist, nennt Weber die dieses regelnde Ordnung Verwaltungsordnung (Seite 27).

[19] *Spann*, Gesellschaftslehre, a.a.O., S. 374.

[20] *Spann*, Gesellschaftslehre, a.a.O., S. 374.

[21] Ebd., S. 492.

[22] Ebd., S. 492.

II. Teil

Zusammenarbeit als gesellschaftliches Prinzip

Die Daseinsform des menschlichen Geistes ist die Gemeinschaft. Das Ich oder Selbst setzt das Nicht-Ich oder den anderen Geist voraus, gelangt erst durch Abhebung von ihm zu seiner eigenen Bestimmung oder zu seinem Selbstbewußtsein. Die Apperzeption des Ich ist keine einmalige Tat, sondern ein ständiger Prozeß, eine ständige Auseinandersetzung, ein ständiges Erwachen, Erkennen, Vertiefen des Ich im Spiegel der Gemeinschaft. Spann bezeichnet die Gemeinschaft als „Lebenshauch unserer Seele“[1] und meint damit, daß der einzelne Geist erst in und durch die Gemeinschaft erweckt und gebildet wird. „Nur im Zusammen-Bestehen mit anderen bestehe ich selber . . .[2].“ „Der menschliche Geist ist ichförmig, er *entsteht und besteht aber nur gliedhaft,* er entsteht und besteht einzig und allein in der Daseinsweise der Gemeinschaft[3].“ Die Gemeinschaft allein bewirkt die Ichförmigkeit und Individualität[4], denn *„nur durch höchste Eigenlebendigkeit des Einzelnen wird auch die Ganzheit aufs höchste verwirklicht“*[5]. Die Geburt des Geistes wie seine immerwährende Neubildung ist ein gesellschaftlicher Vorgang, der nur in Gemeinschaft erfolgt und sich nur innerhalb der schöpferischen Gegenseitigkeit der einzelnen vollzieht (die von aller mechanischen Hilfeleistung in Erziehung, Unterricht und Leben streng zu trennen ist)[6].

Gegenseitigkeit ist nur möglich durch Gemeinschaft, deren Mitglieder oder „Organe“ die einzelnen sind. Daher stehen sich nicht einzelne gegenüber, sondern einzelne als Mitglieder einer Gemeinschaft. Darum bedeutet Aktualisierung des Gemeinschaftslebens erhöhte Gegenseitigkeit, erhöhte Soziabilität und Socialisation oder erhöhte Vergemeinschaftung oder Vergesellschaftung. Sie verschafft Lebensraum oder auch Freiheitsraum für die gliedhafte Betätigung und Entwicklung des einzelnen[7].

---

[1] O. *Spann,* Gesellschaftslehre, a.a.O., S. 116.
[2] Ebd.
[3] Ebd. S. 118.
[4] Vgl. ebd.
[5] Ebd.
[6] Vgl. ebd., S. 122.
[7] Vgl. ebd., S. 125: „Gezweiung schafft Individualität, schafft den unwiederholbaren Einzigartigen!“

Wenn die Gemeinschaft die Daseinsform und das logische Prius des einzelmenschlichen Geistes ist, so ist mit erhöhter Aktualisierung des Gemeinschaftslebens auch die erhöhte Entwicklung und Bildung des einzelmenschlichen Geistes verbunden. Das aber bedingt wieder vermehrte und innigere Gegenseitigkeit der einzelnen Glieder.

Wir dürfen darum die Gegenseitigkeit als gesellschaftliches Prinzip ansehen. Sie bedeutet gegenseitige Aufeinanderhinordnung der einzelnen Organe oder Glieder einer Gemeinschaft.

Wenn es nun Aufgabe der sittlichen Ordnung der Gesellschaft ist, ein Höchstmaß an Gemeinschaftlichkeit oder Gegenseitigkeit herzustellen, so kann es nur die besondere Aufgabe der Wirtschaftsordnung sein, ein Höchstmaß an Zusammenarbeit zu verwirklichen und dauernd sicherzustellen.

Das gesellschaftliche Prinzip der Gegenseitigkeit und das wirtschaftliche Prinzip der Zusammenarbeit entsprechen einander. Wie alles Geistige nur in Gemeinschaft sich entfaltet, so kann auch das äußere Handeln als Ausdruck des Geistigen nur in Gemeinschaft vollzogen werden: „Auch die Handlungen selbst sind also nicht anders als in Gegenseitigkeit, in Gliedhaftigkeit ... möglich[8]." Zusammenarbeit ist der wirtschaftliche Ausdruck der geistigen Gemeinschaft. Wenn Sozialökonomie kein leeres Wort bleiben soll, so muß die Ökonomie von sozialen Prinzipien durchwaltet werden. Die wirtschaftlichen Begriffe müssen darum immer den Hintergrund des Sozialen aufnehmen und wiedergeben, die sozialökonomische Ordnung aber muß von der Gesellschaftsordnung abgeleitet werden.

---

[8] Ebd., S. 420.

III. Teil

Wirtschaftliche Zusammenarbeit als ordnungspolitische Aufgabe

Wir haben die Zusammenarbeit als sozialwirtschaftliches Prinzip erkannt. Wir haben ferner der gesellschaftlichen Ordnung die Funktion zugeschrieben, ein Höchstmaß an Gemeinschaftlichkeit und Gegenseitigkeit herzustellen, weil nur auf dem Wege über die Gemeinschaft wir fähig werden, „in das beschränkte Gefäß unserer sinnlichen Natur immer reicheren geistigen Inhalt aufzunehmen und eine immer innigere, großartigere und reichhaltigere Gemeinschaft sittlichen Lebens zu entfalten"[1]. Es folgte daraus die Zusammenarbeit als ordnungspolitische Aufgabe.

Die Frage, die sich aus dieser Folgerung ergibt, lautet: Wie muß die Wirtschaftsordnung beschaffen sein, damit sie die wirtschaftliche Zusammenarbeit fördert?

Zusammenarbeit nannten wir „organisiertes Zusammenwirken". Die Prinzipien, denen dieses Zusammenwirken unterstellt ist, erkannten wir als Gemeinwohl, Selbstverwaltung und Selbsthilfe. Wir können deshalb die erste Forderung an die Wirtschaftsordnung stellen:

Die Wirtschaftsordnung muß so beschaffen sein, daß sie die gemeinwohlorientierte Verbandsbildung der Wirtschaftsgenossen hervorreizt, damit diese durch gegenseitige Hilfeleistung ihre Wirtschaftstätigkeit fruchtbarer gestalten können.

Ihren Einheitsbezug findet die Wirtschaft im Gemeinwohl, dem bonum commune, dem sie dient. Sie findet diesen Einheitsbezug nicht automatisch-mechanisch, sondern er muß ihr eingestaltet werden. Diese Eingestaltung geschieht durch die Wirtschaftsordnung. Ordnung ist Veranstaltung, Organisation, „Organschaffung" oder „Ausgliederung".

Die höchste Veranstaltung der menschlichen, weltlichen und endlichen Gemeinschaft zur Sicherung und Vervollkommnung des Gemeinwohls ist der Staat. Der Staat ist darum auch die höchste Veranstaltung oder Organisation der Wirtschaft. Er ist deshalb beileibe nicht die einzige

[1] *Schäffle*, a.a.O., Bd. 2, S. 582.

Organisation der Wirtschaft, wohl aber die höchste, welche alle anderen Organisationen der Wirtschaft, ideell und potentiell in sich befaßt.

Wie nun das ideelle und potentielle Verhältnis zwischen Staat und Wirtschaft in der Realität des gesellschaftlichen Lebens gestaltet wird, ist entscheidend und kennzeichnend für die Wirtschaftsverfassung und das Wirtschaftssystem[2].

In jeder geschichtlichen Gesellschaft waren und sind staatswirtschaftlich-kollektivistische, öffentlich-rechtliche, verbandswirtschaftliche und privatwirtschaftlich-liberale Einschläge, also Formen mit stärkerer oder weniger starker Bindung an den Staat festzustellen[3]. Lediglich das Ausmaß und die Proportion wechseln je nach den sich durchsetzenden gesellschaftlich-sittlichen Strömungen und Auffassungen. Diese Auffassungen und Strömungen sind abhängig vom jeweiligen Gesellschaftsbild und der Wirksamkeit, die wiederum nach Zeit und Ort unterschiedlich ist. In dem Gesellschaftsbild formuliert sich die Vorstellung über den konkreten Inhalt des Gemeinwohls. Je stärker diese Gesellschaftsbilder und die sie tragenden Gruppen auseinanderstreben und der herrschende Einfluß eines Gesellschaftsbildes und der zugehörigen Gruppe verlorengeht, desto größer ist die Gefahr für die Einheit der Kultur. Zerfall tritt ein[4]. Diesen Zerfall zu verhindern, ist die wichtigste Aufgabe des Staates. Aus ihr leitet sich sein Recht auf Macht zur Leitung und Lenkung der Geschicke der staatlichen Gemeinschaft ab und die Pflicht zur Erfüllung dieser Aufgabe. Aber auch das jeweils herrschende „Super-

---

[2] Näheres bei W. *Heinrich*, Wirtschaftspolitik, Bd. 1, 2. Aufl., Berlin 1964.

[3] P. A. *Sorokin*, Kulturkrise und Gesellschaftsphilosophie, moderne Theorien über das Werden und Vergehen von Kulturen und das Wesen ihrer Krisen, dtsch. v. O. Anderle, Stuttgart-Wien 1953 (Titel des Originals: Social Philosophies of an Age of Crisis, Boston 1951). Nach Sorokin ist jede konkrete, geschichtliche Kultur „eine Art Schuttabladeplatz, ... auf dem Billionen von verschiedenen Kulturerscheinungen auf einen Haufen geworfen sind" (S. 238), und keine zusammenhängende Artikulation. Sie sind Versammlungsorte von Systemen. Nicht die Kulturen, nur die Kultursysteme und Supersysteme sind faktisch unsterblich (vgl. bes. S. 312 ff.). Für die Kennzeichnung einer Kultur ist bezeichnend, welches Supersystem, wir können auch sagen: Gesellschaftsbild, in ihr vorherrscht: (nach Sorokin) das ideationelle (religiös-metaphysische), das idealistische (Fortsetzung des Schöpfungswerkes in der Welt, Versinnlichung des Göttlichen), das sensualistische (materialistische). Innerhalb des einzelnen Supersystems besteht zwischen den einzelnen Kulturerscheinungen, die uns in Wissenschaft, Sprache, Kunst, Religion, Ethik, Recht, Wirtschaft und Politik begegnen, Konsistenz (215 ff.). Konkrete Kulturen bestehen oft aus mehreren Supersystemen und der ihnen entsprechenden Erscheinungen, die nur teilweise miteinander harmonieren, teilweise einander widersprechen (232).

[4] Näheres bei *Sorokin*, a.a.O., und die dort zitierten Autoren: Toynbee, Spengler, Kroeber, Schubart, Berdjajew, Schweitzer, Danilewskij, Northrop und andere.

system" oder Gesellschaftsbild ist nicht gleichgültig für Wachstum oder Niedergang einer Kultur.

Die Kriterien für Aufstieg und Verfall der Kulturen liefert die Kulturmorphologie und Kulturgeschichte.

Die Niedergangsphase der Kultur oder das der Niedergangsphase entsprechende sensualistische Supersystem wird von den eben erwähnten Autoren mit den gleichen Zügen ausgestattet: Verweltlichung, Materialismus, Utilitarismus, Empirismus. Hedonismus, Szientismus, Entfaltung der Naturwissenschaft und Technik, Relativierung der Werte, Verfall der Religiosität und des intuitiven Schöpfertums, säkularisierte (sensualistische) Kunst, zunehmende Verdrängung des Genius durch technische Verfahrensweisen, Aufkommen des Kults des Kollossalen, der Quantität anstelle der Qualität, zunehmende soziale Differenzierung, innere Störungen, Klassenkampf, überstarke Verstädterung, Industrialisierung, Verdrängung der Familien- und Gemeinschaftsbeziehungen durch vertragliche oder Gesellschaftsbeziehungen, „Verdrängung der schöpferischen theokratisch-aristokratischen Minderheit erst durch die schöpferische Minderheit der mittleren Klassen, dann durch die herrschende Minderheit der besitzenden Schichten und schließlich durch die Cäsaren, Demagogen und anderen skrupellosen Führer wohlbewaffneter Pöbelhaufen, Cliquen und Parteien"[5].

Ebenso bezeichnen alle Autoren die Wachstumsphase einer Kultur und die ihr entsprechenden Supersysteme gleichartig: intuitives Schöpfertum, intuitiver (metaphysischer) Wahrheitsbegriff, innere Religiosität, spirituelle Werte, sakrales Recht und sakrale Ethik, religiöse und ideationelle Philosophie und Weltanschauung, religiöse Kunst, vorherrschende Familien- und Gemeinschaftsbeziehungen zwischen den Mitgliedern der Kultur, vorwiegend theokratisch-aristokratische schöpferische Minderheit, geringe Verstädterung, geringe Industrialisierung und geringe Kommerzialisierung der Gesellschaft[6]. Bei der Ablösung der Niedergangsphase oder einer sensualistischen Kultur durch eine Wachstumsphase tritt eine „zweite Religiosität" (Spengler), die Gründung einer „Universalkirche" (Toynbee), eine hochmittelalterliche Kultur (Berdjajew), ein neues „messianisches Urbild" (Schubart) auf, und ganz allgemein wird erklärt, daß „. . . die Religion wieder wichtig wird, wenn die Wissenschaft und Philosophie die Bahn ihrer Wirksamkeit durchlaufen haben (Kroeber)"[7].

In der Übergangsphase findet eine „Polarisierung der menschlichen Seelen, Gruppen und Werte" statt, denn nicht nur Religiosität und

---

[5] *Sorokin,* a.a.O., S. 333 f.

[6] Vgl. *Sorokin,* a.a.O., S. 333.

[7] Ebd., S. 335 f.

Moral, sondern auch die Irreligiosität und Demoralisierung nimmt zu, bis die positive Seite der Wachstumsphase das Übergewicht bekommt[8].

Sobald das kulturelle Wachstum als positiver Wert erkannt wird, ist durch diese Kriterien die Richtung aller Maßnahmen bestimmt, die der Staat als Träger der Kulturfunktion gegenüber allen Gebilden und Teilen der Gesellschaft durchzusetzen hat, auch gegenüber der Wirtschaft und ihrer Ordnung. Darum sehen wir heute in allen Staaten neue Formen entstehen, die das Verhältnis zwischen Staat und Wirtschaft neu bestimmen und ordnen, um das kulturelle Wachstum der Gesellschaft zu erhöhen oder zu festigen.

---

[8] Vgl. ebd., S. 337. Die Polarisierung, wie sie die Theorie der countervailing powers darstellt, ist also keine Grundlage einer neuen Ordnung, sondern Symptom für die Ablösung der alten und das Aufkommen neuer Kulturverhältnisse.

IV. Teil

Formen der Zusammenarbeit zwischen Staat und Wirtschaft

Das 20. Jahrhundert steht im Zeichen zunehmender Bindungen und Regelungen des gesellschaftlichen Lebens. Sie sind Symptome für die allmähliche Ablösung der individualistisch-sensualistischen Gesellschaftsauffassungen und Gesellschaftsformen durch gemeinchaftsbezogene Auffassungen und Formen. Gleichzeitig wächst das Bewußtsein der gegenseitigen Verflechtung und der Notwendigkeit der politischen und wirtschaftlichen Zusammenarbeit bei Völkern und Staaten. Niederschlag findet dieses Bewußtsein in zahllosen Satzungen internationaler Organisationen, in Programmen und Aktionen, in Verträgen und Hilfen. Besonders nach der Katastrophe des 2. Weltkrieges setzten sich die Bestrebungen zur internationalen Zusammenarbeit auf breiter Front durch. Die wichtigsten Marksteine dieser Entwicklung seien rasch in Erinnerung gerufen: Die Organisation der Vereinten Nationen, welche, trotz der Mängel, die ihr anhaften, eine überaus segensreiche Wirksamkeit zur Wahrung des Friedens in der Welt entfaltet und die Erschütterungen beim Abtreten der kolonialen Herrschaftsmächte und bei der Formwerdung unabhängiger Nationen gedämpft hat; der Marshallplan, jene großzügige und einseitige Hilfe für das zerrüttete Europa; er bildete den Ausgangspunkt für den Zusammenschluß Europas in OEEC, Montan-Union, EWG, EFTA und für die Verbindung dieses zusammengeschlossenen Europa mit den USA in der nordatlantischen Verteidigungsgemeinschaft; der Anstoß zur Entwicklungshilfe durch das „Punkt-4-Programm", mit den immer stärkeren Bekundungen der Solidarität der Industrie- und Entwicklungsländer[1].

Liest man Verträge, Präambeln und grundlegende Artikel, glaubt man ein Privatissimum einer Theorie der wirtschaftlichen Zusammenarbeit vor sich zu haben. Als Beispiel von vielen sei aus der OEEC-Konvention vom 16. April 1948 zitiert:

„Zweck der Organisation ist der Aufbau einer gesunden europäischen Wirtschaft durch wirtschaftliche Zusammenarbeit ihrer Mitglieder"

---

[1] Über die damit verbundene Umbildung des GATT vgl. die Berichte über das Ergebnis der Welthandelskonferenz 1964.

(Art. 11). Die vertragschließenden Parteien sind übereingekommen, „ihre wirtschaftlichen Beziehungen untereinander in enger Zusammenarbeit zu pflegen“. Ein „gemeinsames Wiederaufbauprogramm“ sollte ausgearbeitet und durchgeführt werden. Den Verpflichtungen soll „durch angestrengte Selbsthilfe und im Geiste gegenseitiger Unterstützung“ nachgekommen werden (Art. 1). Für die Bildung der OEEC war die Erkenntnis der Mitglieder maßgebend, „daß ihre Wirtschaftssysteme miteinander verflochten sind und daß der Wohlstand jeder einzelnen Nation vom Wohlstand aller abhängig ist“ und „daß nur durch enge und dauernde Zusammenarbeit . . . der Wohlstand Europas wiederhergestellt und erhalten . . . werden kann“ (Präambel).

Dieser sehr bemerkenswerten und noch vor wenigen Jahrzehnten in diesem Umfang undenkbaren Entwicklung auf internationaler Ebene entsprechen die Bemühungen der einzelnen Staaten, auch in ihrem Inneren eine Ordnung der Zusammenarbeit aufzurichten und zu stärken. Denn wie der Wohlstand einer Nation vom Wohlstand aller abhängt, so der Wohlstand eines Wirtschaftszweiges vom Wohlstand aller und das Gedeihen eines Unternehmens vom Gedeihen aller übrigen. Und es sind die gleichen Prinzipien, die diesen allgemeinen Wohlstand hier wie dort begründen: Verflechtung, Zusammenarbeit, angestrengte Selbsthilfe, gegenseitige Unterstützung, Abstimmung und Koordinierung der Wirtschafts- und Geschäftspolitik, gemeinsame Programme, Interessenausgleich.

Versuchen wir, die Formen darzustellen, die ausgebildet wurden, um das Verhältnis zwischen Staat und Wirtschaft zu ordnen, so lassen sich etwa die folgenden acht unterscheiden:

1. Die staatliche Wirtschaft.
2. Die Schaffung von behördlichen Lenkungseinrichtungen.
3. Das System der wissenschaftlichen Beiräte.
4. Die Bildung von staatlichen Organen aus ehemaligen Mitgliedern von Interessenverbänden oder Vertretern großer Unternehmungen.
5. Die Anhörung von Interessenverbänden.
6. Die staatlich autorisierte Bildung von Selbstverwaltungsorganen.
7. Die korporative Organisation der Wirtschaft.
8. Die operative Ordnung mit Hilfe der Selbstverwaltungsorgane.

Wir dürfen vorwegnehmen: Kein einziger Staat verläßt sich auf nur eine Form, stets sind mehrere Formen und Einrichtungen verwirklicht.

Selten allerdings sind die einzelnen Formen aufeinander abgestimmt, aber an Versuchen zur Abstimmung fehlt es nicht. Manchmal besteht zwischen den Trägern der einzelnen Formen eine Art Konkurrenzkampf um das Recht, den Staat zu informieren. Ein andermal wieder wird die eingeräumte Stellung dazu benützt, Verdeckungs- und Verschleierungsstrategie zu betreiben, und der Staat ist dann darauf angewiesen, sich objektive Informationen durch andere Informationsquellen zu verschaffen. Oft fehlt die Geschlossenheit der Organisation, durch die ein Interessenausgleich im Wege der Selbstverwaltung erst möglich wird: Der Staat wird dann in Bagatellfällen als Schiedsrichter herangezogen und erstickt in der Flut der Tagespolitik. Es besteht für uns kein Zweifel, daß mit der Vervollkommnung der Organisation der Wirtschaft auch diese Mängel behoben und die äußerst schweren Bedenken zerstreut werden können, die angesichts des heutigen Verhältnisses zwischen Staat und Wirtschaft bestehen.

A. Die staatliche Wirtschaft (Wirtschaft der Gebietskörperschaften Bund, Länder, Gemeinden)

Die durchgängige Verstaatlichung der Produktionsmittel ist zweifellos die primitivste Art und Weise der Regelung des Verhältnisses zwischen Staat und Wirtschaft und gleicht etwa der Lösung des Gordischen Knotens durch das Schwert. Es ist deshalb auch in keinem Staat der Welt eine Vollverstaatlichung der Wirtschaft durchgeführt. Mindestens die Konsumgüter und die meisten Produktionsmittel für die Eigenversorgung der Hauswirtschaft bleiben unangetastet. Umgekehrt hat aber auch kein Staat der Welt auf mehr oder minder große Sektoren staatlicher Wirtschaft verzichtet. Wir können eher feststellen, daß sich einige bevorzugte Sektoren herausgebildet haben, in denen der Staat entweder ausschließlich oder wenigstens führend unmittelbar tätig ist. Ziehen wir Österreich als Beispiel heran, das in den westlichen Staaten wohl über den größten Anteil der verstaatlichten Wirtschaft an der Gesamtwirtschaft verfügen dürfte, so lassen sich etwa folgende Sektoren unterscheiden, und wir dürfen dabei darauf hinweisen, daß in fast keinem Sektor der Staat ausschließlich wirtschaftet, sondern meist neben privaten Einzelwirtschaften.

Teils ist die Tatsache, daß einzelne Betriebe staatlich sind, äußerlich nicht erkennbar, denn zahlreiche Unternehmungen des Staates bedienen sich privatrechtlicher Unternehmensformen, teils ist auch das Eigentum des Staates ein über die Beteiligung der verstaatlichten Banken nur indirekt ausgeübtes. Eine jüngere, sehr gründliche Studie trifft folgende Einteilung[2]:

---

[2] L. *Wallner*, Die öffentliche Hand als Unternehmer, Wien 1963.

1. Regiebetriebe des Bundes (Bundesbetriebe, Monopole, betriebsähnliche Verwaltungszweige):

   a) Bundesbetriebe: Die österreichischen Bundesforste, in deren Besitz sich 15 % der gesamten Waldfläche befindet. Weitere 8 % stehen im Einflußbereich anderer Gebietskörperschaften (Länder, Gemeinden). Zur Waldbewirtschaftung gehören Sägewerke, zum Teil auch Kurhotels, Bäder, Sessellifte.

      Das österreichische Postsparkassenamt, vornehmlich eingerichtet zur Abwicklung des Zahlungsverkehrs.

      Die Post- und Telegraphenverwaltung, durch Autobuslinien auch im Personenverkehr tätig.

      Die österreichischen Bundesbahnen mit einem Anteil von 90 % am gesamten Schienennetz, daneben auch Autobuslinien und Seilbahnen betreibend.

      Bundestheater, Bundesapotheken, Hauptmünzamt, Staatsdruckerei (mit Tageszeitung, Veröffentlichung der Gesetzblätter).

   b) Monopole: Branntweinmonopolverwaltung, Glücksspielmonopolverwaltung, Verwaltung des Tabakmonopols durch die Austria Tabakwerke AG, Salzmonopol.

      Der Staat ist auf diesen Sektoren allein tätig, lediglich bei Glücksspielen beschränkt er sich manchmal auf die Aufsicht.

   c) Betriebsähnliche Verwaltungszweige. Soweit sie für den behördeninternen Verkehr arbeiten, wie z. B. Reparaturwerkstätten des Heeres und der Luftwaffe, Dienstküchen, Druckereien hat sie die Studie nicht aufgenommen. Gewisse Bedeutung erlangen die Betriebe als Versuchsgüter, praktische Lehranstalten u. a. m.

2. Anstalten mit eigener Rechtspersönlichkeit:

   Das Dorotheum, welches Versteigerungen von Gegenständen aller Art durchführt (darunter die berühmten Kunstauktionen), Faustpfandkredite gewährt und Verwahrungsgeschäfte betreibt. Zweck des Dorotheums war die Bekämpfung des Wuchers.

3. Verstaatlichte Unternehmungen:

   a) Verstaatlichte Banken: 1946 verleibte sich der Staat 73 % des Grundkapitals aller österreichischen Aktienbanken ein und verstaatlichte die drei großen Bankinstitute, die Creditanstalt-Bankverein, das Österreichische Credit-Institut und die Länderbank AG. Unter dem Titel „Volksaktienbegebung" wurde ein Teil der Aktien (40 % des Anteils des Bundes) an Parteien und Gewerkschaften und die von ihnen Bestimmten sowie zu geringem Teil auch an Private zu günstigem Kurs verkauft. Auf die verstaatlichten Banken entfallen etwa 78 % des Reinvermögens der Aktienbanken, etwa 30 % aller Schillingeinlagen, 61 % aller Wechselforderungen, 70 % des Effektengeschäftes. Die Metallindustrie ist, soweit nicht verstaatlicht, durch Konzernbeteiligung mit den verstaatlichten Banken verbunden, ebenso wichtige chemische Werke, Glasindustrie, Holz- und Papierindustrie, Textilbetriebe, die Nobelhotels der Ringstraße, Teile der Bauwirtschaft, Kohle- und Kokshandel, Speditionen, Immobilienverwaltungen usw.

      Neben den verstaatlichten Banken stehen noch weitere 9 im Mehrheitseigentum der öffentlichen Hand. Zusammen mit den verstaatlichten Banken verfügen sie über etwa 90 % des Grundkapitals und des Reinvermögens der österreichischen Aktienbanken.

b) Die verstaatlichte Industrie: Der Staat ist in der Eisenerzförderung, Rohstahl- und Roheisenerzeugung fast ohne Konkurrenz tätig, zum Teil auch in der Veredelung (Edelstahlerzeugung). Auf den Eisen- und Stahlsektor entfällt etwa die Hälfte des Umsatzes der verstaatlichten Industrie. Etwa 96 % der österreichischen Kohle werden von öffentlichen Betrieben gefördert. Der Nichteisenbergbau und die entsprechenden Hüttenbetriebe liegen praktisch zur Gänze in Staatshänden. Ebenso der Schiffsbau.

   50 % aller Umsätze der Elektroindustrie entfallen auf die staatliche, 11 % der chemischen Industrie, 90 % des östereichischen Erdöles und 99 % des Erdgases, 80 % der Mineralölprodukteerzeugung. Die österreichische Donauschiffahrt liegt zum allergrößten Teil in Staatshänden.

   Der Einfluß der öffentlichen Hand reicht über Tochter- und Enkelgesellschaften bis weit in die Vertriebssphäre und zum Teil in die Finalindustrie hinein, in Einzelfällen erstreckt er sich auf Betriebe und Niederlassungen im Ausland.

c) Die verstaatlichte Elektrizitätswirtschaft: Die Elektrizitätswirtschaft ist bis auf kleinere Eigenversorgungsanlagen der Industrie in Händen des Staates oder anderer Gebietskörperschaften (Länder, Gemeinden).

4. Die österreichische Nationalbank: Sie gehört zur Hälfte dem Bund, ein Drittel entfällt auf parteiaffiliierte Institutionen wie Gewerkschaftsbund, Sozialistischer Verlag, Vereinigung österreichischer Industrieller und Bundeskammer der gewerblichen Wirtschaft, Zentralkasse der Konsumgenossenschaften. Ein weiteres Sechstel entfällt auf Interessen der landwirtschaftlichen Genossenschaften und ein ganz kleiner Teil auf private Bankhäuser. Für die Nationalbank gelten neben den Vorschriften des Aktiengesetzes die Sondervorschriften des Nationalbankgesetzes.

5. Beteiligungen des Bundes: Der Bund besitzt wesentliche Beteiligungen auf dem Gebiete des Nachrichten- und Informationswesens (Österreichischer Rundfunk, Österreichisches Fernsehen, Austria Wochenschau, Austria Presseagentur), an der österreichischen Fluggesellschaft (92 %), an Mautstraßen (Großglocknerstraße etc.), an Flughafen-Betriebsgesellschaften, Seilbahnen, an 50 der größten Wohnungsgesellschaften, an Mineralölhandelsgesellschaften, Sprengmittelvertriebsgesellschaften und allen möglichen Gesellschaften zur Wirtschaftsförderung (Austroplan, Atomenergie), ferner an verschiedenen Gesellschaften, die ehemals deutsches Eigentum waren.

6. Beteiligungen anderer Gebietskörperschaften: Länder und Gemeinden. Sie besitzen vor allem Interessen an den Landeshypothekenanstalten, Städtischen Sparkassen, Versicherungsanstalten, Elektrizitätsgesellschaften samt Verteilung, an Einrichungen des öffentlichen Verkehrs, Gasversorgungsunternehmungen, Badeanstalten, Wäschereien, Schlachthöfen, Müllverbrennungsanlagen, Hafenverwaltungen, Friedhofverwaltungen, Forsten, landwirtschaftlichen Betrieben, städtischen Gärtnereien, Hotels, Vergnügungsparks, Gaststätten, Steinbrüchen, Granitwerken, Bauunternehmungen, Krankenanstalten, Lagerhäusern, Kühlhäusern, Massenveranstaltungsgesellschaften, Verlagen, Kinos, Werbegesellschaften usw.

Im allgemeinen schätzt man, daß etwa 30 % der in Österreich unselbständig Beschäftigten in der Verwaltung und in Betrieben der öffentlichen Hand tätig sind. Etwa 75 % des Grundkapitals aller Aktiengesellschaften und Gesellschaften mit beschränkter Haftung steht unter Einfluß des Staates oder der Gebietskörperschaften.

Versuchen wir nun eine Systematisierung der Verstaatlichung[3], soweit dies bei der heterogenen Zusammensetzung des staatlichen Wirtschaftsvermögens überhaupt möglich ist, und versuchen wir, uns mit den Argumenten auseinanderzusetzen, die für und gegen die Verstaatlichung sprechen, so lassen sich etwa folgende Feststellungen treffen:

1. Sektoren, in denen das erwerbswirtschaftliche Prinzip nicht anwendbar ist, weil Bedienung und Versorgung der Bevölkerung oder Erhaltung der Naturgrundlagen im Vordergrund stehen. Dazu gehört heute weitgehend: Eisenbahnverkehr, Flugverkehr, Schiffsverkehr, Autobuslinienverkehr,

   die Engergieversorgung durch Elektrizität, Mineralölprodukte, Gas, Kohle,

   Forstwirtschaft (Wasser, Klima, Bodenfruchtbarkeit, Lawinenschutz, Wilbachverbauung),

   Wasserversorgung,

   Krankenanstalten.

2. Sektoren, in denen ein Gleichgewichtsverhältnis zwischen Nachfragendem und Anbieter grundsätzlich oder mindestens vorübergehend in der Regel nicht besteht, wie etwa zwischen Schuldner und Gläubiger, oder ein besonderes Vertrauensverhältnis herrschen muß: das Kreditwesen, Sparkassenwesen sowie das Versicherungswesen.

3. Sektoren, in denen die Verfügungsmacht über Großunternehmen auch politische Macht oder Gefahren für die Selbständigkeit des Staates oder für seine Lebensinteressen bedeutet. Ferner Sektoren, die von der staatlichen aktiven Politik (besonders Außenhandelspolitik und Zollpolitik) stark abhängig sind:

   Grundstoffindustrie (Bergbau, Eisen, Stahl, Mineralöl).

4. Sektoren, die über entscheidende Mittel der Wirtschaftspolitik verfügen: die Nationalbank.

5. Sektoren, in denen die Privatindustrie fehlt, weil der Ertrag der Leistungen nicht dem Leistungserbringer zufällt: Muster- und Versuchsanstalten, Atomenergie.

---

[3] Wir wollen diesen Versuch wagen, gleichwohl ein guter Kenner der Materie der Ansicht ist „... daß die Sozialisierung in Österreich weder nach Umfang noch nach Funktion einem eindeutig bestimmten theoretischen System nachgebildet wurde". St. *Koren,* Sozialisierungsideologie und Verstaatlichungsrealität in Österreich. In: Die Verstaatlichung in Österreich, hrsg. von W. *Weber,* Berlin 1964, S. 331.

6. Sektoren, durch die die „öffentliche Meinung" entscheidend manipuliert werden kann und deren Besitz daher politische Macht verkörpert: Rundfunk, Fernsehen, Presseagenturen.
7. Sektoren, in denen das Erwerbsprinzip zu sittlichem Verfall und zu Gesundheitsschädigungen führen würde: Branntwein, Glücksspiel, Tabak.
8. Sektoren, deren Mittel Anschläge auf die Sicherheit des Staates gestatten würden: Sprengmittel.
9. Sektoren, in denen die Erfüllung sittlicher Verpflichtungen erleichtert werden soll: z. B. Bestattungswesen, Friedhofsverwaltungen.

Die sozial-sittlichen, politischen und ökonomischen Argumente, mit denen die Verstaatlichung der einzelnen Sektoren begründet wird, haben zweifellos ihr bedeutendes Gewicht. Ritschl subsumiert diese Argumente unter dem Begriff des „Gemeinsinns". In seiner anregenden Untersuchung über „Gemeinwirtschaft und kapitalistische Marktwirtschaft" bringt er vor, daß in der Gemeinwirtschaft oder Staatswirtschaft der Gemeinsinn herrscht. Daher sind für sie kennzeichnend Opfergeist, Einordnungswille, Hingabe, Gehorsam, Gefolgschaftstreue, Liebe als subjektive Prinzipien, Bedarf, Verbrauch, Unterhalt, Fürsorge, Planmäßigkeit, teleologisches Mittel-Zweck-Verhältnis als objektive Prinzipien. Für die Marktwirtschaft und Tauschgesellschaft ist dagegen Egoismus, individueller Vorteil, Erwerb, Profit, Rentabilität, spekulativer Erwerbsgeist, Entlohnung, Versicherung, Herrschaftslosigkeit, Planlosigkeit, anarchistischer Wirkungszusammenhang kennzeichnend[4]. Nach Ritschl entspricht „dem Dualismus von Freiheit und Verantwortlichkeit, von Eigenleben des Gliedes und Gemeinschaftsleben des Ganzen . . . der Dualismus von gebundener und freier Wirtschaft, von gemeinschaftlicher Regelung und freier Entfaltung der schöpferischen Kräfte des Einzelnen"[5].

In unserer Zeit erleben wir das „. . . Vordringen des gemeinwirtschaftlichen Systems, eine zunehmende Durchdringung der Marktwirtschaft mit gemeinwirtschaftlichen Eingriffen, eine Ausdehnung der staatlichen Erzeugungswirtschaft wie der staatlichen Regelungswirtschaft, ein Anwachsen der staatlichen Verbrauchs- und Leistungswirtschaft"[6].

Wenn wir Ritschl auch auf weiten Strecken zustimmen, so können wir seinem tragenden Gedanken, nämlich der Gegenüberstellung von Marktwirtschaft und Gemeinwirtschaft und der hieraus abzuleitenden

---

[4] Vgl. H. *Ritschl*, Gemeinwirtschaft und kapitalistische Marktwirtschaft — zur Erkenntnis der dualistischen Wirtschaftsordnung, Tübingen 1931, S. 39 ff.

[5] Ebd., S. 159.

[6] *Ritschl*, a.a.O., S. 146.

Erkenntnis eines dualistischen Systems mit immer größer werdendem Anteil des gemeinwirtschaftlichen Sektors, nicht beipflichten. Selbstverständlich hat jeder einzelne Mensch, ob als Wirtschaftspolitiker, Verbands- oder Unternehmensführer oder als verantwortlicher Mitarbeiter auch sehr handfeste, nackte Erwerbsinteressen. Nichts wäre schlimmer, als diese zu übersehen und sich in Romantizismen zu ergehen. Aber diese Erwerbsinteressen machen nur einen Teil seiner vielfältigen Persönlichkeit aus. Stets sind werkgemeinschaftliche, leistungsgemeinschaftliche und verbrauchsgemeinschaftliche „Interessen" neben den erwerbswirtschaftlichen mit am Werke. Gleichwohl auch diese wirtschaftliche Interessen sind, sind sie zugleich Gemeinschaftsinteressen Darum sind Dienst- und Amtsgesinnung (im guten Sinn), Opferbereitschaft, gegenseitige Hilfe, soziale Empfindung, „human relations", Betriebstreue, freiwillige Mitarbeit vom einfachen Arbeiter an über den Kleinkaufmann und Wirtschaftsführer bis hinaus zum staatlichen Wirtschaftspolitiker auch in sogenannten „Erwerbswirtschaften" festzustellen — manchmal mehr, manchmal weniger. An unzähligen Beispielen fehlt es gerade dem mit dem Bergbau Verwachsenen nicht, denn wir haben mehrfach das Eintreten des einen für den anderen bis zur Aufopferung des eigenen Lebens bei Bränden und Explosionen miterlebt.

Auch für die unternehmerische Persönlichkeit von heute tritt das Erwerbsprinzip zunehmend in den Hintergrund. Das ist mindestens bei den Spitzenunternehmern der Fall. Es führt etwa einer der größten österreichischen Unternehmer aus: Die Voraussetzung einer guten unternehmerischen Leistung ist „die Gesamtheit von Menschenkenntnis, Sachkenntnis, Marktkenntnis, Branchenkenntnis, Teamwork, Werknähe, Leistungfreude . . . Gestaltungswille und Erfolgsstreben, die bei jenen, die mit Recht Unternehmer genannt werden, in besonderer Weise ausgeprägt sind. Die eminente Bedeutung, die diese Faktoren für die Gemeinschaft haben, wird leider immer noch verkannt. Es wird nicht oder zu wenig gesehen, daß der einzelne in seinem Ringen um das Werk als Ausdruck seiner Person eine positive, vorwärtsdrängende und mitreißende Kraft in der Gemeinschaft ist[7]."

---

[7] G. *Mautner-Markhof,* Der Unternehmer in der Industriegesellschaft von morgen, in: Industrie, 64. Jg., H. 40, Wien 1964, S. 16. Es kritisiert Mautner-Markhof „die Überbetonung der Privatheit des persönlichen Verfügungsrechtes über die Mittel der gemeinschaftlichen Arbeit" (das sind die Produktionsmittel, S. 16), spricht vom „Öffentlichkeitscharakter des Eigentums" (S. 15), das „seinem Wesen nach Pflichten gegenüber der Gemeinschaft beinhaltet" (S. 17), auch wenn es persönliches, unentziehbares Recht sei und stellt fest: „Die Erfahrung der marktwirtschaftlich organisierten Länder hat gezeigt, daß freies Zusammenwirken der einzelnen keine menschlich befriedigende und technisch optimal funktionierende Ordnung schafft" (S. 13). MM fordert ein ausgewogenes Ordnungssystem, das auf unternehmerischer Leistung,

Wir dürfen deshalb als Ergebnis unserer Auseinandersetzung mit Ritschl festhalten: Es gibt keine Wirtschaft, die nur Erwerbswirtschaft ist und nicht auch gemeinwirtschaftliche Züge aufweist — und es gibt keine, die ganz auf das Erwerbsprinzip verzichtet. Ein dualistisches Mischsystem ist daher vom Ansatz her ebenso verfehlt, wie die Gegenüberstellung von Erwerbswirtschaft und Gemeinwirtschaft. Uns erscheint kein Mischsystem, sondern ein Ordnungssystem angemessen, das den Vorrang des Gemeinwohls vor dem individuellen Erwerb wahrt und das Erwerbssystem im Gemeinwohlprinzip integriert.

Die viel wichtigere, von Ritschl aufgeworfene Frage ist allerdings, ob die Staatswirtschaft der einzige Weg ist, diesen Vorrang des Gemeinwohls und des ihm entsprechenden subjektiven Gemeinsinns zu wahren. Wir werden aufzeigen, daß es andere und breit ausgetretene Wege gibt. Dazu gehören etwa die staatliche Aufsicht und Oberleitung sowie die staatliche Wirtschaftspolitik, insbesondere auch die Organisations- oder Ordnungspolitik. Die Begehbarkeit dieser Wege hängt mit davon ab, ob der Staat über die Stärke verfügt, seine Aufsichts- und Oberleitungsfunktionen so auszuüben, daß er seine Ordnungsvorstellungen der Wirtschaft einzuprägen vermag, damit diese am Gemeinwohl sich orientiere. Ist diese Stärke vorhanden, dann besteht wohl kein Grund für eine großteils verstaatlichte Gemeinwirtschaft. Dann ist auch die „private“ Wirtschaft „Gemeinwirtschaft“, weil auf das Gemeinwohl bezogen. Vice versa dürfen wir daher sagen, umfangreiche staatliche Wirtschaft und Verstaatlichung sind Zeichen staatlicher Schwäche. Starke Staaten bedürfen keiner Verstaatlichung großer Sektoren ihrer Wirtschaft, und ebenso: Der Abbau der Verstaatlichung der Wirtschaft ist nur bei Erstarkung des Staates möglich. Salin meint mit Recht, daß sich noch kein starker Staat vor privater Macht gefürchtet hat, sondern daß er sie gezügelt und gebändigt hat[8].

Es ist uns darum nur zu verständlich, daß jene Gesellschaftstheorien, die dem Staat zuletzt nur eine untergeordnete Rolle zugestehen, wie der Liberalismus und Marxismus, durch eben die Schwächung des Staates immer mehr zur Forderung nach Verstaatlichung getrieben werden. Denn nur im schwachen Staat wird die Herrschaft der wirtschaftlichen Macht, die der schwache Staat nicht zu binden vermag, als unerträglich empfunden.

---

staatlicher Wirtschaftspolitik und Koordinierung dieser Wirtschaftspolitik unter Einschaltung der Verbände beruht (S. 16).

J. *Robinson*, Doktrinen ..., a.a.O., S. 172, berichtet von einem Manifest britischer Geschäftsleute, das auf die dreifache öffentliche Verantwortung des Unternehmers hinweist: gegenüber den Käufern der Erzeugnisse, gegenüber den Beschäftigten und gegenüber den Kapitaleigentümern. Robinson fügt als weitere Motive des unternehmerischen Handelns das Eigeninteresse der Manager und ihre ständische Solidarität hinzu.

[8] Vgl. E. *Salin*, Kartellverbot und Konzentration, a.a.O., S. 190.

B. Behördliche Lenkungseinrichtungen

Der zweite Versuch, das Verhältnis von Staat und Wirtschaft einer Lösung zuzuführen, besteht in der Lenkung der Wirtschaft durch staatliche Behörden. Ihre Aufgabe ist es, durch Aufsicht („Inspektion"), durch allgemeine Verordnungen oder durch individuelle Verwaltungsakte, durch Verbote, Genehmigungen, Auflagen, Kommissionierungen, Aufträge, Subventionen, Preisvorschriften, Steuern sowie durch Bereitstellung öffentlicher Dienste (Rechtsschutz, Erziehung, Kommunikationseinrichtungen) die Wirtschaftstätigkeit anzuregen oder zu zügeln und sie in die vom Staat erwünschte Richtung auf das Gemeinwohl hin zu lenken.

Teils ist der Einfluß auf die Wirtschaftstätigkeit unmittelbarer Zweck der behördlichen „Intervention", teils stellt er sich als Nebenerfolg ein, etwa durch das staatliche Schulwesen, welches durch Hebung der Bildung des Volkes auch die Wirtschaft anreizt und fördert. Es gibt heute wohl kaum noch eine staatliche Behörde, durch deren Tätigkeit nicht ein größerer oder geringerer Einfluß auf die Produktivität der Wirtschaft ausgeübt wird. Das hängt mit dem „Gesetz der allseitigen Bezogenheit" jeder menschlichen Handlung, besonders aber jeder staatlichen Handlung zusammen, die immer zugleich kulturell-sittliche, politische und wirtschaftliche Aspekte aufweist. Sie alle wollen zugleich betrachtet und berücksichtigt werden. Das gelingt — wenigstens annähernd — nur bei Konzentration auf die allen gesellschaftlichen Verschiedenheiten zugrunde liegende Einheit oder Ganzheit, denn die gesellschaftliche Einheit ist naturgemäß keine uniforme, sondern eher eine unitas multiplex[9]. Diese Einheit muß sich in den gesellschaftlichen Wertvorstellungen ebenso manifestieren wie in der Einheit von Gesetzgebung, Regierung und Verwaltung, wenn dem Gesetz der allseitigen Bezogenheit genügt werden soll. Die Regierung als der Norm nach Verkörperung der staatlichen Einheit ist zur Verteilung der einzelnen Regierungsgeschäfte an die Ministerien als Verwaltungsbehörden berufen. Die für die Wirtschaft bedeutendsten Behörden sind etwa:

das Außenministerium durch seine Außenhandelspolitik oder die Rückwirkungen seiner Außenpolitik auf Exporte und Importe;

das Innenministerium durch seine Leistung für die Sicherung des Friedens und der inneren Ordnung, ferner als Markt- und Preisregelungsbehörde, Lebensmittelpolizei;

---

[9] Vgl. W. *Andreae*, Unitas multiplex, in: Jb. f. Nat. Ök. u. St., Bd. 162, H. 6, Stuttgart 1950, S. 401 ff. Jetzt in: Vom Geiste der Ordnung in Gesellschaft und Wirtschaft, ausgewählte Aufsätze und Abhandlungen. Als Festschrift zum 70. Geburtstag hrsg. v. W. Heinrich, H. Riehl, A. Tautscher, Stuttgart 1959.

das Handelsministerium, besonders auf dem Gebiete der Industrie-, Handwerks- und Handelspolitik, bei Straßenbau, Wohnbau;

das Finanzministerium durch die Gestaltung des Abgabe- und Steuerwesens, des staatlichen Haushalts, ferner durch Aufsicht über das Geld- und Kreditwesen, die Einhebung der Zölle und Ausfuhrabgaben, Monopolverwaltung und -abgaben etc.;

das Sozialministerium als verantwortlich für die Sozialpolitik, die Sozialversicherungspolitik und -aufsicht, Sanitätspolizei, die Arbeitslosenfürsorge und Arbeitsvermittlung, als Schlichtungsinstanz (Einigungsämter) bei Arbeitsstreitigkeiten, Preisregelung und Marktaufsicht;

das Landwirtschaftsministerium als oberste Wasserrechtsbehörde, Waldaufsicht, Landwirtschaftspolitik, Veterinärpolizei;

das Heeresministerium, besonders als Auftraggeber für die Wirtschaft, ferner als Träger der Staatssicherheit gegenüber äußeren und inneren bewaffneten Angriffen;

das Justizministerium und die von ihm verwalteten, wenngleich „unabhängigen“ Gerichte bei der Rechtsprechung in Zivilrechtssachen, als Grundbuchregister, als oberste Kartellbehörde;

das Ministerium für Verkehr und Elektrizitätswirtschaft, besonders als Aufsicht für den Eisenbahnverkehr und für die Versorgung mit Elektrizität;

das Bundeskanzleramt wegen Vertretung der Eigentumsrechte an verstaatlichten Unternehmungen.

Dieser Behördenkatalog spiegelt sich zum guten Teil wider in den Gebietskörperschaften, den Ländern und Gemeinden. Ähnliche Gliederungen und Einrichtungen finden sich wohl oft und unter den verschiedensten Bezeichnungen und Kompetenzverteilungen in allen Staaten.

Das Kriterium der Selbstverwaltung führt bei Eucken zur Unterscheidung zwischen zentralgeleitetem und verkehrswirtschaftlichem Wirtschaftssystem. Im zentralgeleiteten Wirtschaftssystem haben Regierung und Verwaltung ein Monopol auf Wirtschaftsplanung, im verkehrswirtschaftlichen System haben das Monopol auf Erstellung der Wirtschaftspläne die Einzelwirtschaften[10]. Diese Gegenüberstellung entspricht nicht der heutigen Realität, welche eher durch unternehmerische Initiative, die Selbstverwaltung und den Interessenausgleich der Verbände sowie die planvolle Wirtschaftspolitik des Staates und der

---

[10] Vgl. W. *Eucken*, Die Grundlagen der Nationalökonomie, 4. Aufl., 1944, Seite 96.

Gebietskörperschaften, ferner durch das Zusammenspiel dieser Kräfte zu kennzeichnen ist. Nicht die Gegenüberstellung von Verkehrswirtschaft und zentralgeleiteter Wirtschaft ist entscheidend, denn beides sind Grenzfälle, die in der Wirklichkeit nicht vorkommen. Entscheidend ist der Raum, den die staatliche Lenkung und Aufsicht der Eigenbetätigung oder Selbsthilfe und der verbandlichen Selbstverwaltung läßt, und auf welche Weise der Staat für die Transponierung des Gemeinwohls in das individuelle und in das Gruppenwohl sowie für die Integrierung des individuellen und des Gruppenwohls in das Gemeinwohl sorgt. Der eigentliche Gegensatz hierbei ist jener von Zentralismus und Dezentralisation.

Der individualistischen Gesellschafts- und Staatslehre entspricht der Zentralismus. Für sie ist der durch Vertrag geschaffene Staat die einzige Organisation des Lebens. Andere autonome Körperschaften oder Verbände, die an der Bildung des Staatswillens mitwirken, sind nicht begründbar und werden darum verboten oder bekämpft. Es gibt nur einen Souverän, das Volk, und nur einen Willen, den Allgemeinwillen, der aus der Mehrheit der Einzelwillen abgeleitet wird. Es gibt keine Zwischenkörperschaften zwischen dem einzelnen und dem Staat[11].

Die Übertragung dieser Gesellschafts- und Staatslehre auf die Wirtschaft ergibt die Verkehrswirtschaft. Hier sollen die Einzelpläne, welche über den Markt koordiniert werden, die Gesamtwirtschaft ergeben. Vergessen wird hierbei, daß die Gesamtwirtschaft eine ganz andere Qualität hat, eine andere Stufe der Wirtschaft bedeutet als die Einzelwirtschaft und die Bedürfnisse der Gesamtwirtschaft nicht aus den Plänen der Einzelwirtschaften abzuleiten sind, sondern, umgekehrt, in sie eingehen[12].

Die Gesamtwirtschaft ist mehr als die Summe der Einzelwirtschaften, wie das Ganze mehr ist als die Summe der Teile. Eben dieses „Mehr“ an Funktionen und Bedürfnissen gegenüber der Summe der Einzelwirtschaften macht ihre arteigene Qualität aus. Dieses „Mehr“ ist das Gemeinwohl. Es überschreitet die Summe der Einzelwohle. Die Krise des Liberalismus und damit der gesamten westlichen Welt besteht in der Vernachlässigung des Gemeinwohls[13]. Daher auch das Aufkommen radi-

---

[11] Vgl. zu vorstehendem Absatz W. *Heinrich*, Staatsgefüge, Wirtschaftsverbände und Betriebsleben in ihrer Gegenseitigkeit, in: Wirtschaft und Gewerbe, Festgabe Paul Gysler, St. Gallen 1963.

[12] z. B. nicht die Einzelwirtschaft hat das Bedürfnis nach Herstellung einer Überschall-Flugverbindung zwischen Wien und New York, sondern die „Gesamtwirtschaft“. Die Einzelwirtschaft bedient sich nur dieser Verbindung, plant sie ein.

[13] Andere Kritiker gehen noch weiter und behaupten, daß die Vernachlässigung des Gemeinwohls auch das Einzelwohl beeinträchtigt habe. Vgl. *Heimann*, Soziale Theorie der Wirtschaftssysteme. Tübingen 1963. Nach Heimann

kalsozialer Strömungen, des Kommunismus, des Sozialismus, des Faschismus. Sie alle sind antiliberal, antikapitalistisch. Sie alle enden im Totalitarismus und im Zentralstaat. Ihm entspricht die totale Planwirtschaft, die durchgängige Reglementierung, die Einengung des Freiheitsraumes der individuellen Eigenbetätigung. So wird der Liberalismus, indem er das Gemeinwohl vernachlässigt, zum Zerstörer der Freiheit. Die Lehre vom Staat als der einzigen Organisation des Lebens, ist die Lehre vom totalen Staat.

Anders die ganzheitliche Gesellschafts- und Staatslehre. Ihr entspricht Dezentralisation. Für sie ist der Staat nicht die einzige Organisation, sondern eine unter vielen. Allerdings ist der Staat höchste Organisation und hat als solche den Vorrang vor allen übrigen, die er beaufsichtigt, zügelt, wenn sie das Gemeinwohl verletzen, anspornt, wenn sie gegenüber dem Gemeinwohl säumig werden in der Erfüllung ihrer Pflichten, ihre Leistungen suppliert, wenn sie versagen. Alle organisierten Lebenskreise haben nach ganzheitlicher Auffassung ihre eigene Herrschergewalt oder „Souveränität". Diese leitet sich auch nicht vom Staate her, denn sie ist in der Sache begründet. Die organisierten Leistungskreise sind gleichursprünglich mit dem Staat.

Umgekehrt leitet auch der Staat seine arteigene Herrschergewalt nicht aus dem Willen der einzelnen, noch von den organisierten Lebenskreisen ab, sondern sie ergibt sich aus seinen spezifischen Aufgaben für das Gemeinwohl. Diese bestehen in der Führung der äußeren und inneren Politik sowie in der Oberleitung und Richtungsweisung für alle übrigen Organisationen, die sich ihr eigenes Leben — in Selbstverwaltung und Selbstgestaltung — einrichten sollen. „Die Gegensätze und Spannungen, die dabei entstehen, auszugleichen, über sie zu entscheiden und zu richten einerseits so wie die Lücken, die bleiben, auszufüllen, vollends zu ergänzen, das ist die Aufgabe, die dem Staat dabei zukommt[14]." Die neuere Staatslehre hat klar erkannt, daß die Existenz des modernen, demokratischen Staates vom Vorhandensein mittätiger, den staatlichen Willen mitbildender und an der Vollziehung mitwirkender organisierter Lebenskreise abhängig ist. Das Prinzip der Subsidiarität ist nur anwendbar, wenn solch organisierte Gemeinschaften bestehen. Ihr Fehlen führt zum Staatszentralismus und damit zur behördlichen Reglementierung der Lebensäußerungen des einzelnen und der sozialen Gruppen.

---

hat der Mensch die Ökonomisierung des Lebens, d. h. die Verwirtschaftlichung der Gesellschaft mit dem „furchtbaren Preis sozialer und kultureller Entwürdigung" bezahlt, „und das heißt sozialer und kultureller Unordnung für seine Wirtschaftsgesellschaft" (S. 47).

[14] *Spann*, Gesellschaftslehre, a.a.O., S. 505.

C. Das System der wissenschaftlichen Beiräte

Ein erster, wenn auch bescheidener Schritt in Richtung auf Objektivierung der staatlichen Wirtschaftspolitik und Wirtschaftslenkung stellt das System der wissenschaftlichen Beiräte dar. Solche Beiräte sollen Unterlagen über die Wirtschaftslage, über die voraussichtliche Entwicklung und über die wirtschaftspolitischen Mittel liefern, die einzusetzen sind, um die als richtig anerkannten Ziele der Wirtschaftspolitik zu erreichen.

Solche Beiräte stehen in jenen Ländern im Vordergrund, in denen Selbstverwaltungsorganisationen der Wirtschaft ungenügend entwickelt sind, der Interessenausgleich nur mangelhaft funktioniert, die staatlichen Behörden und die Hauptträger der politischen Macht dem Ansturm einer Vielzahl von Interessenverbänden verhältnismäßig hilflos ausgesetzt sind. Hier soll also durch ein wissenschaftliches und objektives Forum die Urteilsbildung über die Zweckmäßigkeit der vom Staat zu treffenden wirtschaftspolitischen Maßnahmen erleichtert und die Forderungen der Interessenverbände unter Hinweis auf die Objektivität vorliegender Gutachten in den Schranken des Gemeinwohls gehalten werden.

Musterbeispiel für die Anwendung des Systems ist die Bundesrepublik Deutschland, die es mit Gesetz über die Bildung eines Sachverständigenrates zur Begutachtung der gesamtwirtschaftlichen Entwicklung vom 14. August 1963[15] installiert hat. Bereits vor dieser Gründung bestand eine Fülle von wissenschaftlichen Beiräten, so beim Bundesministerium für Finanzen, Ernährung und Landwirtschaft, Verkehr, Wohnungswesen, Entwicklungshilfe. Bedeutung hat vor allem der Beirat des Bundeswirtschaftsministeriums erlangt, über dessen Tätigkeit ausführliche Berichte vorliegen[16]. Diese Beiräte bestehen weiter. Maßgebend für die Neugründung dürfte das Bedürfnis nach einem Überblick über die Gesamtlage der Wirtschaft gewesen sein. Denn die Hauptschwierigkeit für die staatliche Wirtschaftspolitik, die bereits der Beirat beim Bundesministerium für Wirtschaft erkannt hat, besteht im Mangel an Koordination der zuständigen politischen Willensträger und der einzelnen Verwaltungsorgane.

Deshalb scheint dem neuen Sachverständigen-Beirat wohl die Aufgabe zuzufallen, durch seine periodischen Begutachtungen die „Urteilsbildung bei allen wirtschaftspolitsch verantwortlichen Instanzen“ zu erleichtern (§ 1). Durch die Darstellung der gesamtwirtschaftlichen Lage

---

[15] BGBl., Teil I. 1963, Nr. 51.

[16] W. *Koch*, Der Wissenschaftliche Beirat beim Bundesminister für Wirtschaft, in: Probleme der normativen Ökonomik und der wirtschaftspolitischen Beratung. Bericht über die Tagung des Vereins für Sozialpolitik. Berlin 1963.

und ihrer Entwicklungslinien sollen die angesprochenen Instanzen zu konformen Ansichten gelangen.

Bereits das erste, 1965 bekannt gewordene Gutachten bestätigt die für wissenschaftliche Beiräte prinzipiell bestehenden Strukturmängel. „Der Bericht ist eine verdienstvolle Expertise, eine fleißige Zusammenfassung bekannter und weniger bekannter Daten aus der volkswirtschaftlichen Gesamtrechnung, aber er ist keine Dokumentation, die irgendeiner Interessengruppe einen Hinweis darüber abgibt, wie sie sich verhalten soll, wenn sie das Gesamtwohl nicht aus dem Auge verlieren will[17]."

Der Beirat arbeitet mehr oder minder im soziologisch-politisch luftleeren Raum. Ähnlich wie die Gutachten der alten Beiräte, etwa des Wirtschaftsministeriums, wird versucht, Modellkonstruktionen in die Wirklichkeit zu übertragen und die Wirklichkeit an solchen Modellen zu messen. Die Ratschläge und Empfehlungen, die gegeben werden, um die Wirklichkeit dem Modell anzunähern, sind entweder politisch unbrauchbar oder, falls doch ein wissenschaftsgläubiger Politiker einmal den Versuch macht, den Ratschlägen zu folgen, so führen die dem Modell entsprechenden Maßnahmen zu den schwersten Beeinträchtigungen und zur Vergewaltigung des sozialen Lebens. Dazu kommt die weitere Schwierigkeit, daß der Beirat selbst ja keineswegs vollkommen objektiv sein kann, weil jeder Sozialwissenschaftler naturgemäß politisch relevante Wertvorstellungen besitzt und seine Berufung nicht durch eine autonome wissenschaftliche Körperschaft, sondern durch eine politische Instanz erfolgt, die mit der Berufung ihren politischen Zweck erfüllt wissen will. Das geht so weit, daß selbst Gegner der herrschenden politischen Auffassungen vereinzelt in die Beiräte berufen werden, um diesen den Anstrich der Objektivität zu geben, wenn das aus politischen Gründen opportun ist. So wurde zu den Gutachten des wissenschaftlichen Beirates beim Bundesministerium für Wirtschaft mit Recht festgestellt, daß in ihnen „die Linie der liberalen Freiburger Schule vertreten wird"[18].

Wird also immerhin durch die Auswahl der Gutachter eine Verschmelzung der Ideologie zwischen politischer Behörde und Gutachtergremium, wenn auch unter Verzicht auf wissenschaftliche Objektivität, angebahnt, so ist die Verklammerung mit den sozialen Kräften überaus schwach entwickelt.

So vermied es beispielsweise der Beirat beim Wirtschaftsministerium sorgfältig und peinlich, etwa die zuständigen Interessenvertretungen zu

---

[17] P. *Sweerts-Sporck*, „Fünf Weise" ohne Publikum. In: Der Volkswirt, 19. Jg., 15. Jan. 1965, S. 45.

[18] K. *Socher*, Die wissenschaftlichen Beiräte in der Bundesrepublik Deutschland. In: Wirtschaftspolitische Blätter, Wien 1963, 10. Jg., H. 6, S. 282.

seinen Beratungen heranzuziehen. Damit aber fehlt die Abstützung der Gutachten durch die sozialen Kräfte, die von den Entscheidungen unmittelbar betroffen sind und als solche — wenigstens bei demokratischer Verfassung — als erste berufen sind, an den sie betreffenden Entscheidungen mitzuwirken. Daher tritt eine starke Entfremdung zwischen Wissenschaft, Politik und Sozialwillen ein. Wir müssen dabei nicht etwa nur an das Gutachten zum Wettbewerbsproblem, das Wettbewerbsgesetz und die Entscheidungen der Kartellbehörde sowie die schwersten Bedenken der Praxis hierzu denken, sondern es lassen sich zahllose andere Beispiele, besonders zur Währungs-, Agrar- und Konjunkturpolitik anführen.

Endlich lassen organisatorische Mängel das Beiratssystem zweifelhaft werden. So sind die Beiräte (wenigstens beim Bundeswirtschaftsministerium) ehrenamtlich und nebenamtlich tätig. Nun aber sind die Beobachtung und Beurteilung der Politik ein womöglich noch anstrengenderes Geschäft als die Politik selbst. Übersteigt es schon fast die Kräfte, wenigstens auf dem eigenen Fachgebiet in Forschung und Lehre die Entwicklung zu verfolgen und zu verarbeiten, so kann nicht die mindestens ebenso schwierige Aufgabe, die wirtschaftliche Entwicklung darzustellen, Maßnahmen zu beurteilen und anzuregen, gleichzeitig übernommen und erfüllt werden. Dazu kommt, daß die Beiräte nur an einzelnen, höchstens an zwei Tagen jeweils in größeren Abständen zusammentreten und nicht über jenen Apparat an Stäben, Referenten und eingespielten Arbeitsgruppen samt den dazugehörigen Mitteln und Diensten verfügen, die zur Klärung und Beurteilung von Maßnahmen und Entwicklungen sowie zum Entwurf von wirtschaftspolitischen Konzepten gehören, und die in der heute äußerst komplizierten, pluralistischen Gesellschaft für die sachliche politische Arbeit notwendig sind.

D. Die Bildung von staatlichen Organen aus ehemaligen führenden Mitgliedern der Interessenverbände oder den Leitern großer Unternehmungen: das System der „Boards“

Ein anderer Weg, der von einzelnen Staaten immer wieder beschritten wird, ist die Aufnahme von ehemaligen führenden Mitgliedern der Interessenverbände oder von ehemaligen Mitgliedern großer Unternehmungen in Spitzenstellungen des Staates. Der Vorzug dieser Lösung ist wohl darin zu sehen, daß Persönlichkeiten gewonnen werden, die sich im praktischen Leben bewährt haben und denen die politische Materie nicht fremd ist. Die Führung großer Unternehmungen oder mächtiger Interessenverbände ist ja an sich eine Aufgabe, die nur von starken politischen Begabungen gelöst werden kann. Falls man mit uns einig geht, daß Politik jene Kunst ist, schöpferische Ideen nach dem Grundsatz der allseitigen Bezogenheit in die soziale und wirtschaftliche Realität überzuführen, so ist dies auch Aufgabe der Verbands- und Unternehmungsführung.

Das System hat besonders in den englischen „Boards" große Bedeutung erlangt. Diese „Boards" übernehmen echte Verwaltungsaufgaben (governing bodies). Sie sind „Gremien, die zur temporären oder ständigen Wahrnehmung öffentlicher Aufgaben geschaffen" werden[19]. Soweit sie staatliche Verwaltungsaufgaben haben, wird in England sorgfältig darauf geachtet, daß die Mitglieder aus ihren Interessenorganisationen noch vor ihrer Berufung ausscheiden.

Nach dem 2. Weltkrieg erlangten jene Boards Bedeutung, die zur Verwaltung der verstaatlichten Industriezweige geschaffen wurden, so bei Kohle, Eisen und Stahl, Verkehr, Elektrizität und Gas. In diesen Sektoren waren die Boards die mit der Verwaltung dieser Industriezweige betrauten Organe. Auch durch die Reprivatisierung nach 1953 blieb in der Eisen- und Stahlindustrie der betreffende Board, wenn auch mit eingeschränkten Aufgaben, bestehen. Trotz des eingeschränkten Umfanges blieben jedoch diesem Board die Festlegung der Preise, die Genehmigung größerer Investitionsprojekte, die Vorausschätzung des Bedarfs an Rohmaterial und Brennstoff und die Veranlassung von bedeutenden Forschungs- und Entwicklungsarbeiten vorbehalten.

Die Mitglieder der Boards werden im allgemeinen von den zuständigen Fachministern ernannt. Dem jeweiligen Fachminister unterstehen zwar die Boards, doch ist seine Eingriffsmöglichkeit recht beschränkt. Er hat das Recht, den Boards Direktiven allgemeiner Art zu geben und Informationen jeder von ihm gewünschten Art zu verlangen. Die volle Verantwortlichkeit für die Führung der einzelnen Agenden liegt im Rahmen des Gesetzes und der ihm erteilten Direktiven beim Board[20].

Kaiser stellt treffend fest, daß die britischen Boards als „Quasi-Government Bodies" zu einem weitverbreiteten Phänomen des Staats- und Verwaltungsrechtes gehören, „dem mit der Ausdehnung des Staates in den Bereich der Wirtschaft eine große Zukunft beschieden ist . . ."[21]. „Alles deutet darauf hin, daß die zwar nicht völlig neuartigen, aber doch erst in jüngerer Zeit zu ihrer gegenwärtigen Bedeutung aufgestiegenen Boards und Public Corporations zu unentbehrlichen Mitteln der moder-

---

[19] Vgl. *Kaiser* a.a.O., S. 275, bes. auch Anmerkung 18.

[20] Vgl. E. F. *Schuhmacher,* Die Sozialisierung in Großbritannien, in: Gemeinwirtschaft in Westeuropa, Großbritannien, Frankreich, Italien, Bundesrepublik Deutschland, hrsg. v. W. Weber, Göttingen 1962, S. 54 f.

[21] *Kaiser,* a.a.O., S. 173.

nen Staatsverwaltung werden. Sie sind in unserer polyzentrischen Gesellschaftsordnung eine angemessene Verwaltungseinheit und entsprechen dem Bedürfnis nach Dezentralisation, ohne die notwendige Verbindung mit der inneren Verwaltung verlieren zu müssen, die sie wie Trabanten umgeben."

In der Tat geht diese Organisation über die bloße Verstaatlichung, welche an sich ja nur das Eintreten des Staates in Eigentumsrechte betrifft, aber im übrigen die Unternehmungen nach privatrechtlichen Gesichtspunkten verwaltet, hinaus. Ebenso vermeidet sie die allzu starre Lenkung der Wirtschaft durch die Behörden[22]. In Board und Public Corporation wird versucht, die Vorteile der behördlichen Lenkung, nämlich die strenge Beachtung des Gemeinwohls, mit jenen initiativer Wirtschaftsgestaltung zu verbinden. Dazu tritt aber mit der Public Corporation ein ganz anderes Motiv, das der Stiftungsunternehmung. Die Corporation ist gewissermaßen ihr eigener Eigentümer, Gewinne, die sie macht, fließen niemals dem Staat, sondern ausschließlich ihr selbst zu und werden für ihre eigenen Zwecke verwendet. Schuhmacher legt Wert darauf, daß in der Public Corporation das erwerbswirtschaftliche Gewinnmotiv zurücktritt und als einziges Motiv der „Dienst an der Sache, d. h. Dienst für die Allgemeinheit (bleibt). Daran ist nichts geändert, wenn die Corporations Gewinne machen und Reserven ansammeln, welche ... nur dazu dienen, den Dienst an der Sache zu verbessern[23]."

Dennoch entspricht die Form der Public Corporations nicht in vollkommener Weise dem Gemeinwohl und den vom Gemeinwohl her abzuleitenden Eigentumsprinzipien. Erst die Verbindung zwischen öffentlichem und persönlichem Eigentum, zwischen dominium directum und dominium utile entspricht dem Gemeinwohlprinzip[24]. Denn die Obsorge für die Sache gewinnt bei der Bindung an die Person des Eigentümers und sein Geschlecht. Dem Staat aber muß im Interesse des Gemeinwohls umgekehrt das Recht des Eingriffs vorbehalten bleiben, wenn der Eigentümer seine Pflicht zur Obsorge und seine Pflicht zur gemeinwohlbezogenen Nutzung der Sache vernachlässigt.

---

[22] W. A. *Robson*, Nationalized Industry and Public Ownership. London 1960, S. 493, zit. bei *Schuhmacher*, a.a.O., S. 51: Die Public Corporation „ist weit besser als eine im Eigentum des Staates befindliche und von diesem kontrollierte Aktiengesellschaft oder als eine Regierungsstelle, die sich direkt wirtschaftlich betätigt, oder als staatliche Organisationen, die speziell zur Verwaltung kommerzieller oder industrieller Unternehmungen in Holland, Skandinavien, Frankreich und anderen Ländern geschaffen worden sind".

[23] *Schuhmacher*, a.a.O., S. 53.

[24] Vgl. J. *Lob*, Eigentum in ganzheitlicher Sicht. Vortrag auf der Jahreshauptversammlung der Gesellschaft für Ganzheitsforschung am 7. 9. 1958, Beilage zur Zeitschr. f. Ganzheitsforschung, Neue Folge, 3. Jg., H. 2., Wien 1959.

E. Die Anhörung von Interessenverbänden: das „Vernehmlassungsverfahren"

Im vorigen Abschnitt stand das Bemühen des Staates im Vordergrund, sich Einrichtungen anzugliedern, in denen durch entsprechende Berufung von Persönlichkeiten des Wirtschaftslebens der Sachverstand wirksam werden sollte. Die Gewinnung solcher Persönlichkeiten stößt häufig auf naheliegende Schwierigkeiten, denn nur selten und oft nur in Zeiten nationaler Gefahr besteht die Neigung, eine Spitzenstellung in der Wirtschaft gegen eine verhältnismäßig enger begrenzte Position in der Hierarchie der staatlichen Verwaltung einzutauschen. Aber der Staat kann auf den Sachverstand, der aus den gewachsenen Ordnungen der Interessenverbände und aus ihren führenden Persönlichkeiten spricht, nicht verzichten. Mit Recht meint Spann: Die Führer der anderen Verbände bilden des Staates natürlichen Beirat, seinen natürlichen Beratschlagungskörper. Mit ihnen muß der Staat in steter Fühlung bleiben, wenn er die Erfordernisse aller Lebenskreise nicht vernachlässigen will[25].

Die Anhörung der Verbände hat die Schweiz zu einer gewissen Perfektion und darüber hinaus in gesetzliche Form gebracht. Mit knapper Mehrheit nahm das schweizerische Bundesvolk im Jahre 1947 die Wirtschaftsartikel zur Bundesverfassung an und beschloß Art. 32 al. 3 in folgender Fassung[26]: „Die zuständigen Organisationen der Wirtschaft sind vor Erlaß der Ausführungsgesetze anzuhören und können beim Vollzug der Ausführungsgesetze herangezogen werden." Das Verfahren, das sich herausgebildet hat, schleust die Vorentwürfe zu Gesetzen einer von der Behörde gebildeten Expertenkommission zu, vor der Verbänden und öffentlichen Instanzen Gelegenheit gegeben wird, zum Entwurf ausführlich Stellung zu nehmen (Vernehmlassungsverfahren). Die verbesserten Departement-Entwürfe werden dann der „Regierung zugeleitet, die sie zum Regierungsentwurf erhebt und zusammen mit einer Botschaft, die die Stellungnahmen der einzelnen Verbände in den wesentlichen Punkten mitteilt, an das Parlament weiterleitet"[27].

Der Art 32, al. 3 wurde deshalb so bedeutsam, weil es sich hier um die erstmalige Verankerung und Anerkennung des Verbandswesens im

---

[25] Vgl. *Spann,* Gesellschaftslehre, a.a.O., S. 508.

[26] Aber schon Jahrzehnte vorher war es üblich, die Verbände bei der Vorbereitung gesetzlicher Erlässe anzuhören. Zur Geschichte des Art. 32 der schweizerischen Bundesverfassung vgl. L. *Schürmann,* Art. 32 der Bundesverfassung. In: Wirtschaft und Recht, 14. Jg., H. 3, Zürich 1962, S. 199 ff. Wichtig auch die dort angegebene Literatur, besonders Giger, Gruner, Rubattel.

[27] K. J. *Utmann,* Institutionelle Formen zwischen Staat und Wirtschaftsverbänden im Ausland. Anhang zu: Der Staat und die Verbände, Gespräch veranstaltet vom Bundesverband der Deutschen Industrie in Köln am 27. 8. 1957. Heidelberg 1957, S. 57 f.

modernen Staat handelt. Die Verbände sind durch die Verfassung als Elemente der Willensbildung bei der Gesetzgebung genannt und es sind ihnen Rechte eingeräumt[28]. Damit folgt der Staat „einem organisatorischen Prinzip, das auch sonst den föderativen Staat auszeichnet, nämlich dem Subsidiaritätsprinzip; er ... beschränkt sich auf die Rolle des Schiedsrichters und Wahrers des Gemeinwohles. Eine solche Ordnung ist fortschrittlicher als eine nur staatlich-behördliche, ist zudem gerechter, weil sie der gestalterischen Kraft, die in der Selbstordnung und Selbstverwaltung liegt, Raum gewährt, und ist überdies, was allerdings ein völlig untergeordneter Gesichtspunkt wäre, zumeist ökonomischer, weil sie billiger zu stehen kommt als die staatliche Bürokratie.

Es ist nicht einzusehen, warum beispielsweise ein Parlament kompetenter sein soll, eine wirtschaftliche Frage zu beurteilen und zu entscheiden als ein Verband von Unternehmen, für den dieser Gegenstand eine Existenzfrage ist, mit dem die Unternehmen täglich konfrontiert werden und mit dem sie aufs intimste vertraut sind[29]." Giger, dem wir eine eindrucksvolle Darstellung über „die Mitwirkung privater Verbände bei der Durchführung öffentlicher Aufgaben"[30] verdanken, stellte jüngst fest: „Niemand darf sich anmaßen, ohne Kenntnisnahme der Gruppenmeinungen die vernünftige Lösung gefunden zu haben. Was in concreto richtig ist, liegt nie klar am Tage, sondern muß mühselig gesucht werden[31]." Entscheidend, so meint Giger, „ist die Bereitschaft zur Kooperation, aus welcher die Verständigung herauswachsen soll. Im Ansatz ist sie unter den berufsmäßigen Vertretern der verschiedenen Gruppen meist vorhanden, weil sie um die Notwendigkeit regelmäßiger Zusammenarbeit wissen[32]." „Von größter Tragweite ist die Erhellung des für die Rechtsschöpfung maßgebenden Sachverhaltes. Menschen mit normalem Anstandsgefühl bringen es auf die Dauer nicht fertig, klare Tatsachen in Abrede zu stellen[33]." Giger hebt hervor, daß die Zusammenarbeit allerdings keineswegs nur eine Sache der Verbände sei, sondern ein Zusammenspiel zwischen Verwaltung, den in die Expertenkommissionen berufenen Persönlichkeiten, die oftmals keine Verbände hinter sich haben (z. B. Wissenschaftler) und den Verbänden. Besonders „die Verwaltung erhält eine starke Stellung ..."[34]. Durch diese Kooperation und die starke Stellung der Verwaltung gelingt es häufig genug, das Gesamtinteresse voranzustellen und ihm näherzukommen.

---

[28] Vgl. *Schürmann*, a.a.O., S. 207.

[29] Ebd., S. 208 f.

[30] So der Titel seiner Dissertation. Bern 1951.

[31] H. G. *Giger*, Verständigung als rechtsschöpfendes Element, in: Wirtschaft und Recht, 14. Jg., H. 3, Zürich 1962, S. 227 f.

[32] Ebd., S. 230.

[33] Ebd., S. 231.

[34] Ebd.

F. Die staatlich autorisierte Bildung von Selbstverwaltungsorganen: der „Wirtschaftsrat"

Die Mängel des Vernehmlassungsverfahrens bestehen wohl darin, daß dieses Institut leicht durch Übertreibung abgewertet werden kann. „Es werden immer mehr Organisationen zu immer mehr Gegenständen befragt; die Vernehmlassungen werden vollzählig, meistens aber nur kursorisch, gelegentlich sogar tendenziös, in den Botschaften erwähnt ... An diesem Vorgang tragen die Verbände ebensosehr Schuld wie die Verwaltung. Sie drängen sich dazu, sich vernehmen zu lassen und verlangen Einsitz in die Expertenkommissionen; die Verwaltung wehrt sich nicht dagegen, befördert sogar — bös- oder gutgläubig — den Vorgang[35]." Das wird immer dann der Fall sein, wenn die Selbstverwaltung ungenügend entwickelt und die Verbände noch keine Organisation gefunden haben, die ihnen gestattet, den notwendigen Interessenausgleich im vorstaatlichen Raum selbst vorzunehmen.

Es nehmen darum die Versuche nicht wunder, die Vertretung des Volkes durch das Parlament durch eine Körperschaft zu ergänzen, die den gemeinsamen Beratungen und der gemeinsamen Entschlußfassung der Wirtschaftsverbände dienen soll. Solche Versuche und theoretischen Überlegungen münden zumeist in die Schaffung eines „Bundeswirtschaftsrates"[36], eines „Conseil économique"[37] oder eines „Sozialökonomischen Rates" aus. Sowohl der deutsche Reichswirtschaftsrat wie auch der Conseil économique Frankreichs wurden nach dem Bilde parlamentarischer Körperschaften errichtet. Sie waren im allgemeinen viel zu groß, um wirklich positive Arbeit zu leisten und ihre Zusammensetzung nach sozialem Gewicht und wirtschaftlicher Bedeutung der einzelnen Verbände führte nur zu einer Vielzahl divergierender Meinungen, die unmöglich durch parlamentarische Methoden auf einen Nenner zu bringen waren[38]. Es fehlte der organisatorisch klar strukturierte Unterbau der Verbände, der durch den internen Interessenausgleich innerhalb der Verbände die Gegensätze auf wenige reduziert, über die dann Eini-

---

[35] *Schürmann*, a.a.O., S. 207.

[36] z. B. kannte die Weimarer Verfassung (vom 11. 8. 1919, Art. 165) einen Reichswirtschaftsrat. Der erwies sich als Fehlschlag. Die gebildete Institution war zu schwerfällig, sie stieß auf die Gleichgültigkeit der Regierung, der Verwaltung und der Arbeitnehmerorganisationen und verlor rasch jedes Ansehen (vgl. R. *Rubattel*, Die Beziehung zwischen Bund und Wirtschaftsverbänden, Sonderheft 64 der „Volkswirtschaft", Bern 1957, S. 14).

[37] Ähnlich wie in der Weimarer Verfassung kennt die französische Verfassung (Art. 25 der Verfassung v. 27. X. 1946) einen solchen Rat, den Conseil économique.

[38] Selbst die Erfüllung der parlamentarischen Aufgaben bedarf der außerparlamentarischen Abstimmung der Parteien durch Beratung in Koalitionsausschüssen, Fraktionen etc.

gung oder — ultima ratio — Schiedsspruch des Staates erfolgen kann. Immerhin ist bedeutsam, daß trotz dieser fehlgeschlagenen Versuche ziemlich einhellig die Meinung von der Fruchtbarkeit einer solchen Instanz in den theoretischen Debatten der Bundesrepublik auch heute noch vertreten wird[39].

Das holländische Experiment eines solchen „Rates“ ist wohl deshalb tragfähiger, weil es den hierarchischen Grundzug aller Organisation wahrt ohne in Willkür zu verfallen und ohne den Grundsatz des Wachsens der Ordnungen zu verletzen.

Das „Gesetz über die Organisation der gewerblichen Wirtschaft“ in den Niederlanden vom 27. 1. 1950 gehört wohl mit zu den bedeutendsten Zeugnissen der Ordnungspolitik. Mit diesem Gesetz ist in einer langfristig, etwa über 25 Jahre sich erstreckenden Evolution die Entfaltung von Verbandswirtschaften beabsichtigt, die reif zur Übernahme umfassender Selbstverwaltungsaufgaben sind, um auf diese Weise der schädlichen und gefährlichen Überlastung des Staates mit wirtschaftlichen und sozialpolitischen Aufgaben entgegenzuwirken[40]. Diese langfristige, ordnungspolitische Absicht kommt schon darin zum Ausdruck, daß das Gesetz keine konkreten Organisationen, keinen Wirtschaftsverband oder Hauptwirtschaftsverband (Horizontalverbände oder, wie wir sagen, Leistungsgemeinschaften) und keine einzige Wirtschaftsgruppe (vertikale Verbände oder „Werkgemeinschaften“) einsetzt, sondern nur den Rahmen schafft, in den privatwirtschaftliche und privatrechtliche Verbände hineinwachsen können, um schließlich öffentlich-rechtliche Körperschaften zu werden, wenn es die Angehörigen dieser Verbände wünschen und wenn es dem Gemeinwohl dient. Dem von uns so ge-

---

[39] z. B.: E. R. *Huber*, Selbstverwaltung der Wirtschaft. Stuttgart 1958, S. 46 ff. Huber fordert einen dreigliedrigen Bundeswirtschaftsrat, in dem die Unternehmergruppe, die Arbeitnehmergruppe und die Verbrauchergruppe vertreten sein sollen. Wichtigste Funktion ist die Interessenvertretung und der Interessenausgleich zwischen diesen Gruppen. O. *Most*, Art.: Industrie- und Handelskammern, HdStw., V. Bd., Stuttgart usw. 1956, S. 267: „Die *grundlegenden Probleme* liegen in der Eingliederung der Industrie- und Handelskammern in ein künftiges System der Wirtschaftsorganisation mit einem Bundeswirtschaftsrat an der Spitze ...“ Vgl. ferner die Besprechung einer Umfrage des Rheinischen Merkur zur Frage der berufsständischen Ordnung. Bericht hierüber unter dem Titel: Ist die „berufsständische Ordnung“ eine Utopie, eine westdeutsche Diskussion auf höchster Ebene. In: Berichte und Informationen, 9. Jg., H. 402, Salzburg, April 1954, S. 3 f.

Für die katholische Soziallehre: J. *Messner*, Das Naturrecht, 4. Aufl., a.a.O., S. 1043. Für die ganzheitliche Soziallehre: W. *Heinrich*, Ständewesen, a.a.O., S. 179 ff.

[40] Vgl. H. L. *Jansen*, Die Entwicklung der Selbstverwaltung der Wirtschaft in den Niederlanden, Zeitschrift für Ganzheitsforschung, NF., 3. Jg., H. 2, Wien 1959, S. 2.

Jansen war zu dieser Zeit Generalsekretär des Sozialökonomischen Rates der Niederlande.

nannten Prinzip des Wachsens der Ordnung ist hier voll Rechnung getragen. Funktionalistisch konstruierte Zwangsorganisation wird vermieden.

Das Gesetz selbst setzt nur die Spitzenorganisation als allgemeinste Organisation und als Dach aller übrigen konkreten Körperschaften ein: den Sozialökonomischen Rat.

Schon in der Zusammensetzung des Rates kommt der Vorrang des Gemeinwohls gültig zum Ausdruck: $^1/_3$ der Mitglieder werden als unabhängige Sachverständige und Persönlichkeiten von der Krone unmittelbar ernannt, je $^1/_3$ entsenden die Spitzenverbände der Unternehmer und Arbeitehmer. Die Anwesenheit der Vertreter der Krone allein schon genügt, die Notwendigkeit zur Einigung den Unternehmer- und Arbeitnehmerverbänden klarzumachen und sie zur Zusammenarbeit zu bringen. In vielen Einzelbestimmungen des Gesetzes kommt dieser Vorrang des Gemeinwohls zum Ausdruck (Einsetzung der Körperschaften, Genehmigungsbefugnis ihrer Verordnungen, Bestellung der Vorsitzenden, Aufsichtsrecht des Staates usw.).

Der dritte Grundgedanke — neben Ordnungswachstum und Gemeinwohl —, der das ganze Gesetzeswerk durchzieht, ist jener der Selbstverwaltung. In ihren Erläuterungen, welche die Regierung dem Gesetz mitgegeben hat, kommt dies klar zum Ausdruck: „Die Unterzeichneten sind der Meinung, daß das Zustandekommen von Organen der gewerblichen Wirtschaft, die eine eigene Aufgabe haben und eigene Verantwortung tragen, für eine gesunde Gesellschaftsordnung erforderlich ist ... Diesen Körperschaften kann die Regelung einer Anzahl Angelegenheiten auf sozialem und wirtschaftlichem Gebiet überlassen werden. Damit läßt sich fördern, daß die Ministerien sich nicht mit allerlei Einzelheiten zu befassen brauchen. Dies kommt der Übersichtlichkeit der Staatsverwaltung zugute, es wird mehr Sicherheit gewonnen, daß Maßnahmen in sachverständiger Weise getroffen werden, der Abstand zwischen Führung und Geführten wird geringer, die Effizienz der Regelungen selbst und deren Durchführung wird gefördert, die Bürokratie mehr vermieden[41]." „Die Körperschaften, die Wirtschaftsgruppen und Wirtschaftsverbände sind Organe der gewerblichen Wirtschaft mit eigener Aufgabe und Verantwortung. Sie stehen hierarchisch nicht unter der Krone oder unter einem Minister. Sie sind keine der Staatsbehörde unterstellten Organe. Instruktionen bezüglich der diesen Körperschaften überlassenen Angelegenheiten kann die Staatsbehörde diesen Körperschaften nicht erteilen. Vertreter der Obrigkeit sind nicht Mitglieder

[41] § 1 der „Erläuterungen", zit. nach: „Das Gesetz über die Organisation der gewerblichen Wirtschaft in den Niederlanden", hrsg. vom Pressedienst im Wirtschaftsministerium, Haag (o. J.), S. 2 (in deutscher Sprache).

der Vorstände[42]." Die Selbstverwaltung geht hier sogar soweit, daß die Einsetzung der Körperschaften nur dann geschieht, wenn das Einverständnis einer genügend repräsentativen organisatorischen Vertretung der betreffenden Unternehmer und der betreffenden Arbeitnehmer vorliegt. Gegen die Ansicht einer repräsentativen Organisation ist die Einsetzung nicht möglich[43].

Der vierte Grundgedanke endlich ist das Bestreben, durch die Organisation der Wirtschaft die Zusammenarbeit in einem mehrfachen Aspekt zu ermöglichen und zu verbessern:

a) Die Zusammenarbeit zwischen Staat und Wirtschaft.

Die Wirtschaftsorganisationen finden ein bedeutendes Arbeitsfeld, „indem sie Aufklärung verschaffen, sowohl der Obrigkeit als auch den dem Gewerbezweig ... angehörenden Gewerbegenossen. Die Körperschaft wird die Obrigkeit orientieren über die Situation in dem betreffenden Teil der gewerblichen Wirtschaft, über die Aussichten für die künftige Entwicklung, über die dort herrschenden Bedürfnisse und Notlage. Die Obrigkeit wird hierdurch besser auf dem laufenden bleiben, was selbstverständlich einer zweckmäßigen sozial-ökonomischen Führung zugute kommen wird[44]." Denn es ist „wichtig, daß die Obrigkeit stets auf dem laufenden ist von den in der Organisation der gewerblichen Wirtschaft lebenden Ideen und daß andererseits den Wirtschaftsorganen die Ansichten der Obrigkeit nicht ganz unbekannt sind"[45]. Wir nennen diese Selbstverwaltungsaufgabe die „Vermittlung".

b) Die werkgemeinschaftliche Zusammenarbeit durch die Wirtschaftsgruppen.

„Wirtschaftsgruppen sind vertikale Organisationen, welche Gruppen von Unternehmern mit unterschiedlicher Funktion bezüglich bestimmter Produkte oder Gruppen von Produkten umfassen. So finden sich z. B. in der Wirtschaftsgruppe für Vieh und Fleisch die Viehzucht, der Viehhandel, der Fleischgroßhandel, die Fleischwarenindustrie und die Metzgerei zusammen[46]." „Wirtschaftsgruppen befassen sich ... besonders mit Fragen der Marktordnung und niemals mit sozialen Angelegenheiten[47]." Das Gesetz selbst sagt: „Für zwei oder mehr Gruppen von Unternehmen mit unterschiedlicher Funktion in der gewerblichen Wirtschaft bezüglich bestimmter Produkte oder Gruppen von Produkten, können öffentlich-rechtliche Körperschaften, sogenannte Wirtschafts-

[42] § 2 der „Erläuterungen", S. 5.
[43] Vgl. § 3, ebd., S. 6.
[44] § 1, ebd., S. 2.
[45] § 2, ebd., S. 5.
[46] *Jansen*, a.a.O., S. 8.
[47] *Jansen*, ebd., S. 9.

gruppen, eingesetzt werden[48]." Das Wesen dieser Selbstverwaltungsaufgabe besteht in der „Integrierung".

c) Die leistungsgemeinschaftliche Zusammenarbeit.

Die einzelne Leistungsgemeinschaft (Wirtschaftsverband, Hauptwirtschaftsverband) kann gemeinsam Regelungen der Erzeugung, des Absatzes, der Verteilung, der Verwendung, der Lagerhaltung, der Be- und Verarbeitung sowie der Dienstleistungen treffen, darüberhinaus auf Rationalisierung, Normalisierung, Arbeitsvermittlung, Fachausbildung u. ä. Einfluß nehmen. Sie kann also für die Ordnung des ganzen Leistungszweiges sorgen.

d) Die Zusammenarbeit zwischen Unternehmern und Arbeitnehmern.

Es ist einer der Hauptgedanken des Gesetzes, Unternehmer und Arbeitnehmer in den Wirtschaftsorganen zusammenzuschließen und zur Zusammenarbeit zu bringen: „Unternehmer und Arbeitnehmer stehen nebeneinander und sie müssen, mit vollständiger Anerkennung der besonderen Stelle, die der Unternehmer im Unternehmen einnimmt, zusammenarbeiten. Der Entwurf will ... die Solidarität, das natürliche Verbundensein aller in Unternehmung und Betrieb tätigen Personen, als Grundlage sozialer und wirtschaftlicher Arbeit akzeptieren[49]." Die Arbeit wird „mitverantwortlich gemacht für den Sachverlauf in den Wirtschaftsorganen"[50]. Es „besteht kein Rechtsgrund dafür, den Arbeiter bei dem Zustandekommen wirtschaftlicher Regelungen in einem Gewerbezweig oder in einem Sektor der gewerblichen Wirtschaft, mit dem seine Interessen aufs engste verbunden sind, auszuschließen"[51]. Aus diesem Grund sind die einzelnen Verbände und Wirtschaftsgruppen ähnlich zusammengesetzt wie der Sozial-ökonomische Rat[52]. Die Wirtschaftskörperschaften „sind in einem gewissen Sinn eine Form föderativer Zusammenarbeit von Unternehmer- und Arbeiterverbänden"[53]. Das Gesetz konnte an die überaus fruchtbare Zusammenarbeit anschließen, die sich unmittelbar nach dem 2. Weltkrieg in der „Stiftung der Arbeit" (Stichting van de Arbeid) zwischen Unternehmern und Arbeitnehmern entwickelt hatte. Diese Organisation schuf dauernde Verständigungsmöglichkeiten zwischen den Fachorganisationen der Arbeiter und der Unternehmer und war Beratungsstelle für die Nachkriegspolitik der Regie-

---

[48] § 66 des Gesetzes. Die Einsetzung erfolgt durch Gesetz.

[49] § 1 der „Erläuterungen", S. 2.

[50] Ebd., S. 2.

[51] Ebd., S. 3.

[52] Parität zwischen Unternehmer- und Arbeitnehmervertretern im Vorstand, Bestellung bzw. Genehmigung der Bestellung des Vorsitzenden geschieht durch die Krone.

[53] § 3 der „Erläuterungen", S. 6.

rung[54]. Die wichtigste Aufgabe dieser Form der Zusammenarbeit ist die Regelung der Arbeitsbedingungen. Diese Art der Selbstverwaltung fließt also aus der Solidarität.

Die Form, die Holland für die Zusammenarbeit gefunden hat, gehört wohl zu den Spitzenleistungen ordnungspolitischer Weisheit. Es besteht für uns kein Zweifel, daß hier jene Richtung angedeutet wurde, in der unsere abendländische Wirtschaftsordnung sich entwickeln wird. Die niederländische Selbstverwaltungsorganisation der Wirtschaft ist, wie Jansen hervorhebt, eine „Alternative zwischen irrationaler Freiheit und totalitärer Gebundenheit"[55]. Diese Alternative besteht nach Jansen darin, „soviel wie möglich der privatwirtschaftlichen Initiative und der damit im Zusammenhang stehenden Wettbewerbswirtschaft aufrecht zu erhalten, jedoch die notwendige Regulierung des Wettbewerbs nicht nur — besonders nicht an erster Stelle — von der zentralen Obrigkeit besorgen zu lassen, sondern die Organisationen der Beteiligten unter Überwachung der Obrigkeit mit dieser Regulierung zu betrauen. Die notwendige Führung und Beherrschung des Wirtschaftsprozesses ist dann nicht einer an der Spitze stehenden Oligarchie, sondern sehr vielen, sich auf verschiedenen Stufen befindenden Gruppen vorbehalten ... Das hat den Vorteil, daß auch beim durchschnittlichen Bürger das Bewußtsein aufrechterhalten wird, daß er am sozialen Leben, wenigstens in seinem Wirkungskreis, aktiv beteiligt ist".

G. Das korporative System

Die Ideale und die staatsrechtlichen Verfassungen haben eines gemeinsam: mit ihrer Erfüllung und Verwirklichung wird ihr Mangel bewußt und sie schlagen in ihr Gegenteil um. Aber wie der Opfergang des Geistes im Begriff zur Notwendigkeit des Denkens gehört, so müssen alle Verfassungen die Wirklichkeit gestalten — um letztlich an ihr zu scheitern. Uns hierauf immer wieder zu besinnen, ist für die nun folgende Erörterung des korporativen Wirtschaftssystems erforderlich.

Das korporative System ist so alt wie die menschliche Gesellschaft. Es ist so alt wie die Familie und die Sippenverbände und es ist so jung wie diese. Es gehört zu den Archetypen der menschlichen Gesellschaft: Seine Realisation läßt die Gesellschaft wachsen und blühen. Seine Übertreibung führt zu Erstarrung und Verfall. Doch noch im Verfall sorgt dieses archetypische System für die Erneuerung der Gesellschaft. Wie das Blut in den Adern, pulst das Leben der Geschichte.

---

[54] Vgl. *Jansen*, a.a.O., S. 3 f.

[55] *Jansen*, a.a.O., S. 2 und 4.

Nicht umsonst hat Goethe das Bild von Systole und Diastole für die Geschichte gebraucht.

Nach Kaiser sind „Korporationen der organisatorische Ausdruck von Funktionen innerhalb eines sozialen und politischen Ganzen“[56]. Noch genauer: Die Korporation „repräsentiert eine bestimmte Funktion in und gegenüber der gesellschaftlichen und politischen Ganzheit“[57]. Durch diese Definition verstellt sich Kaiser den Blick auf das Wesen der Korporation[58]. Denn die Korporation läßt sich nicht auf eine bestimmte Funktion, noch auf die Repräsentation dieser Funktion beschränken. Ebensowenig wie sich die Familie auf die Funktion der Kinderaufzucht einengen läßt. Wie die Familie, so ist die Korporation immer eine Lebensgemeinschaft[59], die alle gesellschaftlichen Funktionen in der ihr angemessenen Weise erfüllt, darlebt oder „repräsentiert“. Die Vernachlässigung einzelner Funktionen oder Teilbereiche der menschlichen Gesellschaft im Leben der Korporation oder gar die Beschränkung des einigenden Prinzips auf nur eine bestimmte Funktion der Gesellschaft, stellt bereits eine Verkehrung und Verabseitigung des Korporationsgedankens dar.

Diese Verabseitigung durch funktionalistische Beschränkung, wie sie im österreichischen und italienischen Faschismus und im deutschen Nationalsozialismus erfolgte, hat im übrigen zur Diffamierung des Korporationsgedankens geführt.

Aber noch eine zweite Gefahr droht der Korporation: die Verstaatlichung. Diese Gefahr taucht auf, sobald den Korporationen staatliche Aufgaben — im sogenannten delegierten Wirkungskreis — übertragen werden, denn im gleichen Augenblick vollzieht sich eine Einordnung in den staatlichen Machtbereich, eine Instrumentalisierung der korporativen Gebilde und an die Stelle der Spontaneität der Selbsthilfe und Selbstverwaltung tritt die staatliche Reglementierung. Die Korporationen werden zu Staatsorganen[60], und auch diese Gefahr wurde uns in der jüngsten Geschichte drastisch vor Augen geführt. Denn ihrer Natur nach sind die Korporationen nicht Organe des Staates, sondern Organe

---

[56] J. *Kaiser*, a.a.O., S. 55.

[57] Ebd., S. 63 (im Original gesperrt).

[58] An anderer Stelle spricht Kaiser von den historischen und ideologischen Tiefen der Korporationsidee und von ihrer religiösen und ethischen Substanz (S. 65), doch führt er dies nicht in die Definition ein.

[59] G. W. F. Hegel nennt darum die Korporationen die „zweite Familie“ (§ 252 der Rechtsphilosophie). Siehe: Hegels Schriften zur Gesellschaftsphilosophie, Teil I, Philosophie des Geistes und Rechtsphilosophie, hrsg. von A. Baeumler, Sammlung Herdflamme, Bd. 11, Jena 1927, Seite 786.

[60] Vgl. *Kaiser*, a.a.O., S. 64 und die dort angeführte Literatur, bes. Costamagna, Gentile, Bottai, Arias, Scelle.

der Gesellschaft, wie er selbst auch nur Organ der Gesellschaft ist. Staat und Korporationen sind jedoch füreinander unentbehrlich.

Das zeigt die Geschichte noch deutlicher als die Theorie[61]. In der Geschichte haben sich die Korporationen zwar mit dem Staat auseinandergesetzt, aber sie haben ihn nie geleugnet[62]. Sie gedeihen nur im starken Staat, der seine Hoheit durch Beschränkung wahrt. Im gleichen Moment, in dem der Staat hypertroph wird oder verfällt, wird die Herrschaftsordnung amorph und auch die Korporationen verfallen: „Im Mittelalter und im modernen korporativen Staat ergibt sich der Status des Standes und der Korporation allein aus der umgreifenden politischen Ordnung, der Verfassung[63].“ So richtig dieses Gesetz ist, so verleitet es doch zu dem Irrtum, daß die Korporation ihr Recht vom Staate herleiten würde, einem Irrtum, dem Kaiser mehrfach unterliegt. Ähnlich wie das Recht der Kirche sich nicht vom Staat herleitet, sondern der Staat nur die Konkordanz dieses Rechtes mit seinem Recht bestätigen kann, so verhält es sich mit den Korporationen und ihrem natürlichen Recht[64]. Die Souveränität des Staates und die Souveränität der Korporation ist ein und dieselbe. Eine andere Frage ist es, ob und auf welche Weise das positive Recht des Staates dieses natürliche Recht der Korporation anerkennt. Hier reicht die Skala von der Duldung im „staatsfreien Raum“, der Anerkennung als Körperschaft öffentlichen Rechts bis zum autoritären Oktroy, das die Selbstverwaltung vergewaltigt, das eigengesetzliche Wachstum der Korporationen beengt und sie zu Instrumenten des Staates macht. Kaiser zitiert zustimmend eine Äußerung seines Lehrers A. Merkl, der „in seiner Studie über die Enzyklika[65] zur Gewißheit erhoben (hat), daß ein korporatives System zu keinem Zeitpunkt auf eine den berufsständischen Körperschaften übergeordnete (staatliche) Autorität und durch sie gesetzte, heteronome Normativbestimmungen verzichten kann ...“[66]. Die Entwicklung internationaler Korporationen, wie sie

---

[61] *Hegel,* Enzyklopädie, § 528: „Wo bürgerliche Gesellschaft und damit Staat vorhanden ist, treten die Stände in ihrem Unterschiede ein ..., die Geschichte der Verfassungen ist die Geschichte der Ausbildung dieser Stände, der rechtlichen Verhältnisse der Individuen zu denselben und ihrer zueinander und zu ihrem Mittelpunkt.“ Auch *Baeumler,* a.a.O., S. 355, § 527.

[62] *Kaiser,* a.a.O., S. 321: „Stände und Korporationen haben den Staat als solchen niemals in Frage gestellt oder seine Suprematie geleugnet.“

[63] Ebd., S. 321.

[64] Ähnlich wie mit dem natürlichen Recht der Korporationen verhält es sich auch mit dem Naturrecht des Individuums. Auch dieses leitet sich nicht vom Staat her, sondern er kann es nur in den Katalog der Grundrechte aufnehmen. Für die Rechte der Korporation bemerkt Hegel, daß sie „nur gesetzlich gemachte Bestimmungen, die in der *Natur der Besonderheit* eines wesentlichen Zweigs der Gesellschaft selbst liegen“, sind (Rechtsphilosophie § 252, *Baeumler,* a.a.O., S. 786).

[65] *Kaiser,* a.a.O., S. 60.

[66] Ebd.

uns etwa in der Montan-Union deutlich wird, relativiert diesen Hinweis, denn ihr gingen bereits spontane gesellschaftliche Schöpfungen voraus, nämlich die internationalen Kartelle und Gewerkschaften, deren rechtsschöpferische Regelungen im Vereinbarungswege erst Jahrzehnte später durch einzelne Staaten konfirmiert und vervollkommnet wurden. Das staatliche, positive Recht geht dem Naturrecht der Korporationen nicht voraus, es tritt ihm bei oder widerspricht ihm.

Zweifellos ist der Staat der Geburtshelfer der Korporation, aber weder ihr Erzeuger noch ihr Erhalter. Von hier aus will wohl auch der holländische Versuch einer in gewissem Sinn ständisch-korporativen Wirtschaftsordnung[67] wie auch die typische und jetzt abzuhandelnde Verfassung Portugals beachtet und gedeutet werden.

Das Wesen der portugiesischen Verfassung[68] besteht wohl darin, alle genuinen Kräfte des Volkes an der Verwaltung und am Zustandekommen der Gesetze zu beteiligen. Das nach politischer Einheit strebende „unitarische" Staatsbewußtsein wählt (in direkter Wahl) die Nationalversammlung. Dieser zur Seite steht als zweite Kammer die „Kammer der Korporationen" (Câmera Corporativo), die in 12 Sektionen gegliedert ist, die die Interessen der religiösen Ordnung und Sitte, die Interessen der Kulturordnung (Wissenschaft, Kunst, Erziehung, Sport), die Behörden, die Vertreter der großen Verwaltungskörper (die Vertreter der Munizipalkammern der beiden Großstädte Lissabon und Porto sowie die anderer regionaler Selbstverwaltungskörper) und 8 verschiedene Wirtschaftszweige vertreten[69]. Jede Sektion kann in Subsektionen unterteilt werden. Sie besteht aus Bevollmächtigten ex officio oder gewählten Repräsentanten der in Betracht kommenden Leistungszweige. Einige Bevollmächtigte werden vorläufig noch von der Regierung designiert, die auch die Vertreter der 12 Sektionen zu bestätigen hat. Im Jahre 1954 betrug die Zahl der Mitglieder ca. 140 (die Zahl der Mitglieder ist nicht fixiert). Auf die Berufung der Mitglieder hat im übrigen der „Conselho Corporativo", ein interministerielles Komitee, sehr großen Einfluß[70]. Dieser Rat scheint dafür zu sorgen, daß eine angemessene Repräsentation der in den Korporationen integrierten Interessen auch in der Kam-

---

[67] Kaiser meint, daß durch das Gesetz über die Organisation der Wirtschaft in Holland vom 27. 1. 1950 „die Grundlagen für ein ständisch-korporatives System besonderer Art geschaffen worden" sei. a.a.O., S. 362.

[68] Sie wurde mit Volksentscheid vom 19. März 1933 angenommen. In der Darstellung folgen wir M. *Caetano,* L'Organisation Politique Portougaise, Lisbon (o. J.).

[69] Landwirtschaft, Fischerei und Konservierung, Gewinnungs- und Verwertungsindustrie, Elektrizität und Brennstoffversorgung, Veredelungsindustrie, Transport und Fremdenverkehr, Papierindustrie und Presse (einschließlich graphische Kunst), Kredit- und Versicherungswesen sowie Handel (in einer Gruppe).

[70] Vgl. *Kaiser,* a.a.O., S. 327.

mer gewährleistet ist. Er bestimmt die Zahl und z. T. auch die Persönlichkeiten, die von den einzelnen Korporationen in die Kammer entsendet werden können, ebenso auch die Behördenvertreter. „Das schwierigste Problem aller dieser Einrichtungen, die angemessene Zahl der Vertreter jedes Interesses zu finden, ist hier dadurch gelöst, daß man es der Exekutive überläßt, sie von Fall zu Fall zu bestimmen[71]."

Die Kammer kann ihre Meinung über Regierungserklärungen und über Gesetzesvorlagen, die in der Nationalversammlung eingebracht werden sowie über Verordnungsentwürfe, die die Regierung ihr zur Prüfung vorzulegen hat, äußern, außerdem gibt sie ihre Ansicht zur Ratifikation von Verträgen, Konventionen und internationalen Vereinbarungen bekannt. Bereits bei der Vorbereitung solcher Verordnungen wirken die einzelnen Sektionen der Kammer mit, denn die Regierung legt Wert darauf, die Kammer mit den Problemen der Regierung und Verwaltung in Kontakt zu bringen und sie zu konsultieren. Das schweizerische Vernehmlassungsverfahren taucht also in einer sehr geordneten Weise wieder auf.

Die Stellung der Kammer ist rein konsultativ, und der Wert ihrer Vorschläge leitet sich nur von der genauen Kenntnis der Materie, also vom Sachverstand sowie vom Prestige der Personen ab, die den Ansichten zustimmen. Die vorgetragenen Ansichten finden eine weite Verbreitung, da sie nicht nur in den Sitzungsprotokollen, sondern auch im Tagungsblatt der Nationalversammlung veröffentlicht werden. Dadurch wird wieder ausgeglichen, daß die Verhandlungen in den Sektionen nicht öffentlich sind und das Plenum der Kammer selbst praktisch nie zur sachlichen Behandlung zusammentritt. Nur ausnahmsweise wird über die Vorschläge und Ansichten im Plenum der Kammer abgestimmt; im allgemeinen werden die Angelegenheiten nur von der fachlich zuständigen Sektion oder gemeinsam mit anderen kompetenten Sektionen bearbeitet.

Die Präsidenten der verschiedenen Sektionen bilden zusammen mit dem Präsidenten der Kammer und den Vizepräsidenten einen Präsidialrat, der die Verteilung der Aufgaben auf die verschiedenen Sektionen vornimmt, die Studienkommissionen bestellt und endlich als Kommission für Geschäftsordnungsfragen fungiert.

Die Korporationen selbst, die also in einzelnen Sektionen der Kammer durch die Kammermitglieder repräsentiert werden, befassen sich mit kulturellen und wirtschaftlichen Zwecken. Die dem Umfang nach wichtigsten Korporationen sind jene, deren Zweck „auf technische Vervollkommnung und die Solidarität der Interessen gerichtet sind (Art. 17).

---

[71] *Kaiser*, a.a.O., S. 327 (Anm. 20).

Diese letzte Bezeichnung ist eine (etwas euphemistische) Umschreibung ... der wirtschaftlichen Korporationen ...[72]." Elemente dieser wirtschaftlichen Korporationen sind die „Gremios" (Unternehmerverbände) und die „Sindicatos" (Arbeitnehmerverbände), grundsätzlich mit Mitgliedszwang. Die lokalen Gremios und die Sindicatos werden auf regionaler und nationaler Ebene zu Föderationen und innerhalb eines großen Wirtschaftszweiges zu Unionen je für sich zusammengeschlossen. Diese Unternehmer- und Arbeitnehmerunionen eines einzelnen Wirtschaftszweiges sind vereinigt in der Korporation dieses Wirtschaftszweiges[73].

Das Ziel, welches sich die portugiesische politische Organisation stellt, ist es, zwischen den einzelnen und dem Staat Zwischengewalten — eben Korporationen — zu schaffen, die eine Dezentralisation der öffentlichen Gewalt und eine Übertragung von Regierungsfunktionen erlauben. Gleichzeitig aber sollen die Korporationen die Einzelinteressen unterstützen und verteidigen, wo immer dies mit den Interessen der gesamten Nation in Einklang zu bringen ist. Wie in der ganzen Verfassung, so ist auch das Hauptmerkmal der inneren Ordnung der Korporationen das Überwiegen der Exekutive. Einem Ausspruch Salazars zufolge sind die Korporationen in gewisser Hinsicht die verlängerten Arme des Staates[74]. Man ist bemüht, den wirtschaftlichen Interessen Vertreter der öffentlichen Verwaltung und Juristen beizugesellen, damit das Allgemeinwohl auch in den Korporationen gebührend Ausdruck findet.

Bei der Beurteilung wird zu bedenken sein, daß sich der korporative Organismus aus einer Militärdiktatur, die fast ein Jahrzehnt dauerte (1926-1933), entwickelte und ihr gegenüber zweifellos einen bedeutenden Fortschritt darstellt. Vielleicht auch ist dieser starke Einfluß der Exekutive „durch den Charakter eines größtenteils noch in bukolischen Verhältnissen lebenden Volkes mitbestimmt"[75]. Kaiser drückt seine Bewunderung aus „für ein Verfassungswerk von ungewöhnlich einheitlicher Struktur und hoher formaler Schönheit, das dem Land den Frieden gegeben und es zu kulturellem und wirtschaftlichem Aufstieg geführt hat"[76]. Ein bemerkenswertes Moment dieser Verfassung ist die starke Einbeziehung der sozialen, nichtwirtschaftlichen Kräfte in die Organisation des korporativen Systems, ein Moment, das wir in der „Dritten Gruppe", das sind die von der Krone bestellten Mitglieder

---

[72] *Kaiser,* a.a.O., S. 326.

[73] Vgl. zu diesem Absatz *Kaiser,* S. 326 f. Die wichtigste Rechtsgrundlage für die Organisation der Wirtschaft bildet das Dekret über die Nationale Arbeit v. 23. 9. 1933: Estatuto do Trabalho Nacional.

[74] Vgl. *Kaiser,* a.a.O., S. 328.

[75] *Kaiser,* a.a.O., S. 329.

[76] *Kaiser,* a.a.O., S. 329.

des holländischen Sozialwirtschaftsrates, bereits angedeutet fanden. Damit aber ist eine Durchdringung der Wirtschaft mit den übrigen gesellschaftlichen Kräften des Gemeinwohls angebahnt, die den sozialen Charakter der Wirtschaft festigt. Erst durch diese Durchdringung kann die Korporation jene Aufgabe erfüllen, die Hegel ihr zugedacht hat, die zweite Familie des Individuums und die zweite sittliche Wurzel des Staates zu sein[77]. Denn in der Korporation hat die erste Familie des Individuums „nicht nur ihren festen Boden als die durch Befähigung bedingte Sicherung der Subsistenz, ein festes Vermögen (§ 170), sondern beides ist auch anerkannt, so daß das Mitglied einer Korporation seine Tüchtigkeit und sein ordentliches Aus- und Fortkommen, daß es etwas ist, durch keine weiteren äußeren Beziehungen darzulegen nötig hat". Es „ist auch anerkannt, . . . daß es einem Ganzen, das selbst ein Glied der allgemeinen Gesellschaft ist, angehört und für den uneigennützigeren Zweck dieses Ganzen Interesse und Bemühungen hat: — es hat so *in seinem Stand seine Ehre*"[78]. Der sittliche Grund der Korporation ist nicht zu übersehen. „Ohne Mitglied einer berechtigten Korporation zu sein (und nur als berechtigt ist ein Gemeinsames eine Korporation), ist der Einzelne ohne *Standesehre,* durch seine Isolierung auf die selbstsüchtige Seite des Gewerbes reduziert, seine Subsistenz und Genuß nichts *Stehendes.* Er wird somit *seine Anerkennung* durch die äußerliche Darlegung seines Erfolges in seinem Gewerbe zu erreichen suchen, — Darlegungen, welche unbegrenzt sind, weil seinem Stand gemäß zu leben nicht stattfindet, da der Stand nicht existiert[79]."

„In unseren modernen Staaten haben die Bürger nur beschränkten Anteil an den allgemeinen Geschäften des Staates: Es ist aber notwendig, dem sittlichen Menschen außer seinem Privatzwecke eine allgemeine Tätigkeit zu gewähren. Dieses Allgemeine, das ihm der moderne Staat nicht immer reicht, findet er in der Korporation. Wir sahen früher, daß das Individuum für sich in der bürgerlichen Gesellschaft sorgend auch für andere handelt. Aber diese bewußtlose Notwendigkeit ist nicht genug: zu einer gewußten und denkenden Sittlichkeit wird sie erst in der Korporation. Freilich muß über dieser die höhere Aufsicht des Staates sein, weil sie sonst verknöchern, sich in sich verhausen und zu einem elenden Zunftwesen herabsinken. Aber an und für sich ist die Korporation keine geschlossene Zunft: sie ist vielmehr die Versittlichung des einzeln stehenden Gewerbes und sein Hinaufnehmen in einen Kreis, in dem es Stärke und Ehre gewinnt[80]."

---

[77] *Hegel,* Rechtsphilosophie, § 255, S. 788.

[78] Ebd., § 253, S. 786 f.

[79] Ebd., S. 786.

[80] *Hegel,* a.a.O., § 255 (Zusatz), S. 789.

Denn „der Zweck der Korporation als beschränkter und endlicher hat seine Wahrheit . . . in dem an und für sich *allgemeinen Zwecke* und dessen absoluter Wirklichkeit; die Sphäre der bürgerlichen Gesellschaft geht daher in den Staat über“[81].

Bei aller Bewunderung für Hegels Theorie der Korporationen war sie unseres Erachtens ungenügend, um gegen die Gefahr der Verstaatlichung der Korporationen, wie sie in Nationalsozialismus und Faschismus später eintrat, einen Damm aufzurichten. Das Übergehen der bürgerlichen Gesellschaft und damit der Korporationen in den Staat wurde allzu wörtlich genommen, wenn auch diese wörtliche Auslegung einer Fehlinterpretation und einem Mißverständnis der Hegelschen Theorie gleichkommt. In Wahrheit kann sich keine große Lehre gegen Mißverständnis absichern: Je größer die Gedanken, desto zahlreicher die Beckmesser. Das Unverlierbare an Hegels Theorie bleibt darum doch: Die Verbände sind keine Interessentenhaufen, sondern Träger des Gemeinwohls.

H. Die operative Ordnung des Verhältnisses zwischen Staat und Wirtschaft

Wer uns bisher gefolgt ist, wird zugeben: In der modernen Gesellschaft sind Staat und Wirtschaft aufs engste verbunden. Die Wirtschaft ist nicht mehr der „staatsfreie Raum“, sondern durch den Staat geordnet und organisiert. Umgekehrt hat der Staat Züge der Wirtschaft angenommen, er ist oberster Träger der Werkgemeinschaft, Leistungsgemeinschaft, Verbrauchsgemeinschaft und Interessengemeinschaft des in ihm geeinten Staatsvolkes. Er ist Träger in einem sehr operativen, unternehmerischen Sinn. In der modernen Industriegesellschaft ist die Initiative mehr und mehr an den Staat übergegangen, wenigstens in jenen Bereichen, die den wirtschaftlichen Fortschritt bewirken: Atomtechnik, Elektronentechnik, Automation, Flug- und Raketentechnik, Nachrichtenübermittlung, Verkehrswesen, Raumplanung, Energieversorgung, Wasserversorgung, Luftreinhaltung, Berufsausbildung, Forschung. In seiner Unternehmerfunktion sorgt er für die Auslastung der Kapazitäten, für das Zusammenspiel der Funktionen, für die Einhaltung der Proportionen, für die Finanz-, Geld- und Kreditlage, für den Ausgleich der volkswirtschaftlichen Bilanzen, für Ausdehnung und Wachstum, für die Erhaltung seiner Bürger, sei es durch seine Beschäftigungspolitik, sei es durch die vielfältigen Möglichkeiten der sozialen Fürsorge, für die Stabilität der Preise und die Wohlfeilheit der Pro-

---

[81] Ebd., § 256.

dukte, für ausreichende Unterstützung bei der Schaffung von Wohnraum oder Betriebsstätten, für den Schutz vor den Unbilden der Natur und für die Pflege der Naturgrundlagen.

Es besteht gar kein Zweifel, daß diese unternehmerisch-operativen Aufgaben des Staates der sorgfältigen Planung, Abstimmung und Kontrolle bedürfen. Kein Unternehmer arbeitet ohne Plan, keiner ohne den Blick in die Zukunft, keiner ohne sorgfältige Organisation. Zu diesen unternehmerisch-operativen Funktionen treten die kulturellen Funktionen des Staates, Funktionen, die jedoch der wirtschaftlichen Mittel bedürfen und der sorgfältigen Abstimmung ihres Einsatzes.

Der Staat als oberster Träger der Werkgemeinschaft, Leistungsgemeinschaft, Verbrauchsgemeinschaft und Interessengemeinschaft nimmt ganz andere Züge an, als der Staat des Liberalismus. Er gleicht eher einer weitverzweigten Konzernleitung, mit einem Vorstand, der für die Einheitlichkeit der Leitung sorgt und höchstens der „Hauptversammlung“ gegenüber verantwortlich bleibt, durch eine Fülle von Stäben die Planungs-, Koordinations- und Überwachungsaufgaben bewältigt und den einzelnen Betriebsleitungen verhältnismäßig große Selbständigkeit bei der Durchführung der Pläne überläßt und ihren Eifer durch „incentives“ antreibt. Industriegesellschaft bedingt Industrieorganisation. Die Führungsaufgaben werden bedeutender. Der Staat beschränkt sich nicht auf die Aufstellung von „Spielregeln“, und er überläßt die Entwicklung nicht der „spontanen Ordnung der Marktwirtschaft“[82]. Die operative Ordnung ist auf den Wirtschaftsvollzug gerichtet, auf den optimalen Einsatz der Wirtschaftsmittel. Das Optimum der Volkswirtschaft ist durchaus nicht die Summe aller Optima der Einzelwirtschaften. Das wurde vielleicht am deutlichsten bei der Schilderung der Ideen W. Rathenau's.

Ansätze zur Herausbildung der operativen Ordnung zeigten wir an zahlreichen Beispielen auf. Sie sind in den Ländern des Ostens wie des Westens festzustellen. Man hat betont, daß die Wirtschaftssysteme des Westens und Ostens konvergieren. Der Gedanke ist prinzipiell richtig, denn die Unterschiede liegen in der Zielstellung der Wirtschaft und

---

[82] F. A. Hayek glaubt noch heute, daß die moderne Wirtschafts- und Marktordnung eine spontane Ordnung, ein in sich selbst organisierendes System sei, deren konkrete Resultate weder vorhersehbar noch von irgend jemandem bewußt gewollt werden und die daher im strikten Sinne auch in niemandes Verantwortlichkeit fallen. Diese spontan sich bildende Ordnung sei ethisch neutral, ihre Regeln sind formal, zweckunabhängig. Der Begriff der Gerechtigkeit sei unvollziehbar, die Forderung nach Gerechtigkeit ende im totalen Staat. Vgl. F. A. *Hayek*, Prinzipien sozialer Gerechtigkeit, Vortrag im Österr. Gewerbeverein, in: Presse, Wien, 30. April 1965, S. 5. Hayek übersah, daß in dem überwiegenden Teil unserer Wirtschaft gar keine Marktwirtschaft mehr besteht (Energie, Verkehr, Kredit, Versicherung, Gundnahrungsmittel usf.).

der Bestimmung des Menschen, nicht in der Wirtschaft und ihrer Organisation. Dort sind die Unterschiede gering: der Westen vertraut mehr auf die Kräfte der Selbsthilfe und Selbstverwaltung und ringt um Ordnung und Sammlung dieser Kräfte; der Osten vertraut zentraler Planung und weniger der unternehmerischen Initiative und verbandlichen Selbstverwaltung. Beide Wirtschaftssysteme aber sind Ausprägungen der neuzeitlichen Industriegesellschaft.

Es ist nicht Aufgabe der Theorie, Rezepte vorzulegen, nach denen die operative Ordnung der Wirtschaft aufzurichten wäre. Sie kann das getrost den berufeneren Sprechern des sozialen Dialogs überlassen. Aber einige grundlegende Feststellungen darf die Theorie, gestützt auf das reiche empirische Material, zweifellos vorlegen, aus denen die Struktur dieser Ordnung klar wird:

1. Die ganzheitliche Sicht. Es besteht ein Zug zur „Totalanalyse", zur Beachtung aller Erscheinungen und Nebenerscheinungen des wirtschaftlichen Prozesses, einschließlich sozio-kultureller, landschaftlicher und technischer Aspekte[83].
2. Sie bedingt Institutionen, in denen diese ganzheitlichen Aspekte bereits in der Zusammensetzung Berücksichtigung finden: Sozialwirtschaftsräte, paritätische Kommissionen, Plankommissariate usw.
3. Sicht und Institutionen entwickeln neue Methoden, die die gegenseitige Bezogenheit, den Allzusammenhang der einzelnen Teile des Systems analytisch erfassen[84]. Volkswirtschaftliche Gesamtrechnung, Input-Output-Rechnungen sind hierzu Beispiele.
4. Die systematische Bewältigung der Wirtschaftsaufgabe führt zu einer Abwertung der Wirtschaft[85]. Der materielle Wohlstand tritt

[83] Die ganzheitliche Sicht beginnt sich nunmehr auch im anglo-amerikanischen Wissenschaftsbereich zunehmend durchzusetzen. So fordert K. W. *Kapp*, a.a.O., S. 12 bereits 1950: „Such a new science of economics will have to be based upon the recognition that we are able to obtain a valid picture of situation and real understanding of reality only if we view them as a whole, i. e., in their totality." „Only by overcoming the present departmentalization of our knowledge in the social sciences, or, more specifically, by accepting the fact that the ‚economic' and ‚non-economic' are intransically interrelated and must be studied together, will we be able to lay to the foundation for a new science of economics which will be ‚political economy' in an even more comprehensive sense than the term was ever understood by the classical economists and their precedessors."

[84] Nach Perroux wird das händlerische Denken heute in den Hintergrund gedrängt zugunsten von Beweggründen, die auf das Gemeinwohl ausgerichtet sind und von Methoden, die auf eine große Anzahl von Tätigkeiten angewendet werden, die der Kollektivberechnung unterliegen. Vgl. a.a.O., S. 11.

[85] P. Drucker spricht vom Ende des Wirtschaftsmenschen, J. Huxley vom Zeitalter des Sozialmenschen. Vgl. P. *Drucker*, The End of Economic Man, New York 1953. J. *Huxley*, Evolution in Action, London 1953. Nach Ritschl unterliegen die Aufwendungen der Gemeinschaft, welche immer weiter ausgeweitet werden, nicht der Rentabilität, sondern der sozialen Wertung. Vgl. a.a.O., S. 60 u. ö.

hinter dem immateriellen Wohlstand zurück, Bildungsmomente erhalten (nicht aus wirtschaftlichen Gründen) erhöhtes Gewicht, die sozialen Werte der Freiheit, der Gerechtigkeit und der persönlichen Würde werden angemeldet[86].

Damit kommen wir zur Schlußbetrachtung.

[86] Vgl. W. *Heinrich,* Die industrielle Gesellschaft als Bildungsgesellschaft, Rektoratsrede, gehalten am 30. Okt. 1964, Wien 1964 und die dort angegebene soziologische Literatur.

V. Teil

Schlußbetrachtung: Der Beitrag der wirtschaftlichen Zusammenarbeit zur Festigung der Gesellschaft

Zweck und Ende der Politischen Ökonomie ist die Gesellschaft, aus der sie hervorgeht und in die sie zurückmündet. Als Wissenschaft ist die Politische Ökonomie Teil der Gesellschaftslehre, und ihre Begriffe müssen im System der Gesellschaftslehre ihren Platz finden oder, anders ausgedrückt, in jedem Begriff der Politischen Ökonomie ist der Begriff der Gesellschaft mitzudenken und vorauszusetzen. Die Gesellschaft ist vernunftgemäßes Zusammenleben der Menschen im Bewußtsein der Freiheit. Der Mensch als geistiges Wesen muß notwendig auch das Zusammenleben nach der Vernunft, welche, wenigstens nach Anaxagoras, die Welt regiert, ordnen und gestalten. Die Substanz, das Wesen des Geistes oder der Vernunft ist das Bewußtsein der eigenen Freiheit[1]. Die Wirklichkeit dieser Freiheit ist die Gesellschaft. In ihr erhält die Freiheit ihre Objektivität, ihr Gesetz und Recht. „. . . Gesellschaft und Staat sind die Zustände, in welchen die Freiheit . . . verwirklicht wird[2].“ In der Gesellschaft überwindet der einzelne seine Subjektivität und wird allgemein. Durch die Gesellschaft nimmt der einzelne teil an der göttlichen Idee, wie sie auf Erden erscheint[3].

---

[1] *Hegel,* Philosophie der Geschichte, a.a.O., S. 58: „Die Philosophie aber lehrt uns, daß alle Eigenschaften des Geistes nur durch die Freiheit bestehen, alle nur Mittel für die Freiheit sind, alle nur diese suchen und hervorbringen; es ist dies eine Erkenntnis der spekulativen Philosophie, daß die *Freiheit das einzige Wahrhafte des Geistes* sei.“ S. 60: „Erst die germanischen Nationen sind im Christentume zum Bewußtsein gekommen, daß der Mensch als Mensch frei, die Freiheit des Geistes seine eigenste Natur ausmacht; dies Bewußtsein ist zuerst in der Religion, in der innersten Region des Geistes aufgegangen; aber dieses Prinzip auch in das weltliche Wesen einzubilden, das war eine weitere Aufgabe, welche zu lösen und auszuführen eine schwere lange Arbeit der Bildung erfordert.“ Dieser Prozeß ist für Hegel die Weltgeschichte: „Die Weltgeschichte ist der Fortschritt im Bewußtsein der Freiheit“ (S. 61).

[2] Ebd., S. 89.

[3] Ebd., S. 86: „Der Staat ist die göttliche Idee, wie sie auf Erden vorhanden ist.“

In der Gesellschaft objektiviert sich der Reichtum der göttlichen Idee als Einheit, Allgemeinheit oder Gemeinsamkeit, an der teilzunehmen die irdische Bestimmung und das Recht des Menschen und seiner Tätigkeit ist.

Das wirtschaftliche Korrelat zum Begriff der Gesellschaft als vernunftgemäßes Zusammenleben ist der Begriff der Zusammenarbeit. In der täglichen Arbeit muß das Zusammenleben seine letzte Bewährung finden.

Wir sind im ersten Buch jenen Gesellschaftsauffassungen nachgegangen, von denen her der Begriff der Zusammenarbeit begründet werden kann. Der individualistischen Lehre ist der Begriff der Zusammenarbeit nicht erschwinglich. Sie führt zur Dissoziation, Dismembration, Entgliederung und Auflösung der Gesellschaft. Ihre Kategorien sind atomistische, ihre Ordnungsvorstellungen mechanistische, bewußtlose. Bei näherer Prüfung und immanenter Kritik verflüchtigen sie sich, und übrig bleiben nur noch einzelne Beziehungen und Handlungen. Das sittlich-soziale Bewußtsein verkümmert oder bleibt unbefriedigt. In der individualistischen Auffassung wurzelt die soziale Frage unserer Zeit.

Die weitere Umschau ließ uns auf Gesellschaftsauffassungen stoßen, die eine Fülle von Bausteinen für eine Theorie der wirtschaftlichen Zusammenarbeit enthalten. In Platons Politeia wurde uns das Wesen der Gesellschaft und ihrer vernunftgemäßen Gestaltung sowie der Platz, den die Wirtschaft in der Gesellschaft ihrer Natur nach einzunehmen hat, bewußt. Bei der Behandlung der christlichen Soziallehre haben wir versucht, den Kirchenbegriff für die Gesellschaftslehre fruchtbar zu machen, aus ihm die gesellschaftlichen Kategorien abzuleiten, die Körperschaftlichkeit von Gesellschaft und Wirtschaft zu begründen und den Begriff des Gemeinwohls in seinem innersten Kern inhaltlich zu bestimmen. Diesen Gliederungsprinzipien zur Seite stellten wir jene Auffassungen, welche die Wirtschaft als Prozeß, als Kreislauf, als interdependentes System begreifen, weil durch sie die Notwendigkeit zur Zusammenarbeit besonders deutlich wurde. Die daran anschließenden Abschnitte der Lehrgeschichte gehen jenen Kräften nach, die die Wirtschaft schöpferisch gestalten, ihr geistige Natur verleihen und sie teilnehmen lassen am Leben der Gemeinschaft. Bei Adam Müller fanden wir die Lehre vom Gemeingeist als der eigentlich produktiven Kraft der Wirtschaft ausgebildet. Dieser Gemeingeist ist Grundlage, Bedingung und Kapital aller Zusammenarbeit, und er macht den Reichtum der Nationen aus. Mit A. Müller beginnt jene Periode, in der die deutsche Nationalökonomie zum Bewußtsein ihrer gemeinschaftsbezogenen Eigenart gelangt. Von nun an ist sie Politische Ökonomie. Was sie an Großem, Unvergänglichem hervorbrachte, gehört der politischen

Wissenschaft an. Das wurde in Friedrich List's Leben und Werk sogleich deutlich. Seine Theorie der produktiven Kräfte ist eine Theorie der nationalen Wohlfahrt und als solche eine sozial-politische Theorie. Das Thema, das A. Müller angeschlagen, wird durch List auseinandergefaltet. Bildung, Religiosität, Moralität, Künste, Erfindungsgabe, die politischen Einrichtungen der Nation sind die Bedingungen und die Kraft ihres Wohlstands. Sie werden als Wirtschaftsmittel begriffen und nachgewiesen. Dazu kommt die Entdeckung der „Konföderation" der Arbeit als Voraussetzung ihrer Produktivität. Aus der Gegenseitigkeit der Wirtschaftszweige wurde die Notwendigkeit der Zusammenarbeit abgeleitet.

Bei der weiteren Zerlegung des Gemeingutes in seine unterschiedlichen Momente bringt die deutsche sozialrechtliche Schule die Rechtsordnung, Wirtschaftsverfassung und Wirtschaftsordnung in den Blick. Die Rechtsordnung ist Friedensordnung, diese ermöglicht erst das Zusammenwirken der einzelnen Wirtschaftssubjekte durch Beendigung des Kampfzustandes. Die besondere Leistung ist die Wiedereroberung des Begriffes der öffentlich-rechtlichen Körperschaft, der das private und das öffentliche Recht und Eigentum versöhnt und verbindet. Durch die ganzheitliche Schule wird die Lehre vom Gemeingeist und seinen Momenten systematisch bewältigt und zum Begriff des Kapitals höherer Ordnung ausgeformt. Die ganze Wirtschaft wird als Leistungsgemeinschaft dargestellt und überall der Zusammenhang der wirtschaftlichen und gesellschaftlichen Erscheinung erwiesen. Die ganzheitliche Schule liefert die Begriffsmittel, um die soziale Aufgabe der Wirtschaft zu erkennen. Dazu tritt der Begriff der „Vereinbarung", welcher den grundsätzlich politischen Charakter aller Wirtschaftserscheinungen hervorhebt und uns die Technik ahnen läßt, deren sich die Gerechtigkeit zu ihrer näheren Bestimmung in Preisen und Löhnen, Produktions- und Marktquoten bedient, um auch mengenhaft und äußerlich in Erscheinung zu treten[4].

Fassen wir das positive Ergebnis der Lehrgeschichte zusammen, so dürfen wir festhalten:

1. Die Gesellschaft ist eine geistig-sittliche Einheit.
2. Ihr Lebensprinzip ist das Gemeinwohl.
3. Ihre wirtschaftliche Realität ist ein Prozeß, ein interdependentes System.

---

[4] Den sozialpolitischen Charakter der Preise betont G. *Myrdal,* An International Economy, a.a.O., S. 272: „In all countries we have to accept the fact that to an increasingly large extent prices are no longer objective phenomena — in the sense that they are simply a function of free market competition — but are manipulated and directed and are, indeed, results of ‚political' group actions."

4. Dieses System wird inhaltlich gestaltet und bestimmt durch den Gemeingeist.
5. Dieser findet seinen Niederschlag in der Rechtsordnung und der Wirtschaftsverfassung.
6. Beides konkretisiert sich weiter in der Wirtschaftsorganisation, die es ermöglicht, von der Wirtschaft als Leistungsgemeinschaft zu sprechen.
7. Ihre mengenhafte Bestimmung erfolgt durch die „Vereinbarungen“ der sozialen Gruppen und Verbände. Alle Wirtschaftserscheinungen haben sozial-politischen Charakter.

Auf diesem Fundament haben wir unsere Theorie der Zusammenarbeit im zweiten Buche entwickelt. Wir verstehen unter Zusammenarbeit das organisierte Zusammenwirken von Wirtschaftsgebilden. Dieses Zusammenwirken wird drei Prinzipien unterstellt, die wir mit gegenseitiger Hilfe, Selbstverwaltung und Gemeinwohl bezeichnet haben. Diese drei Prinzipien, die im Verhältnis von Vorrang und Nachrang zueinander stehen, drücken die soziale Durchdringung und Bindung der Wirtschaft aus. Ihre Wirksamkeit wird in vier Grundformen der wirtschaftlichen Zusammenarbeit untersucht. Diese Grundformen sind: die Werkgemeinschaft, die Leistungsgemeinschaft, die Verbrauchsgemeinschaft und die Interessengemeinschaft. Innerhalb dieser Grundformen haben wir je nach der Bedeutung, welche die drei Prinzipien annehmen, Unterformen unterschieden. Wir haben darauf hingewiesen, daß in jeder konkreten Wirtschaftsgestalt sich diese Grundformen gegenseitig durchdringen wie auch alle drei Prinzipien, wenn auch jeweils auf eigentümliche Weise, in jeder Wirtschaftsgestalt mitwirken. Die Vielzahl der Formen: Vertikale Integration, Vertriebsbindung, Arbeitsgemeinschaft, Herstellerring, die Verbundwirtschaft, Erschließungsgesellschaft, l'économie concertée, Produktentwicklungsgemeinschaft, Kartelle, Genossenschaft, Kammern, volkswirtschaftliche Leistungsgemeinschaft, Konsumgemeinschaft, Siedlungsgemeinschaft, Interessenverbände wurden in einer u. W. noch nicht vorhandenen Zusammenschau dargestellt und geordnet. Überall zeigten sich in diesen Formen die Kräfte der Zusammenarbeit am Werke.

Im dritten Buche versuchten wir, die wirtschaftliche Zusammenarbeit als ordnungspolitische Aufgabe zu entwickeln. Unser Gewicht lag in diesem Buch auf dem Verhältnis zwischen Staat und Wirtschaft, denn in der Regelung dieses Verhältnisses kommt die Gemeinwohlfunktion der Ordnung am deutlichsten zur Erscheinung. Der Wirtschaftsordnung fällt die Aufgabe zu, ein Höchstmaß an Zusammenarbeit zu verwirklichen und dauernd sicherzustellen. Sowohl die analytische Gesellschaftslehre wie die Kulturmorphologie und Kulturgeschichte kommen zu dem Ergebnis, daß sich das Wachstum einer Kultur auch in der Bindung der Wirtschaft und der Sammlung und Vereinigung ihrer Kräfte ausdrückt. Wir sind den Wegen nachgegangen, welche die einzelnen Staaten einschlagen, um die Wirtschaft an das soziale Ganze zu binden. Wiederum konnten wir eine Reihe von Formen der Empirie entlehnen und sie nach der Weise ordnen, in der die Grundprinzipien: Gemeinwohl, Selbstverwaltung und gegenseitige Hilfe, in ihnen wirksam sind.

Wir haben unterschieden: den Wirtschaftsverwaltungsstaat, die behördliche Wirtschaftslenkung, das System der wissenschaftlichen Beiräte, das Boardsystem, das Vernehmlassungsverfahren, die Wirtschaftsräte, die korporative Ordnung und schließlich die operative Ordnung etwa im Sinne Rathenau's, in der die drei Prinzipien in organischer Durchdringung zur Geltung kommen und besonders die Selbstverwaltung und gegenseitige Hilfe breiten Raum einnehmen. Wir haben klargestellt, daß je mehr und je besser die Selbstverwaltungsorganisationen der Wirtschaft entwickelt sind, um so geringer die Staatseingriffe und die staatliche Wirtschaftstätigkeit sein können, um die großen Gemeinschaftsaufgaben zu lösen, die der Gesellschaft und Wirtschaft von heute aufgegeben sind.

Mit diesem Ergebnis unserer Arbeit fällt es uns leicht, den Beitrag abzuwägen, den das Prinzip der Zusammenarbeit für die Festigung der gesellschaftlichen Verhältnisse beinhaltet. Bevor wir hierauf eingehen, müssen wir jedoch einige Bemerkungen zur Frage der „Wertfreiheit" zu besserem Verständnis vorausschicken.

Das Postulat der „Wertfreiheit" für die politischen Wissenschaften ist ein Widerspruch in sich, denn die Wertfreiheit wird dadurch zum Wert erhoben[5]. Aber selbst wenn wir über diesen Widerspruch hinweg-

---

[5] Auf die Unvermeidbarkeit des Werturteils in den Sozialwissenschaften weist G. Myrdal mit allem Nachdruck hin: „... contrary to widely held opinions, not only the practical conclusions from a scientific analysis, but this analysis itself depends necessarily on value premises" (S. 336). „There is no way of studying social reality other than from the viewpoint of human ideals. A ‚disinterested' social science has never existed and, for logical reasons, cannot exist" (S. 336). „Reality is always studied from the viewpoint of the ideal" (S. 12). G. *Myrdal*, An International Economy, a.a.O.

Vgl. ferner G. *Myrdal*, Value in Social Theory, A Selection of Essays on Methodology, edited by P. Streeten, London 1958, mit dem überaus instruktiven Vorwort Streeten's und dem Nachwort Myrdal's.

Von diesem Standpunkt aus scheint uns eine scharfe Wendung gegen K. Popper's kritischen Rationalismus und Wissenschaftsbegriff notwendig. Für Popper ist Wissenschaft der jeweilige Bestand an Hypothesen, die durch die Empirie noch nicht falsifiziert wurden. Eine Hypothese hat nach P. nur dann Wissenschaftscharakter, wenn sie durch die Empirie widerlegt werden kann. Vgl. K. *Popper*, The Open Society and Its Enemies, Bd. I. The Spell of Plato, dtsch. v. P. Feyerabend unter dem Titel: Der Zauber Platons, Bern 1957, bes. Bd. II, Falsche Propheten, Bern 1958, S. 321 ff. Gegen Popper ist festzuhalten, daß die Empirie überhaupt keine wissenschaftliche Erkenntnis ersehen, so bleibt noch immer die Tatsache bestehen, daß wir mit der wertfreien Methode nur wertfreie Erscheinungen erkennen können. Wir erkennen dann die Gesellschaft nur soweit, als sie wertfrei und daher wertlos ist. Die Methode endet im Positivismus und Relativismus, sie vermittelt nur wertloses Wissen oder Wissen des Unwerten. Allein, dieses Ergebnis wäre gleichgültig, wenn nicht zwischen dem Erkennen, Denken und der Wirklichkeit ein eigentümlicher Zusammenhang bestünde, den wir, im Anschluß an W. Heinrich, als die kulturprägende Macht des Verfahrens[6] bezeichnen wollen. Die Macht des Wissens und Verfahrens drückt sich darin aus, daß die Wirklichkeit nach der Weise des Verfahrens erfaßt, geordnet, erkannt und zum Gegenstand des Kulturbewußtseins oder der Kulturbildung wird. Bildung aber heißt, die Umwelt nach der Erkenntnis zu gestalten. Wir fassen zusammen: Die „wertfreie" Methode erfaßt nur die wertfreie Wirklichkeit der Gesellschaft, erkennt die Gesellschaft als wertfrei und bildet die wertfreie Gesellschaft aus. Die wertfreie Gesellschaft, das ist die freie Assoziation der Individuen, die kommunistische Gesellschaft im Sinne Marx's. Sie ist notwendig Massengesellschaft, denn ohne Wert keine Gliederung. Ihre Gefahr für die abendländische Ordnung hat Grillparzer verdeutlicht:

„Ich sage Dir: Nicht Scythen und Chazaren,
Die einst den Glanz getilgt der alten Welt,
Bedrohen unsere Zeit, nicht fremde Völker:
Aus eignem Schoß ringt los sich der Barbar,
Der, wenn erst ohne Zügel, alles Große,
Die Kunst, die Wissenschaft, den Staat, die Kirche,
Herabstürzt von der Höhe, die sie schützt,
Zur Oberfläche eigener Gemeinheit,
Bis alles gleich, ei ja, weil alles niedrig."

(Ein Bruderzwist im Hause Habsburg,
Rudolf II. im dritten Aufzug.)

Für uns liegt der höchste Wert der politischen Wissenschaft in der Erkenntnis des bonum commune, d. i. das Lebensprinzip der Gesellschaft.

---

möglicht, wie Kant (Kritik der reinen Vernunft) genugsam nachgewiesen hat. Die Erkenntnisse der Empirie haben nur Wahrscheinlichkeit, nicht Notwendigkeit an sich. Wissenschaftliche Erkenntnisse bieten nur synthetische Urteile a priori, die die Erfahrung notwendig übersteigen und von ihr weder berührt noch widerlegt werden können. Sie beruhen zuletzt auf der ursprünglich-synthetischen Einheit der Apperzeption, dem Ich, das da denkt und sich weiß und das alle seine Erfahrungen begleitet und in ihnen seine produktive Einbildungskraft wirken läßt.

Popper ist im übrigen der Schöpfer des Begriffs der „offenen Gesellschaft", durch den der boden- und haltlose Relativismus zum politischen Programm erhoben wird.

[6] Vgl. W. *Heinrich*, Die Verfahrenlehre als Wegweiser für die Wissenschaft und die Kultur, in: Die Ganzheit in Philosophie und Wissenschaft, Festschrift für Othmar Spann zum 70. Geburtstag, hrsg. v. W. Heinrich, Wien 1950, S. 3.

Wir haben keinen Zweifel darüber gelassen, was es ist und was es bedeutet[7]. Der Gesellschaftswissenschaft ist es aufgegeben, die sozialen Erscheinungen in ihrem Verhältnis zum bonum commune zu erkennen, zu bestimmen und zu beurteilen. Denn das bonum commune ist das Wesen aller gesellschaftlichen Erscheinungen. Diese Erkenntnis ist darum Wesenserkenntnis. „Eines jeden Wert liegt zumeist in seinem Wesen"[8], denn es ist das Wesen, welches erscheint[9].

Mit der Erkenntnis des Wesens der Dinge[10] ist auch ihre Norm begriffen. „Man definiert den Gegenstand nicht schlechthin, sondern nach seinem guten und vollendeten Zustande...[11]. Der politischen Wissenschaft kommt es zu, jenen Weg aufzuzeigen, der Norm und Erscheinung einander annähert, oder, wie Hegel es für das politische Ordnungsideal stipuliert, der den objektiven mit dem subjektiven Willen aussöhnt, so daß beide das ungetrübte Ganze sind[12]. Die politische Wissenschaft ist darum zuerst sittliche Wissenschaft, sittliche Verpflichtung: „Der letzte Zweck jedes einzelnen Menschen sowohl als der ganzen Gesellschaft, mithin auch aller Arbeiten des Gelehrten, ist sittliche Veredelung des ganzen Menschen. Es ist die Pflicht des Gelehrten, diesen letzten Zweck immer aufzustellen und ihn bei allem, was er in der Gesellschaft tut, vor Augen zu haben[13]." Selbst zwischen den rationalen Schlüsselbegriffen der Wirtschaftspolitik, z. B. Wirtschaftsausbau, Stabilität, Vollbeschäftigung, Proportionalität, Komplementarität, Gegenseitigkeit, und der Sozialethik besteht kein Widerspruch. „Wirtschaftswissenschaft und Sozialethik treffen sich ... im Begriff der *‚sozialwirtschaftlichen Produktivität'*. Der soziale Zweck der Wirtschaft ist also zugleich ein ethischer wie ökonomischer Begriff[14]." Es ist zu beachten, „daß Wirtschaftsethik und Wirtschaftserfolg, auf die Dauer gesehen, nicht Widersprüche sind, daß auf weite Sicht die Wirtschaft nicht erfolgreich sein kann, wenn sie gegen die Ethik verstößt, weil auf die Dauer nicht das wirtschaftlich gut sein kann, was moralisch schlecht ist, wenn sogar das

---

[7] Vgl. Erstes Buch, II. Teil.

[8] *Aristoteles*, Topica, VI, 12.

[9] *Hegel*, Logik, § 597 ff.

[10] *Khung-Tse*, Große Lehre, 1. Kapitel. Dort näheres über den Zusammenhang zwischen Wesenserkenntnis und Ordnung.

[11] *Aristoteles*, Topica, VI, 12 fin.

[12] Vgl. *Hegel*, Philosophie der Geschichte, a.a.O., S. 87. S. 86: „Denn das Wahre ist die Einheit des allgemeinen und subjektiven Willens."

[13] J. G. *Fichte*, Einige Vorlesungen über die Bestimmung des Gelehrten (1794), in: Fichtes Schriften zur Gesellschaftsphilosophie, II. Teil, Die drei Schriften über den Gelehrten, hrsg. von H. Riehl, Slg. Herdflamme, 16. Bd., Jena 1929, S. 85.

[14] Kardinal F. *König*, Wirtschaftserfolg und Wirtschaftethik, Vortrag am 11. Februar 1965 vor der Vereinigung österreichischer Industrieller in Wien. In: Die Industrie, 65. Jg., H. 7, 12. Februar 1965, S. 6.

wohlverstandene Interesse der Wirtschaft, gerade der Unternehmerwirtschaft, darin liegt, immer mehr wirtschaftsethische und sozialethische Bestrebungen in die Unternehmungsführung einzubauen ..."[15].

Wenn wir unsere Theorie sehr bewußt an die Sittenordnung anknüpfen, so besteht darin bereits der erste Beitrag zur Festigung der Gesellschaft, denn dies ermöglicht, daß sich auch die Wirtschaft mit dem Geist erfüllt, der der Bestimmung der Gesellschaft und des Menschen gemäß ist. Der zweite Beitrag folgt aus unserer Überzeugung und dem angetretenen Nachweis, daß Gesellschaftsordnung und Wirtschaftsordnung einander entsprechen müssen, soll keine Auflösung der Gesellschaft eintreten. Nur eine gefestigte Gesellschaft kann eine gefestigte Wirtschaft haben und umgekehrt fördert die gebundene Wirtschaft die Gemeinschaftsbeziehungen. Das Prinzip der wirtschaftlichen Zusammenarbeit ist gemeinschaftsbezogen. Wir haben versucht, diese Gemeinschaftsbezogenheit in allen Prinzipien und Formen der Zusammenarbeit festzuhalten. Wir haben aufgezeigt, daß wirtschaftliche und soziale Produktivität einander nicht widersprechen müssen und es als ordnungspolitische Aufgabe angesehen, solche Widersprüche zu vermeiden, zu vermindern oder zu beseitigen. Wir haben herausgearbeitet, daß anstelle des Widerspruchs eine Durchdringung der Wirtschaft mit sozialen Prinzipien zur ungeahnten Erhöhung auch der wirtschaftlichen Produktivität führt[16].

Diese Durchdringung schafft den Boden, auf dem Selbsthilfe und Selbstverwaltung sich frei und schöpferisch entwickeln können. Sie weckt die besten Kräfte im Menschen, auf deren bewußte Betätigung er ein Recht hat. Denn „dies ist das unendliche Recht des Subjekts, daß es sich selbst in seiner Tätigkeit und Arbeit befriedigt findet"[17].

Unser Buch ist von leidenschaftlichem Optimismus an die Zukunft unserer menschlichen Gesellschaft durchzogen. Dieser Optimismus beruht nicht auf romantischen Hoffnungen und irrealen Vorstellungen, sondern auf den handfesten Fakten und der nüchternen Betrachtung der sozialen Kämpfe der ersten Hälfte unseres 20. Jahrhunderts, in denen um neue Formen des sozialen Lebens gerungen wurde. In der zweiten Hälfte scheinen sich diese Formen mehr und mehr zu konsolidieren. Damit aber darf auch die Wissenschaft sich zu jener uranfänglichen Einheit aufmachen, in der Glaube und Wissen, Geist und Tat

---

[15] Ebd., S. 10.

[16] W. *Heinrich*, Die industrielle Gesellschaft als Bildungsgesellschaft, Rektoratsrede gehalten am 30. Okt. 1964, Wien 1964, S. 9: „Immer mehr enthüllen sich geistige und ethische Eigenschaften als Hauptbedingungen der Produktivität."

[17] *Hegel*, Philosophie der Geschichte, a.a.O., S. 65.

noch eins sind und die Kultur gestalten[18]. Aus dieser Einheit und „Eintracht entstehen Schönheit und Ordnung der Welt, aus dem ständigen Kampf nur Verrohung und Verwirrung“ (Leo XIII.).

---

[18] Fr. W. J. v. *Schelling*, Vorlesungen über die Methode des akademischen Studiums (1802), abgedr. bei M. Schröter, Schellings Schriften zur Gesellschaftsphilosophie, Slg. Herdflamme, Bd. 12, Jena 1926, S. 289. S. 343: „In der obersten Wissenschaft ist alles eins und ursprünglich verknüpft, Natur und Gott, Wissenchaft und Kunst, Religion und Poesie ...“ S. 353: „Ich halte den Zustand der Kultur durchaus für den ersten des Menschengeschlechts, und die erste Gründung der Staaten, der Wissenschaften, der Religion und der Künste für gleichzeitig oder vielmehr für eins, so daß dies alles nicht wahrhaft gesondert, sondern in der vollkommensten Durchdringung war, wie es einst in der letzten Vollendung wieder sein wird.“

Literaturverzeichnis

Albrecht, K.: Planifikateure beim Werk, Wirtschaft zwischen Zwang und Freiheit. Düsseldorf-Wien 1964.

Amonn, A.: Grundzüge der theoretischen Nationalökonomie. Bern 1948.

Amoroso, L.: La curva statica di offerta, in: Giornale degli Economisti e Rivista di Statistica, Bd. LXX (1920), dtsch. v. G. Fischer unter dem Titel: Die statische Angebotskurve, wiederabgedruckt in: Preistheorie, hrsg. v. A. E. Ott, Neue wissenschaftliche Bibliothek, Abteilung Wirtschaftswissenschaften, Köln-Berlin, 1965.

Andreae, W.: Platons Staatsschriften, 2. Teil: Staat, 2. Halbbd. Jena 1925.

— Unitas multiplex. In: Jahrb. f. Nat. Ök. u. St., Bd. 162, H. 6. Stuttgart 1950, jetzt in: W. Andreae, Vom Geiste der Ordnung in Gesellschaft und Wirtschaft, ausgewählte Aufsätze und Abhandlungen (Festschrift zum 70. Geburtstage, hrsg. von W. Heinrich, H. Riehl und A. Tautscher). Stuttgart 1959.

— Entstehung der Volkswirtschaft oder Ausgliederung. In: W. Andreae, Vom Geiste der Ordnung in Gesellschaft und Wirtschaft, ausgewählte Aufsätze und Abhandlungen (Festschrift zum 70. Geburtstag). Stuttgart 1959.

Bach, H.: Entwicklung und Grundsätze der österreichischen Agrarpolitik. Wien o. J. (1963).

Becker, E.: Art. Selbstverwaltung, Staatslexikon, 6. Aufl., Bd. VII. Freiburg 1962.

Biedenkopf, K. H.: Vertragliche Wettbewerbsbeschränkung und Wirtschaftsverfassung. Die Ausschließlichkeitsklausel als Beispiel. Heidelberg 1958.

Böhler, E.: Nationalökonomie — Grundlagen und Grundlehren. 3. Aufl. Zürich 1957.

Böhm, F.: Wettbewerb und Monopolkampf. Berlin 1933.

Büchi, W.: Zur Diskussion um die ordnungspolitische Funktion der Verbände. In: Wirtschaft und Recht, H. 3, 14. Jg. Zürich 1962.

Bundesministerium für Wirtschaft: Zwischenbetriebliche Zusammenarbeit im Rahmen des Gesetzes gegen Wettbewerbsbeschränkungen, Zl. I B 5-813350 vom 29. 10. 1963 (Bonn).

Caetano, M.: L'Organisation Politique Portougaise, Lisbon (o. J.).

Carson, R. L.: Silent Spring, dtsch. übers. v. M. Amer, Der stumme Frühling. München 1962.

Diehl, K.: Die sozialrechtliche Richtung der Nationalökonomie. Jena 1941.

Egner, E.: Art. Haushalt. HdStw. 5. Bd. Stuttgart usw. 1956.

Eucken, W.: Die Grundlagen der Nationalökonomie, 4. Aufl. 1944.

— Grundsätze der Wirtschaftspolitik (gekürzte Ausgabe). Hamburg 1959.

Faust, H.: Ursprung und Aufbruch der Genossenschaftsbewegung. Neuwied 1958.

Finer, H.: The TVA. Lessons for International Application. Montreal 1944 (Veröffentlichung des International Labor Office).

Fleck, W.: Die Schlagkraft wächst. In: Der Volkswirt, 18. Jg., H. 12. Frankfurt/M. 1964.

Förster, P.: Ein Vergleich mit Handelskammern des Auslands. In: Wirtschaftspolitische Blätter, 7. Jg., H. 1. Wien 1960.

Geiszler, F.: Die Entstehung und der Entwicklungsgang der Handelskammern in Österreich. In: Hundert Jahre österreichischer Wirtschaftsentwicklung 1848—1948, hrsg. von H. Mayer. Wien 1949.

Gide, Ch.: Der Kooperativismus (dtsch. von K. Bretschneider). Halberstadt 1929.

Gierke, O. v.: Das deutsche Genossenschaftsrecht, I. Bd.: Rechtsgeschichte der deutschen Genossenschaft. Berlin 1868.

— II. Bd.: Geschichte des deutschen Körperschaftsbegriffes. Berlin 1873.

— III. Bd.: Die Staats- und Korporationslehre des Alterthums und des Mittelalters und ihre Aufnahme in Deutschland. Berlin 1881.

— IV. Bd.: Die Staats- und Korporationslehre der Neuzeit. Berlin 1913.

Giesler, W.: Konditionenkartelle und ihre Abgrenzung zu Preisen und Preisbestandteilen. In: FIW Schriftenreihe, 8. H. Köln etc. 1963.

Giger, H. G.: Verständigung als rechtsschöpfendes Element. In: Wirtschaft und Recht. 14. Jg., H. 3. Zürich 1962.

Gloede, F.: Freiwillige, technische Arbeitsgemeinschaft mit Zweckbindung (Patent- und Marktregelung) und ihre Einschaltung in die Organisation der Kriegswirtschaft. In: Kartell-Rundschau, 40. Jg., H. 7. Berlin 1942.

Grochla, E.: Betriebsverband und Verbandbetrieb — Wesen, Formen und Organisation der Verbände aus betriebswirtschaftlicher Sicht. Berlin 1959.

Grönbech, W.: Kultur und Religion der Germanen, aus dem Dänischen übersetzt von Ellen Hoffmeyer, 2 Bände. 2. Aufl. Hamburg 1937/1939 (Titel des Originals: Vor Folkeœt i Oltiden. København 1909—1912).

Gutersohn, A.: Gruppeninteresse und Allgemeinwohl. In: Individuum und Gemeinschaft. St. Gallen 1949.

Hahn, L. A.: Volkswirtschaftliche Theorie des Bankkredits. Tübingen 1920.

Haussmann, F.: Der Wandel des internationalen Kartellbegriffs, Amerikanische Kartelldoktrin und World Trade Charter. Bern 1947.

Hegel, G. W. F.: Grundlinien der Philosophie des Rechts (1821), zit. als Rechtsphilosophie nach: Hegels Schriften zur Gesellschaftsphilosophie: Teil I, Philosophie des Geistes und Rechtsphilosophie, hrsg. von A. Baeumler, Sammlung Herdflamme. Jena 1927.

— Enzyklopädie der philosophischen Wissenschaften im Grundrisse (1817), zit. als Enzyklopädie nach Baeumler, a.a.O.

— Vorlesungen über die Philosophie der Geschichte mit einer Einführung von Th. Litt, Stuttgart 1961 (Reclam-Ausgabe nach dem Text von F. Brunstäd).

Heimann: Soziale Theorie der Wirtschaftssysteme. Tübingen 1963.

Heinrich, W.: Die Verfahrenslehre als Wegweiser für die Wissenschaft und die Kultur. In: Die Ganzheit in Philosophie und Wissenschaft, Festschrift für Othmar Spann zum 70. Geburtstag, hrsg. von W. Heinrich, Wien 1950.

— Wirtschaftspolitik, I. Bd. 1948, II. Bd./1. Hbd. 1952, II. Bd./2. Hbd. 1954, Wien. I. Bd., 2. Aufl. Berlin 1964.

— Das Ständewesen mit besonderer Berücksichtigung der Selbstverwaltung der Wirtschaft, 2. Aufl. 1934.

— Wirtschaft und Persönlichkeit. Die Führungsaufgaben des Unternehmers und seiner Mitarbeiter in der freien Welt. Salzburg 1957.

— Grundlagen einer universalistischen Krisenlehre. Jena 1928.

— Die Stellung der Wirtschaft im Weltbild der Gegenwart. Rede anläßlich der Inauguration als Rektor an der H. f. W. Wien 1953.

— Die gesellschaftlichen Funktionen des Gewerbes. Vortrag anläßlich der gewerblichen Studientagung in Hopfgarten (Österreich). Bern 1953 (Schweizerischer Gewerbeverband).

— Adamitische und kainitische Wirtschaft. Über die letzten Fragen im Wirtschaftsgeschehen. In: Gloria Dei, 4. Jg., H. 3. Graz-Salzburg-Wien 1949/50.

— Die Staats- und Wirtschaftsverfassung des Faschismus. 2. Aufl. München 1932.

— Staatsgefüge, Wirtschaftsverbände und Betriebsleben in ihrer Gegenseitigkeit. In: Wirtschaft und Gewerbe. Festgabe Paul Gysler. St. Gallen 1953.

— Der Gedanke von Hermann Schulze-Delitzsch in der heutigen Zeit. Wien 1959.

— Mensch und Betrieb, zur Systematik der betrieblichen Sozialpolitik, Jb. f. Nat. u. St., Bd. 163, H. 5. Stuttgart 1950.

— Die industrielle Gesellschaft als Bildungsgesellschaft, Rektoratsrede, gehalten am 30. Okt. 1964. Wien 1964.

Helander, S.: Das Autarkieproblem in der Weltwirtschaft. Berlin-München 1955.

Henzler, R.: Die Genossenschaft — eine fördernde Betriebswirtschaft. Essen 1957.

Heydte, v. d.: Die Geburtsstunde des souveränen Staates. Regensburg 1952.

Hirsch, E.: Art. Gemeinwohl. In: Wörterbuch der Soziologie. Stuttgart 1955.

Hirsch, Et.: Die französischen Planungsmethoden und ihre Ausdehnung auf den Gemeinsamen Markt. Berlin-München 1962. (Sonderheft des IFO-Instituts für Wirtschaftsforschung.)

Hofmann, W.: Die volkswirtschaftliche Gesamtrechnung. Berlin 1954.

Huber, E. R.: Selbstverwaltung der Wirtschaft. Stuttgart 1958.

Huber, H.: Die Umwälzungen im Staatsgefüge durch die Verbände. in: Ordo, Jahrb. f. d. Ordnung von Wirtschaft und Gesellschaft. VII. Bd. Düsseldorf-München 1955.

Huffschmid, B.: Siebzig Millionen Tonnen Stahl zuviel? In: Der Volkswirt, H. 3. Frankfurt/M. 1964.

Hyams, E.: Soil and Civilization, dtsch. v. F. Scholand unter dem Titel: Der Mensch — ein Parasit der Erde? Kultur und Boden im Wandel der Zeitalter. 1. Aufl. Düsseldorf-Köln 1956.

Jäger, G.: Festigung der wirtschaftlichen Position des Gewerbes durch Rationalisierung. In: Wirtschaftspolitische Blätter, 7. Jg., H. 1. Wien 1960.

Jansen, H. L.: Die Entwicklung der Selbstverwaltung der Wirtschaft in den Niederlanden. In: Zeitschrift für Ganzheitsforschung, NF., 3. Jg., H. 2. Wien 1959.

Johannes XXIII.: Mater et Magistra. Rom 1961, dtsch. von E. Welty. Freiburg 1961.

Jöhr, W. A.: Der Kompromiß als Problem der Gesellschafts-, Wirtschafts- und Staatsethik. In: Recht und Staat in Geschichte und Gegenwart, H. 208/209. Tübingen 1958.

Jostock, P.: Die sozialen Rundschreiben. Freiburg 1948.

Kaiser, J. H.: Die Repräsentation organisierter Interessen. Berlin 1956.

Kämpfe, W., rev. H. Hochenegg: Art. Autonomie. Staatslexikon, Bd. I. Freiburg 1926.

Kapp, K. W.: The Social Costs of Private Enterprise, Cambridge Mass. 1950.

Kehrer, K.: Ausbildungs- und Erziehungsarbeit im Dienste der Allgemeinheit. In: Wirtschaftspolitische Blätter, 7. Jg., H. 1. Wien 1960.

Kerschagl, R.: Einführung in die Methodenlehre der Nationalökonomie. Wien 1948.

Keszler, W.: Gewinnung und Verwertung des Erdgases Nordwestdeutschlands. Vortrag gehalten auf dem Leobner Bergmannstag 1962. In: Erdöl und Kohle, 17. Jg., H. 2. Hamburg 1964.

Keynes, J. M.: The General Theory of Employment, Interest and Money, 1935, dtsch. v. F. Waeger unter dem Titel: Allgemeine Theorie der Beschäftigung, des Zinses und des Geldes, 1936, unv. Neudruck Berlin 1955.

Klein, F.: Das Organisationswesen der Gegenwart. Berlin 1913.

Kleinwächter, F.: Die Kartelle — Ein Beitrag zur Frage der Organisation der Volkswirtschaft. Innsbruck 1883. Auszugsweiser Nachdruck in: Kartelle in der Wirklichkeit. 1964.

Klenner, F.: Das Unbehagen in der Demokratie. Wien 1956.

Klug, O.: Die Problematik der amtlichen deutschen Kartellpolitik. In: Kartelle in der Wirklichkeit. Festschrift für Max Metzner. Köln-Berlin-Bonn 1963.

Koch, W.: Der Wissenschaftliche Beirat beim Bundesminister für Wirtschaft. In: Probleme der normativen Ökonomik und der wirtschaftspolitischen Beratung. Bericht über die Tagung des Vereins für Sozialpolitik. Berlin 1963.

Kolms, H.: Art. Konsum. In: HdStw. 6. Bd. Stuttgart 1959.

König, F. Kardinal: Wirtschaftserfolg und Wirtschaftsethik, Vortrag am 11. Febr. 1965 vor der Vereinigung österreichischer Industrieller in Wien. In: Die Industrie, 65. Jg., H. 7, 12. Febr. 1965. Wien.

Köttgen, A.: Art. Selbstverwaltung. HdStw. Bd. IX. Stuttgart-Tübingen 1956.

Krähe, W.: Art. Verbundwirtschaft im HdStw., Bd. 11. Stuttgart 1961.

Koren, St.: Sozialisierungsideologie und Verstaatlichungsrealität in Österreich. In: Die Verstaatlichung in Österreich, hrsg. von W. Weber. Berlin 1964.

Krauss, K.: Die Elektrizitätswirtschaft, ihr gegenwärtiger Stand und ihre Entwicklungslinien. In: Zeitschrift für Ganzheitsforschung. NF., 6. Jg., H. III. Wien 1962.

Krelle, W.: Preistheorie. Tübingen/Zürich 1961.

Laum, B.: Die Autarkie als soziologisches und politisches Problem. Arch. f. Rechts- und Sozialphilosophie. 1934.

— Die geschlossene Wirtschaft, soziologische Grundlegung des Autarkieproblems. Tübingen 1933.

Laumer, H.: Neue Dimensionen. In: Der Volkswirt. 18. Jg., H. 12. Frankfurt/M. 1964.

De Léenner: Die Stellung der Union de Centrales Electriques Industrielles im Rahmen der Elektrizitätsverbundwirtschaft in Belgien. In: Energieverbundwirtschaft. Vorträge und Diskussionen. München 1951.

Lehnich, O.: Die Wettbewerbsbeschränkung. Eine Grundlegung. Köln 1956.

Leo XIII.: Rundschreiben über die Arbeiterfrage (Rerum novarum). Rom 1931, dtsch. von G. Gundlach. Paderborn 1931, abgedruckt bei Jostock.

Leontief, W. W.: The Structure of American Economy 1919—1939, An Empirical Application of Equilibrium Analysis (1. Aufl. 1941), 2. Aufl. 1951.

— Static and Dynamic Theory. In: Studies in the Structure of the American Economy. Theoretical and Empirical Explorations in Input-Output-Analysis. New York 1953.

Liefmann, R.: Art. Kartelle. In: HdStw., 4. Aufl., Bd. V. Jena 1923.

— Kartelle und Trusts und die Weiterbildung der volkswirtschaftlichen Organisation. 6. Aufl. Stuttgart 1924.

Lilienthal, D. E.: TVA-Democracy on March. New York (o. J.), dtsch. v. M. Slavik. Das elektrische Stromtal Tennessee. München 1950.

List, F.: Das Wesen und der Wert einer nationalen Gewerbsproduktivkraft, in: F. List's kleinere Schriften, hrsg. von F. Lenz, I. Teil: Zur Staatswissenschaft und politischen Ökonomie. Slg. Herdflamme. Jena 1926.

— Das nationale System der politischen Ökonomie. Neudruck nach der Ausgabe letzter Hand, hrsg. von Prof. Dr. H. Waentig, Sammlung sozialwissenschaftlicher Meister, Bd. 3, 5. Aufl. Jena 1928.

Lob, J.: Naturrecht und ganzheitliche Philosophie. Wien 1962.

— Eigentum in ganzheitlicher Sicht. Vortrag auf der Jahreshauptversammlung der „Gesellschaft für Ganzheitsforschung" in Filzmoos am 7. 9. 1958. Beilage zur Zeitschrift für Ganzheitsforschung. NF., 3. Jg., H. 2. Wien 1959.

Loitlsberger, E.: Theorie des Wettbewerbs. Diss. ungedr. H. f. W. Wien 1950.

L'Orange, R.: Der Herstellerring, ein Weg, den Klein- und Mittelbetrieben die Vorteile des Großbetriebes zu sichern, jedoch dessen Nachteile zu vermeiden. 2. Aufl. Stuttgart 1942.

Marx, K. und *Engels*, F.: Das kommunistische Manifest (1848). Jetzt: Sozialistische Hefte, Folge 5. Wien 1945.

Mautner-Markhof, G.: Der Unternehmer in der Industriegesellschaft von morgen. In: Industrie, 64. Jg., H. 40. Wien 1964.

Melchinger, E.: Der gegenwärtige Stand der Energieverbundwirtschaft. In: Energieverbundwirtschaft. München 1951.

Mellerowicz, K.: Unternehmenspolitik. 2. Bde. Freiburg 1963.

Menger, C.: Grundsätze der Volkswirtschaftslehre (aus dem Nachlaß hrsg. von K. Menger), 2. Aufl. Wien-Leipzig 1923.

Menze, H.: Möglichkeiten unternehmerischer Zusammenarbeit ohne wettbewerbsbeschränkende Bindung (unter Mitarbeit von R. Ley). Berlin 1960.

Messner, J.: Das Naturrecht. 1. Aufl. Innsbruck-Wien 1950.

— Das Naturrecht, Handbuch der Gesellschaftsethik, Staatsethik und Wirtschaftsethik, 4. Aufl. Innsbruck-Wien-München 1960.

Miksch, L.: Wettbewerb als Aufgabe. Stuttgart und Berlin 1937.

Mill, J.: Elemente der Nationalökonomie, dtsch. von A. L. Jakob. Halle 1824.

Mitic, M.: Der wirtschaftspolitische Beirat. In: Berichte und Informationen. 19. Jg., H. 927. Salzburg 24. 4. 1964.

Moellendorff, W. v.: Wirtschaftliche Selbstverwaltung — zwei Kundgebungen des Reichswirtschaftsministeriums. Jena 1919 (zusammen mit R. Wissel).

— Der Aufbau der Gemeinwirtschaft. Denkschrift des Reichswirtschaftsministeriums. Jena 1919.

Morsey, W.: Art. Walter Rathenau. In: Staatslexikon. 6. Bd., 6. Aufl. Freiburg 1961.

Most, O.: Art. Industrie- und Handelskammern. In: HdStw., V. Bd. Stuttgart usw. 1956.

Müller, A.: Elemente der Staatskunst. Berlin 1809. Ausgabe J. Baxa, Slg. Herdflamme, 2 Hbde. Wien-Leipzig 1922.

Müller-Armack, A.: Religion und Wirtschaft. Geistesgeschichtliche Hintergründe unserer europäischen Lebensform. Stuttgart 1959.

Myrdal, G.: An International Economy, Problems and Prospects. New York 1956.

Myrdal, G.: Value in Social Theory, A Selection of Essays on Methodology, edited by P. Streeten, London 1958.

Naegeli, E.: Die Doppelgesellschaft. I. Bd. Zürich-Berlin 1936.

Nawroth, E.: Die Sozial- und Wirtschaftsphilosophie des Neoliberalismus. Heidelberg und Löwen 1961.

— Die wirtschaftspolitischen Ordnungsvorstellungen des Neoliberalismus. FIW-Schriftenreihe, H. 3, Köln etc. 1962.

Nell-Breuning, O. v.: Einzelmensch und Gesellschaft. Heidelberg 1950.

— Wirtschaft und Gesellschaft, Bd. I. Grundfragen. Freiburg 1956.

Oberparleiter, K.: Funktionen und Risiken des Warenhandels. 2. Aufl. Wien 1955.

Ohm, H.: Art. Konsumgenossenschaft. In: HdStw., 6. Bd. Stuttgart 1959.

Oncken, A.: Geschichte der Nationalökonomie, 3. Aufl. Leipzig 1922.

Ott, L.: Grundriß der katholischen Dogmatik, 4. Aufl. Basel-Freiburg-Wien 1959.

Ottel, F.: Wirtschaftspolitik am Rande des Abgrundes. Frankfurt/M. 1957.

— Unternehmerische Grenzen des Marktes. ZfB. 33. Jg., Nr. 10. 1963.

Perroux, F.: Economie et Société-Contrainte-Echange-Don. Paris 1960, dtsch. von Berger-Lieser, Zwang-Tausch-Geschenk — zur Kritik der Händlergesellschaft. Stuttgart 1961.

Pesch, H. S. J.: Lehrbuch der Nationalökonomie, Bd. I, 3. u. 4. Aufl. 1924, Bd. II, 4. u. 5. Aufl. 1925, Bd. III, 2. bis 4. Aufl. 1926, Bd. IV, 1. u. 2. Aufl. 1922, Bd. V. 1. u. 2. Aufl. 1923.

Pius XI.: Rundschreiben über die gesellschaftliche Ordnung. Rom 1931, dtsch. von G. Gundlach. Paderborn 1931, abgedruckt bei Jostock.

Pius XII.: Rundschreiben Mystici Corporis Christi — über den mystischen Leib Jesu Christi und unsere Verbindung mit Christus in ihm. Rom 1943. 8. Aufl. Luzern 1960.

Platon: Staat, übersetzt von Siegm. Teuffel und W. Wiegand (Ausgabe sämtl. Werke im L. Schneider-Verlag), Heidelberg (o. J.).

— Gesetze, übersetzt von E. Eyth (Ausgabe sämtl. Werke im L. Schneider-Verlag), Heidelberg (o. J.).

Popper, K.: The Open Society and Its Enemies, Bd. I: The Spell of Plato, London 1944(?), Bd. II: The High Tide of Prophecy, dtsch. v. P. Feyerabend unter dem Titel: Bd. I: Der Zauber Platons, Bern 1957, Bd. II: Falsche Propheten — Hegel, Marx und die Folgen, Bern 1958.

Predöhl, A.: Monopol und Konkurrenz in pragmatischer Sicht. In: Volkswirtschaftliche Korrespondenz der Adolf-Weber-Stiftung, 3. Jg., Nr. 19. Frankfurt (o. J.) (1963).

Pütz, Th.: Die Bedeutung der Prognose für die Wirtschaftspolitik. In: Festschrift Walter Heinrich. Ein Beitrag zur Ganzheitsforschung. Graz 1963.

Quesnay, F.: Allgemeine Grundsätze der wirtschaftlichen Regierung eines Ackerbau treibenden Reiches, dtsch. von V. Dorn. SswM., I. Bd., 2. Hälfte. Jena 1921.

Raiffeisen, F. W.: Die Darlehenskassen-Vereine. 7. Aufl. (unveränderter Neudruck der 5. Aufl. von 1887).

Rathenau, W.: Von kommenden Dingen. Berlin 1917.

— Die neue Wirtschaft. Berlin 1918.

— Die neue Ordnung. Berlin 1918.

Reimann, H.: Durch Arbeitsfrieden zur Selbstverwaltung der Wirtschaft. Zeitschrift für Ganzheitsforschung, NF. 2. H., 4. Jg. Wien 1960.

Ricardo, D.: Principles of Political Economy (1871), dtsch. übers. nach der 3. engl. Aufl. (1821) von Dr. H. Waentig, Grundsätze der Volkswirtschaft und der Besteuerung, SswM., 3. Aufl. Jena 1923.

Riebel, P.: Das Rechnen mit Einzelkosten und Deckungsbeiträgen. In: Zeitschrift für handelswissenschaftliche Forschung. 11. Jg. Köln und Opladen 1959.

Riehl, H.: Walter Heinrich, sein Leben und sein Werk im Dienste seiner Zeit. In: Festschrift f. Walter Heinrich — Ein Beitrag zur Ganzheitsforschung. Graz 1963.

Ritschl, H.: Gemeinwirtschaft und kapitalistische Marktwirtschaft — zur Erkenntnis der dualistischen Wirtschaftsordnung. Tübingen 1931.

RKW: Die Verbraucherschutzbewegung in den USA. Frankfurt/M. 1953.

— Die französische Wirtschaftsplanung. Übersetzung ausgewählter Teile des IV. französischen Wirtschaftsplanes. Frankfurt/M. 1962.

Robinson, J.: The Economics of Imperfect Competition. London 1933, repr. 1948.

Robinson, J.: Economic Philosophy, dtsch. v. A. E. Jeck unter dem Titel: Doktrinen der Wirtschaftswissenschaft — Eine Auseinandersetzung mit ihren Grundgedanken und Ideologien. München 1965.

Robson, W. A.: Nationalized Industry and Public Ownership, London 1960.

Roelen, W.: Verbundwirtschaft als Grundlage künftiger Wirtschaftsgestaltung. In: Energieverbundwirtschaft. München 1951.

Rössle, K.: Die Grenzen der Betätigung von Arbeitsgemeinschaften in der Volkswirtschaft. In: Archiv für Genossenschaftswesen, Bd. II, H. 3/4. Stuttgart 1942.

Rubattel, R.: Die Beziehung zwischen Bund und Wirtschaftsverbänden. Sonderheft 64 der „Volkswirtschaft". Bern 1957.

Rühle v. Lilienstern, H.: Konkurrenzfähiger durch zwischenbetriebliche Kooperation. Stuttgart-Degerloch 1963.

Rühle v. Lilienstern, H., *Hermann,* A., *Neumann,* J.: Praktische Beispiele zwischenbetrieblicher Kooperation. Stuttgart 1964.

Rüstow, A.: Ortsbestimmung der Gegenwart. Eine universalgeschichtliche Kulturkritik, 3 Bde, Zürich 1950—1957: I. Bd.: Ursprung der Herrschaft (1950), II. Bd.: Weg der Freiheit (1952), III. Bd.: Herrschaft oder Freiheit (1957).

Salin, E.: Geschichte der Volkswirtschaftslehre. 3. Aufl. Bern 1944.

— Kartellverbot und Konzentration. In: Kyklos Vol. XVI — 1963.

Salzbrunn, H.: Im Dienste der Wirtschaft — die Wirtschaftsförderung — ihr Werden und Wirken. In: Wirtschaftspolitische Blätter. 7. Jg., H. 1. Wien 1960.

Sanmann., H.: Marktform, Verhalten, Preisbildung bei heterogener Konkurrenz. In: Jb. f. Sw., Bd. 14. 1963.

Sauter, J.: Art. Thomistische Gesellschaftslehre. HdStw., 4. Aufl., Bd. 8. Jena 1928.

Schäffle, A.: Das gesellschaftliche System der menschlichen Wirtschaft. 3. Aufl., 2 Bde. Tübingen 1873.

Schelling, Fr. W. J. v.: Vorlesungen über die Methode des akademischen Studiums (1802), abgedr. bei M. Schröter, Schellings Schriften zur Gesellschaftsphilosophie, Slg. Herdflamme. Jena 1926.

Schmalenbach, E.: Kostenrechnung und Preispolitik. 8. verb. Aufl. Köln und Opladen 1963.

Schmoller, G.: Das Verhältnis der Kartelle zum Staat. Einleitungsvortrag vor dem Verein für Socialpolitik am 27. Sept. 1905 in Mannheim. In: Kartelle in der Wirklichkeit — Festschrift f. Max Metzner. Köln-Berlin-Bonn 1964.

Schneider, E.: Einführung in die Wirtschaftstheorie, Bd. II, Wirtschaftspläne und wirtschaftliches Gleichgewicht in der Verkehrswirtschaft, 7. Aufl. Tübingen 1961 (z. T. zit. nach der 4. Aufl. 1956).

Schnutenhaus: Absatzpolitik und Unternehmungsführung. Freiburg i. Br. 1961.

Schuhmacher, E. F.: Die Sozialisierung in Großbritannien. In: Gemeinwirtschaft in Westeuropa, hrsg. von W. Weber. Göttingen 1962.

Schult, H.: Das Ruhrgebiet ein Verbundbetrieb. In: Zeitschrift deutscher Ingenieure. Düsseldorf 1953.

Schürmann, L.: Art. 32 der Bundesverfassung. In: Wirtschaft und Recht, 14. Jg., H. 3. Zürich 1962.

Seraphim, H.-J., *Aschoff,* G., *Goertzen,* P., *Jäger,* W., *Nook,* H.-K.: Das ländliche Genossenschaftswesen in den Mitgliedstaaten der EWG. Baden-Baden 1963.

Siemsen, R.: Germanengut im Zunftbrauch. Berlin 1942.

Smith, A.: An Inquiry into the Nature and Causes of the Wealth of Nations, dtsch. v. E. Grünfeld, nach der Ausgabe letzter Hand (4. Aufl. 1786), SswM., I. Bd., 2. Aufl. Jena 1920, II. Bd. 1923.

Socher, K.: Die wissenschaftlichen Beiräte in der Bundesrepublik Deutschland. In: Wirtschaftspolitische Blätter, 10. Jg., H. 6. Wien 1963.

Sölter, A.: Vertriebsbindungen im Gemeinsamen Markt unter wirtschaftlichem und EWG-kartellrechtlichem Aspekt. In: Kartellrundschau, H. 4, Köln-Berlin-München-Bonn 1962.

— Wettbewerbsförderung durch Gruppenkooperation — ein Weg zur Strukturanpassung der mittelständischen Industrie. In: Industriekurier Nr. 192. Düsseldorf, 12. Dez. 1963.

Sombart, W.: Allgemeine Nationalökonomie. Nach Vorlesungen und Seminarübungen, hrsg. von W. Chemnitz. Berlin 1960.

Sorokin, P. A.: Kulturkrise und Gesellschaftsphilosophie, moderne Theorien über das Werden und Vergehen von Kulturen und das Wesen ihrer Krisen, dtsch. v. O. Anderle. Stuttgart-Wien 1963. (Titel des Originals: Social Philosophies of an Age of Crisis. Boston 1951.)

Spann, O.: Gesellschaftsphilosophie, mit einem Anhang über die philosophischen Voraussetzungen der Wirtschaftswissenschaften. München-Berlin 1928.

— Fundament der Volkswirtschaftslehre, 4. Aufl. Jena 1929.

— Gesellschaftslehre, 3. Aufl. Leipzig 1930.

— Der wahre Staat. Vorlesungen über Abbruch und Neuaufbau der Gesellschaft, 3. Aufl. Jena 1931.

— Tote und lebendige Wissenschaft, 4. Aufl. Jena 1935.

— Kategorienlehre, 2. Aufl. Jena 1939.

— Haupttheorien der Volkswirtschaftslehre, 25. Aufl. Heidelberg 1949.

Spree, H.-U.: Air-Union auch ohne Frankreich. In: Der Volkswirt, H. 3, Frankfurt/M. 1964.

Stackelberg, H. v.: Grundlagen der theoretischen Volkswirtschaftslehre, 2. Aufl. Tübingen-Zürich 1951.

Stammler, R.: Wirtschaft und Recht nach der materialistischen Geschichtsauffassung — eine sozialphilosophische Untersuchung, 3. Aufl. Leipzig 1914.

Stavenhagen, G.: Geschichte der Wirtschaftstheorie. 2. Aufl. Göttingen 1957.

Stein, L. v.: Geschichte der sozialen Bewegung in Frankreich von 1789 bis auf unsere Tage. Leipzig 1850. Neue Ausgabe durch Salomon. München 1921.

Sweerts-Sporck, P.: „Fünf Weise" ohne Publikum. In: Der Volkswirt, 19. Jg., H. 2, 15. Jän. 1965.

Theuer, G.: Zusammenarbeit — ein Gebot der Integration, die freiwilligen Ketten im Handel. In: Wirtschaftspolitische Blätter, 10. Jg., H. 1/2. Wien 1963.

Thomas v. Aquin: De regimine principum, dtsch. v. Fr. Schreyvogel, abgedr. in: Ausgewählte Schriften zur Staats- und Wirtschaftslehre des Thomas von Aquino, hrsg. von F. Schreyvogel, Slg. Herdflamme. Jena 1923.

Tillmann, H.: Einführung zu Raiffeisens Buch: Die Darlehenskassen-Vereine.

Tschierschky, L.: Die Aufgaben der Kartelle für die Wirtschaftsordnung. In: Kartellrundschau 1921, H. 1, nachgedruckt in: Kartelle in der Wirklichkeit, Festschrift für Max Metzner — Köln-Berlin-Bonn 1964.

Uttmann, K. J.: Institutionelle Formen zwischen Staat und Wirtschaftsverbänden im Ausland. Anhang zu: Der Staat und die Verbände; Gespräch veranstaltet vom Bundesverband der Deutschen Industrie in Köln am 27. März 1957. Heidelberg 1957.

Utz, A. F., *Groner,* J. F.: Aufbau und Entfaltung des gesellschaftlichen Lebens. Soziale Summe Pius XII., I. und II. Bd. 1954, III. Bd. 1961. Freiburg/Schweiz.

Wallner, L.: Die öffentliche Hand als Unternehmer. Wien 1963.

Weber, A.: Kurzgefaßte Volkswirtschaftspolitik, 4. Aufl. Berlin 1943.

— Allgemeine Volkswirtschaftslehre, 6. Aufl. 1953.

— Der Kampf zwischen Kapital und Arbeit, Gewerkschaft und Arbeitgeberverband in Deutschland. 6. Aufl. Tübingen 1954.

Weber, M.: Wirtschaft und Gesellschaft, Grundriß der verstehenden Soziologie, 4. Aufl., 1. u. 2. Hbd. Tübingen 1956.

Weber, W.: Positive und negative Chancen für den „Beirat", Versuch einer Würdigung. In: Wirtschaftspolitische Blätter, 11. Jg., Nr. 6. Wien 1964.

Weddigen, W.: Theoretische Volkswirtschaftslehre als System der Wirtschaftstheorie. Berlin 1958.

Weippert, G.: „Vereinbarungen" als drittes Ordnungsprinzip. In: Jb. f. Sozialwissenschaft, Bd. 14, H. 3, Göttingen 1963.

Werner, J.: Die Wirtschaftsverbände in der Marktwirtschaft. Zürich und St. Gallen 1957.

— Art. Wirtschaftsverbände. In: HdStw., 49. Liefg. Stuttgart usw. 1964.

Westphalen, F.: Gedanken zum Problem einer gesellschaftlichen Ordnung nach dem Maße des Menschen. In: Festschrift für Walter Heinrich. Graz 1963.

Wissel, R.: Wirtschaftliche Selbstverwaltung. Rede vor dem Verein der Berliner Kaufleute und Industrieller am 5. Juni 1919. Abgedr. in R. Wissel, W. v. Moellendorff, Wirtschaftliche Selbstverwaltung — zwei Kundgebungen des Reichswirtschaftsministeriums. Jena 1919.

Wössner, J.: Die ordnungspolitische Bedeutung des Verbandswesens (die Verbands-Gesellschaft). Tübingen 1961.

Ziegler, L.: Menschwerdung. Olten 1948. 2. Bd.

— Von Platons Staatheit zum christlichen Staat. Olten 1948.

Zwengel, A.: Verhältnis von Staat und Wirtschaft in Platons Staatsschriften. Gießen 1940.